복음, 성령, 교회

재한 선교사들 연구

복음, 성령, 교회
재한 선교사들 연구

지은이 | 김명구
펴낸이 | 원성삼
표지 및 본문 디자인 | 한영애
펴낸곳 | 예영커뮤니케이션
초판 1쇄 발행 | 2017년 4월 12일
등록일 | 1992년 3월 1일 제2-1349호
주소 | 136-825 서울시 성북구 성북로6가길 31
전화 | Tel (02)766-8931
팩스 | (02)766-8934
홈페이지 | www.jeyoung.com
ISBN | 978-89-8350-966-6 (03230)

값 20,000원

이 도서의 국립중앙도서관 출판예정도서목록(CIP)은 서지정보유통지원시스템 홈페이지
(http://seoji.nl.go.kr)와 국가자료공동목록시스템(http://www.nl.go.kr/kolisnet)에서
이용하실 수 있습니다.(CIP제어번호: CIP2017008512)

복음, 성령, 교회

재한 선교사들 연구

김명구 지음

예영커뮤니케이션

바울 사도는 최초의 이방인 선교사입니다. 그의 선교 목적은 그리스도 안에서의 일치입니다(엡 1:10). 하늘에 있는 것도 땅에 있는 것도 예수 안에 일치하고자 하는 것이 하나님의 예정하심이라 선포합니다. 1885년 하나님은 선교사들을 통해 그리스도 예수 안에서 일치된 온전한 복음을 보내 주셨습니다. 초기 재한 선교사들은 교파의식이 없었으며, 복음을 조선 땅에 전하기 위해 일치하고 연합했습니다. 1903년 원산에서 시작된 성령운동은 감리교선교사 하디와 장로교 선교사들이 함께 모여 성경공부를 하면서 비롯되었으며, 이를 기폭제로 하여 일어난 성령운동은 1907년 '평양 영적대각성운동'으로 발전되었습니다. 이때 역시 모든 선교사들이 일치하고 연합했고, 교파의 이익을 추구하는 의식이 없었으며, 오직 복음선포와 구원의 열정만이 그들을 지배하고 있었습니다. 그들은 그리스도 예수와 통하고 일치된 전도자들이었던 것입니다.

선교사들 간 일치와 연합으로 나타난 복음을 향한 열정은 일제 35년을 통해 고난과 함께 하는 민족교회로, 6·25 한국동란을 지나면서 억압과 가난을 이기게 하는 민중의 교회로 한국 교회를 성장하게 했으며, 독재를 무너뜨리는 민주시민정신의 교회로 서게 했습니다. 한국 교회는 역사의 중심에 서서 참으로 자랑스러운 "나라의 교회"요 "겨레의 교회"가 된 것입니다.

그러나 이런 큰 은혜와 함께 사단의 궤계도 역사했습니다. 그것은 한국 교회를 분열로 이끌어 간 것입니다. 또한 각 교파 내에서도 연고와 학연으로 인한 분리의 영이 작용하기 시작했습니다. 그 결과 하나님이 이 땅에 주신 은혜의 사건을 있는 그대로 보지 못하고, 사람과 교파의 관점에서 교회사를 해석하기 시작했습니다. 지난 2007년 평양 대부흥운동(1907년) 100주년을 맞았지만 한국 교회 전체가 연합하는 기회로 삼지 못하고 각 교파별 기념사업에 그친 것은 분열의 결과였기에 실로 안타깝기만 했습니다.

감리교 중부연회에서도 본인이 중부연회 감독으로 재임한 2004년부터 영적대각성위원회를 구성하여 '1903-1907년의 원산-평양 성령부흥운동의 과정을 연구'했고, 금식성회와 각 권역별 부흥회를 진행했으며, 모든 연회로의 파급과 전국대회로 성령운동이 발전할 수 있도록 토대를 쌓았습니다. 그리고 감리교 3개 신학대학 교수들을 중심으로 학술대회를 개최해 연구 책자도 발간하였습니다.

그러나 이 영성 운동도 역시 그리스도 예수 안에서 한국 교회 전체를 복음으로 일치시키는, 하나님의 섭리를 충만하게 하는 데까지 도달했다고 볼 수 없습니다. 오히려 부끄러울 정도의 결과였습니다. 이후 하디 성령운동 110주년을 기념하는 운동과 평양 성령운동 110주년 기념사업이 있었지만, 그 역시 한국 교회의 복음적 일치성을 이루고 선교 동력을 합치시키는 데는 역부족이었습니다.

2017년 우리는 삼일운동 100주년이 되는 2019년을 2년 앞두고 있으며, 종교개혁 500주년 기념의 해를 맞고 있습니다. 그래서 지금 다시 질문합니다. 시대를 무르익게 하시는 하나님의 섭리, 그리스도 안에서 일치하게 하시는 하나님의 섭리 앞에 다시 섭니다.

이 질문의 대답 중 하나가 김명구 교수가 이번에 저술한 『복음, 성령, 교회-재한 선교사들 연구』입니다. 김명구 교수는 감리교 집안에서 자라났으며, 그의 집안은 4대에 걸쳐 창천감리교회를 섬기고 있습니다. 그는 원래 수의학도요 축산학도였는데 감리교 선교사 모임에 참석했다가 선교사를 서원했고, 40세에 하나님의 부르심에 따라 신학을 공부했으며, 오랜 기간은 아니었지만 스리랑카와 중국의 선교사역도 했습니다. 그리고 연세대에서 그의 스승 민경배를 만나 한국교회사를 깊이 공부했습니다. 그는 집안 전통을 이은 훌륭한 감리교인이며, 또 스승으로부터 장로교에 대해 남다른 이해를 배워 갖춘 지성인입니다. 그리고 선교에 대한 깊은 이해가 있습니다. 따라서 그는 복음 에너지의 일치성을 준비해야 하는, 이 시대의 선교 사역을 위해 준비된 가장 적합한 학자입니다.

지금까지 저는 구원사역과 성령의 역사하심, 하나님의 교회에 대한 최선의 충성을 신념으로 여겼습니다. 그리고 그것이 이 땅에 들어왔던 선교사들과 한국 교회가 복음주의 신학을 이루어 온 방식이었다고 생각합니다. 오묘하게도, 책을 읽는 내내 이러한 저의 신학과 이 책의 저자인 김명구 교수의 역사 해석이 일치한다는 것을 발견했습니다. 처음부터 저자는 이 책의 제목을 '복음', '성령', '교회'로 생각하고 있었습니다.

본인이 이사장으로 있는 '한국영성연합'은 2016년 1월 그에게 두 개의 프로젝트를 맡겼습니다. 그 첫 번째가 이번에 저술한 『복음, 성령, 교회 -재한 선교사들 연구』입니다. 본인은 김명구 교수에게 교파적 차원에서 선교사들의 사역을 기술하지 말고 하나님의 선교적 관점, 즉 복음주의적 관점에서 저술해줄 것을 요청했으며, 누구든지 이 책을 읽고 선교에 대한 뜨거운 열정과 냉철한 분석, 선교사들의 사명과 함께 그 삶을 이해할 수 있도록, 그들이 겪은 시행착오도 여과 없이 지적해 달라고 요청했습니다. 21세기 세계선교의 교과서로 활용되었으면 하는 바람에서였습니다.

두 번째는 앞으로 두 권으로 발간될 『한국개신교사』입니다. 역시 이것도 한국 개신교의 역사를 한 교파의 입장에서가 아닌 복음주의적 관점에서 기록할 것을 주문했습니다. 한국 개신교의 역사를 한 교파의 입장에서 해석하는 오늘의 경향에 반대하며, 예수 그리스도 안에서 한국의 교인들과 교회를 하나로 묶고 싶어 그렇게 요청했습니다. 그의 이번 저서 『복음, 성령, 교회 -재한 선교사들 연구』를 볼 때, 두 번째 책도 성공작이 될 것임을 믿어 의심치 않습니다.

구한말 초기 선교사들의 선교를 기록한 이 책은 복음주의적 관점에서 기록한다는 대명제 하에 다음과 같은 특징이 있습니다.

첫째는 김명구 교수가 원 자료를 처음부터 자세히 읽는 노력을 했다는 것입니다. 그렇게 함으로 자칫 과거 연구자들이 종종 보여준 일부 편향된 해석들이 시정되는 좋은 열매가 맺혔습니다.

둘째는 김명구 교수는 선교사역을 체험한 분으로서 선교에 대한 남다른 열정과 이해, 그리고 신앙고백적 자세로 이 책을 저술했다는 것입니다. 그는 이 책에 기록된 재한 선교사 한 분 한 분과 영적인 교감을 가지면서 기술하였습니다.

셋째로 영이 통하면 글이 달라집니다. 계시를 받으면 사람의 소리가 아니라 하나님의 소리를 냅니다. 김명구 교수는 이 책에 하늘의 소리, 복음을 기술하고 있습니다. 학문적인 글은 본래 건조하고 딱딱하나, 그의 글은 간결하고 부드러우며 마음을 움직입니다.

이 책을 통해 초기 재한 선교사들의 헌신이 얼마나 지대했는지 알 수 있었습니다. 이 책에 담긴 복음의 에너지는 그리스도 예수 안에서 합치된 힘으로 나타날 것이고, 그 일치된 에너지는 앞으로 한국 교회를 복음 안에서 하나로 일치시키고자 하시는 하나님의 섭리에 긍정적으로 작용할 것입니다. 그 일치의 때를 바라며 기뻐하고 감사하지 않을 수 없습니다.

2017년 4월

이규학 감독 (인천제일교회)

1984년 8월 15일 여의도 광장에서 '한국기독교 100주년기념 세계선교대회'가 열리고 100주년 기념우표와 기념탑이 만들어졌을 때, 세계교회는 경이로운 눈으로 이를 지켜보았다. 각종 기념 세미나와 여러 행사를 통해 선교 2세기에 대한 각오도 다짐했다. 이 땅에 개신교 선교사들이 공식적으로 들어온 이후, 한국 기독교가 세계 기독교를 이끄는 위치로 올라섰다며 내외에 이를 크게 알렸다. 한국 교회는 초기 선교사들의 사명을 다하겠다는 종으로서의 응답과 생명을 건 결단으로부터 시작되었음을 고백했고, 그 소명의식이 없었다면 한국 교회가 지금의 영광과 권위를 누리지 못했을 것이라 선포했다.

그런데 선교 2세기의 중반이 다가오고 있는 이 시점에서도 재한 선교사들에 대한 연구는 여전히 미미하다. 이들의 활동과 마음가짐, 그리고 이들을 움직였던 신학사상이 제대로 드러나지 않고 있다. 이들로부터 어떤 빚을 지고 있는지, 이들의 공적이 무엇이었는지, 또 선교열정이 지나쳐 저지른 시행착오는 무엇인지… 제대로 파악하고 있지 못하고 있는 것이다.

이 책을 통해, 재한 선교사들이 품고 있었던 신학사상과 복음의 '처음정신'을 다시 확인하고 싶었다. 그리고 이들의 강한 의지와 증언을 알리고 싶었다. 이들의 고민과 헌신, 역사적 위상과 염원 등도 적고 싶었다. 역사학도의 본능적 관심이었겠지만, 이들의 시행착오와 한국 교회 분화의 단초

또한 확인하고 싶었다. 1년간의 집필기간 동안 필자는 이런 것들에 대한 욕구를 풀 수 있었다.

이 책의 내용은 복음주의 선교신학적 접근으로 해석되었지만 연구 목적으로 쓰이지 않았고 선교역사를 알리는 데 초점을 맞추고 있다. 애초 이 책을 주문하셨던 감리교회의 이규학 감독님의 바람도 있었지만, 신학도들과 목회자들, 선교사 후보생, 선교에 관심을 갖고 있는 교회지도자들에 초점을 맞추었다. 따라서 선교에 대한 열정과 냉철한 대처, 그리고 선교 사역과정에서 갖추어야 할 근본적 태도에 집중했다.

이 책은 연구서를 목표로 하지 않았기 때문에 이미 연구된 2차 자료를 많이 참고했다. 또한 연구자들이 인용한 원자료들도 나름 꼼꼼하게 확인했다. 복음주의 선교신학적 관점에서 보았기 때문에 기존의 해석을 따르지 않았고, 짧지만 선교 현장을 경험해보았기 때문에 가능한 선교사의 눈으로 이해하려 했다. 이를 통해 복음주의 신학을 사용하는 것이 선교전략적 차원에서 얼마나 중요한지 재차 확인할 수 있었다.

이 책을 통해서 초기 개신교 선교사들이 복음주의 신학의 영향 아래 있음을 다시 확인했고, 초기의 신학사상이 지역적, 전략적, 시대적 상황에 의해 분화되었음을 알 수 있었다. 한국 교회의 역사적 전통과 지역의 신학 전통이 같지 않지만 그 본류가 복음주의 신학임도 재차 확인하였다. 그리고 재한 복음주의 선교사들이 자신들의 신학을 이루어가는 방식이 '복음', '성령', '교회'라는 세 축에 근거하고 있었다는 것을 거듭 확인할 수 있었다. 선교사들에 대한 과장된 해석보다는 그들의 실제적 모습과 시대와 사건의 대처를 보려 했고, 덕분에 귀결점을 찾아낼 수 있었다. 애초의 목적은 아니었지만, 기독교의 복음이 한국 교회뿐만 아니라 한국의 정치, 경제, 사회, 문화 전반을 견인했음도 이 책을 통해 확인되었다.

선교사들은 우리를 구원시키기 위해 왔고, 미지의 땅을 찾아온 사람들이 발을 디딘지 얼마 되지 않아 이 땅에 살고 있던 우리들은 그들을 이방인으로 보지 않았다. 그런데 그들의 처음 목표는 우리 민족의 구원 문제로 구획을 한정했지만, 그들이 끼친 영향은 한국 땅에만 머물지 않았다. 복음의 능력은 우리가 제한할 수 없는 것이기 때문이다. 하나님의 눈은 더 멀리 그리고 더 넓은 곳으로 향해 있는 것이다.

이 책은 재한 선교사들이 무엇을 했으며 어떻게 한국 민족을 구원했는지에 대해 말해 주는 동시에 예수를 구주로 고백하는 한국 교회와 기독교인들을 향해, '우리가 누구이며 우리는 무엇을 해야 하는가'에 대해 질문한다. 또한, '그 태도와 방법은 어떠해야 하는가'라는 물음도 요구한다. 이 책에는 시대가 복음과 하나님의 교회를 외면했을 때, 그 난제를 풀었던 방법과 그 신념이 상재되어 있고 이 세상의 가장 고귀한 가치, 곧 생명을 걸고서라도 믿음의 사람들이 해야 할 사명과 과제들에 대해 묻고 있기 때문이다. 그것은 선교사를 꿈꾸며 늦은 나이에 신학공부에 입문했던 필자 스스로에 대한 물음이기도 했다.

언제나 책을 집필하고 나면 정확한 관찰과 분석, 표현력의 한계, 구성의 미진함이 드러난다. 이것은 어쩔 수 없이 일어나는 감정이다. 그렇지만 스승이신 민경배 박사님의 말씀처럼 완전한 역사서란 본래 없는 것이고, 흠이 있고 부족하다고 느껴야 더 완성된 역사서가 만들어질 것이다. 그것이 역사가가 가져야 하는 올바른 태도이고 필자가 스승으로부터 배운 것이다.

전술한 대로, 이 책은 감리교 중부연회 감독을 역임했고, 현재 인천제일교회와 감리교 목회자들의 기도모임인 '한국영성연합'을 이끌고 있는 이규학 감독님의 의지로 시작되었다. 이분이 갖고 있는 복음주의 신학에 대한 집념, 한국 교회에 대한 사랑과 복음전파, 구원에 대한 강한 열망에 의해 집필 의뢰된 것이다. 감독님께서는 집필에 몰두할 수 있도록 아낌없이 물질과 기도의 후원을 해 주셨다. 그리고 학문의 영역에 대해 존중해 주셨다.

집필하는 내내 힘이 되어 주시고 격려해 주시고 연세대학교에 새롭게 자리를 마련해 주신 연세대학교 당국과 이승만연구원장이신 정치학과의 김명섭 교수님, 그리고 연구원 스텝들에게 감사드린다. 그리고 교열을 도와주신 전소원 선생님, 책의 방향을 위해 격려와 날카로운 지적을 아끼지 않으신 강화 문산감리교회의 하관철 목사님, 언제나 학문적 동지애로 함께하는 한국교회사학연구원의 동료들에게도 남다른 감사를 드린다. 이 책이 나오기까지 꼼꼼하게 살펴주신 예영커뮤니케이션의 원성삼 대표님과 편집진의 노고에 감사드린다. 끝으로 집필을 이유로 계속해서 휴가를 반납해야 했음에도 크게 격려해 준 아내 이경선과 사랑하는 아이들에게도 고마움을 표한다.

2017년 봄, 부암동 연구실에서

정우(丁宇) 김명구

차 례

1부 ● 부름(Calling)의 시대 – 접촉

1장 | 천주교회의 선교

2장 | 토마스(Robert Jermain Thomas, 1840-1866)

6장 | 스크랜튼(William Benton Scranton, 1856-1922)

7장 | 언더우드(H. G. Underwood, 1859-1916)

2부 ● 안착의 시대

8장 | 마펫(Samuel A. Moffett, 1864-1939)

9장 | 존스(George Heber Jones, 1867-1919)

10장 | 하디 (Robert A. Hardie, 1865-1949)

11장 | 웰본 (Arthur G. Welbon)

12장 | 웰치 (Herbert Welch)

1부

부름(Calling)의 시대
— 접촉

1장 천주교회의 선교

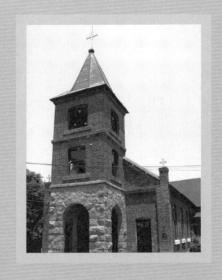

I. 천주교회의 한국 선교 – 울트라몬타니즘의 이식

1) 예수회의 아시아 선교의 시작

교황 레오 10세(Pope Leo X)는 성 베드로성당의 건축비를 마련하기 위해 일명 '면죄부'를 팔았다. 면죄부를 파는 일행이 독일의 비텐베르크(Wittenberg) 대학에 왔을 때, 이 대학교의 성서신학자 마틴 루터(Martin Luther, 1483-1546)는 '면죄부'에 반대하여 로마 가톨릭의 잘못을 95개 조항으로 적어 1517년 10월 31일, 비텐베르크대학 교회 벽에 붙였다. 종교개혁이 시작된 것이다. 이것이 도화선이 되어 여러 명의 종교개혁 지도자들이 나왔고, 그동안 거대한 종교권력 집단인 가톨릭교회의 부당한 처사에 숨죽이고 있던 영주들도 문제를 제기하고 나섰다. 종교적 파장으로만 그친 것이 아니라 정치적 소용돌이로 연결된 것이다.

기독교 세계가 갈라지고 양 진영은 30년 동안 치열하게 전쟁을 치렀다. 세상의 토대라고 믿었던 로마 가톨릭교회의 권위는 실추되었고, 교황 클레멘트 7세(Pope Clement VII)는 세상의 종말이 다가왔다며 탄식했다. 가톨릭교회와 교리체계, 유럽을 이끌어 왔던 천주교적 삶의 양식도 뒤흔들렸다. 교회의 권위는 사라졌고, 유럽의 가톨릭 신자 중 절반 가까이가 가톨릭교회를 떠났다.

1534년 8월 15일, 이그나티우스 로욜라(Ignatius Loyola, 1491-1556)와 그의 친구 사제 6명은 프랑스 몽마르트 언덕에 있는 성 데니의 작은 교회당에서 만났다. 여기에서 이들은 교회를 허물고 있는 거센 물결을 막아내자고 뜻을 모았다. 그리고 "교황에 대한 충성서약"과 함께 다음과 같은 '선교서약'(circa missiones)을 했다.

"교황께서 모든 영혼의 유익과 신앙의 전파에 관련된 어떤 일을 명하시면, 우리가 할 수 있는 한, 어떤 핑계나 망설임도 없이, 즉시 이행해야 하며, 우리를 특정지역으로 파견한다 하더라도, 터키인들이나 인도라 불리는 지방 사람들을 포함한 어떤 비신자들, 혹은 이교인이나 열교인(裂教人)들에게 보낸다 하더라도 즉시 떠나야 한다."[1]

이들에게 교황은 교회였고 예수의 계승자였다. 가톨릭 교회관의 신봉자였던 이들은 교황의 절대성을 강조했던 울트라몬타니즘(Ultramontanism)[2]의 사고 속에 있었다. 생명을 아랑곳하지 않던 이들에게 선교는 자신들의 신념과 판단이 틀리지 않다는 것을 입증하는 유일한 방책이었다.

예수회의 이름을 갖게 된 이들에게 선교의 주체는 가톨릭교회였다. 이들은 자신들이 선택하는 곳이 아니라, 교회가 명하는 곳을 우선으로 하고, 때에 대한 판단도 교회에 맡겼다. 선교의 길을 떠나는 것이 교회의 뜻이요 하나님의 뜻이었고, 어디를 향해 가느냐보다 떠나는 것 자체가 더 중요했

---

1 교황 바오로 3세가 승인한 기본법(Formula Instituti) 3조;『예수회 회헌과 보충규범:예수회 한국 진출 50주년 기념판』(서울: 예수회 한국관구, 2008) 참조.
2 울트라몬타니즘은 로마 교황의 권위가 국민적 주교단(主教團)이나 세속 국가권력보다 높다는 것을 강조하는 것으로, 울트라몬탄이란 "산 너머 저편", 즉 알프스 산맥 너머의 로마교황청을 말한다. 이 말은 17세기 프랑스혁명에 대한 반동에서 생긴 것이다. 프랑스혁명이 기존 질서를 파괴하고 종교와 전통을 적대시하는 것으로 보고, 고대와 중세의 전통을 예찬하는 새로운 반작용에 의해 생겨났다. 이러한 움직임은 정치계에서는 국가주의로 나타나고, 종교계에서는 울트라몬타니즘(Ultramontanism)이 되었다. 영국에서는 옥스퍼드운동으로 표출되기도 했다.

다. 가톨릭교회가 명령하면, "때를 얻든지 못 얻든지 힘써"[3] 선교의 깃발을 들고, 목숨까지도 아끼지 않고 떠나겠다는 각오를 한 것이다. 이런 신념 아래 예수회 선교사들은 죽음을 무릅쓰고 남미로 갔고 아시아로 갔다. 교회로부터 보내졌다는(Being-Sent) 것이 우선이었고 그것은 사명감이 되었다.

가톨릭 신앙의 수호자를 자처한 예수회원들은 남부 유럽을 중심으로 펴져나가고 있던 개신교의 확산을 저지했고, 해외선교를 통해 천주교회의 영역을 넓혀나갔다. 예수회 회원들로 인해 고정되고 화석화된 가톨릭교회의 의식이 비로소 바뀌기 시작한 것이다. 이러한 노력이 진행되고 성과를 내고 있던 1540년 9월, 교황 바오로 3세 (Pope Paulus Ⅲ)는 이그나티우스와 예수회를 인정하여 공식으로 인가했다.

아시아에 진출한 예수회는 고대 페르시아교회의 선교 이후, 아시아에 발을 내디딘 첫 번째 기독교회였고 예수회 신부들의 아시아 선교는 과거와 비교가 되지 않았다. 인도, 인도네시아, 필리핀, 중국, 일본까지 이르는 선교지역은 방대했고 그 성과는 기대 이상이었다. 1542년에 시작된 사비에르[4](Francesco Xavier, 1506-1552)의 인도 선교를 시작으로, 3년 후에는 말레이시아와 베트남을 거쳐 일본에까지 갔고, 그 3년 동안 사비에르 한 사람이 약 100만 명에게 세례를 베풀었다. 특별히 일본 큐수지역은 최대 40만 명에 이르는 가톨릭 교인이 있었다. 사비에르는 나가사키 영주로부터 토지를 헌정 받았고 아시아에서 처음으로 교회 영지를 갖게 되었다.[5]

---

3   디모데후서 4:2

4   예수회 창설의 주역 중 하나인 예수회의 프란시스 사비에르 신부는 가톨릭 사제로 예수회 창립 멤버 6인 중 한 사람이다.

5   1549년 예수회(Jesuit) 신부 프란시스 사비에르(Francis Xavier, 1506-1552)가 큐슈(九州)의 가고시마(鹿兒島)에서 시작한 이래 가톨릭 선교는 일본 역사에서 기리시단(吉利支丹, Christian) 시대의 문을 열었다. 일본의 기리시단, 가톨릭 신자들은 1582년에 큐슈에만 130,000명, 1583년 200개 교회에 150,000명(당시 아시아 전체 신도수 600,000), 임진왜란 직전이었던 1591년에 200,000에 육박했고, 1606년경에는 750,000에 육박했다는 기록도 존재한다. 적어도 17세기 초 일본 '기리시단'은 30만을 웃도는 대규모의 세력이었다.

마테오 리치(Mattheo Ricci, 1552-1610)와 아담 샬(J. Adam Schall von Bell, 1591-1666)은 중국으로 가서 문명의 발상지인 그곳에 기독교의 복음을 새겨 넣었다. 마테오 리치는 『천주실의』(*The True Doctrine of the Lore of Heaven*)를 남겼고, 아담 샬은 청나라 황실로부터 극진한 예우를 받았다. 한족과 만주족 황실 모두 예수회를 특별히 우대했다. 서양 과학에 대한 식견이 풍부했고 수학과 천문학에 대한 조예가 깊었던 것은 물론 중국문화에 대한 학문적 이해가 남달랐기 때문이다.

그러나 예수회의 눈길은 조선 땅까지 미치지 못했고, 이들의 발걸음은 중국과 일본에 머물렀다. 이들은 중국과 일본을 땅끝으로 여겼다. 분명히 조선이라는 미지를 발견했음에도 굳이 발을 내디디려 하지 않았다. 오히려 예수회는 일본을 도와 임진왜란을 일으키는 데 깊숙이 관여했다. 고니시 유키나가(小西行長, 1555-1600)의 측근이었던 예수회의 세스페데스(Gregorio de Céspedes)는 한국 침략의 선봉에 섰다. 물론 그가 조선인들이 포르투갈 상인에게 노예로 끌려가는 것을 막는 데 일조했고 또 일본 내의 조선인들에게 천주교 신앙을 전하기 위해 노력했다고 전해지지만, 고니시의 군대가 한국인들을 무참히 살육했던 데에 대한 책임을 면할 수 없다.

한편, 토요토미 히데요시(豊臣秀吉, 1536-1598)가 명나라를 정복하겠다는 야심을 드러냈을 때, 예수회 신부 알론조 산체스(Aloso Sanches)는 필리핀에 주둔해 있는 스페인군대와 본국에서 지원되는 10,000~12,000명의 지원병, 가능할 경우에 인도인들 5,000~6,000명, 그리고 예수회를 통해 모집할 수 있는 일본인들을 결합시켜 중국을 점령하자는 구상을 내놓았다. 당시 명나라에서는 예수회의 마테오 리치가 황실의 두 왕자와 친분을 나누며 중국 선교를 위해 피나는 노력을 하고 있었음에도 불구하고, 알론조 산체스의 제안은 1586년 4월에 마닐라 총독과 주교들의 지지 하에 스페인 정부에 건의되었다. 히데요시가 같은 해 3월, 예수회 신부 가스파르 코엘료(Gaspar Coelho)에게 대륙침공을 위해 포르투갈의 군함과 승조원 제공을 요청한 것도 같은 맥락이었다.

정치권력자들을 대상으로 선교를 펼치는 전략으로 인해 기독교는 선교국의 국내 정치뿐만 아니라 국제 정치와 전쟁의 한 복판에 휘둘리게 되었고 침략전쟁의 수행자가 되었다. 그것은 선교역사에 과오로 기록될 수밖에 없다. 정치권력을 통해 교회의 확장을 꾀했던 선교전략은 필연적으로 이런 오점을 남기게 되어 있는 것이다. 열정적 소명감이나 순결로써만 선교가 완성되는 것이 아니다. 그 목표를 이루기 위한 방법의 선택과 판단도 신중해야 하는 이유이다.

2) 한국에서 천주교의 시작

한국에서 천주교는 자생적으로 피어났다. 역사는 선교사의 발길을 통하지 않더라도 복음이 전파될 수 있다는 것을 알려준다. 이것은 한국 선교의 독특성이기도 했다. 그런데 천주교의 선교는 종교적 문제로 그치지 않고 정치, 군사, 외교적 문제로 확대되었다. 복음의 신념과 가치, 이데올로기, 종교적 신앙 등으로도 한 나라를 뒤흔들 수 있다고 알려준 세력이 천주교회였던 것이다. 1784년, 남인계 성호학파의 이승훈이 세례를 받고 귀국한 이후 100년 동안 천주교회는 조선에서 정쟁(政爭)과 사회혼란을 일으켰고 국제분쟁의 원인자가 되었다.

조선은 성리학적 세계관에 도취되어 있었고, 중국 중심의 세계관을 신봉하여 스스로 작은 중국이라는 자부심도 갖고 있었다. 중화(中華), 이적(夷狄), 금수(禽獸)로 나누었던 계서적(階序的) 의식도 강했다. 그러나 역사는 굳어진 이러한 의식에 일침을 가했다. 임진왜란과 병자호란이 관습화된 생각들을 뿌리째 흔들었던 것이다.

일본은 해적집단이었던 과거의 왜구가 아니었다. 명나라와 조선 연합군은 일본군대를 쉽게 물리치지 못했고 조선은 일본에게 7년 동안이나 유린

당해야 했다. 더욱이 곧이어 오랑캐라 업신여겼던 만주족이 침입하여 조선의 임금이 치욕을 당했고, 심지어 사대국 명나라마저 유린하는 것을 목도했던 것이다.

동북아에 이러한 변혁적 흐름이 거세게 닥쳤을 때, 그간의 관습적 사고에 의아심을 갖는 그룹이 생겨났다. 두 번의 전란을 겪으면서 인구와 농지가 감소했고 경제도 피폐해졌다. 그러나 조선 조정은 여전히 형이상학적이고 추상적인 주자학의 이념의 틀을 고집했다. 이때에 새로운 이데올로기로 나라를 개혁하려는 신진 그룹, 곧 실학자들이 나타났다. 이들은 조선이 마주한 위기의 본질을 성리학의 결함에서 찾으려 했다. 성리학이 갖고 있는 추상성과 비실용성을 비판하고 실용성과 인간화를 강조하는 새로운 학문, 곧 '실학'이라는 학문체계를 주창하고 나선 것이다. 명나라와 청나라 황실이 남달리 예우하고 있던 천주교 신부들이 이들 실학자들의 눈에 띄는 것은 당연했다. 예수회 신부들은 천문과 과학에 능했고 지리, 역법 등 유학(儒學)의 지식군들이 한 번도 접하지 못했던 학문적 능력도 갖고 있었다. 거기에 동양학에 대한 깊은 이해도 갖추고 있었다.

남인계 실학자들인 정약용, 정약종, 권일신 등은 천주교 서적을 통해 천주교를 깊이 숭상하게 되었고 그 교리를 실천해 보려 했다. 이들의 천주교 이해는 학문토론회에 참석했던 이벽(1754-1786)에게도 전해졌다. 이벽의 친구로 서학연구에 깊이 몰두했던 이승훈(1756-1801)은 1783년, 부연사 일원으로 베이징에 가게 되었고, 거기에서 예수회 소속 그라몽(Jean-Joshep de Grammont) 신부를 만났다. 그리고 다음해 2월, 세례를 받고 베드로라는 영세명을 얻고 귀국했다. 그는 정약용과 그의 형제들을 찾아가 더 이상 학문에 머무는 것이 아니라 종교와 신앙으로 천주교를 받아들여야 한다고 설득했다. 이후, 천주교는 조선 관료사회의 중심부에서 물러나 있던 지식층과 역관들을 통해 전파되기 시작했다.

선교역사에서 보면, 상류층과 하류층, 독서층과 비독서층의 복음 습득

방식이 다르다. 대개 하류층과 비독서층은 실제적 동기, 가난과 고통에 대한 메시지를 통해서 감동을 받는 반면, 상류층과 지식통합 능력이 있는 독서층은 교리나 서적 등을 통해 감동을 받는다. 또한 하류계급은 신적(神的)인 계시나 다른 것이 섞이지 않은 순수한 종교적 감정을 중요시 하지만, 지식층은 진보적이고 고차원적인 윤리적 가르침을 갖고 있어야 비로소 동조를 한다.

천주교의 입교자들 중에서 중심부에 있다가 밀려난 유학의 지식군들은 자신들의 문제제기를 뒷받침할 수 있는 새로운 이론이 필요했다. 중인층은 천주교가 수직적 상하관계가 아닌 수평적 관계를 내세운다고 믿었고, 하층민들은 천주교를 통해 내세 지향적이거나 현실적이며 구체적인 소원성취를 기대했다. 입교 이유는 서로 달랐지만, 이들 모두는 조선의 현실 체제를 부정적으로 보고 있었다.

2. 제사의 문제- 진산사건(신해년 박해)

조선의 천주교 신도들은 스스로 성직자를 뽑고 교구를 조직했다. 스스로 미사를 집행하고, 고해성사를 하고, 교회의 예전들을 집행했다. 중국에서 본 것들을 흉내 낸 것이다. 특히 이승훈과 이벽은 스스로 전도자가 되어 세례를 주고, 또 몇몇 전도자들을 임명했다. 이승훈 등이 활동한 10년 동안 천주교 신자들은 4,000명 이상으로 늘어났다.[6] 그러나 천주교의 교회관에 따르면, 사제 없이 세워진 교회는 교회가 아니다. 따라서 1780년, 조선 천주교에 대한 보고를 받은 베이징교구장 구베아(Alexander de Gouvea)는 사제 없이 행해지는 미사와 성사(聖事)를 인정하지 않았고 대신 영세를 베푸

---

6   이원수, 『한국천주교회사연구』 (서울: 한국교회사연구소, 1986), p.26.

는 것은 허락했다. 이를 계기로 로마 가톨릭은 사제를 파견할 생각을 갖게 되었지만, 실제 조선에 사제가 파견된 것은 그로부터 14년이 지난 후였다.

예수회는 정치·사회적 영향력을 갖고 있는 권력층을 우선 선교의 대상으로 하는 한편, 끊임없이 선교지의 문화를 탐구하고 그 눈높이에 맞춰 복음을 재해석하고 변증하는 '적응주의'를 선교정책으로 채택했다. 선교지의 전통적 종교 심성이 복음의 도구가 될 수 있다고 보았던 것이다. 그것은 하나님의 진리가 교회와 세상을 뛰어넘는 힘을 갖고 있다는 믿음에서 나왔다. 이러한 예수회의 적응주의는 당시로는 새로운 선교 패러다임이었다. 유럽 우월주의나 강압적인 제국주의적 선교방식을 고집하지 않았던 것이다. 적응주의에는 교회와 세상, 제국과 식민국가, 유럽과 아시아, 선교지와 피선교지, 복음과 문화라는 경계가 없었다.

그런데 예수회의 방식은 1631년과 1633년부터 중국 선교에 동참한 도미니칸회(Dominicans)와 프란치스코회(Franciscans)의 반발을 불러왔다. 두 선교회는 "중국의 천주교화가 아니고 천주교의 중국화"라며 예수회의 적응주의를 공격했다. 예수회는 제공사조(祭孔祠祖, 공자와 조상에 대한 제사)를 중국문화로 보았지만 도미니칸회와 프란체스코회는 제사를 문화로 보지 않고 우상숭배로 보았던 것이다.

두 그룹이 갈등했던 이유 중 하나는 이들의 활동지역이 달랐기 때문이다. 예수회는 베이징을 중심으로 선교를 했고, 도미니칸과 프란체스코는 복건성에서 활동했다. 예수회가 권력자들이나 유학 지식군들을 선교 대상으로 삼았던 반면, 복건성에 온 천주교 사제들은 중국의 민초들을 상대했다. 한쪽에서는 제사를 효(孝)와 충(忠)의 상징으로 보았지만, 중국의 민초들은 조상신의 개념으로 여겼던 것이다. 또한 포르투갈을 기반으로 했던 예수회는 선교지(아시아, 아메리카) 사람들이나 유럽인들의 인간적 본성은 같다고 믿은 반면, 스페인을 기반으로 한 프란치스코회(Franciscans)는 유럽 중심적 사고에 경도된 측면이 보다 강했다. 스페인의 대(對) 아시아 선교가

보다 공세적이고 제국주의적인 특성을 지니고 있던 것이 갈등의 또 다른 이유였던 것이다.[7]

도미니칸회와 프린치스코회 선교사들은 예수회의 적응주의를 교황청에 고소했다. 이 고소를 시작으로 교황이 바뀔 때마다 적응주의에 대한 단죄와 옹호가 반복되었다. 1645년, 이노센트 10세(Pope Innocent X)는 이를 금지했고, 1656년 알렉산더 7세(Pope Alexander VII)는 금지를 풀었다. 1704년 클레멘트 11세(Pope Clement XI)가 적응주의를 금지했고, 1723년 이노센트 13세(Pope Innocent XIII)는 다시 이를 옹호했다. 1742년 베네딕트 14세(Pope Benedict XIV)는 또 다시 이를 금지하는 명령을 내렸다.

1790년, 베이징의 주교 구베아(Gouvea)는 조선 지식층 천주교인들이 자문을 구했을 때 조상제사 금지령을 내렸다. 자신의 입장이기도 했고, 바뀐 로마 가톨릭교회의 입장이기도 했다. 베이징의 구베아는 포루투갈 사람이었지만 프란시스코파였다. 그는 제사 문제에 대해 대단히 냉소적이었다. 주교 구베아의 명령에 따라 전라도 진산[8]의 윤지충은 1791년 5월(음) 어머니 권씨(權氏)의 상(喪)을 당하자 이해 8월(음) 그믐에 제사를 폐하고, 위패와 신주를 불태워 땅에 묻었다. 윤지충의 외종사촌 권상연도 죽은 고모의 신주를 불태워 윤지충과 뜻을 같이 했다.

사실 조선 유학(儒學)사회에서 제사는 조상신의 개념이 아니었다. 그것은 충과 효로 대변되는 조선사회의 중추이념의 일환이었고 가치와 신념 체계의 상징이었다. 오히려 유학자들은 길흉화복의 신(神)적인 개념을 배격했다.[9] 윤지충과 권상연은 무군무부(無君無父)의 불효자로 고발되었고 조

---

7   James D. Tracy, Europe's Reformations, 1450-1650 Rowman & Littlefield Publishers, 2006, 참조. Andrew C. Ross, A Vision Betrayed: The Jesuits in Japan and China, 1542-1742 Maryknoll, N.Y.: Orbis, 1994 참조.
8   당시 전라도에 속했으나 1963년 행정개편으로 현재는 충남 금산군 진산면으로 편입되었다.
9   조선사회에서 제사를 '조상신'의 개념으로 이해하는 계급은 하류계급이었고, 보편화되는 시기는 훨씬 이후이다.

선 조정에서는 이 사건을 조선사회에 대한 도전으로 받아들였다. 조선사회는 들끓었고, 좌의정 채제공(蔡濟恭)에게 두 사람의 처형과 천주교를 척결해야 한다는 상소가 끊이지 않았다. 배교할 것을 거부한 두 사람은 결국 사회도덕을 문란케 하고 난행(亂行)했다는 죄명으로 11월 13일(음)에 처형당했다.[10] 이 사건의 영향으로 이승훈(李承薰), 권일신(權日身)이 체포되었고, 최필공(崔必恭) 등 10여 명의 천주교인이 투옥되었다. 이른바 '신해박해(1791년)'는 이런 이유로 일어나게 된 것이다.

당시 조선의 지식사회에서 내세구원의 개념을 이해한 사람은 지극히 드물었다. 기독교의 복음이 구원의 도구요 구속의 진리라는 것을 이해하는 사람도 드물었다. "태극(太極)은 무극(無極)"이라 하여 창조설을 이해하지 못했고, 육과 혼을 뗄 수 없다하여 영혼불멸설 자체를 받아들이지 못했다. 이들에게 천당과 지옥은, 그동안 조선사회가 혐오해 오던 불교의 것과 다를 바 없었다. 바르게 사는 것(理)을 추구하고 행하는 사람은 마땅히 복을 얻게 되겠지만, 선비는 이익(利)을 탐하거나 바라지 않아야 한다고 믿었던 탓이다. 천당을 가기 위해 일부러 의(義)를 행하는 것 자체가 이들에게는 모욕이었다.

진산사건으로 인해 천주교는 조선사회의 가치와 이념을 거부하는 집단으로 비춰졌다. 이후 학문적 동기로 입교한 이들은 거의 모두 천주교회를 떠났고 오직 종교적 동기로 입교한 이들과 천주교회의 명령을 절대적으로 신봉하는 이들만 남게 되었다. 천주교가 갖고 있는 학문의 영역은 약화되고 종교의 영역이 확연히 드러나게 된 것이다.

---

10 두 사람이 처형된 장소는 현재 전주 전동성당이 있는 곳이다.

3. 정치의 문제 – 황사영 백서사건(1801년)

1794년(정조 18년), 로마 교황청으로부터 조선 선교에 관한 전권을 위임받은 주교 구베아는 중국인 신부 주문모(周文謨, 1752-1801)를 파견했다. 최초의 조선 천주교 신부였던 주문모는 베이징을 떠난 지 10개월이 넘은 12월 23일에 조선에 잠입하는 데 성공했다. 그는 정조 임금의 측근으로 남인계 시파(時派)였던 채제공의 은밀한 지원과 정조 임금의 소극적 처신에 힘입어 활발히 활동할 수 있었다. 그런데 이것이 천주교회가 정치에 휘말리는 원인이 되었다.[11]

주문모의 활약으로 하류계급 교인들뿐만 아니라 여성교인들도 증가하여 은언군(후일 철종 임금의 할아버지)의 아내 송씨 부인과 양반집 부녀자들, 궁 안의 궁녀들도 여러 명 입교했다. 평신도 교리연구회인 '명도회'가 조직되어 정약종이 초대 회장이 되었고, 곧이어 중인이요 여성인 강완숙이 명도회를 이끌면서 교인 수는 1만 여명에 이르렀다. 전국적으로 퍼져나가 상민뿐만 아니라 천민계층의 천주교 입교인이 늘어나기 시작했던 것이다.

선교지의 정치그룹이 교회를 지원하면, 그 그룹이 실각할 때 자동적으로 교회는 정치에 휘말리게 된다. 또한 사회의 주변부가 교회를 주도하고 장악하면, 그 교회는 부정적 인식을 받게 되어 있다. 본래 정치권력은 종교가 자신의 지지세력이 되지 않으면 박해하기 마련이고, 주변층이 교회를 주도하면 그 교회의 정체나 생리를 의심하게 되어 있다. 특히, 민초층 교인들의 수가 증가할수록 그 의심은 불안으로 바뀌게 된다.

1799년 채제공이 죽고 이듬해 정조 임금까지 승하하여 벽파가 정권을

---

11 시파(時派)는 조선 후기 사도세자 문제를 둘러싸고 벌어진 붕당대립에서 사도세자를 동정하고 그 아들인 정조의 정책에 편승하는 부류라는 의미로, 벽파(僻派)와 대칭되어 쓰였다. 정조의 정책에 반대했던 벽파에는 대체로 노론의 다수가 참여했고, 반면 정조 지지입장을 가진 시파에는 노론의 일부 및 소론과 남인 일부 세력 등이 참여했다. 원래 벽파는 정조 시대의 정국에서 불리한 위치에 놓여 있었지만, 1800년 정조가 죽고 정순왕후가 수렴청정을 하자 벽파가 정국을 주도하면서 시파가 큰 탄압을 받았다.

주도하게 되자 천주교회에 대한 태도는 일순간에 변했다. 천주교회에 대한 박해는 순조 임금을 대신하여 수렴청정한 정순왕후 김씨의 지휘 아래 무섭게 진행되었다. 이른바 '신유박해(1801)'가 시작된 것이다. 조선 정부는 중인계층의 지지를 받고 있던 최필공을 체포하고 이승훈, 정약종 등과 함께 참수했다. 권철신은 옥사당했고, 배교를 선언한 정약용 등은 유배를 보냈다. 은언군(恩彦君)은 사사(賜死)되었고, 그의 부인 송씨와 며느리 신씨도 사약을 받았다. 자수한 주문모 신부는 효시당했고 숨겨 주었거나 도와주었던 사람들도 처형당했다. 조선 정부는 다섯 집 중 한 집에서 천주교 신자가 적발되면 모두 처벌하는 '오가작통법(伍家作統法)'을 실시했다. 이때 희생된 천주교인의 수는 수백에 이른다.

천주교인들은 절대자가 있다는 생각에 기꺼이 순교했고, 처형당하면서도 적지 않은 수가 조정과 조선의 전통체제에 대해 냉소를 쏟아 놓았다. 내포지역의 백정출신 황일항은 "내게는 천당이 둘 있는데, 하나는 신분에 비해 지나친 대우를 받는 점으로 보아서 지상에 있는 것이 하나요, 다른 것은 내세에 있다"며 "양반과 상민, 임금과 백성의 구별이 없이 구름 타고 오시는 천주 성자 앞에서 심판받는다"고 외쳤다. 정약종은 "나라에는 큰 원수가 있으니 군주이고, 집에도 큰 원수가 있으니 바로 아버지"라고 목소리를 높였고, 조응삼과 최창주 등은 "천주 공양이 우선이고 노부에 대한 봉양은 그 다음"이라고 울부짖었다.

주자학의 신분사회에서 소외되었던 사람들에게 천주교는 '붙들고 울 수 있는 기둥'과 같은 것이었다. 천주교의 교리는 조선의 중심사회에서 주변부로 밀려난 실학자들에게는 자신들의 주장이 틀리지 않다는 것을 입증하는 이론이기도 했다.[12] 천주교에 입교한 사람들은 임금이 아닌 백성(民)을

---

12 남인계 성호학파의 거두요 한국 실학의 효시라 할 수 있는, 이익(李瀷)은 나라의 바탕인 백성은 생산기능을 수행하고, 임금(君)은 백성의 이러한 역할을 돕고 치리하며, 신하(臣)는 임금을 보좌하는 것에 그친다고 주장했다. 경우에 따라, 임금이 없어도 백성(民)은 자립할 수 있다고 보았다. 백성(民)이 임금

나라의 중심으로 보았던 까닭에 임금이 주인이 아니라며 소리쳤다. 그런데 이들의 독기 어린 최후의 유언은 조선 정부를 더욱 자극하는 것이 되었다.

조선 조정은 천주교회를 단순히 종교적 기관이 아니라 기존의 체계를 무너뜨릴 수 있는 정치집단으로 여기게 되었다. 천주교를 향해서는 사신 우귀(蛇神牛鬼)일 뿐만 아니라 나라를 원망하는 반역의 무리, 곧 '원국실지배'(怨國失之輩)라고 선언한 것이다. 서양 오랑캐(外邪)를 끌어들이는 내괴이도(內壞異圖)하는 범죄를 서슴지 않고, 비밀집단의 성격을 가진 불교나 무교와 유사한 이단종교라고 규정했다. 황사영 백서는 이럴 때에 나왔다.

정부의 박해를 피해 숨어 있던 황사영은 충청도 제천 배론에서 체포되었다. 정약종의 사위였던 그는 체포될 때 베이징의 천주교 주교에게 보내려고 비단 천에 쓴 장문의 편지를 지니고 있었다.[13] 이른바 '황사영 백서 사건'이다. 편지에는 다음과 같은 내용이 적혀 있었다.

①조선의 정치 기상도와 천주교회 탄압의 과정과 현황

②박해의 이유, 당쟁의 분석과 상관관계에 대한 역사적 서술

③청국인 교인으로 하여금 국경지대에 점포를 개설하고, 연락 임무를 맡길 것

④청국 황제를 움직여 조선이 천주교를 용납하도록 압력을 가할 것

⑤청국의 공주를 조선 임금과 결혼시켜 청의 뜻대로 움직이도록 할 것

⑥천주교 국가를 움직여 군함 수백 척에 정병 5-6만을 동원하여 선교의 승인을 요구하도록 할 것

황사영은 서양 군대를 동원하고 무력으로 조선 정부를 굴복시켜서라도

(君)을 부양(扶養)하는 것에 대해 임금(君)도 백성에 보혜(報惠)를 베풀어야 한다고 주장하고 있다. 星湖僿說類選, 卷三 下 君臣門一年兩秋, 김영달, "星湖 李瀷의 哲學과 爲民思想研究", 『국사연구』, 조선대 국사연구소, 1979, p.12. 참조.

13 백서는 길이 62cm, 폭 38cm의 흰 비단에 약 1만 3천여 자로 쓰여졌다.

신앙의 자유를 얻어야 한다고 믿었다. 이 사건으로 천주교는 인륜을 저버리는 무군무부(無君無父)의 종교에서 반역의 집단으로 각인되었다. 벽파가 주도하는 조선의 조정은 자신들이 틀리지 않았다는 것이 입증되었다며 한껏 소리를 높였다. 이 일로 인해 천주교에 대해 긍정적 시선을 보냈던 남인계 시파(時派)들은 멸족에 이르게 된 반면, 노론과 남인계 벽파(僻派)는 득세했다. 천주교인으로 순교한 자가 1백여 명에 이르고, 유배된 자가 4백여 명에 이르렀다. 살아남은 교인은 지하로 숨어야 했다.

4. 선교와 권력의 문제

1) 파리외방전교회 선교 방식과 효과

신유박해(1801년) 후 10년이 지나서 천주교는 다시 일어나기 시작했다. 그리고 다시 20년이 흘렀을 때인 1831년, 교황청 포교장관 바르톨로메오 카페랄리(Bartolomeo Alberto Cappellari) 추기경이 교황에 선출되었다. 교황 그레고리 16세(Pope Gregory XVI)는 교서를 발표하여 조선교구 설치를 선언하고, 조선교구를 파리외방전교회(Missions étrangères de Paris)에 전담시켰다. 포교장관 시절, 그는 정하상(정약종의 둘째 아들)을 비롯한 몇몇 조선인들의 편지를 읽은 바 있었고 조선의 딱한 사정도 잘 알고 있었다. 교황은 조선교구를 베이징으로부터 독립시키고, 프랑스인 브루기에르(B. Bruguiere)에게 첫 교구장을 맡겼던 것이다.

당시 청나라의 선교는 대부분 포르투갈계 신부들에 의해 진행되었다. 전술한 대로 베이징주교 구베아는 프란체스코회 신부였지만 포르투갈인이었다. 이로 인해 조선 천주교 초대 교구장인 브루기에르(B. Bruguiere)는 모진 시련을 겪어야 했다. 베이징주교 구베아는 격렬히 반대했고, 청국인 신부 유방제는 청나라의 종주권을 주장하며 조선교구의 독립을 방해했다.[14] 정작 조선 초대 교구장 브루기에르가 압록강을 건너지 못하고 만주에서 죽었던 이유 중 하나가 여기에 있었다.

그럼에도 불구하고 교황의 확고한 신념에 따라 조선교구는 베이징으로부터 독립되었다. 이후 조선은 도미니칸 수도회가 관장하는 프랑스 파리 외방전교회가 주도하게 되었다. 선교역사에는 수없이 많은 선교사 사회(missionary society) 내부의 갈등이 기록되어 있다. 선교는 숭고해도 그것을 주도하는 인간들의 갈등이 선교의 장애가 되었다는 기록이 적지 않다. 그러나 선교는 "불이 붙어도 타버리지 않는 수풀"과 같은 것이고, 인간이 주도하는 것 같지만 하나님이 진행시키시는 것이다.

자녀들이여! 소원이 이루어졌습니다. 교황님께서 여러분이 서한을 통해 청한 유럽인 주교를 어떤 중국인과 함께 가도록 하셨기 때문입니다. 조선에 있는 양들에게 목자가 없다는 소식이 여러분들로부터 우리에게 전해졌을 때, 우리는 조국을 떠나 다른 대목구(代牧區))[15]를 맡고 있었으나 교황님께 서한을 올려 빵을 청하는 이들에게 그것을 쪼개어 나누어 줄 사명을 지닌 주교들을 파견해 주실 것을 줄곧 청해 왔습니다. 그러니 빨리 우리에게 오기 바랍니다. 우리는 이미 출발하였고 여행길에서 여러분을 쉽게 알아 볼 수 있도록 여러분에게 확실한 신호를 보냅니다. 조선왕국에 도착하면 그곳에서 우리는 죽음에 이르기까지 온 삶을 바칠 것입니다. 여러분의 위로를 위하여 성사를

---

14 당시 한국의 천주교인들은 유방제의 획책에 따라 브루기에르의 입국을 거절하는 편지를 베이징교구로 보내기도 했다.

15 정식 교계제도가 설정되지 않은 지역의 교구로서 교황청에서 직접 관할하며, 정식 명칭은 교황대리감목구(Vicariatus Apostolicus)이다. 이 교구의 장(長)은 대목 또는 대목구장으로 불렸다. 이 제도는 17세기 이후 정식교구로 설정되기 어려웠던 지역이나 새로운 선교지였던 아시아에서 시행되었다. 1784년 처음 창설될 때 조선 천주교회는 베이징(北京)교구에 속했으나 이후 1831년 베이징교구에서 독립하여 조선대목구가 되었다. 한국 천주교회의 13개 대목구가 정식 교구로 승격한 것은 1962년 3월 10일이었다.

거행하고 성교회의 경계를 넓혀 나갈 조선인들을 사제로 서품할 것입니다. 이제 우리는 매일 기도 중에 복되신 동정녀와 모든 천사들의 보호에 여러분을 맡깁니다. 하느님께서 여러분에게 축복하시기를…

1832년 9월26일

교황 대리 강목 바르톨로메오 주교[16]

프랑스 남부 카르카손(Carcassonne) 교구 신학교 교수를 지낸 브루기에르는 역시 신학교 교수 경험이 있는 중국 쓰촨성 선교사 앵베르 신부(Laurent-Joseph-Marius Imbert, 범세형(范世亨)), 모방 신부(Pierre Philibert Maubant, 나백다록(羅伯多祿))와 샤스탕 신부(Jacques Honor Chastan, 아각백(鄭牙各伯))를 조선 선교사로 영입했다. 교황에게는 조선 국경 인근에 조선인 신학교를 설립할 수 있도록 해달라고 요청했다. 그리고 장차 임명될 조선인 사제들이 라틴어에 능통하지 않더라도 약식 전례를 할 수 있도록 배려해 달라는 제안도 했다. 조선교구 소속 사제들이 모든 교회직분과 교회법적 권리를 행사할 수 있도록 보장해 줄 것도 건의했다.

브루기에르는 선교지에 교회를 조직하여 현지인 성직자를 양성하고 그들에 의해 교회를 운영하는 선교방식을 채택했다. 선교지에 자립교회와 현지인 성직자 양성이 우선 목표이고, 새신자 교육, 비신자를 개종시키는 순으로 선교정책을 폈던 것이다. 조선에 입국한 첫 서양인 사제 모방 신부가 김대건, 최양업, 최방제 등 세 명의 조선인 신학생들을 마카오로 보내 공부시킨 것도 브루기에르 선교정책의 일환이었다. 최초의 한국인 신부로 기록된 김대건 (1821-1846) 신부는 조선인 사제 양성을 주장해 온 파리외방전교회의 첫 결실이었던 것이다.

비록 첫 교구장 브루기에르는 한국에 들어오지 못하고 만주에서 세상을

---

16 브루기에르 주교가 조선 교인들에게 보낸 서한

떠났지만 그가 영입한 앵베르와 모방, 샤스탕 신부는 조선에 잠입하는 데에 성공했다. 그들은 조선어를 공부했고, 경기도와 충청도 천주교인들을 은밀히 방문했으며, 200여 명에게 세례를 주었다. 그들은 각각의 선교지에서 평신도 지도자들을 세웠고, 이들을 교리교사로 임명했다. 조선인 평신도 지도자들의 노력으로 이들은 1837년 한 해 동안 1,237명에게 세례를 주었고, 2,087명에게 고해성사를 들었으며, 1,950명에게 성례를 집전할 수 있었다. 파리외방전교회 선교사들이 입국한 이후 조선의 천주교 신자는 9천여 명 이상으로 다시 증가했다.

천주교인들이 다시 불어나는 것을 기화로 조선 조정 내부는 다시 치열한 권력투쟁을 시작했다. 그것은 천주교에 대해 온건하게 입장을 바꾼 안동 김씨와 천주교 박해를 통해 김씨 가문을 약화시키려했던 풍양 조씨 일파 간의 싸움이었다. 1834년 11월, 순조 임금이 승하(昇遐)하고 순조의 손자인 헌종이 8세로 왕위에 오르자, 순조의 정비(正妃)인 순원왕후(안동 김씨)가 수렴청정을 하게 되었다. 순원왕후 김씨는 정순왕후와 달리 천주교에 대해 비교적 관용적이었다. 아들 효명세자가 세상을 떠나자 천주교에 대한 박해 때문일지 모른다는 죄책감을 가지고 있었고, 더욱이 정사를 보필하고 있던 오빠 김유근(金逌根)이 천주교에 입교한 것도 그 이유였다.

그러나 후일 대비(大妃)가 되는 효명세자의 부인 풍양 조씨가 이를 비판했고, 김유근의 후임으로 우의정 이지연(李止淵)이 조정을 주도하게 되자 천주교 박멸을 획책했다. 1939년 3월, 그녀는 이지연을 통해 시어머니 순원왕후에게 '천주교박멸책'을 올렸고, 헌종의 외삼촌인 조병구를 통해 〔천주교박해법령〕을 선포했다. 이른바 '기해교난'(1839년)이 시작된 것이다. 풍양 조씨의 벽파가 새로운 정치권력으로 등장하면서 조선 조정은 사서(邪書)를 강습하여 인심을 미혹했다는 죄목으로 119명의 교인을 투옥했다.

79세의 노파 정아가타와 14세의 소년 유베드로, 심지어 5세의 어린 소녀도 고문을 당했다. 천주교인 김순성(또는 김여상)의 제보로 유진길이 잡혔고, 정하상, 조신철 등 조선 천주교회의 평신도 지도자들이 체포되어 서소문 형장에서 처형당했다. 순교자를 자처하며 자수한 앵베르 주교와 모방 신부, 샤스탕 신부도 새남터에서 효수당했다. 당시의 기록인 『긔히일긔』에 의하면 참수된 순교자가 54명, 옥중이나 장형(杖刑) 또는 병들어 죽은 자가 60여명에 달했다.[17] 그리고 포도청 기록인 『포청초기』(捕廳草記)에는 선교사들이나 교인들이 "전혀 겁 없었고, 죽음을 낙으로 보며, 참기를 목석같이 하고, 그 독함은 양이 죽음을 무서워하지 않음과 같았다"고 기록되어 있다. 조선 조정이 두려워할 만큼 신앙의 힘은 크고 강했다.

2) 파리외방전교회와 정치권력

(1) 병인년 박해와 병인양요(1866년)

기해년 박해로부터 7년이 지난 1846년에 최초의 조선인 신부 김대건도 순교를 당했지만 천주교의 불길은 사그라지지 않았다. 앵베르 주교에 이어 제3대 조선교구장에 임명된 페레올(Jean Joseph Ferreol) 신부가 병사했지만, 교인들의 수는 수직적으로 증가했다. 그것은 베르누[Simon Francis Berneux, 장경일(張敬一)] 등 젊은 선교사들의 헌신 때문이었다. 1865년(고종 2년)에 조선 천주교인의 수는 2만 3천여 명에 달했고, 선교사도 12명이나 되었다.

---

17 『긔히일긔』 참조. 『긔히일긔』는 천주교인 현석문(玄錫文)이 지은 1839년 기해년(己亥年) 박해 때의 순교자전(殉教者傳)이다. 그는 3년여 기간에 걸쳐 자료를 수집하여 1842년에 탈고했다. 원본은 발견하지 못했지만, 사본은 뮈텔 주교가 어느 신도의 집에서 우연히 발견하여 1905년에 서울에서 출간했다. 조선교구의 제2대 교구장인 앵베르는 기해년에 박해가 일어나자 곧 순교자들의 사적을 기록하기 시작했다. 그렇지만 자신도 조만간에 체포될 것을 우려하여, 정하상(丁夏祥), 현석문 등에게 순교자의 사적을 면밀히 조사하여 기록하는 일을 계속하도록 명했다. 천주교 평신도선교회장 현석문은 거지행세를 하며 순교자들의 행적을 수집, 기록했다. 이 책의 총론에 의하면 110명이 순교한 것으로 되어 있으며 본론에는 78명(여성순교자 50명 남성순교자 28명)의 행적이 실려 있다. 로마 베드로대성당에서는 1925년 7월 5일 『긔히일긔』에 실린 순교자들과 김대건 등이 순교한 1846년의 순교자 중에서 79명을 뽑아 복자위에 올렸다.

1866년 초에 대원군은 〔천주교금압령(禁壓令)〕을 내려 프랑스 신부와 조선인 천주교 신자 수천 명을 학살했다. 일명 '병인교난'(1866년)이 일어난 것이다. 그런데 학살의 이유는 그 이전과 달랐고 여기에는 조선의 권력 장악을 둘러싼 정치적 이유가 있었다. 당시 정치 헤게모니를 잡기 위해 대원군과 풍양 조씨 일파 간에 치열한 각축이 있었는데, 조선 정치를 장악하려는 이들의 눈에 비친 천주교는 거대한 서양의 정치권력이기도 했다.

파리외방전교회 신부이며 천주교 역사가인 달레(Claude Charles Dallet)는 대원군이 프랑스 선교사를 통하여 프랑스와 접촉을 하고, 당시 조선을 위협하던 러시아의 남하를 견제하려 했다고 진술하고 있다. 그는 프랑스 선교사들이 대원군의 이러한 제안을 믿지 못해 결국 박해를 초래했다고 주장했다.[18] 대원군과 접촉을 시도한 당사자이며 천주교 조선교구장이었던 베르누(Siméon-François Berneux)에 의하면, 대원군은 천주교나 선교사들을 적대시 하지 않았고 러시아를 막아 주면 종교의 자유를 인정해 주겠다고 했다.

그런데, 베르누 주교가 보낸 2차 서신이나 베이징주재 프랑스 공사관 마르탱(Ch. Martin)이 기록한 『1866년의 조선원정』을 보면, 프랑스는 굳이 대원군이라는 특정 정치세력이 아니라 '조선'이라는 나라와 교류하려 했다. 이를 이용하여 정치 중심에서 밀려난 신정왕후와 풍양 조씨 세력이 프랑스와 독자적으로 접촉하려 했다는 것이다. 프랑스 기록에 의하면, 풍양 조씨 일파는 프랑스에 군함 파견을 부탁하여 이를 기회로 해서 다시 정국의 주도권을 잡으려 했다.[19] 이러한 계획이 시행되기도 전에 대원군의 귀에 들어가게 되었고, 이에 따라 병인년 박해가 일어났다는 주장이 있다.

병인년 박해로 인해 프랑스 파리외방전교회 소속 선교사 12명 중 9명이

---

18 달레는 병인년 박해 때 살아남은 리델(Felix Clair Ridel)과 깔레(Alponse Nicolas Calais)의 기록을 바탕으로 이 같이 주장했다.

19 H. 쥐베르, C. H. 마르탱 지음, 유소연 옮김, 『프랑스 군인 쥐베르가 기록한 병인양요』(서울: 살림출판사, 2010) 참조.

잡혀 처형되고 3명만 화를 면할 수 있었다. 그중 리델(Felix Clair Ridel, 1830-1884)이 중국으로 탈출해 박해소식을 알리면서 보복원정을 촉구했다. 프랑스공사 벨로네(Bellonett, H. D., 伯洛內)는 조선이 병인박해를 단행했으므로 '병인사옥의 공범자'라고 청국 정부를 비판했다. 그리고 청나라의 승인 아래, 조선에 대해 선전포고를 하고 주중(駐中) 프랑스 함대 사령관 로즈(Roze, P. G. 魯勢, 1812-1882)에게 조선을 공격할 것을 명령했다. 이에 로즈는 프랑스 함대를 이끌고 조선을 침략했다. 종교의 문제가 조선과 프랑스 간의 군사적 충돌로 확대되었던 것이다.

그때 리델 주교는 프랑스 극동함대 사령부 로즈 제독의 요청으로 최선일, 최인서, 심순여 등 조선 신자 3명과 함께 군함에 승선했다. 그리고 1866년 9월과 10월, 두 차례 걸쳐 한강으로 들어가는 뱃길을 안내했다. 이 과정에서 그는 강화도를 점령한 프랑스 군인들이 살육과 강간, 약탈, 방화 등 갖은 만행을 저지르는 것을 보고 이렇게 소리쳤다.

"오! 그건 아니다. 조선의 교인들이 프랑스 함대에 길을 안내한 것은 프랑스가 자기 나라를 점령하지 않을 것이며 … 유일한 희망사항인 천주교를 마음껏 믿을 수 있는 자유를 얻으리라고 생각해서다. … 프랑스인들은 이들의 신의를 배반했으며 이들을 기만했다. [20]

결국, 이 사건은 조선 정부가 믿었던 것처럼, 천주교가 정치세력 그 자체이며, 천주교회가 서양 제국주의의 주구라는 것을 확인시켜 주는 계기가 되었다. 천주교회가 단순히 종교집단이 아니라 거대한 정치집단이라는 것을 보여준 것이다.

---

20 펠릭스 클레르 리델(이복명) 저, 아드리앵 로네 편저, 유소연 역 "1866년 병인양요 보고서", 『나의 서울 감옥 생활 1878』(서울 : 살림, 2008) 참조; 프랑스 선교사 리델의 19세기 조선 체험기.

(2) 신축민란(1901년)

분명, 로마 가톨릭은 거대한 정치권력이었고 천주교 신부들은 이를 활용했다. 그런데 교회를 그대로 이식하는 것을 선교로 간주하면 가톨릭교회를 위해 어떠한 수단과 방법을 가리지 않고 행동하게 되고, 반드시 선교지와 충돌하게 되어 있다. 전달층의 행동양식만 강조될 뿐 수용층의 동의가 무시되기 때문이다. 천주교회가 신앙의 자유를 얻었을 때 이러한 생리(生理)가 곧바로 드러났고, 제주도에서 일어난 '신축민란'은 그것을 극명하게 증명했다.

고종 23년(1886년), 조선과 프랑스 사이에 〔통상수호조약〕이 체결되었고 천주교회는 비로소 신앙과 선교의 자유를 갖게 되었다. 프랑스 선교사들은 '호조'(護照)를 가지면 조선 각지를 다닐 수 있게 됐으며, 마음껏 선교와 교육 사업을 할 수 있게 되었다. 그렇지만 그것이 그동안 단절되어 있던 조선 사람들과의 복음적 소통을 의미하는 것은 아니다.

고종 임금이 스스로를 '광무황제'라 칭하고 이 나라가 더 이상 중국의 속국이 아니라고 선언했을 때, 한국사회에는 전통적인 사대주의와 강대국들의 압박을 극복해야 한다는 의식이 팽배했다. 그런 때에 천주교인들은 천주교회를 해방구로 여기는 것 같이 행동했다. 그 뒤에 프랑스 정부가 있었기 때문이다. 천주교회를 내세워 염전에 나가 주인 허락도 없이 멋대로 소금 한 섬을 짊어지고 나오는가 하면, 성당에 형틀을 갖춰 놓고 마음에 들지 않는다고 사람들을 잡아다가 사형(私刑)했다. 조선 관리들도 천주교도를 자칭하며 범법을 저지르고 천주교회로 숨어버린 그들을 함부로 체포할 수 없었다.[21]

광무 5년(1901년), 3월 5일에 천주교신도회장 박토마스가 퇴임하는 전임 제주목사 이상규에게 자신의 전 재산을 뺏겼다며, 교인 10여 명을 인솔해

---

21   강용삼외, 『대하실록 제주30년사』 (서울: 태광출판사, 1984), p.116.

그 앞에서 행패를 부렸다. 3월 18일에는 프랑스 신부 구마슬(M. Lacrouts)이 구속되어 있는 유배 죄인 이범수가 천주교인이라며 옥문을 부수고 그를 풀어 주었다.[22] 살인, 부녀자 강간 및 강탈, 도둑질을 저질러도 체포하지 못했고, 오히려 천주교인들을 비방하거나 언쟁을 벌인 사람들을 성당에 끌어다가 매를 치거나 가두었다. 오래된 신당은 파괴되었고, 크고 작은 불법행위가 천주교회의 이름으로 저질러졌다.[23] 제주도민의 반천주교 의식이 더욱더 확대된 것은 당연했다.

결국 이런 분위기는 일명 '신축민란'으로 발전했다. 1901년 5월 15일, 장두 이재수가 이끄는 제주 민군(民軍)은 척사기(斥邪旗)를 앞세우고 제주성을 공격했다. 이재수는 천주교도들을 찾아내어 죽였고, 제주에 유배 중이던 천주교인 최형순도 죽임을 당했다. 민군이 제주성에 입성한 5월 28일과 29일, 이틀 동안 3백 명의 천주교도가 피살되었고, 살육은 2개월간이나 계속되었다. 결국 이재수 등 신축민란의 주모자들은 서울로 압송되어 재판에 회부되었고 한성감옥에서 교수형에 처해졌다. 프랑스 정부는 조선 정부에 배상금 5,160원을 요구했고 이 배상금을 갚기 위해 제주 3개의 읍에서 별도의 세금을 거두어야 했다. 이자를 포함한 배상금 6,315원은 3년 뒤인 광무 8년이 돼서야 갚을 수 있었다.

5. 여언

조선과 천주교 선교 사이에는 결코 일치할 수 없는 대립점이 있었다. 처음부터 로마 가톨릭의 선교는 교황이 우선이라는 울트라몬타니즘적 사고가 있었고, 천주교 교회 이식 자체가 선교의 목적이었다. 천주교회는 교회

---

22 김윤식《속음청사》(續陰晴史) 광무 5년(1905년) 3월 18일자.
23 황성신문』 광무 5년 6월 21일자.

가 세상을 주도해야 한다고 믿었고, 천주교회의 수직적 계급문화, 천주교회에 대한 충성 그 자체가 복음의 실천이라는 인식도 있었다. 전달층의 논리가 우선 되었으므로 조선의 문화나 전통적 체계는 자동적으로 비하되었다. 한국의 문화나 상황에 대한 진정한 이해는 존재하기 어려웠다. 천주교회는 소외세력과 불만세력의 장(場)에 머물렀고, 그러한 이유로 신앙의 자유를 얻었을 때, '힘의 신앙'으로 표출되었다. 선교 초기부터 조선에서 천주교회는 종교권력이요 정치권력으로 인식되었다.

선교는 전달층의 논리와 사고를 일방적으로 전파하는 것이 아니고, 모교회를 그대로 이식하는 것도 아니다. 또한 정치적 힘의 논리로 퍼지는 것이 아니다. 적극적이든 소극적이든 수용층의 동의가 있어야 하고, 교회의 이식이 아니라 복음의 이식이 선교이다. 순교는 위대하다. 그 감동은 이루 말할 수 없으며, 순교자의 뒤를 따라야 한다는 강한 의지도 솟구치게 한다. 숭고하다는 말로도 그 위대성을 제대로 표현할 수 없다. 그러나 순교의 피가 곧 올바른 선교의 척도는 아니다.

한국 선교의 역사에서 로마 가톨릭교회의 선교는 권력의 집단이라는 유럽에서의 생리를 극복하지 못했다. 그래서 천주교회를 그대로 이식하는 것을 선교로 알았다. 여기에 너무 혹독하게 박해를 받아서 지하교회, 혹은 섹트적 교회가 갖는 생리가 보태졌다. 교회 바깥과의 소통이 원활하지 못했고, 선교지 민족과의 교류도 원활하지 않았다. 천주교가 100년이나 앞서 선교했음에도 불구하고, 개신교회와 달리 한국사회의 향도(向導)가 되지 못한 이유이다.

2장

토마스

Robert Jermain Thomas
1840-1866

천주교에 대한 박해가 극심할 때인 1866년 9월 5일, 평양 대동강변에서 27살의 젊은이가 노기에 휩싸인 조선 군민들에 의해 죽임을 당했다. 기록에는 두 손에 성경책이 들려있었고 그의 입술에서는 '예수'라는 외침이 있었다고 쓰여 있다.

죽임을 당한 젊은이는 웨일즈 출신의 영국인이었다. 제너럴셔먼호에 탔던 24명 중 한 사람으로, 다른 4명의 백인, 18명의 말레이시아인 선원, 1명의 중국인과 함께 미지의 나라에 왔다가 참변을 당했다. 낯선 땅에서 그는 왜 죽어야 했으며, 난도질당하여 죽는 순간까지 무엇을 하려고 했던 것일까? 또한 왜 조선 사람들은 한사코 그를 거부했을까?

I. 선교사가 되기까지

1) 회중교회의 전통

토마스(Robert Jermain Thomas)는 1840년 영국 웨일즈의 라드너셔 카운티(Radnorshire County) 레이야더(Rhayader)에서 태어났다.[1] 그의 아버지 로

---

1 토마스의 출생기록은 두 가지 설이 있다. 1839년과 1840년이 있는데, 토마스는 스스로 1840년이라고 밝히고 있다.

버트(Robert Thomas)는 회중교회 목사였고 그는 2남 3녀 중 둘째 아들이었다. 토마스는 아버지의 부임지인 웨일즈 어버가버니(Abergavenny) 근처 작은 마을 래노버(Llanover)의 하노버 회중교회(Hanover Congregational Church)에서 유년기와 청년기를 보냈다. 아버지의 영향 아래, 토마스는 전형적인 회중교회의 일원이 되었다.

회중교회는 '만인사제론'(萬人司祭論)을 실천하려고 애쓰는 교회이다. 따라서 평신도들의 자발적 설교를 장려하고 젊은이들에게도 자주 설교할 수 있는 기회를 주었다. 토마스는 회중교회에 정식으로 입교가 되는 15살 때부터 설교할 수 있었다.

공화주의자 크롬웰(Oliver Cromwell)은 만인사제론을 강력히 지지했다. 그런 이유로 크롬웰 정권 아래에서 회중교회는 활발히 활동할 수 있었다. 그렇지만 왕정복고 이후에는 국가와 국가교회로부터 박해를 받아야 했다. 공식적으로 회중교회는 1689년의 〔종교자유령〕에 의해 자유를 보장받았다. 그렇지만, 실제로는 1828년 "비국교 부류들"에 대한 특별법이 폐지되고 모든 대학, 모든 공무직과 군사직을 개신교 "비국교 부류들"에게도 공정하게 열어 놓으면서 비로소 평등과 자유를 얻을 수 있었다.

회중교회는 수직적 체제의 성공회와 달리 각 지역교회가 독립적이었고 독자적이었다. 지역교회들은 자신들 스스로 만든 정치규칙에 의해 목사, 교사, 장로, 집사를 선출했다. 교회들은 서로 돕고 각 교회 대표들이 모여 모든 교회에 해당되는 문제들을 신중하게 고민하고 토론하지만 타 교회에 대해 어떤 간섭도 할 수 없었다. 교회 모임에서 중론을 모아 어떤 결정을 해도 반드시 따를 필요는 없었고, 그것을 회중교회의 특권이라 믿었다. 토마스는 이런 분위기에서 태어나고 성장했다. 결국 이 회중교회적 특성이 그를 순교자로 만든 이유가 되었다.

교회생활에 적극적이었고 여느 사람들보다도 더 복음적 열정에 불탔던 토마스가 선교사를 꿈꾸는 것은 당연했다. 그는 중국에 선교사로 가겠다고 결심하고 1856년 회중교회 계통의 신학대학인 런던대학교(Uniersity of London) 부속 뉴칼리지(New College)에 지원했다. 그러나 한 살 어린 탓에 대학 당국은 그의 간청을 물리치고 1년 늦추어 입학을 허락했다.

뉴칼리지에서의 토마스에 대한 기록은 여느 신학생들과 달랐다. 교수들이 그의 문제를 가지고 15차례나 교수회를 가질 만큼 토마스는 문제학생이었다. 1859년 9월 28일, 2년의 학업을 마친 토마스는 갑자기 휴학하겠다며 대학 당국에 통고했다. 교수회의록에는 다음과 같은 기록이 있다.

건강이 좋지 않아서 이번 학기에는 대학에 돌아갈 수 없습니다. 그러나 별 불편 없이 설교는 계속할 수 있어 다행입니다. 제가 향후 잠시 기거하게 될 렉스햄(Wrexham)시 일대는 저의 설교능력을 연습하고 증진시킬 수 있는 풍부한 영역을 제공하고 있습니다. 뉴칼리지에서 2학년 동안 공부하면서 저는 기독교적 사역과 책임의식을 더욱 갖게 되었습니다. … 저는 이번 방학에 학사학위 과목들을 열심히 공부하였습니다. 여러분들께서 허락해 주신다면 다음 달에 학위를 신청했으면 합니다.[2]

토마스의 일방적 휴학 통고에 교수사회가 들끓었다. 휴학을 해야 할 정도로 건강이 좋지 않다면서 어떻게 설교를 할 수 있으며, 심지어 자신은 충분히 공부했으니 2년 앞당겨 졸업을 시켜달라고 하느냐는 것이 문제가 되었다. 교수들은 토마스가 엉뚱한 요청을 하고 있다고 비판했고 194차 교수회의에서는 "자의로 휴학해 버린 사실을 실질상의 퇴학으로 간주"해야 한다는 강경한 입장이 결의되었다.

그러나 학문적 능력이 뛰어났던 토마스는 런던대학교의 학위시험을 통과하여 속성으로 문학사(B. A.) 학위를 받았다. 물론 런던대학교의 학사

---

2   *Minutes of Council*, New College, London Vol II, 항목 1963, 1859년 10월 3일자 192차 교수회의록.

를 취득한 것이지 목사자격을 얻은 것은 아니었다. 당시 영국 대학교육 제도는 신학생인 경우 신학대학(Church College)에 다니면서 소속 대학교(University)에서 학위를 받을 수 있었지만 목사자격 여부는 신학대학의 권한이었다. 토마스는 뉴칼리지가 런던대학교에 속해 있었기 때문에 런던대학 문학사를 받을 수 있었지만, 뉴칼리지에서 퇴학처분을 받았기에 목사자격 취득이 불가능했던 것이다. 후에 토마스는 교수회의에 자신의 경솔함을 공식적으로 사과하고 재입학을 요청했다. 뉴칼리지도 그의 사과를 받아들이고 복교를 허락했다.

2) 웨일즈 부흥운동 아래에서

처음 토마스가 휴학하려 했을 때, 대학 당국은 그가 회중교회를 떠나 성공회로 이적하려는 것은 아닐까하는 의심을 가졌다. 그러나 토마스는 순교할 때까지 회중교회의 속성을 버리지 못했다. 그가 휴학하려고 했던 것은 그 당시 웨일즈 지방에 불어 닥쳤던 부흥운동의 여파였다.

17세기부터 웨일즈를 비롯한 영국의 전역, 곧 잉글랜드, 아일랜드, 스코틀랜드에서는 여러 차례 부흥운동이 일어났다. 18세기에 들어와 웨일즈라는 독특한 지역적 기질과 미국의 제1차 대각성운동의 기류가 만나면서 영적각성운동은 보다 강력해졌다. 조나단 에드워즈(Jonathan Edwards), 길버트 테넌트(Gilbert Tennent), 조지 휘트필드(George Whitefield), 테오도르 프릴링하이젠(Theodore J. Frelinghuysen) 등이 미국의 1차 대각성운동을 이끌었을 때, 웨일즈에서도 강력한 부흥운동이 일어났다. '능력의 세례'를 외쳤던 이 운동은 하웰 해리스(Howell Harris)와 다니엘 로랜드(Daniel Rowland)에 의해 여러 해 동안 계속됐다.

그렇지만 이 운동이 계속 이어지지는 못했고, 한동안 잉글랜드의 회중교회는 유명무실하다는 평을 들을 정도로 쇠락했다. 교회는 갈수록 쇠약해지고 교인들의 신앙은 소멸하는 듯했다. 신앙의 자유를 얻기 위해 정부와 투쟁하는 과정을 거치면서 열렬했던 신앙 열정이 급속히 식어갔던 것이다.

그런데 18세기에 시작되어 19세기까지 이어진 존 웨슬리(John Wesley)의 감리회 부흥운동으로 영국의 비(非)주교회들은 다시 생동감을 되찾았다. 특히 회중교회와 침례교회가 크게 덕을 보았다. 교인들이 다시 늘어났고 교회에는 생동감이 넘쳤다. 수많은 교회들이 새로 설립되었고 새로운 열정이 일어났다. 이 흐름은 전도와 주일학교 교육, 그리고 해외선교로 이어졌고, 성경보급과 기독교 문학들이 다시 활성화되었고, 다양한 자선활동들이 넘쳐났다. 1832년에는 잉글랜드와 웨일스의 회중교회들이 연합기구를 형성할 수 있었다. 토마스의 아버지(Robert Thomas)가 담임하고 있던 웨일즈 라드노주(Radno-Shire) 레이야더(Rhayader) 교회에 200명 이상의 새신자들이 몰려왔던 것도 이러한 이유였다.[3]

잠시 주춤하던 영적 각성의 흐름은 1857년, 또다시 발흥했다. 그것은 뉴욕 풀턴가의 교회 3층에서 정오기도회를 시작했던 제레미아 람피에르(Jeremiah Lamphier)로 인한 것이었다. 미국의 2차 대각성운동의 시작이었던 것이다. 정오기도회는 교회부흥으로 연결되었고, 부흥되지 않은 교회가 없을 정도였다. 한창 때는 매주 5만 명이 교회로 돌아왔고, 부흥이 일기 시작한 2년 동안 매주 평균 1만 명이 회심하는 역사가 나타났다. 1857년부터 1859년까지 2년 동안 미국 전체 인구 3000만 명 가운데 100만 명 이상이 회심했다. 이 거센 물결이 영국으로 몰아친 것이다.

이미 여러 차례 영적 각성을 경험한 웨일즈는 1859년, 뉴욕의 정오기도회에 참석했던, 감리교 목사 험프리 존스(Humphrey Jones)와 그가 초청한 데이비드 모건(David Morgan)에 의해 또다시 부흥운동의 물결 속으로 빨려 들어갔다. 1859년 한 해 동안만 영국에서 11만 명 이상의 교인이 증가했다.

---

3 토마스는 이곳에서 태어났고 8살이 되던 해에 아버지가 하노버 회중교회 목사로 이전하면서 하노버에서 자랐고, 뉴칼리지에서 공부하기 전까지 살았다.

형식적인 신앙인들, 술주정꾼들, 회의론자들, 탕자들, 대학생들, 상인들, 부자와 가난한 자 가릴 것 없이 각계각층의 사람들이 회심을 체험했다. "웨슬리와 휘트필드 이래 런던이 그렇게도 깊은 감화를 받은 때가 없었다"는 증언이 나왔다. 웨일즈 출신 회중교회 목사인 로이드 존스(David Martyn Lloyd-Jones)는 이 운동을 "참된 부흥"이라고 평가했고, 이 부흥운동을 직접 목도했던 토마스 필립스는 "이보다 더 강력한 부흥은 없었다"고 흥분했다.[4]

휴학 당시, 토마스는 웨일즈 부흥운동 한 가운데 있었다. 웨일즈 렉스햄(Wrexham)에 불어온 부흥운동 속에서 열정적으로 설교할 수 있었고, 그것은 그의 신앙을 충족시키기에 충분했다. 이미 유능한 설교가였고, 북웨일즈의 영국인 회중교회에서 그를 담임자로 요청할 정도였다. 2년간 공부했으므로 더 이상 신학 수업이 필요 없을 수 있었다. 만약 그가 성직자가 되고 중국 선교사가 되려했던 꿈을 포기했다면 유능한 평신도 설교가가 되어 회중교회를 이끌었을 것이다.

복교 후 2년 반이 지났을 때, 토마스는 대학 당국에 선교사로 중국에 갈 수 있도록 조기졸업을 시켜달라고 간청했다. 그리고 웨일즈 부흥운동 당시 렉스햄(Wrexham)에서 설교활동을 했던 것을 2년간의 신학실습 교육으로 인정해달라는 요청도 첨부했다. 물론 교수회의는 4년간에 마쳐야 할 과정을 이수하지 않고 졸업시켜달라는 그의 간청을 거절했다. 그러나 토마스는 포기하지 않고 또다시 '조기졸업요청서'를 보냈다. 중국 선교에 관한 열정이 높았고 그래서 졸업까지 기다릴 수 없었던 탓이다. 뉴칼리지 교수회의록에는 다음과 같은 내용의 토마스의 편지가 기록되어 있다.

이번 여름에 중국에 가도 되겠습니까? 거기는 지금 사람이 없어서 야단입니다. 새 선교지 개발 때문이 아니라 이미 시작한 일터에서 병과 자금난으로

---

4   Thomas Phillips, *The Welsh Revival; Its Orign and Development Edinburgh*, The Banner of Truth Trust, 1860 참조.

선교사업을 계속하지 못할 형편입니다. 빨리 가야 합니다. … 내가 영국에서 일을 하는 것이라면 굳이 과정 단축을 바랄 이유가 없습니다. 언어의 어려움에 귀가 익숙하려면 시간이 금과 같기 때문입니다.[5]

그때, 웨일즈에는 독일인으로 네덜란드선교회에 소속한 귀츨라프(Karl F. A. Gützlaff)의 활약상이 학생들에게 퍼지고 있었다.[6] 토마스는 뉴칼리지 도서관에 비치된 귀츨라프의 『중국 조선 등지에의 항해기』[7]를 읽고 중국 선교에 대한 열정을 더욱 불태우고 있었다. 그러나 아무리 토마스의 열정이 뜨거워도 그의 성급한 요청이 받아들여질 수는 없었다. 결국 그는 졸업시험에서 모든 과목을 통과하고서야 졸업할 수 있었다.

토마스의 졸업성적은 우수했다. 자연신학, 조직신학, 설교학, 고전문학, 목회학, 교회사 등에서 우수한 성적을 획득했고, 특별히 그의 설교는 경탄을 금할 수 없다는 평을 받았다. 특별히 18개월 동안 의학 과목들도 공부했다. 교수들로부터 무례하다는 비난과 오해도 받았고 인격파탄자라는 악평도 들었다. 그는 정성스럽게 선교를 준비했지만, 그 준비과정에서 겪지 않아도 될 여러 시행착오를 겪고 과오를 저질렀다. 그 모든 것들이 지나치게 성급했던 선교적 열정에서 비롯된 것이다.

---

5 *Minutes of Council*, 220차 1862년 3월 3일자 교수회의록.

6 귀츨라프는 중국 해안선을 따라 선교여행을 하다가 조선의 고대도에 상륙하여 한문으로 된 성경책을 남기고 감자재배법을 알려 주었다. 토마스는 귀츨라프의 모범을 좇으려 했다. 당시 귀츨라프는 중국 선교 영웅 중 한 사람이었다. 허드슨 테일러가 귀츨라프를 가리켜 "중국 선교의 아버지"라고 호칭하고 중국 내지 선교를 결심한 것을 보면 유럽에서의 귀츨라프의 인기는 상당했다.

7 *Journey of Three Voyages along the Coast of china in 1831, 1832 & 1833 with the Notices of Siam, Corea and the Loo-choo Island*, London, Frederick Westley & A.H. Davis, 1834

2. 중국 선교사 토마스

　1863년 5월, 신학대학을 졸업한 토마스는 런던선교회 이사들과 면접을 가졌다.[8] 그는 재학중에 런던선교회로부터 장학금을 받은 바 있었다. 당시 런던선교회(LMS)는 아프리카로 파송된 리빙스턴(David Livingstone, 1813-1873)으로 인해 그 이름이 높았다. 아편전쟁의 결과이기는 했지만, 런던선교회는 중국의 문호가 개방된 것에 고무되어 있었고, 따라서 젊은 선교사 지망생들을 적극적으로 모집하고 있었다. 토마스는 선교사의 자질을 묻는 질문과 선교지에서 당할 수 있는, 위험성을 묻는 질문에 다음과 같이 답변했다.

> 선교사는 신중하며 자기희생적이고 굽힐 줄 모르는 인내심을 갖추어야 합니다. 이교도들의 어리석고 무식한 질문들을 피해야 하며, 예배당과 거리에서는 소박한 복음만을 전하며, 모든 일에 주의하고, 시련을 참으며 전도자의 본분을 다해야 합니다.[9]

　토마스는 성경(킹 제임스 버전) 디모데후서 2장과 4장을 인용하며 이렇게 자신의 선교관을 고백했다. 미지의 땅에서의 선교는 이러한 선교신학적 바탕에서 펼쳐졌을 때 가장 확실하고 놀랍게 퍼져나가게 되어 있다. 그가 조선에서 선교할 때, 이때의 고백대로 했다면 어떠했을까…

8　런던선교회는 1795년, 회중교회 목사인 데이비드 보그(David Bogue)와 알드윙클의 복음주의파 교구목사인 토마스 하웨이스(Thomas Haweis) 그리고 부리스톨의 로란드 박사 등에 의해 창립된 초교파 선교단체였다. 특별히 런던선교회의 중국 선교는 로버트 모리슨(Robert Morrison)으로부터 시작되었다.

9　*The Record of the Rev. Robert Jermain Thomas*, London Missionary Society, Livingston House Library 소장, Candidates' Paper Extract: "But foolish and unlearned questions avoid…" (2 Tim 2:23), "Preach the word: be instand in season, out of season…"(2 Tim 4:2) King James Version

토마스는 졸업과 동시에 캐롤라인 고드페리(Carolind Godfery)와 결혼했다. 그는 아내와 함께 중국으로 향하는 폴마이스(Polmais)호에 몸을 실었다. 중국 선교사를 꿈꾼 지 5년 만의 일이요 졸업한 지 두 달만의 일이었다. 그러나 중국 샹하이(上海)에 도착한 지 4개월 반이 지났을 때 토마스의 아내는 유산으로 인한 과다출혈로 세상을 떠났다. 캐롤라인은 절친했던 미국선교사 부인이 갑자기 죽은 충격에 임신 20일 만에 유산하고 세상을 떠난 것이다.[10]

토마스는 샹하이 기후에 적응하지 못한 아내를 위해 날씨가 온화한 후베이성(湖北省) 우한(武漢)의 한커우(漢口)로 옮기려고 집을 비우고 있던 중이었다. 영국으로 보낸 토마스의 첫 편지에는 "고통에 자신의 가슴이 깨져 나가고", "슬픔이 북받쳐 올라 아무 일도 할 수 없다"라고 적혀 있다. "뼈마디에 힘을 잃었고 슬픔에 일어날 기력도 없다"는 내용도 들어 있다.[11] 아무리 동기가 순수하고 숭고해도 눈앞의 길이 평탄하고 형통한 것은 아니다. 하나님의 섭리와 인간의 갈망이나 기대가 늘 일치하는 것은 아닌 것이다.

문명화된 사회에서 위대한 설교가요 능력 있는 성직자로 촉망받던 젊은이가 자신이 누릴 수 있는 것들을 포기하고 낯선 문명의 땅에 서둘러 왔다. 그런데 사명지에서, 그것도 도착하자마자 사랑하는 아내와 아이를 잃었다. 좌절감과 상실감에 빠질 만한 충격이었고 하나님을 원망했을 일이다. 그것이 일반적 반응이고 당연할 수 있었다. 그러나 토마스는 "전보다 더 열심히 고귀한 선교사업에 정진"하겠다는 결심을 전한다.[12] 선교사 심사 때의 진술, 곧 "모든 시련을 참으며 전도자의 본분을 다해야 한다"는 다짐은 런던 선교회와의 약속일뿐만 아니라 자신의 신념이기도 했던 것이다.

한편, 토마스가 샹하이를 떠난 것은 아내의 죽음 때문이 아니었다. 처음

10　1864년 4월 5일자 토마스의 편지, *Central China Letters*, Livingstone House Library 소장

11　Loc. cit.

12　Loc. cit.

부터 샹하이 런던선교회 총무 무어헤드(Wm. Muirheard)와 갈등을 빚었고, 결국 런던선교회를 떠나야 했다. 거기에는 두 가지 큰 이유가 있다.

먼저, 토마스가 보기에, 샹하이는 향락의 땅으로 선교하기에 부적합했다. 서방 무역의 신세계였고 많은 유럽인들이 호화로운 생활을 하고 있었다. 적지 않은 선교사들은 중국 정부나 유럽인들의 통역으로 시간을 빼앗기고 있었고, 선교사들이 우선해서 어울리는 사람은 중국인들이 아니라 유럽인들이었다. 토마스는 그것을 냉소적으로 보았다. 중국 오지로 들어가 직접 복음을 전하는 것이 진정한 선교라 보았고, 그래서 중국인들 한가운데 살기를 원했다.[13] 그것이 선교사의 진정한 태도라는 생각이었다.

그러나 젊은 선교사 토마스는 관문(關門)도시가 차지하는 중요성을 잘 모르고 있었다. 관문도시는 언제나 세속적이었지만 어느 누구나 접근이 용이하다. 선교지의 정치와 경제 및 문화와 종교가 집중되어 있어서 선교전략상 매우 중요하다. 그리고 관문도시, 곧 세속도시에는 복음을 접하지 못한 수많은 종족들이 있다. 그 사람들이 복음을 받아들이면 언젠가 고향으로 돌아가 복음을 전하게 되어 있다. 그들의 고향은 대개 선교사들의 거주가 어렵거나 접근이 불가능한 금단의 땅인 것이다. 이런 관점에서 오히려 세속적인 관문도시가 선교에 더 바람직 할 수 있는 것이다. 경험이 많았던 무어헤드(Wm. Muirheard)는 샹하이를 선교의 전략기지로 생각하고 있었다.

두 번째로, 토마스가 전형적인 회중교회의 체질을 극복하지 못했다는 것이다. 토마스는 조직적 체계에 잘 적응하지 못했고 늘 자신의 결심과 결단대로 행동했다. 신학교의 일이나 런던선교회 총무 무어헤드와의 갈등도 거기서 비롯되었다고 볼 수 있다. 중국 오지로 직접 들어가 복음을 전해야 한다는 생각에 토마스는 처음부터 샹하이 방언을 배우려 하지 않았고 샹하이 사람들에게도 관심을 보이지 않았다. 런던선교회 지부로 복음에 관심을

---

13 1864년 5월 15일자 토마스의 편지.

갖고 문의하러 오는 사람들(inquriers)이나 들으러 오는 사람들(hearers), 혹은 회심자(native converts) 등 곧 샹하이 방언만 할 줄 아는 사람들과는 한마디 말도 나누지 않았고, 관심도 기울이지 않았다. 샹하이에 머문 일 년 동안 오직 만다리어 습득에만 전념했다. 선교지부의 일에 무심했고, 시골 선교지부에도 들러 본 적이 없었다.

런던선교회 총무 무어헤드 입장에서 보면, 선교회의 지시에 불응할 뿐만 아니라 냉소적으로 대하는 토마스의 행동은 "선교사역이나 자신에게 전혀 도움이 되지 않는 것"이었다.[14] 물론 토마스 또한 자신의 이런 행동을 지적하고 책망하는 무어헤드를 견딜 수 없었다. 무어헤드의 눈에 비친 토마스는 철부지 선교사였고, 토마스의 눈에는 무어헤드가 독단적이고 일방적으로 보였다.

3. 조선 선교, 그리고 순교

1) 첫 번째 조선 선교여행

런던선교회를 사임한 토마스는 산퉁성 지푸(芝罘)의 세관장 하트 경(Sir Robert Hart)의 주선으로 지푸세관에서 통역연수생으로 근무하게 되었다. 그런데 그곳에서 조선 선교사역에 중요한 인물인, 스코틀랜드성서공회(The National Bible Society of Scotland) 소속의 알렉산더 윌리암슨(Alexander Williamson)을 만나게 된다. 윌리암슨은 토마스의 재능과 가능성을 알아보고 그의 후원자가 되었다. 일단 토마스를 스코틀랜드성서공회 소속 선교사로 임명하는 한편 런던선교회에 토마스의 복직을 탄원했다.

---

14 1964년 12월 8일자 무어헤드의 편지

토마스가 스코틀랜드성서공회 소속 선교사의 자격으로 조선에 문서선교여행을 하게 된 것은 윌리암슨의 후원 때문에 가능했다. 토마스는 조선선교에 남다른 관심을 갖고 있던 윌리암슨과 동역하고 싶었고 그래서 조선선교에 관한 자신의 의견을 내놓기도 했다. 윌리암슨의 조언과 후원에 따라 토마스도 자신의 경솔함을 깨닫고 자신의 사명이 선교에 있음을 다시 확인할 수 있었다. 선교 의욕을 회복했고, 제1차 조선선교여행을 마친 뒤에 지푸의 런던선교회에 다시 가입하게 되었다.

1865년 9월 4일, 토마스는 윌리암슨이 후원한 한문성서를 가지고 작은 범선에 몸을 실었다. 금단의 땅 조선으로 가기 위해서였다. 지푸주재 영국영사관에는 북직예(하베이성, 河北省)로 여행을 간다며 패스포트를 신청했다.[15] 그리고 9월 13일 조선 연안에 도착했다. 그는 두 달 반 동안 황해도와 평안도 해안을 돌아다니며 성서를 나누어 주었다. 몇몇 천주교인들에게 조선어를 배우기도 했고 조선 사정에 관한 정보도 수집했다. 이 정도면 조선선교가 금방 이루어질 것 같았다. 토마스는 서울까지 가려고 했으나 "20년만의 대폭풍우"가 불어서 겨우 목숨만 건졌다고 고백했다. 12월 초에 마적떼의 습격을 받는 등 죽을 고비를 넘기고서 만주로 돌아올 수 있었다.[16] 그렇지만 조선의 사정에 관한 많은 정보를 얻었고, 반드시 조선에 복음을 전파해야 한다는 강한 결의를 다지게 되었다.

2) 두 번째 조선 선교여행

(1) 제너럴셔먼호를 탄 이유
두 달 반 동안 조선을 다녀온 후, 베이징 런던선교회에서 운영하는 중서

15　M. W. Oh, *Two visits of the Rew. R. J .Thomas to Korea*, a transaction of the Roayl Asiatic Society, Korean Branch, Vo. XXII, 1933, Seoul, p.102.
16　1866년 1월 12일자 토마스의 편지

학원 원장직을 맡고 있던 토마스는 조선 전문가로 파다하게 소문이 나 있었다. 그것은 조선과 관련된 사건에 그의 활용가치가 높아졌다는 것을 의미한다. 병인년, 프랑스 함대를 이끌고 조선을 침략했을 때, 로즈 제독은 리델 신부와 조선인 신자들을 안내자로 썼다. 그런데 조선 침공을 처음 계획했을 때, 로즈는 토마스를 지목한 바 있었다. 리델 신부가 극도로 격리된 조선의 은신처에 숨어 살았기 때문에 조선의 해안에 대해 잘 모를 것이라는 판단도 있었겠지만, 개신교 목사를 안내자로 기용하려 했던 로즈의 생각에는 또 다른 이유도 있었을 것이다.

로즈가 요청했을 때, 베이징의 런던선교회 지부장 에드킨스(Joseph Edkins)의 개인적 권면도 있었지만, 조선 선교에 대한 열망으로 가득 찬 토마스는 그 요청을 수락했다.[17] 그러나 지푸에 막 도착할 즈음에 토마스는 로즈와 그의 함대가 홍콩으로 급파되었다는 소식을 듣게 되었다. 낙담한 토마스가 조선 항해를 계획하고 있던 제너럴셔먼(General Sherman)호를 만나게 되었을 때, 그는 이 배를 하나님이 예비하신 것으로 믿었을 것이다.

제너럴셔먼호에 승선할 당시 토마스는 분명 들떠 있었다. 그는 런던선교회의 허락도 받지 않았고, 두 달 후면 돌아올 로즈 함대를 기다리지도 않았다. 제너럴셔먼호가 떳떳하고 정상적인 배가 아니라는 것을 충분히 알고 있었다. 19세기 당시, 정상적인 항해 루트가 없었던 상황에서, 미지의 선교지에 들어갈 수 있는 방법은 군함이나 아편선, 혹은 해적선을 탈 수 밖에 없었던 것이 사실이다. 분명 그는 경솔했다.

토마스가 경솔했을 뿐 아니라 무모했다는 것은 첫 번째 조선 선교여행에서 서울까지 가려 했다는 발상에서도 드러난다. 물론 개신교가 천주교에 뒤쳐져 있다는, 그런 초조감을 가졌던 것은 사실이다. 그러나 천주교와 달

---

17 조셉 에드킨스의 지지는 개인적인 것이었다. 런던선교회 이사회는 토마스가 로즈의 군함에 타는 것에 대해 반대했다. 물론 토마스가 제너럴셔먼호를 타고 조선에 들어간 것에 대해서도 반대하고 비판했다.

리 당시 조선에서 개신교 선교는 사실상 불가능했다. 천주교 신부들은 자생적으로 퍼져있던 수많은 조선 천주교인들의 보호를 받을 수 있었지만, 개신교 목사 토마스는 어느 누구의 보호나 협조를 얻을 수 없었다. 감추어주는 사람이 없을 때, 서양인이 노출되는 것은 당연하다. 더구나 가톨릭 신부들은 조선 천주교인들에게 개신교가 이단이니 경계해야 한다고 가르치고 있어, 조선인 교인들은 분명 토마스를 배척했을 것이다.

당시 토마스가 취할 수 있는 행동은 대략 네 가지였을 것이다. 첫째, 조선 선교를 포기하는 것, 둘째, 조선이 개국할 때까지 무한정 기다리는 것, 셋째, 만주를 통해 은밀히 잠입하여 선교하는 것, 넷째, 홍콩으로 간 로즈가 돌아올 때까지 기다리는 것이다. 그러나 당장의 선교결실에 대한 기대로 열정에 불탔던 젊은 토마스에게는 어느 것도 만족스럽지 않았을 것이다. 그의 눈에는 당장 구원해야 할 조선의 민초들만 보였을 것이고, 열정이 앞섰기 때문에 조선의 개항을 무작정 기다릴 수만은 없었을 것이다. 충분한 계획을 갖고 신중히 기다린다는 것은 어쩌면 "땅 끝까지 이르러 복음을 전하라"는 예수 그리스도의 명령에 대한 불복종일 수 있었다.

토마스가 서둘렀던 또 다른 이유가 있었다. 조선 여행을 다녀온 후 토마스는 베이징에서 조선동지사 일행을 만났고, 그들 중 평양에 살고 있던 박가(朴家)라는 성을 가진 상인을 만났다. 그 사람은 토마스에게 "Yasu Kyo Cheiki meu Chosoida"(야소교 책이 매우 좋소이다)라고 말했던 것이다.[18] 그 책은 그가 첫 번째 조선 여행에서 배포했던 책이다. 자신이 해안가에 배포한 책이 내륙의 거대 도시인 평양까지 퍼져갔고, 누군가 읽었다는 진술… 이런 고무적인 결과에 흥분하지 않을 수 없었을 것이다.

1866년 8월 9일 목요일, 토마스는 성서와 서적을 가득 싣고 미국 선적의 무장 상선 제너럴셔먼호에 몸을 실었다. 누구도 가기를 두려워했고 아

---

18 1866년 4월 4일자 토마스의 편지

무도 가려고 하지 않았던 금단의 땅이요 미지의 땅을 향해, 위대하고 숭고한 열정을 펼치기 위해, 해적선에 올랐다. 19세기 조선과 서구세계의 접촉 과정에는 이처럼 기묘한 혼합과 복합적 상징이 있었다.

(2) 토마스의 순교 노정

제너럴셔먼호에 승선한 사람은 24명이었다는 설이 가장 많이 알려져 있다. 5명의 백인과 토마스의 조수 중국인 1명, 2명의 흑인과 나머지는 말레이시아 사람으로 구성되었다는 설이다. 선주는 무역상 프레스톤(W. B. Preston)이었고, 선장 페이지(Page), 항해사 윌슨(Wilson), 화물감독 호가드(Hogarth), 선교사로 통역을 맡았던 토마스였다. 선주와 선장과 항해사는 미국인이었고, 화물감독 호가드와 토마스는 영국인이었다.[19] 그런데 이들의 항해 목적은 세 가지였다. 선주 프레스톤의 목적은 약탈과 도굴이었고, 화물감독 호가드의 목적은 교역(交易)이었다. 선객이요 통역을 맡았던 토마스의 목적은 조선 선교였다. 서로 다른 목적을 가진 이들을 태우고 제너럴셔먼호는, 병인박해로 조선 정부가 한창 긴장하고 예민해 있을 때인 1866년 7월 6일, 평안도 다미면 주영포에 도착했다.

당시 조선의 조정에는 프랑스가 자국 선교사 피살에 대해 보복하기 위하여 함대를 보낼 것이라는 첩보가 도착해 있었다. 크게 불안을 느낀 조선 정부는 몇몇의 천주교도와 수상한 자들을 체포했고 국경과 연안의 수비를 엄중히 하고 있었다.[20] 조선의 관리들은 제너럴셔먼호을 발견하고 회선할 것을 계속 명령했다. 그렇지만 제너럴셔먼호의 탑승자들은 이를 거부했다. 평양 진입이 어렵게 되자 지금까지 관망하고 물러나 있던 선원들은 선주 프레스톤의 주도 하에, 힘으로 조선군을 제압하기 위해 난동을 일으켰다.

---

19 조선측 자료에 의하면, 이들은 자신들이 서양 3개국 사람이라고 밝히면서 선장 페이지를 덴마크 사람으로 소개했다. 이는 선장 페이지가 덴마크인으로 미국으로 귀화했기 때문이다.
20 『일성록』 고종 3년 7월 1일, 8일, 11일, 14일.

조선 측 기록에는 토마스가 평안도 관찰사 박규수(1807-1877)가 보낸 지
방관(將吏)에게 "평양으로 향하고자 하는데 평양의 산천이 어떠하냐? 네가
거주하는 곳에 무슨 보물이 있으며, 어떤 성곽이 있느냐?"고 물은 것으로
되어 있다. 그리고 "우리나라 사람 7인(프랑스 신부)이 무슨 일로 너희 나라
양반에게 죽임을 당했느냐?"고 힐책하면서, "우리나라 군함들을 너희 나
라 삼남의 강으로 보냈으며, 우리도 기어코 평양에 가겠다"고 적혀 있다.[21]
그러면서 무역거래를 요구했다고 기록되어 있다.[22] 쇄국정책으로 서양 배
가 들어오는 것을 국법으로 금하고 있다고 하자 배의 양쪽 대포에서 세 차
례나 발포하는 등 힘을 과시하며 위협했다고 적혀 있다.[23] 통상은 조정에서
허가가 있어야 하고, 부족한 물품을 넉넉히 공급해 주겠으니 돌아가라는
조선 관리의 말을 거부했는데, 토마스와 그의 조수 조능봉은 순종하는 뜻
이 있었으나 선주 프레스톤과 화물감독 호가드는 계속 무역을 고집했다고
기술되어 있다.[24]

제너럴셔먼호는 난동을 부렸다. 만경대에 오른 뒤 총을 쏘기도 했고, 관
찰사가 보낸 장교(中軍) 이현익과 그의 배를 인질로 억류했다. 이현익을 풀
어 달라는 평양관찰사의 요구에 "쌀 1천 섬과 금, 은, 인삼을 다수 제공해
야 놓아 보낼 수 있다"며 거절했다.[25] 평양의 백성들이 "우리 중군을 돌려
보내라"고 소리치고, 돌을 던지며 분노를 표시해도 아랑곳하지 않았다.[26]
결국 평양의 군민들은 제너럴셔먼호를 공격했고, 이런 와중에 퇴직 장교
박춘권(1839-1920)은 군졸들을 이끌고 인질로 잡혀있던 중군을 구출했다.
이때 강물로 뛰어든 중군의 겸인(傔人)과 통인은 실종되었다.

---

21 『평양감영계록』 병인 7월 9일, 장계
22 『일성록』 고종 3년 7월 15일, 황해감사 장계
23 Loc. cit.
24 『평양감영계록』 병인 7월 15일, 장계
25 『同文彙考』 原編, "洋舶精形, 국사편찬위원회 편 제 3책, p.2469.
26 박규수, 『환재집』 권 7, 장 9.

식량과 물을 공급받지 못한 제너럴셔먼호는 지나가는 조선 상선을 약탈했다. 마구 총을 쏘아대는 바람에 조선 민간인 7명이 피살되고 5명이 부상당했으며, 조선 군인 2명도 피살당했다. 제너럴셔먼호가 모래톱에 갇혔을때, 박규수의 군대는 제너럴셔먼호를 공격했고 땔감을 실은 화선(火船)으로 불을 붙였다. 제너럴셔먼호는 불에 탔고 그 안에 타고 있던 모든 사람들이 죽었다. 토마스와 조능봉은 생포되어 강 언덕으로 끌려갔고, 분노를 이기지 못한 수많은 군민들에 의해 죽임을 당했다.[27]

토마스는 중국어에 능통했고, 조선어와 조선 사정에 대해 제일 많이 알고 있었기 때문에 앞에 나서야 했지만, 선교사로서의 역할을 하려 했던 것같다. 찾아온 조선 관리에게 "어째서 천주교인을 쫓아냈느냐?" 말하며, 개신교와 천주교가 같지 않다고 설명한 것도 그런 이유였을 것이다.[28] 그러나 토마스를 이양선(異樣船)의 우두머리로 착각했던 조선 관리들에게, 더구나 무장을 하고 있어, 그의 말은 위협으로 들릴 수밖에 없었을 것이다.

사실, 제너럴셔먼호가 서해안에서 대동강을 거슬러 평양으로 가는 도중, 토마스는 많은 조선의 민초들을 만났다. 백령도 두무진에 정박했을 때, 최익노 등 소년에게 케이크 같은 서양 음식을 주며 환대하고 성서를 나누어 주었다.[29] 황해도 황주의 돗섬에 들렸을 때는 몰려든 사람들에게 성서와 기타 종교 서적을 나누어 주었다. 대동강을 지나 장사포에 정박했을 때는 찾아온 홍신길 등 조선 소년들에게 과자를 대접하고 기독교 서적을 나누어 주었다.[30] 천주교 신자 9명이 몰래 배를 타고 제너럴셔먼호에 찾아왔을 때는 자기 방으로 데리고 가서 환담하고 격려했다.[31] 석호정에 정박했을 때는 김영섭 등 몰려든 사람들에게 기독교 서적을 주며 환대했다. 선교사의 본

---

27 평양감영계록, 병인 7월 24일, 장계

28 Loc. cit.

29 M. W. Oh, *Two visits of the Rew. R. J. Thomas to Korea*, p. 114.

30 Ibid., p. 116.

31 Ibid., pp. 117-118.

분을 망각한 것은 아니었다.

제너럴셔먼호가 불태워지고 있을 때, 마지막 순간까지 토마스는 조수인 조능봉과 함께 배에 있던 성서들을 나누어주려 했다고 알려지고 있다. 그렇지만 그는 처참하게 살해되었다. 조선 사람들의 눈에 토마스는 단지 서양 해적의 괴수로 비추어졌을 것이다.

4. 토마스의 선교관

알렉산더 윌리암슨은 자신의 선교관(宣敎觀)을 다음과 같이 말하고 있다.

조선에 없는 것은 서양 종교와 문명의 지도와 그 자극이다. 이 나라는 서양과의 교섭에 의하여 개발될 수 있다. 일부에서는 그 나라 사람이 원하지도 아니하는데 아무리 좋은 것이라고 할지라도 뭘 강제로 하라 할 권리가 없다고 말하고, 또 일부에서는 조선 사람들이 지금 그들 나름대로는 행복하게 살고 있다고 말하는가 하면, 또 일부에서는 전쟁의 죄악상이나 그 소모되는 경비를 말하고 있다.

하지만, 나는 믿는다. 우리 인류는 서로 상통하는 이해관계를 가지고 있으며, 피차의 의무감 속에서 산다고 하는 사실이다. 그것은 강자가 약자를 돕고, 아는 사람이 무지한 사람을 인도하고, 문명한 나라가 낙후된 나라들을 도와주어야 하는, 그런 의무라는 것이다. 따라서 나는 미국이나 대영제국과 같은 문명국들이 전위대를 몰아, 어리석게도 몽매하고 자폐하고 있는 조선과 같은 나라들을 개방시키는 데에 하나님이 주신 힘을 사용하여야 한다고 믿는다.[32]

---

32 A. Williamson, *Journeys in North China, Manchuria and Eastern Mongolia with Some Account of Corea*, London. Smith Elder & Co., 1870, vol. ii, p.311.

여기에서 윌리엄슨의 조선 선교에 대한 열정을 알 수 있다. 또한 그의 중심에 19세기 유럽의 선교관, 곧 제국주의적 선교관이 자리하고 있음도 알 수 있다. 토마스의 선교관도 윌리엄슨과 다르지 않았다.

19세기의 제국주의 선교에는 문명한 나라들이 후진 상태에 뒤떨어져 있는 나라들을 억지로라도 문명과 그 힘의 혜택으로 인도해야 하는 사명이 있다는 명분이 있었다. 사실 선교는 선교할 대상국이 개방하고 반길 때까지 기다릴 수만은 없다. 선교는 '최후의 심판의 날이 오기 전에 한시바삐 모든 죄인들을 그리스도에게로'라는 사명감을 갖고 행해지는 것이다. 더구나 누가복음 14장의 말씀처럼 "길과 산을 가고 나가서 사람을 강권하여 데려다가 내 집을 채우라"는 절대명령이 있고 보면 그와 같은 열정은 당연한 것이 된다. 그래서 순교의 피가 흘려지는 것이다. 반기는 사람들에게만 갔다면 그 피가 왜 흘려지겠는가…

그러나 '강권'은 일방적으로 결정하여 강제로 연행하는 것이 아니다. 끈질기고 열심을 다한 설득, 상대가 거절할 수 없을 정도의 권면을 의미한다. 또한 선교는 선진문명을 이식하는 것이 아니라 복음을 이식하는 것이다. 복음을 이식하고 나면 문명이나 문화는 자동적으로 퍼져나가게 되어 있는 것이다.

선교는 전달층이 결정하는 것이 아니라 수용층이 결정하는 것이다. 이웃은 내가 정하는 것이 아니라 상대가 결정한다. 아무리 상대방을 이웃이라고 여겨도 상대가 나를 이웃으로 생각하지 않으면 이웃관계가 될 수 없다. 그것이 선교의 기본이요 원리이다.

토마스는 자신의 선교적 열정을 앞세웠다. 독단으로 모든 것을 결정했고, 런던선교회의 의견도 묻지 않았다. 조선의 백성들이 자신들을 이웃으로 생각할까 하는 것에도 크게 염두에 두지 않았고 이웃으로 여겨져야 한다는 생각에도 인색했다. 조선의 양반을 압제자요 민초들의 복음을 방해하는 자들로 보았고, 서양의 무력을 가지고 압제자들을 제압하면 저절로 복음이 전해질 것이라 착각했다. 선교 열정이 그렇게 높았고 그의 이상이 숭고했음에도 불구하고 그가 조선 사람에게 받아들여지지 않았던 이유였다.

5. 여언

토마스는 선교의 자세와 준비가 어떠해야 하는지를 고민하게 한다. 그럼에도 불구하고 그는 시대의 질곡(桎梏)에 대해서 방관하지 않고 복음과 선교의 대의를 위해 자신의 목숨을 바쳤던 선교사요 순교자임에 틀림이 없다.

웨일즈 기질을 그대로 가지고 있어 긍정적이고 낙천적이었고, 감성이 풍부하여 쉽게 흥분했다. 그런 기질은 때로 성급하고 무모하게 일처리를 하는 약점이 있다. 회중교회에서만 자라서, 전통적 교회 조직에 둔감했던 까닭에, 때로 질서를 염두에 두지 않고 통제받지 않으려 했다. 독립선교사처럼 행동했고, 몇몇 사람들의 의견을 구하기는 했지만 모든 것을 혼자 결정했다. 그런 이유로 런던선교회 이사회의 허락이 떨어지기도 전에 제너럴셔먼호를 타고 조선으로 갔다. 나중에 도착한 편지에서 런던선교회는 토마스의 선교 영역이 베이징이라는 것을 못 박았고, 로즈의 군함에 타는 것에 대해 정치적으로 휘말릴 수 있다며 반대했다. 그리고 토마스가 제너럴셔먼호를 타고 조선에 들어간 것에 대해서도 비판했다.

역사에서 보면, 복음의 씨앗은 떨어진 그 자리에서 반드시 싹을 틔우고 자라났다. 토마스가 지나간 자리도 그랬다. 중군 이현익을 구하기 위해 제너럴셔먼호에 올랐던 박춘권은 토마스가 참수 당하기 전에 건네 준 한문 성경을 읽고 감명을 받았다. 약 30년의 세월이 흘러 60대의 노인이 되었을 때, 그는 평양에서 선교하던 마펫(Moffett)에게 죄를 고백하고 1899년 세례를 받았다. 그리고 몇 해 뒤, 박춘권은 안주교회 영수(領袖, 초대 한국장로교회의 장로)가 되어 복음을 위해 평생 살았다.

제너럴셔먼호를 침몰시켰던 평양관찰사 박규수는 이때의 경험에 큰 충격을 받았고, 서구문명을 받아들여야 한다는 생각에 제자들을 키웠다. 김옥균, 박영효, 김윤식 등이 그의 제자였고, 초대 미국공사였던 박정양도 그의 또 다른 제자였다. 1884년 6월, 김옥균과 박영효 등은 일본주재 감리교 선교사 맥클레이(Maclay)를 고종에게 안내했고, 맥클레이는 "선교사가 들어와 학교와 병원 사업을 해도 좋다"는 '윤허'를 받아냈다. 그래서 알렌(Allen)이 오고, 아펜젤러(Appenzeller)가 오고, 언더우드(Underwood)가 올 수 있었다. 결국 웨일즈의 토마스가 조선 선교의 문을 연 것이다.

토마스가 조선을 선교지로 품었다는 그 자체가 위대하다. 아무도 가려고 하지 않았던 금단의 땅이요 미지의 땅이었던 탓이다. 조선 선교를 권했던 알렉산더 월리암슨도 열망은 있었지만, 조선으로 갈 엄두를 내지 못했다. 그런데 토마스는 서양인들을 한없는 혐오로 살육하고 있던 땅에 얼굴을 내밀고 발을 내디뎠다. 그리고 이 세상에서 가장 소중한 것, 자기 생명을 내놓았다.

토마스는 오직 선교를 지향하며 살았고 그의 젊음은 언제나 뜨거웠다. 그의 선교에는 열정과 경솔, 무모가 교차되어 있다. 그러나 인생에서 젊음이란 순수와 서투름이 교차하는 시기이다. 신념과 희망이 넘치지만 용기가 지나치고 때로 경솔하고 무모하기 쉽다. 그래서 젊음에는 충고와 제어가 더해져야 한다. 선교도 우리네 인생처럼 수많은 실수와 상처를 끊임없이 고치고 덧칠해야 영롱한 빛을 발휘하게 되어 있다. 수많은 시행착오를 거쳐야 제대로 된 선교를 이룰 수 있는 것이다.

3장

로스

John Ross

1842-1915

1885년 4월 5일, 선교사 언더우드(Horace Grant Underwood)가 제물포항에 내렸다. 그의 손에는 이수정이 번역한 마가복음서가 있었다. 언더우드는 이 복음서가 최초의 한글성경인줄 알았다. 그러나 이미 조선에는 수천권의 한글성경이 전파되고 있었다. 선교사가 입국하기 전에 현지어로 된 성경이 있다는 것은 극히 드문 일이다. 그런데 미국 선교사들을 놀라게 한 이 사건은 스코틀랜드 선교사 존 로스(John Ross)로 비롯된 것이었다.

이 젊은 선교사를 더욱더 놀라게 한 것은 금단의 땅이요 기독교를 금수(禽獸)로 보았던 땅에 이미 예수의 복음을 전하는 '알지 못하는 신도'들이 있다는 사실이었다. 복음을 전한다는 일 자체가 조선의 국법에 어긋나는 일이었고 죽음을 각오해야 하는 일이었다. 역사에는 이렇게 확고한 신념을 가지고 살아가는 '알지 못하는 사람들'이 있다.

1. 만주로 오기까지

로스는 1842년 8월 29일 휴 로스(Hugh Ross)와 캐더린 서더런드(Catherine Sutherland)의 8남매 중 장남으로 태어났다.[1] 그가 태어난 곳은 스

---

1 로스의 형제는 도널드(Donald), 휴(Hugh), 윌리암(William), 알렉산더(Alexander), 캐더린(Catherine), 엘리자(Eliza)와 메리(Mary)였다. 캐더린은 1873년 말에 만주에 있는 오빠 존에게 갔고,

코틀랜드 하이랜드의 중심 인버네스(Inverness)의 북쪽에 있는 작은 마을 닉(Nigg)이었다. 그의 아버지는 양복기술자였고 그의 어머니는 교사여서 집안은 비교적 여유가 있었다.

스코틀랜드의 서북 끝에 자리 잡고 있는 닉(Nigg)은 농사와 어업을 함께 하는 마을로, 늘 배가 드나드는 곳이었고 무역이 성행하여 많은 외국의 선박이 오고갔다. 갈릭(Gaelic)의 독특한 문화가 있는 지역으로 그때까지 스코틀랜드의 옛 언어인 갈릭어(Gaelic Language)를 사용할 정도로 영국의 주변부에 속했다. 로스가 영어를 배운 것도 학교에 들어가서였다. 로스는 타문화권의 언어에 남다른 재능을 가지고 있었고, 선교지 문화를 깊이 이해했던 것도 이러한 이유였을 것이다.

18세기 말, 고교회(high church)를 지향했던 스코틀랜드국교회(Church of Scotland)는 신학적 탐구에 몰두한 반면 해외선교에 대한 인식이나 관심은 없었다. 1796년 스코틀랜드국교회 총회에서 글라드스뮈어(Gladsmuir) 출신의 해밀톤(Mr. Hamilton)은 "해외에서 야만 이방국가들에 복음을 전파하는 것은 아주 터무니없는 일"이라고 소리를 높였다. 그는 종교적 진리로 계몽시키기 이전에 매너가 먼저 닦이고 정련되어야 복음전파가 가능하다고 주장했다.[2] 복음은 '열등한 인종들'(inferior races)을 대상으로 해서는 그 성과가 없고 오직 '문명화된 사람들'(civilized people)을 상대로 할 때 성공할 수 있다고 믿었던 인물이다. 복음을 백인 서구문명의 전유물로 보았고, 그러한 우월의식에 사로잡혀 있었다.

스코틀랜드국교회에 반발하여 몇몇의 독립적이고 복음주의적인 선교회들이 해외선교를 부르짖으며 창립되었다. 곧 1796년에 창설된 글라스고우선교회 (Glasgow Missionary Society)와 스코틀랜드선교회(Scottish

---

그 후에 그의 동료인 존 매킨타이어(John McIntyre)와 결혼했다.

2   D. Mackichan, The Missionary Ideal in the Scottish Churches (London: Hodder and Stoughton, 1927), 80-81.

Missionary Society) 등이었다. 이 선교회들은 창립 이듬해부터 서아프리카, 남아프리카, 서부인도 및 서인도제도에 복음을 전하기 시작했다. 시세선교회(Secession Church)를 제외하고, 스코틀랜드 장로교회들도 1820년대 중반에 이르러 해외선교에 동참했다. 1847년, 스코틀랜드 국교회(Church of Scotland)로부터 분리해 나온 스코틀랜드 장로교회들이 서로 연합하여 스코틀랜드 연합장로교회(United Presbyterian Church)가 출범되었다. 연합장로교회는 모교회의 해외선교 사업을 계승하며 그 기치를 높이고 나섰다.

스코틀랜드 연합장로교회는 미국 장로교회와 달리 그 체제가 수직적이지 않다. 교회의 임직자 간에 높고 낮음이 없고, 교회는 회중의 뜻을 따라야 한다. 노회장이나 총회장의 이름도 쓰지 않았고 상회, 하회(higher court, lower court)라는 말도 결코 사용하지 않았다. 로스는 어려서부터 스코틀랜드 연합장로교회(United Presbyterian Church, UPC)의 교인이었고, 자신이 그 일원이라는 것에 남다른 자부심을 가졌다고 전해진다. 로스가 선교지 교회나 인물들을 동등하게 대우하고 그러한 바탕 위에 선교정책을 세운 것도 스코틀랜드 장로교회의 전통에서 비롯된 것이라 할 수 있다.

1865년, 로스는 에든버러(Edinburgh)에 있던 연합장로교회의 신학원(Theological Hall)에 입학했다. 신학생시절 그는 주로 갈릭어를 말하는 지역에서 전도활동을 했다. 졸업 후, 1870년 1월, 목사 후보생(Probationer)이 된 그는 리스모어(Lismore)와 스카이(Isle of Skye)의 포오트리(Portree), 아우터 헤브리디즈(Outer Hebrides)에 있는 아일 오브 루이스(Isle of Lewis)의 스토너웨이(Stornoway) 등에서 목회를 한 것으로 전해진다.

그러나 곧 목회를 포기하고 선교사가 되기를 결심했다. 2년 동안 몇 차례에 걸쳐 목회지를 옮긴 것에서 짐작할 수 있듯이, 목회가 적합하지 않다고 느꼈던 것이다. 연합장로교회 국내선교부는 로스에게 갈릭어 통용 지역인 하일랜드 지역(Hithlands Region) 선교를 요청했지만 로스는 중국 선교를 결정했다. 신학생 시절인 1868년 9월, 연합장로교회 외국선교위원회 총무 맥길(Hamilton M. MacGill)의 연설에 감명을 받았고, 그때 이미 마음에 새겨져 있었다.[3] 당시 맥길은 "동족 스코틀랜드의 커다란 화염보다 해외선교의 작은 불꽃이 더 낫다"고 역설했고 로스는 맥길과의 상담 끝에 중국 산둥(山東)으로 갈 것을 결정했다.

로스는 그의 고향의 채플힐(Chapelhill)교회에서 1872년 3월 20일 선교사로서 목사안수를 받고, 3월 25일에 스튜어트(M.A.Stewart)와 결혼식을 올렸다. 4월에 아내와 함께 중국으로 향했고, 8월 23일에 스코틀랜드 연합장로교 해외선교부 중국선교회 산둥(山東)지부가 있던 지푸(지부)에 도착했다. 그의 선교사역이 시작된 것이다.

2. 만주 선교의 선구자들

1872년, 스코틀랜드 연합장로교교회(UPC)는 자마이카(Jamaica), 트리니다드(Trinidad), 올드 칼라바(Old Calabar), 카프라리아(Caffraria), 인도(India), 중국(China), 스페인(Spain)에 선교부(Mission Station)를 설립하고 선교사들을 보내고 있었다. 일본에도 선교부를 세울 계획을 갖고 있었고,[4] 로스의 파송을 계기로 만주에도 선교부를 세우려 했다. 그런데 로스 이전, 만주에는 두 명의 선구자적 스코틀랜드 선교사들이 있었다. 바로 윌리엄 번즈(William Chalmers Burns)와 알렉산더 윌리암슨(Alexander Williamson)이다. 윌리암슨은 토마스 선교사에게 조선 선교의 남다른 열정을 심어준 인물이다.

---

3 1882년 1월, 맥길이 로스에게 보낸 편지

4 *Annual Report of the Foreign Missionary Operations of the Untied Presbyterian Church for the Year Ended April 1873*, Edinburgh: Mission House, p.4.

1) 윌리엄 번즈(William Chalmers Burns)

번즈는 만주 선교의 개척자였다. 그는 스코틀랜드 장로교 목사의 아들로 태어났고, 1750년에 시작되어 19세기까지 영국을 휩쓴 감리교 부흥운동의 영향 아래에서 회심을 체험했다. 그는 웨슬리나 휘트필드에 못지않은 강력한 대중 설교자로 그 이름을 알렸고, 1839년에는 스코틀랜드 대부흥운동의 중심에 있다는 평을 받았다. 잉글랜드와 아일랜드도 돌면서 7년간 영감 넘치는 부흥회를 인도했고, 캐나다까지 가서 전도활동을 했다. 순회설교를 했고, 사람이 모이는 곳이면 장소에 구애받지 않고 노방에서도 설교했다.

1847년 4월 22일, 영국 장로교회 해외선교위원회로부터 첫 번째 중국 선교사 임명을 받은 번즈는 어느 정도 중국어 설교가 가능해지자 감옥 전도에 나섰다. 선교사 구역을 벗어나 중국인 거리로 갔고, 어디든 구애받지 않고 설교했다.[5] 영국 장로교회로부터 선교지를 자유롭게 선택해도 좋다는 허락을 받은 그는 결국 선교사들의 발길이 거의 없었던 내륙으로 들어갔다. 그러나 7년 동안 단 한 명의 신자도 얻지 못했다.

중국인에게 기독교의 복음은 침략의 이데올로기였다. 번즈에게 중국인들은 형제요 친구였지만, 중국인들에게 번즈는 낯선 영국인이요 침략 국가의 주구(走狗)였을 뿐이다. 이때 그는 일방적 열심만으로 선교의 결실이 맺어지는 것이 아니라는 것을 알게 되었다. 뿐만 아니라 중국의 문화에 대한 무의식적 냉소가 잠재되어 있음을 발견했다. 자신에게도 백인문명에 대한 우월성과 제국주의적 교회관이 있음을 알게 된 것이다. 뼈저린 실패를 통해 그는 서구 기독교문화가 아닌 선교지인 중국문화를 도구로 해야 비로소 복음이 전달된다는 것을 확인했다.

---

5 J. M. L. "The First Missionary to Manchuria William C. Burns : A Sketch", *The Missionary Record of the United Free Church of Scotland*, Dec, 1899, p.353.

번즈는 직접적인 복음전도와 더불어 문서선교에 나섰다. 『천로역정』과 『시편』을 번역하고 선교사들이 즐겨 읽던 9tal24 Peep of Day를 『정도계몽(正道啓蒙)』이라는 이름으로 번역하여 출간했다. 또한 단독으로 선교활동이 불가능하다는 것을 인식하고 주변의 선교사들과도 자신의 선교결실들을 공유했다.

1867년 10월, 번즈는 만주 선교를 위해 랴오닝성(요령성) 개항장 유우창(牛庄, 빠이젠)항으로 들어갔고, 만주주재 첫 개신교 선교사가 되었다. 그러나 만주의 혹독한 추위를 견뎌내지 못했다. 더구나 일반 중국인들과 똑같은 생활방식을 고집했기 때문에 건강을 지켜낼 수 없었다. 1868년 4월 4일, 그는 "하나님께서 선한 일을 계속하실 것이니, 아무 걱정 없다"는 말을 남기고 세상을 떠났다.

번즈는 중국 선교역사에서 위대한 족적을 남겼던 허드슨 테일러(James Hudson Taylor, 1832-1905)의 영적 스승이다. 허드슨 테일러는, 해안 선교에만 집착하던 기존 선교사들의 방식을 극복하고, 중국 내륙에 진출한 것만으로도 위대하다는 평을 받았다. 그가 중국인과 동일하게 살고 중국문화 속에서 살면서 중국 전역에 복음을 전하려 한 것은 모두 번즈로부터 비롯된 것이다. 중국 선교사는 중국인으로 보여야 한다고 주장하며 선교비 모금이나 선교후원자를 모집하지 않기로 결심한 것도 모두 번즈로부터 받은 영향이다. 번즈의 고백처럼, 선교는 하나님이 주도하시는 것이다. 번즈는 죽었지만 대영제국과 서방세계에 만주에 대한 대대적인 선교적 관심을 불러일으켰다.[6] 이후 만주 선교는 번즈를 선교의 모범으로 여겼던 로스 등에 의해 계속 진행되었다.

---

6   Alexander R. Mackenzie, *Church and Missions in Manchuria*, p.23.

2) 알렉산더 윌리암슨(Alexander Williamson)

번즈는 4명의 중국인 결신자를 남겼다. 그런데 번즈의 중국인들에게 세례를 베푼 선교사가 알렉산더 윌리암슨(Alexander Williamson)이다. 런던선교회(LMS)의 일원으로 중국에 파송되었던 윌리암슨은 지병으로 인해 오랫동안 휴식을 가지다가 1863년에 스코틀랜드성서공회(the National Bible Society of Scotland, NBSS)의 북중국지역 선교사로 임명되었다. 1864년 봄, 1866년 4월, 그리고 1867년 가을, 그는 거주지인 산퉁성에만 머물지 않고 남만주, 중부 만주, 북만주, 그리고 동남 만주 지역들을 순회하며 성서보급 여행을 했다.[7] 1870년에 스코틀랜드 연합장로교회의 선교사가 되었지만 한동안 성서공회 일도 계속했다.[8] 1871년부터 스코틀랜드 연합장로교회는 스코틀랜드성서공회(NBSS)의 대표였던 윌리암슨을 중심으로 산퉁반도에 있는 선교지부를 운영하고 있었다. 그는 연합장로교회의 산퉁선교부에서 그치지 않고 만주선교부를 여는 데 결정적인 역할을 했다.

1870년, 윌리암슨은 광대한 성서보급 순회여행의 경험을 담은 두 권짜리 책을 발간했고, 1872년에는 *The Claims of China: Also a Letter to the Times*를 발간했다. 그런데 그가 1870년에 발간한 책 중 하나가 *Journeys in North China, Manchuria, and Eastern Mongolia; with Some Account of Corea*였다. 이 책에서 그는 중국과 만주, 몽고뿐만 아니라 금단의 땅 조선에 대해서도 기술했다. 자신의 선교지가 아니었음에도 조선 선교를 열망하고 있었던 것이다. 토마스 선교사에게 조선 선교를 권한 것도 그 때문이었다.

---

7   Alexander Williamson, *Journeys in North China, Manchuria, and Eastern Mongolia; with Some Account of Corea*. Vol. II (London: Smith, Elder & Co., 1870) 23.

8   Missionary Report of the United Presbyterian Church (MRUPC), June 1884, p.209; Mrs. Duncan M'Laren (E.C. M'Laren), *Missions of the United Presbyterian Church : the Story of Our Manchuria Mission*. Edinburgh : Offices of United Presbyterian Church, 1896, p.13.

1867년 가을, 윌리암슨은 두 번째 만주 순회전도여행을 할 때 조선과 중국 국경을 인접한 고려문(Corean Gate)을 방문한 바 있었다.[9] 고려문이 조선에 대한 정보를 수집할 수 있는 유일한 곳이기 때문이었다. 조선의 압록강에서 가장 가까운 곳에 위치한 이곳에 양국의 상인들이 책문후시(柵門後市)라는 시장을 열었던 탓에 여러 정황들을 알아낼 수 있었다. 이곳에서 1년 전 조선으로 떠난 토마스 선교사의 행방을 알아보았고 그가 순교한 것도 알게 되었다. 또 몇몇 조선 상인들이 성경을 몇 권 사 간 사실도 확인했다.[10]

윌리암슨의 저술은 영국과 스코틀랜드, 그리고 서방세계의 관심을 불러 일으켰다. 또한 1872년에 스코틀랜드 연합장로교회가 북만주선교부 대표로 존 로스를 파송하고, 이후 존 매킨타이어(John McIntyre)를 만주 선교사로 파송하는 데에 결정적인 역할을 했다. 로스가 조선 선교에 남다른 관심을 갖게 된 것도 윌리암슨의 저술을 통해서였다. 윌리암슨의 조선 선교에 대한 열정과 경험으로 인해 존 로스의 선교활동 방향이 달라졌다. 만주뿐만 아니라 미지의 땅 조선까지 확대된 것이다.

3. 만주 선교사 존 로스

스코틀랜드 연합장로교회는 로스를 만주에 파송하면서 유우창(牛庄)항에 만주선교부를 설치했다. 그것은 장차 조선 선교 루트를 확보하고 싶었

---

9 요령성 남부 봉황성(鳳凰城)이란 곳에 '투카'라 부르는 지역에 있다. 봉황성에서 계속 서쪽으로 향하면 책문(柵門)으로서 우리나라 국경도시인 의주(義州)로부터 약 48킬로미터(120리) 지점에 있는 지역이다.

10 고려문은 한국인이 중국에 들어가는 관문(關門)이었다. 조선의 사신들이 압록강을 건너 중국에 들어갈 때 반드시 거쳐야 하는 곳이었다. 목책을 둘러서서 결계를 삼았다고 해서 책문(柵門)이라 했고, 변경에 있는 문이라 해서 변문(邊門)이라고 불리었다. 중국인들은 병자호란 때 잡혀 온 고려인들이 살았다고 해서 고려문이라 불렀다. 당시 이곳에 조선인들이 수백 명이 거주하고 있었고, 조선 정부에서는 이곳에 별정소(別定所)를 두고 의주에서 조선 관리 몇 사람을 파견하여 관리하고 있었다.

던 윌리암슨의 강력한 요청 때문이었다. 1872년 10월, 연합장로교회 선교부는 윌리암슨의 요청을 받아들여 산퉁성 선교사로 파송되었던 로스를 만주 선교사로 재배치했다.

로스가 유우창으로 처음 갔을 때, 만주의 개신교 선교사는 아일랜드 장로교회에서 파송한 의료선교사 조셉 몰리뉴 헌터(Joseph Molyneux Hunter)[11] 한 사람 밖에 없었다. 그런데 1884년에 이르러서 연합장로교회 선교부는 산퉁성의 선교를 정리하고 만주 선교에 집중했다. 로스가 선교를 시작하고 10년이 막 넘었을 때에 하이청(海城) 등 9개 지역에 선교지부를 설치하고 운영하는 성과를 냈기 때문이다.[12]

유우창에 정착하기까지 로스는 가혹한 슬픔을 겪어야 했다. 임신 중이었던 아내 스튜어트(M. A. Stewart)가 혹독한 만주의 추위를 견디지 못했고, 아직 추위가 물러가지 않았던 1873년 3월 31일, 첫 아들 드러몬드(Drumond Ross)를 남기고 세상을 떠나고 말았던 것이다. 그럼에도, 아내가 죽은 지 두 달이 채 되지도 않았을 때, 중국어 설교가 가능해진 로스는 순회전도를 시작했고 선교지에서 중국어로 첫 설교를 했다. 이후, 유우창을 벗어나 만주의 중심지인 심양으로 진출했으며, 무리를 해서 만주의 국경인 고려문까지 갔다. 그것은 아내를 잃은 슬픔을 극복하는 방법이기도 했을 것이다.

그런데 로스의 순회전도는 만주 선교의 개척자인 번즈와 구별된다. 로스는 만주 각 지역을 나누고 거기에 선교사들이 접근하기 쉽고 생활하기 편한 곳을 선교거점으로 지정했다. 그리고 자신은 도시에 머물면서 주변 지역을 돌며 전도하고 순회하거나 감독하는 방식을 택했다. 각 선교거점마다 현지인 조력자를 두어 예배공동체나 세워진 교회의 지도자를 돌보았고

---

11 아일랜드 장로교회 의료선교사 헌터는 에든버러의과대학을 졸업했다. 이후 몇 년간 영국 해군에서 군의관을 지냈고, 1869년에 선교사로 만주로 왔다. 후일 그는 장티푸스에 걸린 서상륜을 치료했다.
12 "Foreign Mission Statistics", *Missionary Record of the United Presbyterian Church* Aug. 1884, p.15

관문도시에 중심적 선교기지를 세웠다. 현지인 전도자들을 채용하고 이들이 외곽 기지에서 전도와 목회사역을 할 수 있도록 했던 것이다.

자신의 역할도 스스로 제한했다. 외곽의 기지들을 정기적으로 방문하되, 현지인 전도자들이 복음의 임무를 수행할 수 있도록 돕고 감독하는 것으로 만족했던 것이다. 어눌한 중국어로 직접 전도하는 것보다 현지 전도자들이 복음을 전하는 것이 더 효과적이라는 생각이었다. 그것은 평신도 지도자들을 세우고 그 지도자들로 하여금 지역의 예배공동체들을 이끌도록 했던 존 웨슬리(John Wesley)와 같은 방식이었고, 영미복음주의 전통이었다. 또한 사도 바울의 선교방식이기도 했다.

선교 초기, 로스는 순회전도를 하며 성경과 기독교 서적들을 사람들에게 나누어 주었다. 그런데 "중국인들이 기독교에 대한 용어조차 모르고 있기 때문에 단순히 순회전도 하는 것이 노력의 낭비"라는 것을 깨달았다.[13] 또한 중국인들이나 중국문화에 대한 이해 없이, 단순히 서적을 나누어 주는 것 역시 선교의 효과가 없다는 것도 확인했다. 선교지 언어와 역사, 그리고 선교지 사회와 문화에 대한 수준 높은 연구가 필요하다는 것을 깨달은 것이다.

로스는 중국의 언어, 역사, 종교 등과 만주와 조선에 대해 깊이 연구했다. 특별히 청 왕조의 역사를 다룬 *The Manchus*(1891)와 만주의 관점에서 바라본 조선의 역사 *History of Corea*(1879)로 1894년 3월, 스코틀랜드의 글래스고우대학(University of Glasgow)에서 명예 신학박사 학위를 받았다. 로스의 대표적인 저서들은 다음과 같다.

【어학분야】
- *Korean Speech with Grammar and Vocabulary* (1882)

---

13 Mrs. Duglad Christie, "Pioneers : The Rev. John Ross, Manchuria," *Life & Work, The Record of the Church of Scotland for 1934*, p.76.

- *Mandarin Primer : Being Easy lessons for Beginners, Trans literated According to the European Mode of Using Roman Letters* (Shanghai, American Presbyterian Mission Press, 1876)
- *Corean Primer : Being Lessons in Corean on All Ordinary Subjects, Trans literated on the Principles of the Mandarin Primer* (Shanghai : American Presbyterian Mission Press, 1877)

【역사분야】

- *History of Corea, Ancient and Modern:with Description of Manners, Customs, Language, and Geography* (1879)
- *The Manchus, or the Reigning Dynasty of China: Their rise and Progress* (1880)

【선교학 분야】

- *Old Wang, the First Chinese Evangelist in Manchuria:A Sketch of His Life and Work, with a Chapter upon Native Agency in Chinese Missions* (1889).
- *he Boxers in Manchuria* (1901),
- *Mission Methods in Manchuria* (1903),
- *The Original Religion of China* (1909),
- *The Origin of the Chinese People* (1916).

　로스가 애써 선교지에 대하여 연구한 것은 선교지와 그 땅의 거민들을 제대로 알기 위해서였다. 그의 저술과 문서들은 중국과 한국을 목표로 했던 예비 선교사들의 참고서가 되었고, 선교사들이 반드시 습득해야 할 필독서가 되었다.

한편, 1874년 여름, 아일랜드 선교부와 스코틀랜드 선교부는 만주지역을 나누었다. 아일랜드 선교부는 만주의 서쪽 지역을, 스코틀랜드 선교부는 북쪽과 동쪽을 맡았다. 로스는 아일랜드 장로교회와 만주를 선교 분할하는 협정을 추진하면서 연합도 제안했다. 한 지역에 복음을 전하기 위해 경쟁할 필요가 없었고, 오히려 중지를 모아 선교지의 여러 어려움들을 돌파할 필요가 있었다. 이후 선교지 분할정책은 더욱 발전하여 1891년 스코틀랜드 연합장로교회와 아일랜드 장로교회는 통합하여 독립노회를 이루었다. 이로 인해 장로교회가 만주지역을 독점할 수 있었다. 이 방법은 후일, 한국 선교에 있어 감리교와 장로교의 선교지 분할정책의 모델이 되었다.

4. 조선 선교의 선구자 존 로스 – 한국어 성서의 번역

1) 성서번역의 과정

1887년 9월 27일에 공식적으로 시작된 정동장로교회(새문안교회)의 세례인 14명 가운데 백홍준, 서상륜, 서경조, 정공빈, 최명오 등 13명이 로스의 영향을 받은 사람들이다. 로스로부터 배웠고, 로스가 번역한 성경으로 공부한 사람들인 것이다. 로스는 이 교회를 세운 언더우드 못지않은 권위가 있었고, 실제로 조선 서북지방에서 로스의 영향력은 작지 않았다.

알렉산더 윌리암슨의 권유에 따라 조선인들에 대해 관심을 갖게 된 로스는 1874년 4월, 5월에 조선에 대한 정보수집을 목적으로 국경지역인 고려문을 처음 방문했다. 이때 의주에서 압록강을 건너 고려문에 온 50대 남자에게 한문 신약전서와 번즈가 번역한 『정도계몽』(正道啓蒙)을 준 것으로 전해진다. 후일, 이 책들을 읽은 그 조선 상인의 아들 백홍준은 세례를 받고 의주의 첫 전도인(조사, 助事)이 되었다.

1876년 봄, 조선이 일본과 굴욕적인 〔강화도조약〕을 체결해야 했던 때, 로스는 매킨타이어(John McIntyre)와 함께 두 번째로 고려문을 찾았다.[14] 방문 목적은 조선어를 가르쳐 줄 어학선생을 찾는 것이었다. 거기에서 아주 어렵게, 아편중독자요 알콜중독자로 소문이 난 의주상인 이응찬을 만날 수 있었다. 아직 쇄국정책의 여파가 가시지 않던 때였고 서양인에 대한 혐오감이 여전한 상황이었다. 더구나 천주교 신부와 개신교 목사가 구분이 되지 않았던 탓에 조선인들이 서양인 선교사와 어울린다는 자체가 쉽지 않았다.

로스는 이응찬으로부터 조선어를 배웠고 1877년에는 이응찬과 함께 기초 한글교재인 *Corean Primer*를 간행할 수 있었다. 1878년 봄에는 요한복음과 마가복음을 번역했다. 성경 번역으로 많은 돈을 벌 수 있었기 때문에 의주상인 최성균, 이성하, 김진기가 여기에 참여했다. 1879년부터는 의주로부터 유우창(우장)으로 왔던 백홍준과 황해도 솔내 출신의 상인 서상륜이 합세했다.

백홍준은 자기의 아버지로부터 받은 한문성서를 읽고 입교를 위해 국경을 넘었고, 서상륜은 1878년에 장사 차 중국 잉커우에 갔다가 장티푸스에 걸려 죽게 되었을 때, 매킨타이어의 도움을 받은 것이 인연이 되었다. 그때 열병에 걸려 신음하던 서상륜을 매킨타이어가 의료선교사 조셉 몰리뉴 헌터(Joseph Molyneux Hunter)에게 데리고 가서 치료를 받게 했다. 보부상이었던 서상륜의 입장에서 보면 비정상적인 일이었다. 자기와 이해상관이 없는 서양인이 조선 사람들이 가장 두려워했던 염병(장티푸스) 환자를 만지고, 더

---

14 그때 로스는 1875년 겨울에 만주로 파송 받은 존 매킨타이어(John McIntyre)와 동행했다. 만주로 갈 때 로스보다 네 살 위의 총각이었는데, 후일 매킨타이어는 로스의 여동생 캐더린(Catherine Ross)과 결혼했다. 존 매킨타이어는 1837년 7월 18일 스코틀랜드의 록크 로먼드(Loch Lomond)에 있는 러쓰(Luss)에서 출생해서, 페이즐리(Paisley)에서 교육을 받았고, 독일의 하이델베르그 대학에서 학사학위를 받았다. 그는 에든버러에 있는 연합장로교신학교에서 신학을 공부했다. 1865년에 안수를 받고 베일리스턴(Baillieston)교회에서 목사 취임을 했다. 1871년 중국에 갈 때까지 그곳에서 목회했다. 로스 목사가 부르기 전에 산통성 지부 서쪽 200킬로미터에 있는 유현에서 목회했다.

구나 금전적 대가 없이 치료해 주는 것을 이해하지 못했을 것이다.

로스가 안식년으로 영국으로 귀국한 동안에도 성경번역 사업은 매킨타이어에 의해서 계속되었다. 매킨타이어도 이응찬 등을 한글교사로 채용했고, 성경도 계속 번역하도록 했다. 이때 번역한 것이 로마서와 히브리서였다. 그리고 1886년 가을, 신약전서인 『예수셩교전서』가 완역되었다. 최초의 한글성경이었다.

로스가 성경번역에 몰두할 때, 스코틀랜드 연합장로교회 해외선교부는 이를 납득하지 못했다. 설교(preaching)와 방문전도(visiting) 위주였던 당시의 선교방식과 전혀 다른 접근이었기 때문이다. 연합장로교회 해외선교부는 직접적인 선교사역(direct mission work)을 해야 한다고 요청하고 있었다.[15]

선교의 역사에서 보면, 본국의 교회와 파송 선교사들 간에 언제나 일정한 갈등이 있어 왔다. 선교사의 입장에서는 본국의 교회가 선교지 상황에 대한 이해가 없고, 선교에 대한 열정이 부족하다고 생각하기 쉽다. 선교본부 입장에서 보면, 선교사들이 과욕을 부리거나 일방적 판단으로 본부의 방침을 무시한다고 보기 쉽다. 이러한 견해차로 본국 선교본부가 선교사들의 재정의 모금과 사용, 선교지에서의 부동산의 구입과 운용, 그리고 선교지에서의 전도인 임명 등 거의 모든 선교활동에 개입하려 하면 선교사들은 이를 못마땅하게 생각한다. 로스도 이 부분에 대해 매우 힘들어 했다.

그런데 연합장로교회 해외선교부는 이 문제를 현명하게 처리했다. 로스에게 제동을 걸려고 했던 것은 그의 선교 보고나 편지가 제때에 도착하지 않아 선교지 상황을 제대로 파악하지 못했기 때문이다. 그것은 1888년 안식년을 위해 본국으로 돌아왔을 때, 해외선교부가 로스의 선교실적에 대해 높이 평가하고 크게 우대했음에서 알 수 있다. 로스는 다음과 같이 보고하고 있다.

---

15 1882년 5월 4일, 스코틀랜드 장로교회 해외선교부가 로스에게 보낸 편지

"매킨타이어는 글을 아는 4명의 조선 사람들에게 세례를 베풀었습니다. 이들은 놀라운 추수를 약속하는 첫 열매들입니다. 비록 지금 조선은 서양 국가들과의 접촉을 철저히 막고 있지만 쇄국은 곧 무너질 것입니다. 또 조선인은 중국인보다 천성적으로 꾸미지 않고 종교성이 많습니다. 그들에게 기독교가 전파되면 신속하게 퍼져 나갈 것입니다. … 작년에 글을 아는 4명의 조선인이 세례를 받았고, 기독교의 본질과 교리를 탐구하는 11명이 더 있습니다. 같은 수의 다른 사람들이 자기 민족을 위해 성경과 기독교 서적을 준비하는 문서사업을 위해 7~8일이나 걸리는 우리 선교지부까지 올 것으로 기대됩니다. 여기에 기독교회를 향해 열려 있는 새 민족, 새 나라, 새 언어가 있습니다."[16]

1883년 봄, 세례를 받은 서상륜은 그해 가을에 영국성서공회 첫 권서인으로 조선에 파송되어 의주를 거쳐 서울까지 걸으며 전도했다. 그 결과 1884년에 수십 명의 구도자를 얻었다. 그는 고향 소래에 동생 서경조와 함께 첫 교회인 소래교회를 세우고 정기적인 주일예배를 드렸다. 또한 백홍준 등도 의주에서 전도하면서 1884년에 예배처를 열었다. 성서의 번역이 선교사들이 생각지도 않았던 결과를 낳게 한 것이다. 돈벌이를 위해 성서 번역에 참여했던 보부상들이 회심하여 세례를 받았고[17], 선양(심양)의 문광서원에서 식자공으로 성서출판에 참여했던 김청송도 세례를 받고 서간도 한인촌의 첫 전도인(조사, 助事)이 되었다.[18] 그리고 이들로 인해 조선인 신앙공동체와 교회가 세워졌다.

1884년 11월, 로스가 동료 선교사 제임스 웹스터(James Webster)와 옛 고

---

16 John Ross, "Manchuria Mission," *United Presbyterian Mission Report*, Oct. 1, 1880, pp. 333-334.

17 김양선은 매킨타이어에게 세례 받은 사람이 김진기, 백홍준, 이응찬, 이성하라고 말한다.

18 John Ross, "The Christian Down in Korea", *The Missionary Review of the World*, 1890, p. 243.

구려의 수도가 위치해 있던 서간도 즙안현(집안)의 한인촌에 도착했을 때, 30여명의 조선인들이 그들을 극진히 영접하고 환대했다. 김청송이 가져온 성서와 전도지, 그리고 그의 간증에 의해 이미 복음을 받아들였던 사람들이다. 로스와 웹스터는 서간도 4개의 한인촌에서 75명에게 세례를 베풀었고, 세례 자격을 갖추기 위해 대기하고 있는 600명의 남자 예비신자(believers)가 있음을 확인했다.[19] 다음 해 5월, 한인촌을 다시 방문한 로스는, 중국인들의 박해로 많은 조선인들이 마을을 떠났던 상황이었지만, 14명의 남자들에게 세례를 베풀 수 있었다.[20]

복음은 어떤 한 민족과 한 나라에만 국한하여 전해지는 것이 아니다. 따라서 복음이 담겨진 성서는 각 나라의 언어로 나타나야 하는 것이다. 모태(母胎)의 언어는 사람들의 심연까지 파고드는 힘이 있으며, 어머니의 언어를 통한 성서의 메시지는 인간의 심저(心底)에 호소하는 힘이 있다. 또한 하나님의 말씀은 날선 검과 같아서 사람의 심령과 골수를 쪼개는 힘이 있다. 성서를 통한 선교의 방법은 한국 교회가 폭발적으로 성장하는 결정적 계기가 되었다. 이러한 선교방법은 교리를 위주로 하여 지적이고 이데올로기적인 동의를 받아내고자 했던 천주교와도 확연히 달랐다. 금단의 땅에 무모하게 뛰어들었던 토마스와도 사뭇 다른 방식이었다.

2) 로스번역 성경의 특성

로스의 한글 번역과정은 다음의 4기로 나눌 수 있다.

---

19 John Ross, "The Christian Down in Korea", *The Missionary Review of the World*, 1890, p. 243. J. Webster, "Journey to the Corean Valleys: Religious Awakening, Numerous Baptisms", *Missionary Report of the United Presbyterian Church for 1885*, pp. 321-326. 당시 즙안(집안)의 한인촌에는 약 3,000명의 한인이 살고 있었다.

20 *Missionary Report of the United Presbyterian Church for 1885-1886*, p. 101.

【제1기 : 1876년 ～ 1877년】
이응찬과 함께 기초 한글교재 *Corean Primer*를 만들었다.

【제2기 : 1877년 ～ 1879년 4월 10일】
(로스가 첫 안식년 휴가를 떠남). 이응찬과 서상륜, 백홍준 등이 한문 문리본 신약전서를 원본으로 마태복음부터 로마서까지 초역했다.(로스는 이 원고를 들고 스코틀랜드성서공회와 영국 및 해외 성서회(British and Foreign Bible Society)에 찾아가 복음서 출판지원을 얻었다.)

【제3기 : 1879년 4월 ～ 1881년 8월】
매킨타이어가 신약 번역 초고를 완성했다. 이 시기에 매킨타이어는 조선어 문법책인 *Corean Grammar*와 *Analysis of Sentence* 등 조선어 교재를 만들었다. 또한 이응찬 등에게 그리스어 본문의 뜻을 풀이해 주면서 토론을 통해 본문을 수정했다. 그리고 『한불자전』(韓佛字典, 1880)과 유학 경전의 언해본을 참고하여 평안도 사투리를 서울말로 수정하고, 『2,500단어 어휘집』도 만들었다.

【제4기 : 1881년 9월 ～ 1886년 가을】
로스가 선양(심양)에 문광서원을 설치한 1881년 9월부터 신약전서인 『예수성교전서』를 완역하는 1886년 가을까지, 매킨타이어의 복음서 초고를 재수정하면서 출판하고 번역을 진행했다.

【로스의 번역 원칙】은 다음과 같다.
① 1881년에 출판된 옥스퍼드판 그리스어 신약전서와 영어 개역본(R.V.)을 원본으로 한다.
② 직역과 의역의 조화를 이루어야 한다.

③ 순 한글과 쉬운 대중언어를 사용해야 한다.

④ 생소한 용어는 음역하기로 한다.

【로스의 번역방법】은 다음과 같다.

① 조선인 제 1 번역자가 한문 문리본에서 초역한다.

② 로스가 그리스어 성경을 참고하면서 이응찬과 2차 번역한다.

③ 제 1 번역자가 정서한다.

④ 로스와 이응찬이 수정한다.

⑤ 로스가 그리스어 신약, 성구사전, 메이어(Meyer)의 주석을 참고해서 어휘를 대조·통일하여 최종 원고를 작성한 후 식자공에서 넘겨 인쇄한다.

성서의 출판은 1881년 6월에 시작되었다. 일본 요코하마에서 주조된 35,563개의 음절별 한글 연활자가 7월에 도착했고, 인쇄기는 상하이에서 구입했다. 또 2명의 중국인 인쇄공과 서간도 한인촌에 살고 있던 김청송이 식자공으로 채용되었다. 그리고 '심양문광서원'이라는 이름으로 1881년 9월부터 인쇄를 시작할 수 있었다.

한편, 로스는 성서를 번역할 때, 언더우드 선교사가 들고 왔던 이수정이 번역한 성서와 달리, 조선의 중하류계급을 타깃으로 삼았다. 그런 이유로 한글과 한문을 혼용하지 않았고 처음부터 순 한글로 번역했다. 그의 성경은 조선의 부서층(婦庶層)들도 이해할 수 있었다. 로스가 보기에 조선의 알파벳(한글)은 가장 "아름답고 완벽한 것"이었고 "학교에 가는 일이 없는 여자들도 대부분 사용할 수 있는" 글자였다. 누구나 단번에 배울 정도로 간소하고 실용적이며 "30분 안에 충분히 통달할 수 있었다."[21] 지식의 유무와

---

21 존 로스 저, 홍경숙 역, 『존 로스의 한국사』(서울:살림, 2010), p.495, p.585.

상관없이 복음을 접할 수 있었고, 한글은 복음을 전하기에 최고 적합한 글자였다. 그렇지만 옥스퍼드판 희랍어 원전과 영어 개역본(R. V.)을 사용하여 성서의 권위를 확보하는 것을 잊지 않았다.

로스는 선교지의 관습과 전통, 그리고 그것을 만들어 낸 문화의 특성을 사랑했다. 그것이 선교의 준비요 시작이었다. 기독교는 문화를 통로로 전달되며 복음은 그 나라 문화의 옷을 입고 표현된다. 따라서 선교지의 문화에 대한 이해 없이 진정한 선교가 이루어질 수는 없다. 그의 이러한 생각은 성서번역에 그대로 나타났다.

후일, 언더우드 등이 반대했지만, 로스는 야웨 하나님을 지칭하는 어휘로 중국어 성경이 사용하는 "상제"로 쓰지 않고, 조선 민간에서 사용하는 "하느님"이라는 단어를 채용했다.[22] 하늘(heaven)"과 "님"(prince)의 합성어인 "하느님"이 가장 적합한 어휘라고 생각했던 것은 이 단어가 민초들의 언어였기 때문이다. 로스는 조선 사람들 마음속에 있는 "하느님"이라는 개념이 성서가 말하는 초월자(the Supreme Being), 전능자(the Almighty), 무소부재하지만 보이지 않는 자(the All present, but invisible One)의 의미와 다름이 없다고 보았다. 물론, 그것은 종교 혼합의 위험을 감수해야 하는 일이었다. 그렇지만 조선문화의 바탕 아래 성서의 야웨 하나님 개념을 전해야 한다는 신념이 그에게 있었다. 그가 사용한 어휘들은 조선의 문화와 민초들을 고려하여 채택된 것이다.

22　후일 언더우드(Horace Grant Underwood)는 "상제", "춤신", 상주(上主)로 번역하려 했고, 천주교나 영국성공회는 천주(天主)를 사용했다.

5. 로스의 선교방법론,
스코틀랜드 상식철학(philosophy of common sense)
그리고 스코틀랜드 복음주의(Scottish Evangelicalism)

1) 로스의 선교방법론

1902년, 로스는 『만주에서의 선교방법』(Mission Methods in Manchuria)을 저술했고, 그 다음 해에 출판했다.[23] 4명에서 시작한 만주 기독교인이 3만 명으로 늘어났던 때였지만 일명 '의화단 사건'으로 기독교가 핍박을 당하고 있던 때이기도 했다. 이런 시기에 나온 이 책은 선교사들에게 모교회를 이식하는 것이 선교가 아니라 선교지 문화와 민족성에 맞는 토착적인 교회를 건설하는 것이 선교라고 주장했다. 근저로부터 올라오는 회심을 강조했고, 순회전도, 노방설교, 자립적인 교회증축, 예비신자의 입교조건, 토착 대리인(native agent)의 자격, 토착교회 사역(native church work), 교회재정의 문제, 교육, 선교지의 문화에 대한 포용과 이해, 사회적 관습에 대한 대처 등 만주에서 30년을 선교한 로스 자신의 경험을 상세하게 소개했다.

로스의 선교방법에는 다음과 같은 목표와 특징이 있다.

① 자급, 자전, 자치하는 중국인 토착 교회를 세운다.
② 선교사는 대도시에 거점을 두고, 넓은 지역의 교회들을 순회하며 감독한다.
③ 신생 교회는 십자가의 도, 회개, 중생의 체험이 중요하므로 성서비평이나 신학적 논쟁은 소개하지 않는다.
④ 토착인 전도인과 목회자 선별기준은 지적 수준보다 열정과 영성을 중

---

23 로스는 1906년에 이 책의 증보판에서 "교회를 시험하다"(제16장)를 추가했다.

시한다.

⑤ 전도 대상은 민초가 중요하나 교육받은 중산층도 중요하다.

⑥ 유교 · 불교 · 도교 등 토착 종교에 대한 이해의 폭을 넓힌다. 토착종교에 대해 성취론적 태도를 취한다. 공격적이거나 배타적인 태도를 취하는 대신 오히려 접촉점으로 수용한다.

⑦ 선교 초기에는 교육보다 전도에 치중한다.

⑧ 효과적인 전도방법은 대중설교이며 회중과의 토론을 설교에 활용한다.

⑨ 성경 말씀 자체에 능력이 있으므로 성경 번역과 반포가 중요하다.

⑩ 전족, 일부다처, 제사 등도 일방적 비판보다 열린 자세를 유지한다. 특히 제사는 조상 '숭배'가 아닌 '추모'로 보아야 하며, 일부다처자의 세례도 용인할 수 있다.[24]

⑪ 타 교회와의 협력과 일치를 추구한다.

기독교 복음을 서구의 선진 이데올로기로만 이해하고 선교지의 것들을 저급한 것으로 대할 때, 선교사들은 선교지의 문화를 완전히 제거하거나 무시해야 온전한 복음이 전해질 것이라 착각한다. 그러나 선교지의 문화에는 그 땅 사람들이 오랜 세월에 걸쳐 간직한 소중한 경험이 담겨 있다. 그 지역민들만이 이해할 수 있는 가치가 들어 있고, 그 땅을 움직이고 지켜왔던 지식과 사회적 규범도 들어있다. 물론 종교혼합주의의 위험이 있는 것은 사실이다. 문화 속에 내재해 있는 그 땅의 종교가 기독교의 본질을 왜곡할 수 있다. 그렇지만 한 순간에 선교지 문화가 제거될 수 없다. 오랜 시간을 거치고 수정의 과정을 거치면서 온전한 복음이 정착하게 되어 있다.

로스의 선교방식은 후일 많은 논쟁을 일으켰다. 기독교에는 양보 못할, 반드시 보존해야 할 가치가 있다는 주장이었다. 이미 그 나라의 전통 종교

---

24 로스는 1890년 상하이선교사대회가 제사금지와 일부다처자 세례 반대를 결정하자 그 정책을 따랐다.

가 바탕이 되어 이루어진 선교지 문화가 자칫 기독교의 본질까지 오염시키거나 훼손할 수 있다는 주장이다. 그러나 선교지 기존의 문화 자체를 외면하고 선교가 이루어지기는 쉽지 않다. 선교는 수용층이 받아들일 때 비로소 이루어지기 때문이다.

로스의 선교방법에서 중요한 또 다른 하나는, 그가 중하류계급을 선교의 대상으로 삼았다는 것이다. 전도인이나 조사(助事)를 채용할 때, 상류계급이나 지식이 높은 사람보다는 중하류층의 열정이 있고 영적인 것을 사모하는 사람들을 뽑았다. 고등교육론도 반대했고,[25] 전도 대상도 일반 대중을 우선시했다. 물론 교육받은 중상류층을 외면했던 것은 아니지만, 기독교 복음이 갖고 있는 신학적 접근보다는 실제적인 복음을 전하는 것을 더 중시했다. 그래서 경서강독식의 개인적 가르침보다는 설교나 대중과의 질의응답을 통한 토론을 선호했다. 그것은 영미복음주의의 전형적인 특성일 뿐만 아니라 제국주의적 선교관에 대한 강한 거부였다. 동시에, 하늘에만 계셔도 하나님이신 예수가 사람이 사는 땅위로 내려오셨던, 성육신 사상의 패러다임이기도 했다.

고교회(high church)를 지향한 영국의 국교회(성공회)는 교회의 사도적 전통과 이성적 접근을 강조했다. 기독교의 복음은 '열등한 인종들'(inferior races)이 아니라 '문명화된 사람들'(civilized people)을 위한 것이라 주장했다. 로스는 그것을 강하게 부정했다. 복음의 대상에는 높이가 없고 구별이 없다. 누구든지 주의 이름을 부르는 자는 구원을 받게 되고 예수 그리스도의 세계 통치에 참여하게 된다. 그런 이유로 로스는 대중들이 모인 곳에 직접 찾아가 설교하고 전도하는 노방전도 방식을 선택했고, 대중들이 쉽게 이해할 수 있는, 대중의 언어로 쓰인 성경을 보급하려 했던 것이다.

---

25 John Ross, *Mission Method in Manchuria*, p.100.

2) 스코틀랜드 상식철학(philosophy of common sense)과 복음주의 – 인간화와 영성의 문제

일반적으로 '상식'이란 보편적이고 기본적인 지식과 양식을 의미하기도 하고, 전통적 관행을 말하기도 한다. 그런데 인간의 양식과 관행은 때로 부딪치게 되어 있다. 관행은 대개 불합리할 수 있기 때문이다. 그러나 존 웨슬리 이후, 영국에서의 '상식'은 인간존중의 마음가짐으로 인식되고 있었다.

'상식'을 가장 중하게 생각했던 지역은 장로교회의 본산이었던 스코틀랜드였다. 여기에서 일반적 상식을 철학적 차원으로 끌어올렸던 '스코틀랜드 상식철학'이 출현했다. 상식철학은 인간이 하나님의 피조물이기 때문에 그 근저(根底)에 다른 사람에 대한 사랑과 연민, 동정심이 자리한다고 보았다. 인간 누구나 하나님의 피조물로 하나님으로부터 각자의 권리를 갖고 태어났다는 '신부적(神賦的) 인간' 의식이 있었던 것이다.

'신부적(神賦的) 인간' 의식 아래 영국은 〔구빈법(救貧法)〕을 만들었고, 노예제도를 스스로 폐지했다. 무료진료소와 〔어린이노동보호법〕도 발의했다. 부(富)와 권력, 명성은 사회에 대한 책임과 함께해야 한다는 노블레스 오블리주의 정신이 영국사회 상류계급의 '상식'과 '관행'이 되었다. '신부적(神賦的) 인간화'로 무장한 강력한 기독교도(Muscular Christianity)가 되는 것이 영국사회의 기본 틀이 되었다.

스코틀랜드 상식철학의 한계를 극복하고 영적 차원까지 끌어올렸던 것이 '스코틀랜드 복음주의'였다. 스코틀랜드 상식철학이 지적 합리성을 강조하고 세상의 상식선에 타협하는 경향이 있어, 영성에 대해서 일정부분 거리가 있었기 때문이다. 이방 영혼들에 대한 적극적인 구원 의식이 없었던 것이다.

미국의 제1차 대각성운동이 일어났을 때, 그 여파는 영국의 전역, 곧 잉글랜드, 웨일즈, 아일랜드, 스코틀랜드에도 퍼져나갔다. 특히 존 웨슬리

(John Wesley)의 감리회 부흥운동은 스코틀랜드 복음주의 태동에 결정적으로 공헌했고, 선교방식의 모델이 되었다. 웨슬리의 전도여행과 50년 동안의 야외설교가 순회전도와 노방설교의 패러다임이 된 것이다. 그의 감정적이고 열정적인 설교는 스코틀랜드 교회의 부흥운동으로 연결되었고, 특별히 열정적인 해외선교로 연결되었다. 그리고 선교는 교회의 사명이 되었다.[26]

스코틀랜드 교회의 부흥에 대한 염원과 스코틀랜드 바깥에 사는 사람들, 특별히 '이방 영혼들'을 위한 선교적 열망이 스코틀랜드 전역을 휩쓸었다. 그리스도의 심판의 날이 도래하기 전에 "마음 상한 자를 고치며 포로된 자에게 자유를, 갇힌 자에게 놓임을 전파하며 여호와의 은혜의 해"[27]를 선포하고 구원해 내는 그 사명은 교회에 있다는 의식이 가득했다. 전파하는 자가 없이 어찌 전파되고, 또 믿게 할 수 있겠냐는 의식도 팽배했다. 모든 열방을 위해 성령이 역사하신다는 의식도 뚜렷했다. 이러한 의식은 1900년대 초반까지 계속되었다.[28] 스코틀랜드 장로교회들이 국교회(Church of Scotland)로부터 분리를 선언하고, 스코틀랜드 연합장로교회(United Presbyterian Church)를 출범시키고, 해외선교 사업의 기치를 높이 들었던 것도 모두 복음주의 여파였다.

로스는 스코틀랜드 복음주의의 배경을 갖고 선교활동을 펼쳤다. 순회전도와 노방설교 등 그의 선교방식과 하나님 앞에 인간은 모두 같다는 신부적 인간론의 바탕 아래, 영혼을 구해야 한다는 선교의 사명의식을 가졌던

---

26 David Bebbington, *Modern British Evangelicalism: A History from the 1730s to the 1980s* (London: Unwin Hyman, 1989), pp. 1-19.

27 이사야 61:1-2.

28 "D. R. Kilpatrick, *Missionary Report of the United Free Church of Scotland*, "Reminiscences of the Revival of 1860," Dec. 1910, p. 556: "Impressions of the Revival in Wales," *Missionary Report of the United Free Church of Scotland*, February 1905, p. 51, "the Quiet Hour: preparing for a revival," *Missionary Report of the United Free Church of Scotland*, July 1910, p. 326 참조.

것이다. 성경이 하나님의 말씀이라는 의식, 십자가에 대한 강조, 거듭남의 회심 의식, 삶의 눈물과 고통을 감싸 안는 태도, 뜨거운 가슴을 가지고 복음을 실천하려는 의지는 모두 여기에서 나왔다. 로스가 중하류계급을 선교 대상으로 삼고 선교지의 문화를 존중했던 것, 그리고 자급자립의 정신이 자유를 갖게 한다는 의식과 복음이 인간의 가치를 성취하게 한다는 신념 모두 그의 선교신학에서 비롯된 것이다.

6. 여언

1915년 4월 28일, 로스는 런던의 기독교문학회(Christian Literature Society Conference)에 참석했다. 그것이 그의 마지막 공식 행사였고, 그는 그 해 8월 6일, 세상을 떠났다. 에든버러의 뉴윙턴(Newington) 묘지에 묻혔고, 비석이 세워졌다. 중국 선양(심양)의 중앙교회에는 그의 위패가 모셔졌다. 로스를 거쳐 간 사람들은 평생 신앙인으로 적극적이고 헌신적인 삶을 살았다. 인간 하나 하나에 대한 하나님의 사랑을 알게 되었고, 전통과 체제에서 소외당한 상처를 복음으로 씻을 수 있었다. 이들은 로스를 통해 복음의 고귀성과 참다운 정의와 윤리의 가치를 발견했고 하나님의 임재를 체험할 수 있었다.

로스는 한국 선교의 선구자이기도 했다. 성서의 발간을 도왔던 백홍준, 서상륜, 김청송 등은 복음의 감격을 평생 잊지 못하여 헌신하는 삶을 살았다. 교통사정이 열악했음에도 불타는 열정으로, 목숨을 걸고 성서를 팔며 복음을 전했다. 로스의 선교방식은 한국 교회의 기초가 되었다. 선양의 동광교회 강단 후벽에는 다음과 같은 비문이 새겨져 있다.

爲道捨身 遠離祖國 三十八春

도를 전하기 위해 몸을 던져 멀리 조국을 떠나 38년 세월을 보냈다.

播道遙藩 宣布救恩 四方風動

요양과 심양에 도를 전파하고 구원의 은혜를 선포하니 사방에서 바람이 일어났다.

跋涉艱辛 勤艱桓忍 關東一人

산 넘고 물 건너는 매서운 고난을 근면으로 항상 인내하니 관동 최고의 인물이었다.

4장

알렌

Horace N. Allen

1858-1932

1884년 9월 20일, 샹하이에서 제물포항으로 들어오는 남경호에는 몇몇 서양인들이 타고 있었다. 교수 한 명, 세 명의 실업인들, 매춘부 한 명, 그리고 선교사로 오는 의사 하나 … 그러나 26살의 젊은 의사를 제외하고는 모두 두 달이 못되어 다시 샹하이로 돌아가야 했다. 즉 종교, 문화, 상업, 섹스가 조선에 동시에 상륙했으나 기독교만 남고 나머지는 되돌아갔던 것이다. 역사는 복음 전파가 필연적이고 예정되어 있었음을 그렇게 일러 주고 있다. 역사에 상징이 없을 수 없는 것이다.

장신에 빨간 머리를 가진 깡마른 체구의 알렌(Horace N. Allen)은 1858년 4월 23일 오하이오주의 델라웨어(Delaware)에서 태어났고 마이애미의과대학(Miami Medical College)을 졸업했다. 당시 미국 대학가를 휩쓴 제2차 대각성의 물결은 젊은 의사 알렌을 선교사의 이름으로 중국으로 보냈고, 1년 후에는 조선까지 가게 했다. 그는 한국 기독교 역사에 개신교 첫 주재 선교사로 이름을 새겼다. 개신교의 한국 선교가 본격적으로 시작된 것이다.

I. 알렌이 조선에 올 수 있었던 이유

1) 정세의 변화

조선에 와서 이 방면을 개척할 사람이 없습니까? 기독교 계통의 학교를 세운다면 아마 대단한 성공을 거둘 겁니다. 처음에는 두 사람 정도의 교사와 한 사람의 의사를 보내어 시작을 하면 충분할 것입니다. 조선은 의술을 모르는 나라로 그 혜택을 받고 싶어 하는 사람들이 많습니다. 당장의 할 일은 조선의 서울에 학교를 설립하는 것이라 생각합니다. 만일 서울이 가능하지 않다면 약 20마일 떨어진 개항지에다 설립해도 괜찮습니다. 우리 교회가 이런 일을 할 세 사람을 보낼 형편이 못된단 말입니까? 만일 그렇다면 다른 교회에서 이 일을 할 수 있지 않겠습니까?[1]

1883년, 일본주재 미국 북장로교 선교사 낙스(George W. Knox)는 미국 선교본부에 조선 선교의 적기가 왔다며 이렇게 독촉하고 있었다. 기독교에 대해 적대적이었던 조선을 선교할 수 있는 기회가 드디어 찾아왔다며 이렇게 호소했던 것이다. 그는 조선 선교를 간청하는 이수정(李樹廷)의 편지를 뉴욕 북장로교 해외선교부로 대신 전한 바 있었다. 때마침, 북장로교에서 파송한 중국 산퉁성 지푸의 선교사 레이드(Gibon Reid)도 미국의 선교본부에 조선 선교에 착수해 줄 것을 재촉했다.

저는 여전히 조선 선교에 매우 관심이 많습니다. ⋯ 조선은 개항장에서 외국인들이 예배를 볼 수 있는 장소를 독일 및 영국과 맺은 조약에서 허용했습니다. 아마 외국인들이 의료사업을 하고 영어를 가르치는 일도 허용될 것입니

---

1   L. George Paik, *The History of Protestant Missions in Korea*, 1832-1910, pp. 75-76.

다. 그렇게 되면 조선인들은 매우 기뻐할 것입니다. 지금으로서는 선교거점을 마련하는 일이 불가능할 것이지만 틀림없이 서울 혹은 그 근처의 개항장에서 의료사업과 교육사업을 위한 거점을 확보하는 것이 가능할 것입니다.[2]

레이드도 조선에 선교의 서광이 비치고 있음을 감지하고 있었다. 조선에서 순교한 토마스(Robert Jermain Thomas) 선교사의 일을 누구보다도 안타깝게 여겼던 그였다.

1876년에 일본과 굴욕적으로 [한일통상조약], 일명 [강화도조약]을 맺은 이래로 조선은 미국, 독일, 러시아, 영국, 프랑스 등 서구제국에 잇달아 문호를 개방했다. 쇄국정책을 고집할 힘이 더 이상 남아 있지 않았던 것이다. 그런데 역사는 그때가 바로 선교의 호기라고 일러 주고 있다. 특별히 동북아 지역의 선교사들은 조선과 미국 간의 [조미수호조약][3]이 선교를 가능하게 할 것이라 감지했다.

18세기 말부터 서양 배들이 빈번히 조선 해안에 나타나 통상을 요구했지만 조선 정부는 이를 거절하고 쇄국을 고집했다. 그러나 1860년(철종 11년) 8월에 영불(英佛)연합군이 베이징을 점령(占領)하고, 1866년에 로즈 제독이 이끄는 프랑스 군함이 강화도를 침공하고, 미국 상선 제너럴셔먼호의 난동사건이 일어나고, 1871년에 미국이 이 사건을 핑계로 신미양요(辛未洋擾)를 일으키자 조선 조정은 흔들릴 수밖에 없었다. 더구나 1876(고종 13)년에 일본의 군사력에 의해 강압적으로 [조일통상조약]을 맺게 되고 인천과 원산 항구를 강제로 개방할 수밖에 없게 되자, 조선 정부는 더 이상 쇄국정책을 고집할 수 없었다. 이러한 때에 동지사 일행(특히 역관)을 통해 국제

---

2   *The Foreign Missionary* 1884. 8, pp.131-132.
3   미국은 한국과 조약을 맺으면서 한국이 중국의 속방이 아니라 독립된 국가라는 것을 선언했다. 한국을 주권적 독립국의 위치로 인정한 것이었다. 일단의 미국 선교사들은 한국을 둘러싼 이런 시대적 상황을 선교의 기회로 생각했다.

사회의 실정을 알게 된 개화파들이 등장했다. 이들은 조선이 중국과의 관계를 청산하고 서구 근대국가들의 문명을 받아들여야 한다고 주장하고 나섰다.

이 개화파를 이끈 인물은 제너럴셔먼호 사건 당시 평양감사이던 박규수였다. 그는 조선의 두 번째 도시인 평양의 방어력을 가지고도 서양의 상선 한 척에 속수무책이었던 것에 큰 충격을 받았고, 조선이 문호를 개방해야 한다며 김옥균, 박영효, 김윤식 등 젊은 유학자들을 키웠다. 박규수 문화생인 이 젊은이들은 스승의 뜻에 따라 개화운동(開化運動)을 전개했고, 고종 임금은 젊은 개화파들의 의견을 받아들였다. 1880년 12월부터 개방정책(開放政策)으로 국가정책을 바꾼 것이다. 개화파들도 고종 임금이 사대적 국제관계를 청산하고 조선의 문호를 개방하기로 결심을 굳히자 이에 적극적으로 나섰다.

조선의 정세가 안정적이지 않았기 때문에 미국 교회는 조선 선교에 대해 소극적이었다. 대원군의 천주교 박해와 프랑스 군함의 강화도 침공사건, 제너럴셔먼호 사건, 신미양요(辛未洋擾) 등에 대해 보고받고 있었고, 언제든 프랑스 함대가 조선을 다시 침공할 수 있다며 염려하고 있었다. 그렇지만 미국과 조선이 수호조약을 맺게 되고 동북아 선교사들이 적극적으로 선교를 요청하자 구체적인 방침을 정하고 발 빠르게 움직이기 시작했다.

2) 선교사 맥클래이(Robert S. Maclay)의 선구적 역할– 선교의 문을 열다

한 나라의 위기는 오히려 선교의 기회가 되기도 한다. 1884년 6월 24일 기회를 포착한 일본주재 미국 북감리교 해외선교부의 대표자인 맥클래이(Robert S. Maclay) 선교사가 가장 먼저 서울에 도착했다. 그는 조선 정부의 공식 허락 아래, 최초로 입경한 선교사라는 영예를 얻을 수 있었다.

맥클래이는 극동선교의 개척자요 선교 베테랑이었다. 1846년 볼티모어 감리교 연회에서 중국 선교사로 임명받은 후, 20여 년을 중국에서 활동했고 1872년 11월부터 일본으로 옮겨 활동했다. 선교사 임명을 받고 중국에 도착했던 1848년, 그는 우연히 복건성 푸조우(복주) 거리에서 난파되어 구출되었다가 돌아가는 조선인 어부들을 보고 조선에 관심을 가진 바 있었다. 1871년 미국 극동함대가 제너럴셔먼호 사건을 핑계로 강화도를 무력 침공하고 돌아왔을 때, 맥클래이는 미국 감리교 선교부에 "군대 대신 선교사를, 무기 대신 복음을 전파해야 한다"고 호소하며 조선 선교를 외친 인물이다. 그러나 이름조차 생소했던 '조선'이라는 나라는 미국 교회의 관심에 오르지 못했다.

1882년, 맥클래이는 일본 정계의 유력 인사로부터 개화파의 젊은 지도자 김옥균과 박영효 등을 소개받았다. 그때 김옥균은 수신사(修信使) 박영효 일행의 고문자격으로 두 번째로 일본에 건너와 있었다. 맥클래이의 아내는 1883년 초까지 김옥균과 서재필, 서광범 등 개화파 청년들에게 영어를 가르쳤다. 조선의 젊은 정치인들과 밀접한 관계를 갖게 된 계기였다.

시간을 좀 내어서 조선으로 가시고, 땅을 물색해서 선교부를 설치할 수 있을지 알아보시겠습니까? 그렇게 된다면 우리(감리교회)는 그 이방인 땅에 들어가는 첫 번째 개신교회가 될 것입니다. 이 일이 성사된다면, 이것은 일본 교회로서도 명예가 되겠지만 우리 교회를 위해 이룩해 놓으신 업적 위에 또 새로운 업적을 남기는 것이 될 것입니다.[4]

맥클래이가 미국성서공회 총무 루미스(Henry Loomis)의 요청으로 이수정의 성서번역을 돕고 있던 1884년 1월 31일, 자신을 후원하고 있던 미국 감리교회의 거물 가우처(John F. Goucher)로부터 이와 같은 편지를 받았다. 그는 맥클래이가 중국에서 학교를 세우는 등 선교활동을 할 때 적극적으로 도왔고, 1879년에 아오야마카쿠인대학(青山学院大学)의 모체가 되는 미카

---

4   R.S. Maclay, "korea's Permit to Christianity", *Missionary Review of the World*, Apr., 1896, p.287.

이신학교를 세울 때도 15,000달러 건축비 전액을 부담한 바 있었다.[5]

1883년 9월 열차 안에서 워싱턴으로 가고 있던 조선 정부 보빙사 일행을 우연히 만난 가우처는 낯선 복장을 한 동양인들이 은둔국 조선의 외교사절단이라는 것, 교육분야에서 미국의 도움을 받고 싶다는 이 일행의 지도자 민영익의 토로, 더욱이 통역자 서광범이 맥클래이 부인으로부터 영어를 배웠다는 사실 등에 가슴이 뛰지 않을 수 없었다. "하나님의 섭리"와 조선 선교의 때가 도래했음을 목도한 것이다. 그가 미국 감리교 해외선교부에 2,000달러를 보내며 조선 선교를 부탁하고 맥클래이 목사에게 황급히 편지를 보냈던 이유이다.

가우처의 편지에 맥클래이도 적지 않은 충격을 받았다. 오랫동안 간직해 왔던 소망이 한꺼번에 이루어지는 것을 느꼈고, 하나님이 조선 선교의 문을 여는 데에 자신을 사용하시는 것을 확인했기 때문이다. 그것은 누구나 받을 수 있는 은총이 아니었다.[6]

맥클래이는 조선에 공식적이고 공개적으로 들어가는 첫 개신교 선교사의 명예를 얻었다. 귀국한 보빙사 일행이 고종 임금에게 미국에서의 일들에 대해 호의적으로 보고했고, 맥클래이가 들어올 수 있도록 적극적으로 추천했기 때문이다. 물론, 미지의 은둔국을 처음 밟게 되는 것이기에 긴장하지 않을 수 없었을 것이다.

5　1874년 미국에 위치한 감리교 감독교회가 일본에 파견한 선교사 도라 스쿤메이커가 아오야마 가쿠인의 모체가 되는 3개의 학교 중 하나인 '여자 소학교'를, 1878년에는 줄리어스 소퍼가 '도쿄학사'를, 그리고 1879년에는 로버트 맥클래이 선교사가 가우처의 도움으로 '미카이신학교'를 설립했다. 이 3개의 학교가 현재의 아오야마 가쿠인으로 성장했다. 1883년에는 미카이신학교와 도쿄영학교를 통합하여 도쿄에이와학교가 되었고, 나아가 1894년에는 도쿄에이와학교는 아오야마 가쿠인으로 명칭을 변경했다. 1927년에는 아오야마 가쿠인과 아오야마 여학원을 통합하여, 아오야마 가쿠인은 신학부, 고등학부, 중학부에 아오야마 여학원의 학생을 보태어 약 3,000명의 학생들로 이루어진 학원이 되었다.

6　R.S. Maclay, "korea's Permit to Christianity", *Missionary Review of the World*, Apr., 1896, p.288.

어두운 때면 빛이 있을 것이다. 인간의 극한 상황은 하나님의 기회이다. 다행스럽게 (하나님의 섭리라면 어떨까?) 일본에서 우리 내외와 친밀한 친분이 있었던 조선인 관리 김옥균이 현 정부의 외교부의 일원이며 서울에 거주하고 있다. 문제는 해결되었다. 우리의 활동계획은 쉽게 풀렸다. … 나는 그 탄원이 가납되었을 것으로 느꼈고, 기도하는 가운데 기대와 밝은 생각을 가지고 결과를 기다렸다. 김옥균이 우리를 돕기 위해 최선을 다할 것이라 믿었다. 그가 임금과 가까운 관계에 있다는 것을 알고 있었다. 나는 7월 3일, 그를 방문했을 때, 매우 친절히 나를 맞아 주었다. 그는 전날 밤에 임금이 그 편지를 신중하게 검토했으며 내 요청에 따라 우리 선교회가 조선에서 병원과 학교 사업을 시작할 수 있도록 허락하기로 결정했음을 알려 주었다.[7]

조선에 도착한 맥클래이는 일본영사 고바야시(小林)의 도움으로 서울로 입경했고, 미국공사 푸트(L.H. Foote)의 주선으로 영국공사 에스턴(W. G. Aston)과 일본 대리공사를 면담했다. 외위문(the Corea Foreign Office)과 해관(海關)의 고문인 묄렌도르프(Paul G. von Möllendorf)를 방문했으나 만나지 못했다.

맥클래이가 김옥균을 선택한 것은 현명한 판단이었다. 그 짧은 시간에 그는 조선의 동향을 살폈고, 김옥균이 임금의 총애를 받고 있음을 파악했다. 위험을 무릅쓰고 외위문(外衛門) 주사로 일하고 있던 김옥균의 집으로 찾아갔고, 그를 통해 고종 임금에게 조선에서 교육사업과 병원사업을 허락해 달라고 요청했다. 1884년 7월 2일, 서울에 도착한 지 8일째 되는 날, 맥클래이는 천주교가 아니어야 한다는 조건으로 임금의 윤허가 내렸음을 확인했다. 개신교의 한국 선교가 공식적으로 시작된 것이다.

서울을 떠나면서 맥클래이는 "왕의 마음은 흐르는 강물처럼 주님에 손에 달려 있다. 주님께서는 어느 곳으로든지 원하시는 대로 왕의 마음을 돌

---

7   R.S. Maclay, op.cit., pp. 288-280

리실 것이다"라는 간구와 감격을 토로했다.[8] 하나님은 역사의 진행을 통해
굳게 닫혀 있던 조선의 빗장을 푸셨고, 기독교 개교자(開敎者)의 영광을 맥
클래이에게 허락하신 것이다.

2. 조선 선교사로 오기까지

1) 선교사가 되기까지

알렌(Horace N. Allen)은 1858년 4월 23일 오하이오주의 델라웨어
(Delaware)에서 호래이스(Horace Allen)와 제인(Jane Montgomery Riley)의 5남
매 중 막내아들로 태어났다. 상당한 재력가로 농장을 경영했던 그의 아버
지는 엄격한 청교도 신앙으로 자녀들을 양육했고 어려서부터 스스로 자립
해야 한다고 가르쳤다. 알렌은 집 근처 델라웨어장로교회에 출석했는데,
대학은 감리교 학교였던 오하이오 웨슬리언대학(Ohio Wesleyan University)
이학부에 입학했다. 특별히 교파의식이 없었던 까닭에 집에서 가장 가까운
대학을 선택했을 것이다.

웨슬리언대학은 당시 감리교 학교답게 복음과 경건을 가장 중요시 여겼
고 엄격히 요구했다. 부흥회의 무절제를 염려하여 금족령을 내렸던 당시의
장로교 대학과 달리, 학생들의 신앙심을 높이기 위해 부흥사들을 초빙하여
부흥회를 열었다. 학생들은 매일 아침예배에 참석해야 했고 대학의 모든
규칙을 엄격히 지켜야 했으며, 학교는 열정적인 신앙 태도를 요구했다.

웨슬리언대학에도 제2차 대각성운동의 물결이 거세게 밀려왔다. 회심
을 강조하는 설교에 학생들은 열렬히 호응했고 대학마다 기독학생회가 조

8　Loc. cit.

직되었다. 수많은 젊은이들이 해외선교를 다짐했고, 그것이 프로테스탄티즘의 정신과 신앙의 열정적 표현으로 인식되었다. 미국의 지성(知性)이었던 대학생들에게 해외선교사는 신앙과 자부심의 표상이었다.

1881년 3월 19일, 졸업을 앞둔 알렌은 의료선교사가 되기로 결심하고, 자신이 편집인이었던 교내 소식지 *The College Transcript*에 이렇게 글을 남겼다.

> 주께서 이 땅에 사역(ministry)를 시작하실 때, 먼저 병든 육신을 치료하셨다. 이로 사람들의 신뢰를 얻으셨고, 그들의 마음에 다가 서실 수 있었다. 의료선교사의 직무는 이러한 일들과 상당히 유사하다.[9]

1881년 6월, 웨슬리언대학을 졸업한 알렌은 인근의 스탈링의학교(Stairing Medical School)를 거쳐 마이애미의과대학(Miami Medical College)에 들어갔다. 그리고 1883년 3월 졸업했다.

알렌의 교회 담임자인 혼(Abram E. Hawn) 목사는 북장로교 해외선교부의 총무 로우리(John C. Lowrie)에게 알렌을 소개했고, 알렌도 오직 의료사역을 위해 선교사를 지원한다는 편지를 로우리에게 보냈다. 덧붙여, 가급적이면 중국으로 보내 달라고 요청했다.[10] 이러한 과정을 거쳐, 1883년 3월 26일 미국 북장로교 해외선교부 실행위원회는 알렌을 중국 선교사로 임명했고 산통성(산퉁성)의 지난푸(제남부)를 그의 사역지로 결정했다. 1883년 5월 17일, 알렌은 웨슬리언대학 동기생 프랜시스 메신저(Frances Ann Messenger)와 결혼식을 올린 후, 9월 1일 샌프란시스코를 떠나 중국으로 향했다.

선교사를 파송하는 선교본부의 판단과 선교지 상황이 항상 일치하는 것은 아니다. 또한 선교지의 선교사 사회(missionary society)가 언제나 합리적

9　"The Medical Missionary", *The College Transcript* Vol. 14, Mar. 19, 1881, p. 180.

10　알렌이 존 로우리 목사에게 보낸 편지, 1882년 9월 26일자.

인 것도 아니다. 통신이 빠르지 않았던 시대였고, 대개 선교사들이 활동하는 지역의 교통이 불편했기 때문에 양자 간의 신속한 소통이 불가능했다. 알렌은 임지인 산퉁성(산퉁성)으로 가지 못하고 난징과 샹하이에 머물러야 했다. 그것은 태평양을 왕래하던 베이징호가 무서운 폭풍과 기관 고장으로 표류하는 등 그 여정이 유난히 힘에 겨웠고, 그의 아내가 심한 육체적 고통에 시달린 탓도 있었다. 그러나 가장 큰 이유는 미국 북장로교 산퉁성 선교부의 상황이 바뀌었고, 그 바뀐 상황이 미국의 선교본부로 제 때에 전달되지 않았던 때문이다.

미국 북장로교 해외선교부가 알렌을 산퉁성 선교사로 임명한 것은 그곳에서 활동하고 있던 의료선교사 헌터(Stephen A. Hunter)가 사임하겠다고 했기 때문이다. 그런데 그는 사의를 번복했고, 알렌이 출발한 이후에야 사실을 확인한 미국 북장로교 해외선교부로서는 난감하지 않을 수 없었다. 의사선교사가 귀한 시기였기에 한 지역에 두 명의 의사를 활동하게 할 수는 없었던 것이다. 헌터가 조선으로 가겠다며 자신의 의사를 또 다시 번복했지만, 동료 선교사들이 이를 반대하고 나섰다. 해외선교본부도 중국어에 익숙한 헌터가 다시 조선어를 배워야 하는 것을 시간 낭비로 보았고, 그런 이유에서 알렌의 산퉁성 선교사 임명을 취소하고 헌터에게 계속 사역하도록 결정했다.

이런 상황에서 알렌에게 조선행을 권했던 사람들이 헨더슨(Henderson), 맥클리오드(Neil Macleod) 등 샹하이의 저명한 의사와 미국 감리교 의료선교사 분(H. W. Boone)이었다. 특히 헨더슨은 조선해관 총세무사 묄렌도르프(Paul George von M?llendorf)와 인천 세무사 스트리플링(A. B. Stripling)과 친분이 있었다. 그는 간곡한 추천서를 각각 써 주면서 "그 나라와 함께 성장하라"고 권면했다. 그 말에는 선교사업을 포기하고 조선이 서양 의사를 필요로 할 것이니 돈을 벌 수 있다는 의미가 담겨 있었다. 그때의 일에 대해 알렌은 다음과 같이 회고했다.

나는 장로교의 의료선교사로서 남경과 상해에서 1년간 거주한 후에 새로이 문호가 개방된 조선에 가고 싶은 욕망을 품게 되었다. 그러던 중 상해에 있는 어떤 저명 인사로부터 편지를 받았는데, 그 사연인즉 그는 나로 하여금 그 당시 조선에 몰려드는 외국인 중에서는 유리한 생업을 마련할 수 있도록 해 줄 것 같다는 것이었다. 사실, 나의 동료 의사들도 내가 선교사업을 포기하고 조선에 가서 입신양명하는 것이 좋겠다고 전해 주었다.[11]

알렌은 친밀했던 윌리엄 홀트(William S. Holt) 선교사와 상의한 후, 1884년 6월 6일 조선세관(the Korean Customs Service)에서 일하는 요셉 하스(Joseph Hass)에게 조선에 의사가 필요한지를 문의하는 편지를 보냈고, 다른 한편으로는 뉴욕에 있는 미국 북장로교 해외선교부 총무 엘린우드(F. F. Ellinwood)에게 조선으로 가도 좋은지를 물었다. 의료선교사로 열심히 일하고 싶다는 내용도 덧붙였고, 해외선교부는 7월 9일 알렌에게 이를 허락하는 답신을 보냈다.

당시 미국 북장로교회도 중국과 일본에 나가 있던 선교사들로부터 조선 선교를 해야 한다는 강한 요청에 시달리고 있었고, 해외선교본부 평신도 위원이었던 맥 윌리엄스도 6,000달러를 헌금하며 조선 선교사 임명을 강하게 종용하던 상황이었다. 더구나 감리교가 부지런히 조선 선교사 파송을 준비하고 있어 마냥 외면만 할 수 없었다. 그런 이유로 부지런히 조선에 파송할 선교사를 물색하여, 테네시대학 의대를 최우수 성적으로 졸업한 존 헤론(John W. Heron)을 1884년 4월에, 7월 28일에 언더우드(Horace G. Underwood)를 조선 선교사로 임명했던 것이다.

엘린우드의 노력으로, 무급이었지만, 알렌은 조선주재 미국공사관 의사의 신분을 받았다. 아이가 출산한 뒤인 1884년 9월 14일, 알렌은 중국인

---

11 H. N. 알렌 지음, 신복룡 역주, 『조선견문기』(서울: 집문당, 1994), p.155.

집사요 어학선생인 유돈(Eu Don)과 함께 남경호를 탔다. 9월 20일 제물포항에 도착했고, 이틀 후 당나귀를 타고 "매우 따뜻한 환영을 받으며" 서울에 입성했다. 공식적으로는 미국공사관 공의(公醫) 신분이었지만, 분명 그는 선교사로 조선에 입국했다. 서울에 도착하고 주택을 구입한 뒤 상하이로 잠시 되돌아갔다가 10월 28일 부인과 갓 태어난 아이를 데리고 돌아왔다. 조선 최초의 개신교 주재 선교사라는 영예는 그렇게 주어진 것이다.

2) 당시 조선의 정치와 사회 상황

서울에 도착한 다음 날, 알렌은 초대 미국 전권공사 푸트(Lucius H. Foote)와 고종 임금을 알현했다. 그 자리에서 고종 임금은 알렌에게 "선교사가 아니냐"며 노골적으로 물었고, 푸트는 즉시 "미국공사관의 부속의사, 곧 공의"로 소개했다. 교육사업과 의료사업 이외에는 허락이 되지 않던 까닭이었고, 알렌도 푸트의 충고에 따라 미국공사관 의사라고 말해야 했다.[12]

서양종교는 무군무부(無君無父)와 혹세지난(惑世之亂)의 종교로 각인되어 있었다. 심지어 프랑스 군대가 조선을 침공한 이후에는 모반의 종교요 대역부도(大逆不道)의 집단이 되어 있었다. 천주교와 개신교를 구별하지 못해 개신교 선교사들은 한동안 이런 오해를 받아야 했다. 더욱이 개화파가 완전히 득세하지 못한 상황이어서 이런 의구심은 쉽게 사라지지 않았다.

개화파들은 미국이나 기독교에 대해 적극적 관심을 갖고 있었던 반면, 조선 조정의 한 쪽에 있던 위정척사파들의 서양종교에 대한 혐오는 여전했다. 또한 개화파라 하더라도, 김옥균이나 박영효와 달리, 김윤식은 미국이나 기독교 문명을 냉소적으로 대하고 있었다. 조선의 유학(儒學) 지식사회도 중국 중심의 세계관을 고집하고 있어, 미국과의 관계증진을 추진하는

---

12 O. R. Avison, In memoriam- Dr. Horace N. Allen. *The Korea Mission Field*, 1933, 5월호, p.76.

고종 임금과 개화파에 적지 않은 반감을 갖고 있었다. 미국 문명이 기존 가치체계를 훼손할 수 있다는 생각이 주를 이루고 있어 미국공사 푸트나 선교사 알렌은 수세적일 수밖에 없었다.

천문학자 퍼시벌 로웰(P.L. Lowell, 1855-1916)은 1883년 한양에서 약 3개월간 머문 뒤, 2년이 지나 『조선, 고요한 아침의 나라』(Choson, the Land of the Morning Calm)를 출간한 바 있다. 그때 그는 서구의 근대문명을 받아들인 일본을 태양이 떠오르는 생동의 나라(Sunrise Kingdom)로 본 반면, 은둔국이었던 조선을 숨 쉴 기력조차 없어 생기(生氣)나 어떠한 미동조차 없는 나라로 보았다.

당시 조선은 부패가 만연될 수밖에 없었다. 조선 관리들 중 일정한 봉급을 받으며 사는 건 상급 관리에 불과했고, 하급 관리나 지방 관리는 가능한 모든 방법을 동원하여 알아서 먹고 축재를 해야 했다. 따라서 백성들은 애초부터 재산을 모을 생각도 하지 않았다. 어차피 빼앗길 것이니 그럴 필요가 없었던 것이다.

서재필은 조선의 1896년도 예산이 4,899,410달러였는데, 실제 백성들이 낸 세금은 대략 천만 달러이고, 세출액 6,316,831달러 중 6,167,741달러가 관리들의 인건비와 조정 및 왕실 비용이었다고 증언하고 있다. 또한 백성들을 위한 사업은 전혀 없었고, 여전히 하급 관리들의 봉급도 없었다고 탄식했다. 갑오경장 세제개혁 이후의 사정이 이러한대 알렌이 들어온 시절의 사정은 얼마나 참혹했을까….

전통적 가치체계와 유학(儒學)의 이념은 이미 쇠진되어 있었다. 방방곡곡에 깔린 가난, 침체, 부패, 나태, 혼란과 무기력 등 부정적 요소들이 조선의 전망을 어둡게 했던 것도 사실이다. 정부의 도덕성은 무너졌고, 백성 전체의 사기도 떨어졌으며, 좌절과 실의가 지나쳐서 비관할 힘도 남아 있지 않았다. 생산의욕이 없었고 게으름과 무관심이 사회 전반의 모습이었다. 조선사회 내부에 인간에 대한 존엄사상은 존재하기 어려웠다. 백성들은 그저 거처가 따뜻하면 되었고, 굶주림을 잊게 해 주는 술 한 잔과 담배 한 잎만 있으면 되었다.[13] 불결과 질병의 요인들이 쌓였고, 자연히 샤머니즘이 만연했다. 알렌이 보았던 조선의 거리에는 언제나, 곳곳에서 굿판 벌이는 소리가 터져 나오고 있었다.

3. 갑신정변, 콜레라 그리고 선교의 발판

이날 사태로 인해 큰 시련이 전개되었고, 피땀을 흘려야 했습니다. 그러나 그 일 때문에 나는 궁전에 들어가서 다닐 수 있게 되었고, 나에게는 남다른 현직을 누릴 수 있게 했습니다. 이 일은 다른 방법으로는 도저히 얻을 수 없는 것들입니다. 이제 사람들 모두가 나를 알아보며, 따라서 우리 사업은 이 일 때문에 아무 어려움도 받지 않게 된 것이 확실합니다.[14]

갑신정변이 일어났던 1884년 12월 밤늦은 시각, 알렌은 미국공사 푸트(L. Foote)로부터 묄렌도르프의 집으로 급히 와 달라는 전갈을 받았다. 조선 군대의 호위를 받으며 도착했을 때, 거기에는 "피의 세례를 받고 매우 흥분해 있는 외교사절들"과 갑신개화파에 의해 자상(刺傷)을 당하여 사경을 헤매던 민영익이 누워 있었다.

1884년 12월 4일, 우정국이 개국하여 홍영식이 수뇌로 취임하던 날 저녁, 김옥균, 박영효 등 갑신개화파들이 정변을 일으켰다. 수구파의 거물들을 우정국으로 초청하고 그들을 죽이려 했다. 개화파들은 개혁을 방해하는 인물들을 제거한 다음, 일사천리로 자신들의 정치적 이상을 추진하겠다는 일종의 친왕(親王) 쿠데타를 계획했고, 배후에는 일본 외무대신 이노우에 가오루(井上馨)가 있었다. 이들은 민영목, 조영하, 민태호(민영익의 아버지)

---

13   알렌, 『조선견문기』 pp.99-100 참조.
14   알렌의 편지, 1884년 12월 8일자.

등을 수구파라 하여 죽이고 이들을 후원하던 환관 유재현도 죽었다. 이러한 와중에 묄렌도르프가 칼에 동맥이 끊기고 머리와 몸 등 일곱 군데나 찔린 민영익을 가마에 태워 자기 집에 뉘어 놓았던 것이다.

알렌이 도착했을 때, 조선의 거물이요 보수당의 거두인 민영익이 생사를 헤매고 있었다. 한의사들은 '시커먼 송진'을 꿀에 개서 민영익의 상처에 집어넣으려 했으나 그러한 처치가 도움이 되지 않았다. 알렌은 자상을 깨끗이 소독하고 모두 27군데를 꿰맸고, 한군데는 혈관을 잡아매고 심을 넣은 후 반창고를 붙였다. 상처마다 깨끗한 가제와 붕대를 감았다. 조선의 치료법과는 전혀 달랐던 것이다. 수술 후 이삼일은 생사가 분명하지 않았고 열이 나서 상처가 악화되기도 했다. 가족들이 몰래 인삼을 끓여 입에 넣은 것이 원인이었다. 알렌은 단호하게 이를 중단시켰고, 3개월 후 민영익은 완쾌했다. 서양 의술의 위력이 그렇게 입증된 것이다.

민영익은 10만 냥을 알렌에게 보냈고, 두 사람은 의형제가 되었다. 알렌은 마음껏 궁궐에 드나들 수 있었고 민영익이 명성왕후의 조카였던 탓에 왕실의 특별한 총애가 뒤따랐다. 조선 정부가 할 수 있는 "모든 명예와 보상"이 알렌에게 주어졌다. 미국에 대한 신뢰가 강화되는 계기가 되었고, 알렌에 대한 의심이 사라져 선교사업의 길도 열릴 수 있게 되었다.[15] 갑신정변이라는 역사적 사건이 임금과 조정, 조선 사람들이 그렇게 혐오하고 경계하던 미국과 기독교의 이미지를 한순간에 바꿔 놓은 것이다.

조선의 왕실과 조정은 알렌을 "하늘이 보낸 특별한 사람"으로 여겼고 고종 임금은 그를 왕실의 시의(侍醫)로 임명했다. 쿠데타를 진압하는 과정에서 부상을 입은 원세개의 군사들을 치료했던 탓에 청국공사관도 그를 전속의사로 예우했다. 청나라 군사들은 그를 "예수박사"라 부르며 영웅으로 우대했고, 이후 알렌의 행보에는 거침이 있을 수 없었다.

---

15 H. H. Underwood, Horace N. Allen. *The Korea Mission Field*, 1933년 3월호, p.45.

알렌의 소식은 미국 정계와 교계로 퍼져 나갔다. 조선과의 국제관계에서 그동안 중국과 러시아 그리고 일본에게 밀리던 미국은 영향력을 높일수 있었고, 조선 선교에 조심스럽게 접근하던 미국 교회도 보다 적극적으로 선교사업에 착수할 수 있게 되었다. 후일, 세브란스 창립자 애비슨(O. R. Avison, 1860-1956)은 갑신정변이라는 역사적 사건 속에 "전능하신 하나님의 경륜"과 "성령의 지도하심", 그리고 그 "놀라운 섭리"가 있음을 발견했고, 그것에 다음과 같은 경의를 표하기도 했다.

> 우리는 믿습니다. 바로 전능하신 하나님의 경륜으로 그와 그의 치료가 이 백성들을 준비시켜 복음의 말씀을 받아들이도록 한 것입니다. 이것은 하나님의 섭리입니다. 또한 성령의 지도하심입니다. 알렌 박사의 공로는 바로 이 섭리에 따른 데 있는 것입니다.[16]

1886년 7월 초순, 무더위와 긴 장마 속에서 콜레라가 무섭게 전국을 휩쓸었다. 아펜젤러(Henry G. Appenzeller)는 7월 22일 하루에만 돈의문(서대문)을 통해 2백여 구(具)의 시신이 실려 나갔고, 그 다음 날에는 151구의 시신이 나갔다고 진술했다. 그리고 하루 평균 5백여 구의 시신이 혜화문(동서문)을 통해 실려 나갔다고 덧붙였다.[17] 들것 하나에 시체 3구가 실려 나갔고, 심지어는 시체 5구를 운반해서 얕은 구멍 속에 묻어버리기까지 했다. 격식을 갖추어서 장례를 지낼 형편이 못되어, 어쩔 수 없이 급히 매장했기 때문에 비가 와서 흙이 씻기면 썩은 시체가 드러나기도 했다. 사람들이 파리처럼 죽어 갔으며, 하도 빨리 죽어 나갔기에 무덤을 팔 시간조차 없었다.[18]

---

16   O. R. Avison, "History of Medical Work in Korea, Under the Mission of the Presbyterian Church in the U.S.A, from 1884 to 1909," *Quarto Centennial Papers*, 1900, p.31.

17   아펜젤러, 1886년 7월 24일자 일기 참조.

18   알렌, 『조선견문기』 p.221.

알렌과 의료선교사 헤론(John W. Heron), 스크랜튼(william B. Scranton), 그리고 조선에 막 도착한 엘러스(Annie J. Ellers), 아펜젤러(H. G. Appenzeller)와 언더우드(Horace Grant Underwood), 스크랜튼 부인과 스크랜튼 대부인(Mary Fletcher Scranton) 등 조선에 들어와 있던 선교사들은 자신들의 안전은 뒤로 한 채 환자들을 치료하고, 시신들을 수세하여 매장했다. 물론 이 의료팀의 선도자는 알렌이었다. 알렌은 고종의 허락을 받아 포고령을 전국에 내렸다. 반드시 물을 끓여 먹게 하고, 유황을 태우며, 집 안팎을 청결케 하고, 석회를 뿌리게 했다. 콜레라 치료와 방역에서 서양 의술의 탁월함을 보여 주었다. 그리고 콜레라가 역신(疫神)에 의해 생기는 것이 아니라 세균에 의해 발생한다는 것도 알렸다.

조선에는 낯선 타인을 위해 희생하고 봉사한다는 개념이 없었다. 그런데 서양인들은 목숨을 걸고 전염병이 만연하는 현장에 뛰어들었다. 그들의 치료나 병자의 돌봄, 시신의 처리 태도는 지금까지의 조선 조정이나 조선 사회의 누구와도 달랐고 생소한 것이었다. 인간의 평등과 존엄이라는 의식을 개신교 선교사들이 그렇게 실증한 것이다.

서양의 문명, 의술, 종교, 사람에 대한 조선의 모든 계급과 계층의 인식이 바뀌었다. 양귀자(洋鬼子)에서 양대인(洋大人)으로 바꾸어 대우했다. 혹시 군중 속에 휩쓸리게 되어도 떠민다든지 거칠게 대하지 않았고 반드시 지나갈 통로를 만들어 주었다. 낯선 서양인을 보고 짖는 개를 나무랄 정도였다.[19] 100여 년 동안의 서양인에 대한 적개심은 존경심으로, 배타심은 친밀감을 넘어 의존감으로 바뀌어졌다. 알렌으로 인해 안전한 선교의 길이 갑자기 만들어진 것이다.

---

19 Ibid., p.109.

4. 제중원의 설립과 미션스쿨 '광혜원 학교'

조선 정부는 1881년 일본에 파견한 조사시찰단(朝士視察團)의 보고를 받은 이후, 서양식 근대병원의 설립을 모색하고 있었다. 1884년 「한성순보」의 사설을 통해 서양의학 교육기관의 설립과 양의(洋醫) 양성의 필요성을 강조했고, 맥클래이(Maclay)에게 의료사업을 허락했던 것도 조선 정부정책의 일환이었다. 알렌은 그러한 조선 정부의 의중을 놓치지 않았다. 민영익(閔泳翊)을 살려낸 것을 서양병원 설립 기회로 삼았고, 1885년 1월 27일 조선 정부에 포크 공사를 경유하여 근대병원의 설립신청서를 냈다. 그때 알렌은 다음과 같이 제안했다.

> 저는 이 나라에서 세운 국립병원의 원장이 되겠지만 나라에서 한 푼의 돈도 받지 않을 것입니다. 다만 조정에서 해주실 일은 공기가 잘 통행이 되는 곳에 청결한 집 한 채를 마련해 주고, 매년 적절한 관리운영 예산만 지급해 주시는 일입니다. 그 예산으로 연료비와 조수인건비, 간호원과 사환의 월급으로 쓰고, 빈한한 환자들의 급식비로 쓰고, 각종 약재비로 300엔을 쓸 것입니다. 이 제안이 받아들여져 병원이 설립되면 다른 미국 의사를 초청할 계획입니다. 우리 두 사람은 조선 정부의 연금은 일체 받지 않겠습니다. 우리들은 미국에 있는 자선기관으로부터 월급을 받게 될 것입니다.[20]

알렌은 조선 정부가 최소한의 예산만 집행하고, 자신의 인건비 등은 미국의 자선기관을 통해 원조를 받겠다고 제안했다. 물론 알렌이 생각했던 그 기관은 미국 교회였다. 이 병원을 위해 의료선교사를 초빙하겠다는 생각도 간접적으로 밝혔다. 알렌은 이 병원이 가난한 백성들을 위해 세워질 것이라

---

20 安連의 病院 建設案, 舊韓國外交文書, 第十卷, 美案, I, 1885년 1월 27일자, pp. 112-113.

는 점도 분명히 했다. 고종 임금과 조선 정부가 이를 마다할 리 없었다.

고종 임금은 알렌의 건의를 받아들여 1885년 2월 29일(음력) 광혜원 (House of Extended Grace)을 설립하도록 했고, 갑신정변 와중에 목숨을 잃었던 홍영식(洪英植)의 집(지금의 헌법재판소 자리)을 사용하게 했다. 병원이 시작되는 과정에서 광혜원이라는 명칭은 2주 만에, "높낮이를 가리지 않고 모든 백성에게 골고루 혜택을 준다"는 의미의 제중원(濟衆院: House of Universal Helpfulness)으로 바뀌었다. 광혜원(廣惠院)보다 더 넓고 구체적 개념으로, 알렌의 제안이었다.

알렌의 명성은 날로 높아졌고, 하루에 최고 260여 명의 환자를 보게 된 때도 있었다. 1886년 알렌과 헤론이 미국 북장로교 해외선교부에 제출하기 위해 작성한 『조선정부병원 제1차년도 보고서』에 따르면, 제중원은 개원 이래 첫 1년 동안 10,460명의 환자를 진료했다. 1886년 봄에만 5,000명의 환자가 찾아왔다. 265명의 수술 입원환자들이 있었는데, 6명을 제외하고는 모두 쾌차하여 퇴원했다. 양반층은 주로 왕진을 요청했으며, 지방에서 진료를 받으러 오는 환자들도 적지 않았다.

제중원은 대성공을 거두었다. 선교적 성취감, 명예, 그리고 돈이 한꺼번에 왔다. 여기에 조선의 조정을 움직일 수 있는 정치적 영향력도 따라왔다. 전혀 예상치 못한 일이었고, 여느 선교사들이 결코 누릴 수 없는 것이었다. 알렌은 자신의 성공에 흥분을 감추지 않았다.

조선의 왕실과 친밀해지고 조선 조정에 영향력을 발휘할 수 있게 되자 알렌은 선교사들의 공식 '입국통로'와 발판이 되었다. 조선 이름 '안련(安連)'의 의미처럼, 선교사들이 안전하게 입국할 수 있는 길을 터 준 것이다. 덕분에, 물론 제중원 의료인의 신분으로 가장했지만, 목사인 언더우드가 입국할 수 있었고 감리교 의료선교사 스크랜튼과 북장로교 의료선교사 헤론도 제중원 근무 조건으로 들어올 수 있었다. 또한 선교사들은 입경하자마자 고종임금 내외로부터 접견을 허락받는 혜택을 누렸고, 비교적 단기간에 조정의 신임과 왕실의 총애를 받을 수 있었다. 모두 알렌 때문에 가능했다.

1885년 5월부터 미국 북감리교 의료선교사 스크랜튼이, 6월부터 북장로교 의료선교사 헤론이 제중원에서 일을 시작했다. 1886년 7월에는 북장로교 의료선교사 엘러스(A. J. Ellers)가 파견되면서 부인부(婦人部)를 신설할 수 있었다. 특히 그녀는 명성왕후의 시의(侍醫)로 임명받아 왕후의 첫 진찰(1886년 9월 14일) 때 청진기를 사용했다. 왕후의 몸에 직접 손을 대는 것이 불가능하던 때였고 파격적인 진료방식이었지만, 왕실은 그것을 수용했다. 중국이나 일본이었다면 불가능했을 일이다.

1888년 엘러스가 감리교 선교사 벙커(D. A. Bunker)와 결혼하는 바람에 사임하자, 후일 언더우드와 결혼하는 릴리아스 호튼(Lillias Horton)이 파견되었다. 1890년 여름 헤론이 병사하자 캐나다 장로교회에서 파견된 의료선교사 빈턴(C. C. Vinton)이 의료업무를 이어 받았다. 그리고 1893년 다시 추가로 파견된 캐나다 장로교회 의료선교사 애비슨(O. R. Avison)에게 인계되었다가 미국인 실업가 세브란스(L. H. Severance)의 재정지원으로 1904년에 남대문 밖 복숭아골에 병원을 지으면서 제중원은 세브란스병원으로 계승되었다.

알렌은 광혜원(제중원)을 신청할 때, 의학교육과 간호교육을 병행하겠다고 피력했다. 그래서 병원 한편에서 간호원 등 의료인들과 직원들을 위한 교실을 개설했다. 근대교육사에서 '광혜원 학교'로 명명된 미션스쿨의 시작이었다. 이 학교에서 알렌을 비롯한 언더우드, 스크랜튼, 헤론 등은 직원들에게 영어와 의학의 기초인 생물과 화학, 약 조제법 등을 가르쳤다. 간헐적으로 가끔 운영되던 '광혜원 학교'는 1886년 3월 29일, 서양의학을 교육하고 양의(洋醫)를 양성하기 위해 설립된 최초의 의학교인 '제중원 의학당'으로 연결되었다.[21] 그리고 세브란스 의전을 거쳐 연세대학교 의과대학으

---

21 1886년 3월 29일자 알렌의 일기에는 제중원 부속 의학교가 알렌, 헤론, 언더우드를 교수로 임용하여 개교되었다고 쓰여 있다. (뒷날 편찬한 연표에는 4월 10일 '관립의학교'가 개설됐다고 썼다.)

로 발전했다. 한국 선교의 역사에서 알렌의 이름이 깊이 새겨질 수밖에 없는 이유이다.

5. 알렌과 선교사들 간의 갈등

미국 북장로교 해외선교부는 언더우드와 헤론 부부가 조선에 입국하게 되자, 1885년 4월부터 알렌을 회장으로 하는 '재한미국북장로교선교회'를 조직하도록 했다. 알렌은 정기 회의에 참석하여 선교사들과 함께 선교 사업과 정책을 논의했다. 미국공사관 공의라는 신분을 가지고 있었지만, 분명 그는 미국 북장로교에서 파송한 선교사였다.

그런데 얼마 되지 않아 알렌과 헤론 사이에 갈등이 생겼다. 해외선교부 총무 엘린우드는 알렌에게 "헤론을 당신 일의 조수"로서 보낸다고 했으나, 헤론은 동등한 자격으로 제중원 사역에 참여하기를 희망했다. 그런데 장로교 선교사들뿐만 아니라 감리교 선교사인 스크랜튼과 사이에도 커다란 갈등이 일어났다. 여기에는 의료실력이 훨씬 뛰어남에도 불구하고 알렌의 영향력을 따라가지 못한 선교사들의 시샘도 있었을 것이고, 알렌의 독단적이고 일방적 태도도 문제가 되었을 것이다. 그렇지만 무엇보다도 피차의 선교관이 달랐던 것이 가장 큰 이유였다.

1887년 가을, 제중원의 업무가 헤론에게로 넘어갔다. 알렌이 조선 왕실의 요청으로 미국에 특파되는 전권대사 박정양(朴定陽)의 수행원으로 동행하게 되었기 때문이다. 그때 알렌은 조선 정부로부터 주미 조선공사관 참찬관이라는 직책을 받았다. 이에 대해, 선교사들은 조선 정부의 요청을 수락한 알렌의 결정이 선교사의 본분은 아니라고 비판했다. 조선 정부의 간청으로 미국에 갔지만, 그것으로 인해 선교사의 길을 벗어났다는 비난을 듣게 된 것이다.

알렌이 선교사의 직임을 내려놓고 미국공사관 서기관으로 옮겨간 것에 대해 미국 북장로교 선교사 마펫(Samuel Austin Moffett)은 "알렌 박사가 정치계로 갔으니 이제 조선의 선교역사에서 그의 이름을 아예 지워버리자"는 비판을 서슴지 않았다. 후일 헤론의 미망인과 결혼한, 1887년 캐나다 YMCA에서 파송되어 온 25세의 젊은 선교사 게일(James Scarth Gale)도 알렌이 의료선교사로서 선교사업의 문을 연 것은 인정했으나, 외교관이지 선교사가 아니라며 "선교사 명단에 올리지 않아야 한다"고 비난의 소리를 높였다.[22]

　　미국으로 건너간 알렌은 미국 북장로교로부터 선교사로 재임명 받고, 1889년 6월 조선으로 돌아왔다. 해외선교부는 알렌에게 부산에 선교 거점을 개척하라는 임무를 부여했다. 선교사로서 활동할 수 있는 자리가 서울에 없기 때문이기도 했지만, 재한 선교사 사회(missionary society)에서 알렌을 싫어했기 때문이다. 그러나 부산에서 알렌의 활동은 저조했다. 헤론이 전염성 이질에 걸려 사경을 헤매고 제중원 원장직을 수행하지 못하게 되자 비로소, 알렌은 제중원 원장으로 임명받아 다시 서울로 돌아올 수 있었다.

　　1890년 7월 9일, 벤저민 해리슨(Benjamin Harrison) 대통령은 알렌을 조선주재 미국공사관 서기관에 임명했다. 1890년부터 을사늑약이 체결되는 1905년까지 알렌은 주한 미국공사로 활동했다. 그의 사역은 기독교를 대변하고 복음을 전하는 역할에서, 미국을 대변하고 미국의 정책을 전하는 역할로 바뀌었다. 미국의 모스 사(社)에게 맡기기로 했던 경인철도사업이 일본 회사로 넘어간 것에 아쉬워했던 그는 평북 운산 금광의 채굴권을 미국 회사가 따내는 데 결정적 역할을 했다. 물론 이 일이 조선의 독립과 안전을 보존하는 데에 미국의 대규모 투자가 중요하다는 외교관으로서의 판단 때문이라는 주장도 있지만, 선교적 성취감과는 거리가 있는 일이었다.

22　J. S. Gale, *Korean in Transition*, New York: Laymen's Missionary Movement, 1909, p.163.

선교 초기부터 이미 알렌은 다른 선교사들과 구별되는 길을 걸어왔다. 선교사라기보다는 미국공사관 전속의사로서 활동했고, 영국을 비롯한 유럽 공사관, 심지어 일본공사관의 공의 노릇을 했다. 청나라 원세개 군대의 공의도 했다. 영국공사 아스톤(W. G. Aston)과 그의 부인을 치료했고 독일인 묄렌도르프가 세관장으로 있던 세관에도 공의의 자격으로 드나들었다. 조선 왕실의 주치의였으며 조선 대미외교의 중심에서 활동했다. 샹하이의 의사 친구들이 말했던 대로 "입신양명"이 그를 따라왔고 온갖 특혜가 주어졌다. 그것은 오직 의료사역을 위해 선교사를 지원했던 초심으로 돌아갈 수 없는 이유가 되기도 했다.

알렌은 자신이 했던 모든 일을 선교로 보았다. 의료행위와 봉사로 저절로 선교가 된다는 신학이었다. 곧 의료행위 자체가 선교였고, 흔들리는 조선의 국권을 위해 일해 주는 그 자체가 선교라는 생각이었다. 미국의 근대 문명이 기독교 정신에 따른 것이기 때문에 미국 정부의 정책이 조선을 위한 것이라면 그것도 선교라고 믿었다. 제중원의 진료를 원했던 조선 정부의 고관에게 특혜를 베풀었던 것도 선교적 영향력을 극대화하기 위한 조치라고 생각했다. 미국공사관에서 일을 하면서, "미국 국가기관에 몸을 담고 있어도 이심전심으로 선교사들과 협력하여 일을 해 나가겠다"고 피력한 이유도 그런 생각에서였다.[23]

그러나 이러한 알렌의 선교관은 복음주의 선교사들과 충돌을 일으켰다. 복음주의자들에게 선교는 마음의 근저로부터 오는 죄의 자복, 곧 회심을 거쳐 구원의 확신에 이르고 자발적 전도로 이어지는 것을 의미했다. 전도를 받은 사람들이 회심하여 구원을 확신하고 교회를 세워 스스로 교회를 이끌어 가는 전 과정이 선교였다. 따라서 의료나 교육은 선교를 이루기 위한 도구요 접촉점에 불과했다. 복음을 위해 직접 민초들을 찾아가서 구원

---

23   알렌이 둘레스(Wm. Dulles)에게 보낸 편지, 1889년 10월 10일자.

의 소식을 외치고 구원의 길을 선포해야 비로소 선교사로서의 사명을 다하는 것이라고 믿었다. 그런 이유로 생명을 걸고 금단의 땅 조선까지 온 것이다. 헤론의 경우, 의사임에도 직접 복음을 전하고 싶어 했다. 헤론은 다음과 같이 말하고 있다.

> 나는 위대하신 예수님에 대하여 말하는 것이 나의 사명이요 선교란 것을 잊을 수 없다. 내가 의술을 베푸는 것 자체가 선교가 아니다. 나는 우리 구세주께서 이 많은 백성들을 위하여 돌아가신 말을 하고 그 구원의 길을 선포하고 싶다. 진리와 구원의 소식을 외치고 싶다.[24]

혜론이 이렇게 직접 복음을 전하고 싶었다면, 목사인 아펜젤러나 부흥회적 열정을 갖고 있던 언더우드는 오죽했을까 싶다. 아직 복음을 전하는 것이 불법이었던 상황에서, 두 목사가 알렌의 조선어 선생이었던 노춘경에게 비밀리에 세례를 주었던 것도 직접 전도에 대한 열망 때문이다. 금교령이 내려져있던 상황에서 두 사람이 "자랑스런 복음전도"를 위해 의주, 함흥, 원산, 평양으로 선교여행을 떠났던 것도 같은 이유였다. 아펜젤러가 1888년부터 1890년까지 해주, 공주, 부산 등 조선 8도 중 6개의 도를 여행한 것도 이 때문이며, 언더우드가 릴리아스 호튼과의 신혼여행을 핑계로 송도와 평양, 강계, 의주를 경유하고 만주로 건너가 30여 명에게 세례를 주고 돌아왔던 것도 이 때문이다.

한편, 감리교 의사 스크랜튼은 한 달 남짓 일하고 제중원을 떠났다. 그리고 자기 집에서 후일, '시병원(施病院)'으로 발전하게 되는 시료소를 개설했다. 알렌의 눈에는 스크랜튼이 조선의 물정을 모르는 철부지로 비쳐졌겠지만, 스크랜튼의 눈에는 제중원이 선교병원으로 보이지 않았던 탓이다.

---

[24] 헤론이 미국 북장로교회로 보낸 편지, 1885년 6월 26일자

젊은 감리교 의사에게 왕립 제중원은 "주님의 영광"과 상관없는 곳이었다. 왕실이나 조선 조정의 고관들에게만 특혜를 주었고, 그만큼 민초들에게 혜택이 돌아가지 않는 것으로 보였다. 장로교의 헤론이 조그만 진료소를 따로 만들어 릴리아스 호튼(L. Horton)과 하루 세 시간씩 진료를 했던 것도 같은 이유였다. 알렌이 운영하는 제중원이 선교의 도장(道場)이 아니라 입신양명의 터로 보인 것이다.

중하류층의 선교는 복음주의자들의 중요한 목표였다. 하나님 앞에서는 누구나 같다는 신부적(神賦的) 인간관을 갖고 있었기 때문이다. 복음주의 세계관에는 소외된 인간에 대한 한없는 애모(愛慕) 의식이 있었고, 따라서 선교사들의 눈에 알렌은 선교와 상관없는 사람으로 비춰졌던 것이다.

묘한 것은 헤론이 제중원 원장이 되었을 때 그도 직접적인 전도에 대해 조심했고, 왕실과 조정 대신들을 우대했다. 그것은 그들을 통해 조선의 정세를 파악할 수 있었고 선교에 유리한 정책을 이끌어낼 수 있었기 때문이다. 그런 이유로, 1888년 봄, 천주교 명동성당 건축 사건으로 서양종교에 대한 세간의 인식이 험악해졌을 때, 헤론은 예배시간에 찬송 부르는 것을 금지시켰다. 기독교 사업을 하지 않기로 한 딘스모어(H. A. Dinsmore) 공사와의 약속을 어기고, 언더우드 내외가 압록강을 건너갔을 때에도 두 사람을 힐책했다. 알렌의 행동이 입신양명의 발로가 아니었다는 것을 헤론이 증명한 것이다.

물론, 모든 선교사들이 알렌을 경원했던 것은 아니었다. 감리교의 아펜젤러와 존스 선교사는 알렌의 공헌을 높이 평가했다. 그렇다고 이들이 알렌의 선교관에 동의한 것은 아니었다. 분명, 주한 미국공사 알렌은 조선 정부를 상대로 선교사들의 대변자 역할을 충실히 했다. 새문안교회 예배당의 건축, 세브란스 병원의 신축 등에 있어 조선 정부의 협조를 받아내고 조정하는 일의 중심에 그가 있었다. 그렇지만 알렌은 자신의 선교관을 포기하지 않았고, 복음주의 선교사들의 의견도 따르지 않았다. 알렌과 선교사들은 각기 다른 선교관을 가지고 사역을 한 것이다.

6. 여언

1905년 3월 21일 미국 대통령 시어도어 루즈벨트(Theodore Roosevelt)는 자신의 대(對)한국정책에 반대해 온 알렌을 해임하고 모건(E. V. Morgan)을 주한 미국공사에 임명했다. 알렌은 그 통보서를 6월 2일에 받았다.

1903년, 알렌은 루즈벨트를 만났다. 그리고 루즈벨트의 생각이 잘못되었음을 지적하고 강력히 항의했다. 루즈벨트는 한국의 미래를 절망적으로 본 반면, 알렌은 동의하지 않았다. 루즈벨트는 정치인의 눈으로 한국을 바라보았지만, 알렌은 선교사의 마음으로 한국을 대했던 것이다. 애초에 이 만남은 그 결과가 뻔했다. 알렌은 대통령을 만나는 자리임에도 흥분하며 고함을 쳤고,[25] 루즈벨트가 자신의 제의를 끝까지 외면하자 미국 언론에 호소하기도 했다. 그것은 대통령에 대한 도전이었다. 미국 정부의 입장에서도 자국의 이익을 대변하지 않는 외교관리는 필요가 없었고 결국 그는 파면되었다.

대통령에 취임하기 전부터 루즈벨트는 제정 러시아의 팽창과 남진정책을 저지하고 좌절시키려는 의도에서 일본의 한국 지배가 당연하다는 주장을 폈다. 그는 한국과 한국인에 대해 대단히 부정적인 편견을 갖고 있었다. 1900년 무렵부터는 "한국은 자치할 능력이 모자라며, 만약 일본이 좋은 정부를 수립해서 유능하게 통치할 수 있다면 그것은 모두에게 유익한 것"이라는 막말도 했다.

그때 알렌은 정치와 선교가 애초부터 그 지향점이 다르다는 것을 확인

---

25 알렌의 일기, 1903년 9월 30일자.

했다. 미국 정부의 목적은 미국의 이익이었지만, 미국인 선교사들의 목적은 복음전파였다. 미국 정부의 시선은 오직 미국만을 향해 있었지만, 미국 선교사들의 눈길은 오로지 선교지 한국에 집중되어 있었다. 알렌은 미국의 국가이익을 대변해야 하는 자리에 있어야 했다. 미국공사는 그래야 했다. 그러나 그는 미국 대통령에게 항의했고 한국을 대변했다. 미국 외교관의 신분이었지만 근원적으로 선교사라는 생각을 버리지 않은 것이다. 결국 그는 자신을 칭송했던 권력으로부터 냉소와 버림을 받았다.

정치권력의 힘을 빌려 선교의 영역을 확장하려는 선교사는 반드시 정치에 배반당하게 되어 있는 것이다. 선교의 역사는 늘 그 점을 날카롭게 지적한다. 알렌에게도 예외란 없었다.

한국 선교역사는 알렌 이전과 이후로 나눌 수 있다. 그것은 단지 그가 첫 주재 선교사여서 그런 것이 아니다. 100여 년 동안 혐오의 대상이었던 서양종교에 대한 이미지가 알렌이 선교사로 들어오면서, 짧은 시간동안 바뀌었다. 혐오와 배타의 대상에서 존경과 의존의 대상이 되었다. 모두 알렌으로부터 비롯된 것이다.

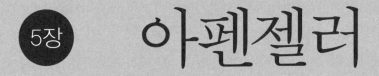

5장 아펜젤러

Henry Gerhard Appenzeller

1858-1902

　제물포에서 본 조선 땅은 산은 헐벗었고, 능선을 따라 지어진 집들은 사람이 사는 집 같지 않고 큰 벌집 같아 보였다. 거리는 황폐했고, 조선 사람들이 즐겨 입는다는 흰옷은 때와 더러움으로 그 색을 잃어버렸다.

　1885년 4월 5일 오후 3시, 춥고 비가 내리는 날씨 속에 28세의 아펜젤러(Henry Gerhard Appenzeller)는 부인 엘라(Ella J. Appenzeller)와 장로교 선교사 언더우드(H. G. Underwood)와 함께 제물포항에 내렸다. 사실, 항구라고는 하지만 제대로 된 정박시설이 없어서 작은 거룻배로 옮겨 타고 10여 리 떨어진 해변으로 들어와야 했다. 배가 도착했을 때, 맨 먼저 엘라가 해변 바위 위로 뛰어내렸다.[1]

　부활절의 그날, 어디로 가야할지 무엇부터 해야 할지 막막했다. 갑신정변의 여파로 정국이 불안하니 서울로 가면 안 된다는 주변의 충고가 더욱 그들을 불안하게 만들었다. 조선의 선교사를 지망하고 준비했지만, 실상 조선에 대해서 아는 것이 없었다.

　그러나 아펜젤러의 첫 선교보고서에는 "오늘 사망의 빗장을 산산이 깨뜨리시고 부활하신 주께서 이 나라 백성들이 얽매여 있는 굴레를 끊으사 그들에게 하나님의 자녀가 누리는 빛과 자유를 허락해 주소서"라는 간구

---

1 Annual Report of the Board Foreign Missions of the Methodist Episcopal Church 1885. p.237. 이후 ARKM로 표기함.

1부 • 부름(Calling)의 시대 - 접촉

가 적혀 있다.[2] 조선 땅의 수많은 영혼들이 예수 그리스도의 복음을 통해 하나님의 자녀로 새롭게 태어나기를 기원했던 것이다. 역사는 감리교 최초의 주재 선교사 아펜젤러가 죽기까지 헌신했다고 기록하고 있다.

I. 조선에 오기까지

1) 감리교로의 전향

아펜젤러(Henry Gerhard Appenzeller)는 1858년 2월 6일 펜실베니아주 소더톤(Souderton)에서 기드온(Gideon Appenzeller)과 마리아 게르하르트(Maria Gerhart)의 둘째 아들로 태어났다. 1735년, 스위스계 독일인 전통을 가진 이 집안은 아메리카로 이주한 이래 펜실베니아에 정착했고, 100여 년간 농장을 경영했다. 아펜젤러의 아버지 기드온은 자기 집안이 스위스 종교개혁에 참가한 것에 강한 자부심을 갖고 있었고, 어머니 마리아도 독일계로 메노나이트 전통, 곧 재세례파(anabaptist) 전통에 남다른 신념을 가진 여성이었다. 성경의 가르침에 충실히 따르며 부모와 집안의 전통에 큰 자부심을 가졌던 아펜젤러는 어려서부터 하이델베르그 요리문답 등 장로교 기본교리를 습득해야 했다. 특별히 독일계 어머니의 신앙교육은 엄격했고 경건훈련도 철저했다. 모국어인 독일어를 잊으면 안 된다는 생각에 독일어 성경을 함께 읽으며 집안에서는 독일어로 말해야 했다.

1876년 10월 1일, 18세가 된 아펜젤러는 그의 인생에 획기적인 변혁을 맞이하게 된다. 웨스트체스터사범학교(West Chester State Normal School)에 진학한 뒤, 그곳의 장로교회에 봉사하고 있던 중, 담임자인 풀턴(Fulton)의

---

2   아펜젤러가 미국 북감리교 해외선교부에 보낸 1885년 4월 9일자 편지

설교를 듣고 '회심'을 체험했던 것이다.

그것은 기독교의 교리에 대한 지적인 동의가 아니었다. 깊은 감동 속에서 근저로부터 솟아오르는 내적 기쁨이었으며, 성경의 말씀은 생생한 하나님의 음성이었다. 부모로부터 교육받았던 것이 진리를 습득하기 위한 엄격한 훈련이었다면, 자신이 체험한 것은 그것을 뛰어넘는 자유롭고 활발한 영의 활동이었다. 또한 교리라는 틀을 극복하고 인간이 만든 이성의 벽을 넘어서는 것이었다. 복음은 더 이상 도덕적 순결이나 정의, 율법적 실천에만 머무는 것이 아니었다. 그것은 개혁신학의 전통을 자랑하던 그의 집안에서는 결코 들을 수 없었던, 영혼의 근저(根底)로부터 울려 나오는 내면의 소리였다. 거듭남의 확신이기도 했고 동시에 고도의 엘리트적 신앙관의 포기이기도 했다.

회심체험 후 아펜젤러는 웨스트체스터사범학교의 기도모임을 주도했다. 이듬 해 학교를 졸업한 후 잠시 학비를 위해 교사로 일한 뒤, 1878년 펜실베니아의 독일계 개혁교회 이민자들이 세운 '프랭클린 앤 마샬대학'(Franklin & Marshall College)에 진학했다. 이 대학은 미국 장로교 신학의 대부였던 찰스 핫지(Charles Hodge)의 영향력 아래 있었고, 교회사의 대가 필립 샤프(Philip Schaff), 존 네빈(John Williams Nevin) 등이 교수로 있었다.

1825년에 펜실베이니아 카알라일에서 시작된 '프랭클린 앤 마샬대학'의 신학은 1837년 머서스버그로 학교를 옮긴 이후, '머서스버그 신학'(Mercersburg Theology)으로 불렸다. 하이델베르그 요리문답을 비롯한 교리 중심의 개혁교회 전통을 내세웠고 성례전과 전통적 예배의식을 특별히 강조했다. 반면, '반 부흥운동'(anti-revivalism)의 성격이 강해 당시 미국을 휩쓸고 있던 부흥운동에 대해 대단히 비판적이었다. 특히 샤프와 네빈 등 교수들은 미국의 독일계 개혁교회 안에서 일어나고 있는 부흥운동이 '감리교 운동'이라며 맹렬히 비판했다.

개혁교회에서 감리교회로 옮기는 문제에 대한 이전의 모든 생각과 논쟁들은 오늘 모두 끝났다. 나는 감리교회의 완전한 신도로 받아들여졌기 때문이다. 이것은 내가 택한 일이다. … 1876년 10월 1일 회개한 이래, 나는 주로 감리교도들과 함께 지내면서 개혁교회에서보다 훨씬 편안하다는 느낌을 받았다. 감리교회에 가입하는 것이 나의 의무라고 생각하며, 내가 한 일은 오로지 하나님의 영광을 위한 것이라 생각한다.[3]

회심을 체험한 아펜젤러는 "기쁘고 행복해서 할렐루야를 소리치고" 싶었다. 그렇지만 미국 개혁교회 전통에서는 그것이 허락되지 않았다.[4] 결국 그는 개혁교회를 떠났고 '머서스버그 신학'(Mercersburg Theology)도 포기했다. 프랭클린 앤 마샬대학에 재학 중이었던 1879년 4월에 랭카스터 소재 제일감리교회로 적을 옮겼고, 졸업한 뒤에는 뉴저지 메디슨의 감리교신학교인 드루신학교(Drew Theological Seminary)로 진학했다. 깊은 고민과 고심 끝에 결정한 것이었지만, 예수를 더 가까이에서 만날 수 있고 성령 충만한 그리스도인의 길을 갈 수 있다는 판단이었다.

당시 미국 감리교회는 규격화된 신앙관을 극복하고 구원의 감격을 마음껏 발산할 수 있는 곳이었다. 정형화된 가르침보다는 내면의 감격과 열정적인 신앙을 추구했다. 당연히 그의 가족들은 감리교의 전향을 매우 심하게 반대했고 갈등했으며, 한동안 등을 돌렸다.[5] 그렇지만 그의 마음을 돌릴 수는 없었다.

---

3   W. E. Griffis, *A Modern Pioneer in Korea*, 이만열 편, 『아펜젤러: 한국에 온 첫 선교사』 (서울: 연세대학교 출판부, 1985), pp.62-63.

4   제임스 S. 게일, 『선구자: 한국 초대 교인들의 이야기』, 심현녀 역 (서울: 대한기독교서회, 1993), p.97.

5   Danil M. Davies, *The Life and Thought of Henry Gerhard Appenzeller* (1858-1902) (N.Y., Lewiston: E. Mellen Press, 1988), p.25.

남북전쟁 직후, 드루신학교(Drew Theological Seminary)는 학문적 훈련도 강했지만 열정적 경건을 보다 강조했다. 하루의 일과는 기도로 시작해서 기도로 끝났고, 수업을 시작하고 끝날 때나 식사 전후도 기도를 해야 했다. 심지어 기숙사와 교실을 오갈 때도 기도를 요구했다. 애찬식에서 성령체험에 대해 간증해야 했고, 예배와 기도회가 하루 종일 이어졌다. 학생들은 이러한 학교 당국의 요구에 이의를 달 수 없었다. 드루(Drew)는 신학뿐만 아니라 복음을 체험해야 하는 곳이었다. '간구와 감사', '축복과 고백', '신앙의 열정'이 중요했고, 내적이고 열정적인 신앙을 강조했다. 설립의 근본목적이 복음전도자들의 양성이라는 점을 유달리 내세웠고, 미국사회도 드루신학교를 그렇게 인정하고 있었다.

경건은 오랜 지적(知的) 훈련이나 고된 인격수양으로 얻을 수 있는 도덕적 목표가 아니다. 오히려 하나님을 향한 내적인 신앙의 불길이 먼저 당겨질 때, 경건의 능력은 자동적으로 뿜어져 나오고 하나님의 일을 능동적으로 도모하게 된다. 이것이 당시 웨슬리안들의 신앙적 태도이며 감리교신학교들이 추구하던 모습이다. 회심을 체험한 아펜젤러가 드루를 선택하지 않을 수 없던 이유였다.

기독교의 진리를 설명해야 할 때, 때를 따라서, 고도의 학문이 필수적이다. 그렇지만 이념적이고 고상하고 어려운 논리로도 해결되지 않는 것이 있다. 기독교의 역사는 신학적 난제와 과제를 해결해 주었던 것이 내적 신앙이었다고 확인해 준다. 영미복음주의가 밝혀낸 공헌이기도 하다.

지성과 지식은 세련되게 복음을 담고 만드는 중요한 도구이기는 하지만 유일한 도구는 아니다. 자칫, 신학은 교회조직을 유지하기 위한 세련된 이론과 방어 체계에 머물기 쉽다. 그러나 교회는 신학자나 지식 전문가들에 의해 유지되고 보존되는 곳이 아니다. 지적인 논쟁이나 토론을 하기 위해 교인들이 교회에 나오는 것이 아니고 생생하게 하나님을 만나고 싶어서, 깊은 밤일지라도, 예배당을 찾는 것이다. 영미복음주의의 역사에는 이런 고백이 당연한 것으로 기록되어 있다. 특별히 감리교회는 일반 대중들의 이러한 종교적 요구에 가장 잘 부응했고, 교인들의 종교적 요구에 맞추어 신학생들을 훈련시켰다. 이런 신앙전통은 소수의 집단이었던 감리교회를 메이저 교단으로 탈바꿈시킨 동인이기도 했다.

신학교 재학시절, 아펜젤러는 해외선교에 헌신할 것을 서약했다. 그는 '드루신학교선교회'에 가입하여 활발하게 활동했다. 당시 드루신학교는 미국의 해외선교운동의 중심에 있었고 수많은 선교사들을 길러냈다.[6]

미국의 해외선교운동의 바람은 영국 복음주의 부흥운동의 여파였다. 영국을 중심으로 전개된 국제적인 선교운동과 선교단체들의 활동, 곧 런던선교회(LMS, London Mission Society), 영국 국교회선교협의회(CMS, Church Mission Society)와 영국 감리교선교회(WMMS, Wesleyan Methodists Missionary Society) 등이 미국 교회에 영향을 준 것이다. 특별히, 1870년대 영국과 미국에서의 대각성운동으로 이어지고, 1880년대 무디(Dwight L. Moody)의 부흥운동과 헬몬산 집회(1886)가 이어지면서 미국의 젊은이들에게 해외선교에 열광적 관심을 갖게 했다. 젊은이들의 열정적 호응으로 세계선교의 주도권은 영국에서 미국으로 옮겨지게 되었다.

18~19세기의 영국을 비롯한 유럽의 선교사들 중에는 낮은 계층 사람들이 많았고, 고등교육을 받지 못한 사람들도 적지 않았다. 그렇지만 미국 교회는, 감리교회나 장로교회 가릴 것 없이, 선교사 지망생들의 계층적 위치와 교육수준을 중요시했다. 선교사 지망생 아내들이 교양을 갖추었는지도 확인했다. 복음전도(preaching)뿐만 아니라 교육(teaching)이나 의료(healing) 선교 등 지적 수준을 요구하는 선교도 해야 했기 때문이다. 그런

---

6 한국 선교의 역사에 족적을 남긴 데밍(C. S. Deming), 노블(W. A. Noble), 스웨워러(W.C. Swearer)와 후일 한국 선교를 지휘했던 웰치(H. Welch) 감독도 드루 출신이다.

이유로 감리교회는 사회의 낮은 곳을 지향했지만 감리교 선교사들의 학문적 수준을 결코 낮추지 않았다.

아펜젤러는 일본 선교, 특히 사무라이 선교에 뜻을 두고 있었다. 그런데 친구로 인해 선교지가 바뀌었다. 기숙사 동료인 워즈워드(Julian S. Wadsworth)는 1882년에 〔조미수호조약〕이 체결되자 미감리교 해외선교부에 조선 선교를 지원할 정도로 들떠 있었다. 묘하게 역사는 이들이 가야 할 방향을 틀어 놓았다. 1883년 10월경, 워즈워드는 어머니의 중병으로 선교사를 포기했지만, 자신을 위로하기 위해 왔던 아펜젤러에게 조선 선교사를 제안했다. 복잡한 심경을 안고 '전국신학교연맹'(The Inter-Seminary Alliance for Foreign Missions)이 주최한 선교집회에 드루신학교 대표로 참석한 아펜젤러는 조선 선교사로 갈 것을 결심하게 되었다. 묘하게, 그는 여기에서 뉴브런스위크신학교(New Brunswick Theological Seminary) 대표로 참석한 언더우드(Horace Grant Underwood)를 만났다. 역사는 장차 조선 선교의 동지적 관계를 갖게 되는 두 사람을 이렇게 엮어 놓았다.

미국 북감리교회는 26세의 아펜젤러를 조선 선교사로 임명하는 데 주저했다. 신출내기를 보내기에 선교지 조선은 너무 열악한 곳이었다. 더구나 조선 선교를 후원하고 있던 가우처(Goucher) 박사도 "선교분야에 경험 있는 자 아니면 목회 경력이 상당한 자"를 보내 달라고 요청한 바 있었다. 일본주재 맥클래이 선교사의 제안대로, 선교 초기의 접촉점을 확보하는 데에는 의료나 교육선교사가 우선이지 목사가 시급하지 않다는 판단도 있었다. 가장 먼저 조선 선교사를 신청한 액커만(G. E. Ackerman) 목사를 거절하고 의사인 스크랜튼(William B. Scranton)을 조선 선교사로 임명한 것도 이런 이유였다.[7]

---

7 미국 감리회 해외선교부는 1884년 10월 스크랜튼을 의료선교사로, 해외여선교회는 그의 어머니 메리 스크랜튼(Mary Fletcher Scranton) 여사를 선교사로 임명했다. 미국 감리교는 12월 4일 한국 선교사를 위해 목사안수식을 가졌다.

그런데 웨스트체스터사범학교 졸업 후, 1년간 교사생활을 했던 것이 결정적인 역할을 했다. 아펜젤러는 조선 선교 관리책임자인 샌프란시스코 연회 파울러(C. H. Fowler) 감독의 추천과 가우처 박사의 동의를 얻어, 1884년 12월 20일 교육선교사 후보생으로 결정되었다. 엘라 닷지(Ella Dodge)와 결혼식을 올린 아펜젤러는 조선 선교에 대한 최종 동의서를 받은 후, 졸업식에도 참석하지 못한 채 샌프란시코를 출발했다.

1885년 2월 3일, 아라빅호(Arabic)에는 막 결혼한 아펜젤러 부부와 스크랜튼 가족이 탑승하고 있다. 이들은 23일간의 긴 여정 끝에 2월 26일 일본 요코하마에 도착했다. 두 사람은 토쿄로 맥클래이 선교사를 찾아가 도착 보고를 했고, 그의 지시와 조언 아래 일본에서의 마지막 준비를 함께 했다. 가우처와 맥클래이의 결실이 비로소 이루어지기 시작한 것이다.

2. 선교지 서울로의 입경, 그 쉽지 않았던 여정

1885년 3월 5일 오후 1시, 일본주재 미국 북감리교 선교사 맥클래이는 도쿄 아오야마에 있는 자택 서재에서 조선 선교를 위한 첫 모임(The First Meeting of the Missionaries to Korea)을 주재했다. 맥클래이가 회의를 이끌 수 있었던 것은 미국 북감리교 해외선교부 총무 리드(J. M. Reid)가 그를 조선 선교회의 '임시 감리사'로 임명했기 때문이다.

이날, 참석자는 맥클래이를 비롯하여 아펜젤러 부부, 스크랜튼 부부, 여자해외선교부의 메리(스크랜튼의 어머니)였다. 아펜젤러 일행이 미국을 떠날 때, 맥클래이는 파울러(C. H. Fowler)감독으로부터 자신을 조선선교회의 공식 감리사로, 아펜젤러를 부감리사, 스크랜튼을 회계로 임명한다는 내용의 편지를 받았다. 미국 북감리교는 조선 선교의 행정적 책임, 곧 관할권은 맥클래이에게 맡겼지만 조선에서의 실제적인 책임을 아펜젤러에게 맡긴 것이다. 맥클래이는 첫 모임에서 이것을 확인했다.

당시 도쿄에는 이수정을 비롯하여 망명객 김옥균, 박영효, 서재필, 서광범이 거주하고 있었다. 이들과 교우관계를 유지하고 있던 맥클래이는 조선의 정세에 대해 나름 파악하고 있었다. 그런 이유로 분산해서 조선에 입국하는 전략을 세웠다. 선교사와 선교사 가족 5명이 한꺼번에 조선 땅에 들어갔을 때에 발생할지 모를 여러 위험요소 등을 고려해 아펜젤러 부부를 먼저 보내기로 결정했다.

맥클래이의 결정에 따라, 아펜젤러 부부는 미국 오리건 조선소(Oregon Steamship Co.)에서 1866년 제작한 2,574톤, 길이 84미터의 기선, 나고야마루(名護屋丸)에 올랐다.[8] 나고야마루(名護屋丸)에는 마침 갑신정변 당시 사망한 일본인과 소실된 주한 일본공사관 문제에 대해 일본에 사과하러 왔던 조선사절단(서상우 특파전권대사, 묄렌도르프 고문)이 타고 있었다. 또한 중국 선교를 활발히 하고 있던 미국공리회(ABCFM) 일본선교회의 스커더(Scudder) 박사와 테일러(Taylor) 박사도 조선 선교를 타진하기 위해 타고 있었다. 그리고 3월 25일에는 고베에서 미국 북장로교의 언더우드가 동승했다. 아펜젤러 부부는 4월 2일 부산에 도착하여 하루를 머문 뒤, 4월 5일 오후 3시 부활절에 제물포에 도착했다.

아펜젤러 부부와 선교사들은 4시경에야 작은 삼판을 타고 해변에 상륙할 수 있었다. 1885년의 제물포에는 근대식 의미의 부두가 없었기 때문이다. 썰물 때면 광활한 갯벌이 노출되었고, 물이 차 있을 때 선객들을 거룻배로 나르거나 업어 나르기도 했다. 배가 들어올 때면 부두의 일꾼들은 저마다 일을 얻으려고 아우성을 치며 몰려들었다. 조선과 중국, 일본의 일꾼들이 짐을 내리기 시작했을 때 아펜젤러는 제물포항 근처에 있던, 일본인

8　1875년 요코하마와 샹하이를 오갔던 미쓰비시(三菱) 우편기선회사는 1885년 9월 일본우선회사(日本郵船會社)로 발전했고, 1883년 제물포가 개항된 후 한 달에 한 번씩 요코하마-고베-나가사키-부산-제물포를 오가는 정기노선을 운행하고 있었다.

해운업자 호리 히사타로(堀久太郎)가 운영하는 일본식 호텔 다이부쯔(大佛)로 안내되었다. 호텔이라고는 하지만 모든 투수객들이 함께 사용해야 하는, 단 하나의 세면대만 있는 초라한 곳이었다.

아펜젤러 부부는 서울로 향할 수 없었다. 이들이 부산에 도착하여 하루를 쉬고 있을 때, 미국 대리공사 조지 포크(George Foulk)가 일본의 맥클래이에게 입경불가를 알렸다. "갑신정변의 여파로 조선 내부의 정세가 불안하니 선교사업의 타진도 어렵고 신변안전을 보장하지 못하니, 최소한의 안전이 보장될 때 다시 알리겠다"는 내용이었다. 외교관이었던 그가 선교사들의 활동에 대해 늘 냉소적이었던 것은 사실이지만, 당시의 상황이 그리 녹록치 않았던 것이다. 알렌(Allen)이 부상을 입은 군인들을 여전히 치료하고 있었고, 갑신정변의 주모자들이 서양인들을 끌어들였다는 소문도 파다히 퍼져있던 때였다.

1885년 4월 6일, 자국민 보호를 이유로 제물포에 정박하고 있던 미국 군함 오씨피(Ossipee)호의 선장 맥글렌지(McGlenzie)가 아펜젤러 부부를 방문했다. 그도 아펜젤러 부부의 서울 입성을 만류했다. "서울 입경은 가능하지만 생명을 더 이상 보장할 수 없다. 무엇보다 임신한 부인이 걱정 된다"며 간곡히 만류했다. 포크에게 급하게 서신을 보냈던 맥글렌지는 서울의 정세가 매우 불안하니 오지 말라는 내용의 답신을 당일 받아서 확인시켜 주었다.

서양인들에 대해 극도의 혐오감을 갖고 있는 나라라는 것은 잘 알려져 있었다. 여기에 생명을 보장할 수 없다는 맥글렌지와 포크의 말은 당연히 젊은 내외를 불안하게 했을 것이다. 더욱이 아내가 임신 중이어서 아펜젤러로서도 서울로 들어가는 것을 고집할 수 없었다. 결국, 선교를 강행하다 오히려 선교의 문이 닫힐 수 있다는 충고를 따르기로 했다. 남자는 서울에 들어갈 수 있다는 맥글렌지의 의견에 따라 언더우드, 스커더, 테일러는 서울로 향했고 아펜젤러 부부는 발길을 돌려야 했다. 그렇지만 곧 다시 돌아올 것이라는 확신했기 때문에 부부는 짐을 놔둔 채 일본으로 되돌아갔다.

아펜젤러는 1년쯤 기다려야 할 줄 알고 나가사키로 갔고 머물 집을 임대했다. 한동안 서울로 입경하지 못한 것에 대한 실망에 빠져 있었지만 조선으로 들어갈 준비를 했다. 나가사키의 '해외여선교사회'(Woman's Foreign Missionary Society)에서 교육선교에 대해 배우는 한편 조선어와 한문을 공부하고 있었던 것이다. 1885년 6월 10일, 스크랜튼으로부터 조선의 정세가 안정되었으니 들어와도 괜찮다는 편지가 왔다. 비로소 그의 마음은 "구름이 걷히고 폭풍우의 기운은 장밋빛 고요로 바뀌었다."

1885년 6월 16일, 아펜젤러 부부는 스크랜튼의 가족들, 미국 북장로교 의료선교사 헤론 부부와 함께 나가사키를 출발해 6월 20일 제물포항에 도착했다. 그렇지만 아펜젤러 부부는 7월 29일에야 서울로 들어갈 수 있었다. 서울에 머물 수 있는 공간이 마련되지 못했기 때문이다. 알렌이 아펜젤러 부부에게도 서울로 와서 자신의 집에 머물라고 했지만, 이미 스크랜튼이 머물고 있던 탓에 스크랜튼 가족들만 알렌의 집에 여장을 풀었다. 아펜젤러 부인이 예의가 아니라고 생각하여 이를 사양한 것이다.

아펜젤러 내외는 중국인이 운영하는 제물포의 해리스호텔에 잠시 머물렀다가 하루에 2달러의 호텔비를 아끼려고 월 25달러 하는 초가집을 임대했다. 거주하는 기간이 장마철이어서 "그릇이라는 그릇은 모두 동원해서 빗물을 받아야"할 만큼 불편했다. 38일간 아펜젤러는 서울과 비교할 수 없는 열악한 제물포의 환경을 직접 목도하고 겪었다. 그것이 조선의 사회상이었고 진면목이었다. 조선을 둘러싸고 있는 환경은, 아펜젤러의 기도처럼, 조선 백성들을 얽매고 있는 결박일 수 있었다. 그는 그것을 끊기 위해 조선 땅에 보내진 것이다.

3. 조선의 선교지형 – 서울이라는 곳

　아펜젤러 부부는 성문이 닫히기 직전에 서울로 들어왔다. 스크랜튼 선교사가 이들을 반갑게 맞이했고 다른 미국 선교사들도 환영해 주었다. 알렌도 젊은 부부를 자기의 집에 임시로 머물 수 있도록 배려했다. 스크랜튼 가족보다 40일정도 늦게 입경하기는 했지만, 여전히 알렌은 이들의 입국을 불안해했다. 기독교의 선교를 예민하게 바라보고 있던 조선 조정의 보수세력에게 빌미를 줄 수 있었기 때문이다. 그러나 다행히 그런 일은 일어나지 않았다.

　아펜젤러 부부는 스크랜튼 덕분에 아주 쾌적하고 안락한 주택을 마련할 수 있었다. 일본에서 살던 주택보다 넓었고 생활용수도 풍부했다. 이집은 "전(前) 판서 권명국의 예전 터"로 판서 민치상이 살던 곳이었다. 민치상은 흥선대원군의 둘째 아들인 이명복(李命福)이 임금(고종)으로 선택되었을 때, 잠저(潛邸)로부터 궁궐까지 모신 인물이다. 아펜젤러의 집은 서대문과 서소문 사이의 성벽을 끼고 언던 남쪽에 나란히 놓인 'ㅁ'자 배치의 행랑을 갖춘 매우 큰 저택이었다. 스크랜튼은 두 채의 한옥 집을 사서 성벽과 붙은 서쪽 집, 곧 민치상의 집은 아펜젤러의 집으로 구입했고, 그 아래 동쪽 집은 자신의 가족이 거주할 수 있도록 했다.(지금의 정동 34-1번지 일대)

　엘라 아펜젤러는 마루에 양탄자, 흔들의자, 테이블, 책장 등을, 방에는 침대, 옷장, 요람, 걸상, 램프를 들여 놓았다. 부엌에는 레인지, 접시 넣는 찬장, 그릇과 냄비, 냉장고, 물통과 대야, 연료와 조명 장치 등을 마련했다. 미국 중류가정의 생활수준에 맞춘 것으로 생존과 선교활동을 위한 당연한 조치였다. 당시 미국의 외교가에서는 "교수형을 당하는 것보다는 사이암(태국)에 가는 것이 낫다. 그러나 조선에 다시 가는 것보다는 교수형을 당하는 것이 낫다"는 우스개가 있을 정도로 미국인들은 조선의 열악한 환경을 힘들어 했다.

아펜젤러가 7월 29일 저녁, 서울에 들어오게 되었을 때 드렸던 기도는 다음과 같다.

> 그날 저녁 무렵 북서문으로 들어서는 순간 나는 주님의 무릎 앞에 내 자신을 드리는 심정으로 이런 기도를 했습니다. "주여 내가 여기 있나이다. 나를 도구로 삼으시어 뭇 영혼을 구원하는 일에만 사용 하소서"[9]

그런데 아펜젤러의 바람과 달리, 영혼구원의 사역은 쉽게 진행될 수 없었다. 상황이 그랬고 서울의 풍토가 그것을 허락하지 않았다. 당시 서울의 인구는 30만 명 정도로 추정이 된다. 그런데 평양의 유학(儒學) 지식군들의 비율이 0.4%로 추정되는 것에 비해 서울은 약 29%에 이른다는 연구가 있다. 철저히 임금 중심의 중앙집권 아래 있었고, 이를 위해 서울은 모든 정책의 입안 및 집행을 위해 많은 관리들이 필요했다. 지방 각 관아에 배치된 관리의 수보다 서울에 거주하는 관리들의 수가 더 많았다. 서울이 양반·관료층들의 거주지요 조선 정치이념의 중추 가치체계인 유교적 전통이 보존되고 구현되는 곳이었다는 말이다.

역설적으로 이것은 서울이 기독교의 뿌리 내리기에 부적합한 토양이라는 말과 같다. 기독교가 번성했던 서북과 달랐다는 것이고 그만큼 서울에서 기독교의 생존방식이 달라야 했음을 말해 준다. 재한 선교사들 모두가 이를 지적하고 인정했다.

알렌이 왕실과 조정의 총애를 받고 있었음에도 조선 유학 지식사회는 서양종교와 이데올로기에 대해 여전히 배타적이었다. 후일 서재필이 독립협회의 고문으로 선출되었을 때, 그는 독립협회를 기독교 이념과 정신으로 이끌어야 한다고 주장한 바 있다. 거기에 가장 반대했던 인물이 나중에

---

9   H. G. Appenzeller's letter to J. S. Burnett, 20 August 1885.

YMCA를 이끌게 되는 월남 이상재였다. 미국공사관 서기를 지냈던 그는 미국이 가장 이상적인 사회체제를 가진 나라이고, 그것이 기독교로 인한 것이라는 것을 알고 있었다. 그럼에도 기독교는 안 된다는 입장을 고집했다.[10] 개화파라 하더라도 그는 조선 유학의 지식인이었다. 이렇듯 기독교가 서울이라는 토양에 쉽게 뿌리내리는 것이 쉽지 않았다. 여기에 천주교에 대한 역사적 이미지가 좋지 않았던 것도 개신교 선교활동에 방해가 되었다.

한편, 복음주의의 가장 큰 특성 중 하나는 대중성이다. 교회를 근본적으로 대중 속에 뿌리내리려 했기 때문에 보통 사람들을 타깃으로 하는 것이 복음주의 선교의 핵심이다. 초등학교 수준의 읽기가 가능한 사람일지라도 신앙적 수준이 우수하면 임시 목회자의 권한을 부여하여 교회를 이끌게 한 것이 감리교 복음주의의 역사이다. 길거리에서 노방전도를 하고 순회전도를 하며 복음을 전했던 요한 웨슬리의 감리교 선교가 성공할 수 있었던 것도 이 때문이다. 일부의 학자들은 선교사들이 한국 교회를 자신들의 주도권 아래 두기 위해 지적 수준을 약화시키려 했다고 비판하지만, 그것은 영미복음주의에 대한 이해가 부족한 때문이며, 복음주의 선교의 공헌을 외면한 까닭이다. 또한 대중적 선교가 한국의 근대 민주주의로 연결되는 것에 대한 이해가 부족한 때문이다.

그런데, 감리교 복음주의 선교사임에도 불구하고, 아펜젤러는 이와 같은 특성을 제대로 살리지 못했다. 가장 큰 이유는 그의 사역지가 서울이었기 때문이다. 그의 활동은 교육사업으로 제한되었고, 더구나 그의 활동 중심지는 종로였다. 특별히 서울의 종로는 지적(知的) 접근을 통해야 복음의 전달이 가능한 곳으로, 고래고래 소리 지르는 노방전도로는 효과가 나타날 수 없는, 서울의 최중심지였다.

전파하는 자의 의지와 신념, 열정이 뛰어나도 선교는 결국 수용하는 자

---

10 F. M. Brockman, "Mr. YI SANG CHAI", Ibid., 1911년 8월, p.217.

들의 최종 선택에 따른다. 그런 이유로 아펜젤러의 선교는 선교지 조선의 상황에 맞추어질 수밖에 없었다. 아펜젤러는 자신에게 그어진 구획을 함부로 넘어서려 하지 않았다. 선교는 자신에게 주어진 영역이나 역할을 벗어나서 할 수 있는 것이 아니다.

모든 종자(種子)가 봄에 심겨지는 것이 아니다. 땅에 흩어졌다가 겨울을 겪고서야 발아(發芽)되는 것도 있다. 척박한 땅에서, 더구나 겨울을 지나 발아한 싹은 어떠한 조건에서도 살아남는 강인한 생명력이 있다. 아펜젤러의 선교는 처음부터 시대적 겨울을 겪게 되어 있었다. 그렇지만 가로막는 부정적인 것들을 극복하고 복음을 전하고 교회를 정착시키는 것이 감리교 첫 선교사였던 그의 사명이었다.

4. 미국 북감리교회의 현명한 조치

선교는 매우 숭고한 작업이다. 아펜젤러 당시 미국 선교사들은 최고의 지식인들이며 신앙의 수준이 높았고 윤리적 태도도 엄격했다. 그렇다고 해서 의식주 및 가정의 문제, 선교사 사회 내부의 갈등 문제 등 인간으로서 살아야 하는 삶의 자리를 벗어날 수는 없었다. 아펜젤러는 20대의, 막 안수를 받은 젊은 목사였고 선교 경험도 없었다. 알렌 이후 극단적인 혐오감은 없어졌지만 조선 사람들은 여전히 우호적이지 않았고 선교지 조선의 사정은 험악했다. 돌파하고 극복해야 할 것들이 한두 가지가 아니었다. 감리교 선교사들이 직면한 실제적인 문제들을 해결해 주어야 할 기관인 미국 북감리교 해외선교부는 아펜젤러의 문제에 대해 매우 현명하게 대처했다. 당시 미국 감리교회의 시스템을 보면, 감리교 선교사를 책임진다는 의식을 뚜렷이 알 수 있다.

조선 선교역사의 초기에는 최대한 신중해야 합니다. 자리가 잡히면, 모든 비용은 선교 본부의 권한으로 지불될 것입니다. 당신은 기독교가 공식적으로 허용되지 않은 나라에 파송된다는 점을 명심해야 합니다. 바로 얼마 전까지 기독교는 법으로 엄금되어 있었습니다. 그러나 우리는 의료사업과 교육사업은 조선인들에게 아주 잘 수용될 것이라는 확신을 가지고 있습니다. 따라서 의심할 여지없이 이것이 당신의 첫 사역이 될 것입니다. 적절한 건물을 구입할 시점까지 학교를 감독할 수 있는 언어에 대한 충분한 지식을 획득하고 가르칠 학생들도 찾기를 희망합니다. …

여성의 완전 격리와 다른 방면에서 조선인들의 아주 독특한 관습 때문에 여학교를 개설하는 것은 매우 어려울 것입니다. 그러나 스크랜튼 대부인의 도움을 받으면 이것도 성취될 수 있다고 의심하지 않습니다. 따라서 당신의 아내도 최선을 다해 협력할 분야를 발견하게 될 것입니다. … 장정의 선교부분과 선교회의 정관과 세칙을 주의 깊게 읽기 바랍니다. 그 규칙들을 가지고 스스로를 통제하기 바랍니다.…

지혜가 부족함을 느낄 때마다 그것을 원활하게 얻을 수 있는 원천이 있으며, 결코 얻지 못하는 법이 없다는 것을 알 것입니다. 내가 이 모든 사역에서 그러하듯이, 당신도 이 원천에 무엇을 의지할지를 알고 있습니다. 참 하나님 앞에 드리는 성전의 기초를 무릎을 꿇고 놓을 수 있기를 희망합니다. 조선에 가기 전에 하나님께서는 이미 아주 깊고 넓게 기초를 마련하셨기 때문에, 인도를 본 버틀러 박사가 느낀 것처럼 큰 기쁨을 느낄 수 있을 것입니다.[11]

아펜젤러를 보내면서 미국 북감리교 해외선교부 총무 리드(J. M. Reid)는 매우 구체적인 편지를 보냈다. 리드는 요코하마 도착 후의 행동, 맥클래이 박사의 권한과 역할, 조선입국 시 정치적 상황 고려, 사택 등 부동산 구입

---

11 미국 북감리교 해외선교부 총무 리드(J. M. Reid)가 아펜젤러에게 보낸 편지, 1885년 1월 15일자.

문제, 의료와 교육선교 계획, 선교비 수령하는 방법, 생활비 문제 등 아펜젤러에게 닥칠 여러 문제들과 지침에 대해 소상히 적었다. 그것은 불모의 땅 조선 선교에 대한 구체적 설계이기도 했고, 엄격한 지시이기도 했다. 감리교회가 감독교회의 전통 아래 있다는 확인이었고, 통제와 동시에 책임과 보호 의지를 갖고 있음을 보여주는 대목이다.

아펜젤러 부부가 처음 조선에 도착했을 때, 북감리회로부터 받은 생활비는 일본주재 선교사들과 마찬가지로 연(年) 1,000달러였다. 활동이 활발해졌을 때는 생활비를 인상했다. 조선의 노동력은 쌌지만, 선교사들이 사용하는 생필품비가 일본보다 비쌌던 점을 고려했다. 일본에서 제물포까지, 제물포에서 서울까지의 운송비가 많이 들었고, 환율이 불안정했던 것도 한 원인이었다. 리드는 아펜젤러에게 1883년 제물포에 개설된 일본제일은행을 이용하도록 했다.[12] 당시 북감리교가 책정했던 생활비는 기혼과 미혼의 구분만 있었을 뿐 남녀가 평등했다. 주택구입비와 어학교사의 봉급도 따로 책정되었다. 안식년에는 미국 왕복 여행비도 제공되었다. 서울이 춥고 한국식 난방시설에 익숙하지 않았기 때문에 털을 넣은 매트리스, 스프링 침대, 석탄난로, 석유난로도 별도로 보냈다. 그러나 무엇보다 아펜젤러를 가장 고무시켰을 내용은 선교사역에 대해 아낌없이 지원하겠다는 약속이었을 것이다. 이런 조치만큼 선교사에게 힘을 주는 내용은 없다.

한편, 편지 말미에 리드 총무는 1856년 이래 인도 감리교회를 자급자전의 교회로 크게 성장시켜 최고의 선교사로 불렸던 버틀러(William Butler) 선교사를 언급했다. 버틀러는 당시 감리교 선교사들의 모델이었다. 마지막으로 리드는 선교의 궁극적 결정자가 하나님이심을 상기시켰다. 역사의 통치, 선교의 원천이 하나님이라는 고백 없이 선교는 이루어질 수 없다는 것을 강조한 것이다. 리드의 바람처럼 아펜젤러는 한국 감리교 선교의 전설이 되었다.

---

12 장로교의 경우 알렌은 800달러를 받았고, 후일 마펫 선교사는 1,500달러를 생활비로 받았다.

5. 조선에서의 선교

1) 배재학당- 기독교 문명과 정신의 이식, 그리고 한계

아펜젤러는 직접전도를 통해 신속히 복음을 전하기를 원했지만 그것은 불가능했다. 기독교를 전하는 것이 여전히 불법이었고 조선 정부는 의료사업과 교육사업만을 허락했을 뿐이다. 해외선교부 총무 리드의 편지에서 나타나듯이 그의 선교 정책과 방법은 이미 정해져 있었다. 그의 임무는 교육을 통해 선교의 접촉점과 교두보를 확보하는 것이었다.

미국공사 포크(Foulk)가 "누구든지 오고 싶으면 오는 것이다. 그러나 미국 시민이란 자격 말고 딴 것은 안 된다"[13]며 단호한 입장을 보인 것도 조선 정부의 강경한 정책 때문이었다. 갑신정변의 여진이 계속되고 있었고, 더구나 이를 주도했던 김옥균과 박영효 일파는 서양세력을 끌어들인 역적으로 전락해 있었다. 알렌의 활약으로 미국인들에게 보호가 뒤따랐지만, 그것은 조선 왕실과 정부의 정치적 조치였을 뿐 조선사회, 특별히 전통 지식사회 일각에서는 여전히 서양인들을 냉소적으로 바라보고 있었다.

조선 조정도 입국하는 대개의 서양인들이 기독교 선교사라는 것을 모르지 않았다. 그러나 서양의 근대문명을 조속히 도입하여 부국강병과 독립된 근대국가를 만들어야 한다는 절박함이 있었다. 박정양 등 미국을 경험한 개화 관리들의 진언에 따라 미국식 근대 교육제도를 도입하려 했던 것도 그런 이유이다. 조선의 왕실은 미국식 근대교육이 쇠(衰)하여 가는 조선을 일으킬 것이라 확신하고 있었다. 그렇지만 기독교를 여전히 경계했고, 그래서 서양인들의 활동을 교육과 의료 사업에 한정한 것이다. 일부 선교사들이 노방전도와 순회전도를 원했지만, 그것은 외교마찰을 불러일으키

---

13 H. G. Underwood's letter to Ellinwood, 1885. 4. 19일자.

거나 최악의 경우 추방될 수 있었고, 교육이나 의료 사업마저도 중단될 수 있었다. 그런 이유로 알렌은 직접적인 선교를 말렸고 헤론도 제중원 원장이 된 이후에는 조선 정부의 시책을 따라야 한다고 강조했다. 물론, 아펜젤러도 직접전도와 대중지향의 선교방식을 원했다. 그럼에도 교육선교에 투신해야 했던 것을 다시 정리하면, 두 가지 이유 때문이다.

첫째, 그의 선교 임무가 처음부터 교육으로 정해져 있었다. 감리교의 시스템, 곧 감독 교회의 특성에 따라 미국 북감리교 해외선교부의 정책을 따라야 했다.

둘째, 그가 목도한 서울의 선교 지형과 상황이 직접적인 복음 전도를 펼치기에 불가능했다.

몇몇 학자들의 주장처럼 조선을 기독교 문명국으로 바꿀 목적으로 교육사업을 진행한 것이 아니다. 미국 감리교회는 기독교 근대문명을 이식하는 것을 선교의 정책이나 근본목적으로 정하지 않았고, 아펜젤러도 마찬가지였다. 배재학당을 세운 것도 리드의 지시였다. 미국 북감리교 해외선교부는 아펜젤러에게는 교육사업을, 스크랜튼(William B. Scranton)에게는 의료사업을, 스크랜튼의 어머니 메리(Mary Fletcher Scranton)에게는 여성교육선교를 지시했다. 그것은 금단의 땅인 조선에 복음전파의 교두보를 확보하기 위한 것이며, 복음정착을 위한 가장 효과적인 도구라는 생각 때문이었다. 알렌이나 후일 세브란스전문학교를 이끌었던 애비슨의 선교관과 전혀 다른 의도였다.

서울에 도착한 아펜젤러는 곧바로 학교를 시작할 준비를 하며, 조선어 공부를 시작했다. 그런데 도착 5일째 되던 8월 3일 영어를 배우러 찾아온 제중원 직원인 고영필과 이겸라를 만났다. 스크랜튼이 서양식 의술을 배우고 싶어 했던 이들에게 먼저 영어부터 배우라며 아펜젤러에게 보낸 것이다. 이렇게 아펜젤러의 교육활동은 시작되었고, 영어교육의 현장은 배재학당의 출발점이 되었다.

이미 교육사업은 고종 임금의 허락을 받은 일이다. 그런 이유로 아펜젤러는 미국 대리공사 포크(Foulk)를 통해 여러 차례 영어학교의 설립을 요청했고, 조선 정부의 허락을 받아 1886년 6월 8일 정식으로 개교할 수 있었다. 영어 통역이 절실했던 조선 정부로서도 환영할 만한 일이었다. 거의 매일 영어를 배우려는 학생들이 몰려들어 영어학교는 나날이 발전했고 근대학교 수준에 이르렀다. 1887년 2월 21일, 고종 임금은 기대감을 갖고 '배재학당(培材學堂)'이라는 이름을 내렸다.[14] 조선 왕실과 조정이 아펜젤러와 학당의 권위를 조선사회에 공표해 준 것이다. 왕실의 비호 아래, 1887년 9월 17일 오후 3시, 새롭게 건축한 배재학당의 개관식이 열렸다.

지난 한 해 동안 2명의 학생이 기독교로 개종했고, 현재 우리 교회 예비교인으로 있다. 이들은 내가 최초로 세례를 준 조선인들이다. 나는 또한 우리 학교에 다니는 일본인 학생들 가운데서 한 명에게 세례를 주었다. 이처럼 개교 첫 해 동안에 하나님의 성령께서 학생들 가운데서 구원사업을 시작하셨다. 하나님께 모든 찬양을! "유용한 인재"는 갈보리에서 돌아가신 주의 피로써 구원받지 않고는 "양육"될 수 없다. 다른 학생들은 길을 묻고 있는 중이다. 우리의 기도와 심령의 소원은 이 학교를 특별한 영적인 힘이 넘치는 학교로 만드는 것이다[15].

개관식을 하면서 아펜젤러는 이렇게 배재학당에 대한 기대감을 감추지 않았다. 한국 최초의 미션스쿨인 이 학교가 영적 기관이 되어야 한다고 결

---

14 아펜젤러 일기, 1887년 2월 21일자. "오늘 폐하께서 미션스쿨인 우리 학교에 이름을 내리시며 외부대신을 나에게 보내셨다. '배재학당'이라 하는데 '유능한 인재를 가르치는 집'이라는 뜻이다"
15 *ARMSMEC*, 1887, p.314.

심했다. 개관식 전인 7월 24일 아펜젤러는 배재학당 학생 박중상(혹은 강중상)에게 세례를 집례하며, 감격스러운 수사(修辭)를 곁들여 이렇게 기록한 것이다.

　배재학당에는 영어부, 한문부, 신학부가 개설되었다. 1887년 당시 등록된 학생은 109명이었다. 이승만(1875-1965)을 비롯하여 76명이 영어부에 등록할 정도로 학생들은 영어를 선호했다. 학생들은 대부분 개화파나 몰락한 양반 가문, 또는 중인 그룹이었고, 여기에 소수의 중국인과 일본인도 있었다. 배재학당은 기독교 문명을 전파하는 터전으로, 서양의 신학문을 가르쳤지만, 서양인 교사와의 접촉을 통해 국제화를 깨닫게 했고 평등의식, 노동의 존엄성 등을 가르쳤고 기독교 정신에 입각해 교육했다. 그 결과로 배재 출신들은 한국 민주주의 역사에 거대한 이정표를 세울 수 있었다. 그렇지만 여기에 아펜젤러가 원했던 만큼의 영적 영역은 자리하지 못했다.

　설립 초기, 아펜젤러는 배재학당이 "특별한 영적인 힘이 넘치는 학교"가 되길 간절히 기도했다. 배재의 교육에 복음이 깃들어 있고, 교육이 선교사역의 통로가 되기 때문에 학생들이 변화할 것이라 믿었다. 그리고 복음으로 변화되고 의식화된 학생들이 조선의 백성들에게 복음을 전하고 선한 일들을 베풀게 될 것이라 기대했다. 그래서 학생들에게 서구의 문명을 가르칠 때도 그 근원이 기독교에 있음을 알렸고 기독교적 가치관을 전하려 애를 썼다. 그렇지만 미션스쿨은 교회와 같은 순전한 영적인 기관이 되기에는 애초부터 한계가 있었다. 기독교 정신이 설립의 근저에 있다 하더라도 대부분 학생들은 학교가 복음에 집중하는 기관이 아니라고 생각했다. 학생들은 내적인 신앙보다는 학문적 성취를 바라고 있었다.

　덧붙여, 조선의 학생들에게 서양의 근대교육은 자신들을 신진 엘리트로 만들어 줄 수 있는 도구였다. 배재학당은 미국인 선교사들이 직접 영어를 가르쳤고 고종 임금이 권위를 인정했기 때문에 탄탄한 진로가 보장될 수 있었다. 영어를 배우고 서양식 근대문명을 전수받으려는 것은 출세의 수단이라는 판단 때문이었고, 영어를 구사한다는 것은 사회적 신분의 상승을 의미했다. 이들에게 '헌신'과 '희생'이라는 단어는 낮은 자리로 내려가 소외된 자들과 함께 겪는다는 의미가 아니라 지도자가 되어 사회를 이끈다는 의미였다. 감리교회의 정신과 어긋나는 것이었다.

기독교 전파에 대해 반감을 가진 학생들도 적지 않았다. 그들은 영어나 서구 근대문명을 배우려했지 복음을 받아들이려 하지 않았다. 기독교적 가치관을 외면하고 그것을 가르치는 선교사들에게 반발했다. 또한, 기독교를 받아들였다 하더라도 대부분은 기독교를 단지 근대 문명이나 서구문화의 통로로 이해했다. 이들은 복음을 서구근대화로 이해했고, 학교의 목적을 근대의식을 가진 인물들을 양성하고 민족갱생을 도모하는 것으로 제한하여 이해했다. 근저로부터의 회심, 곧 영적이고 종교적 차원의 심층적 체험에는 무지했던 것이다. 감리교 선교는 1903년 하디(Robert A. Hardie) 선교사가 영적각성운동을 벌였을 때, 비로소 이러한 경계를 극복할 수 있었다.

아펜젤러는 배재학당을 대학으로 발전시키려 했다. 서울에 기독교대학을 세워 기독교의 복음을 조선의 중심 에너지로 만든다는 생각이었다. 서울이라는 토양 아래에서는, 기독교 문명과 복음 선교가 함께 가야 한다는 것을 발견한 것이다. 그것은 아펜젤러 선교의 방향이 교회와 한국민족이라는 두 영역으로 나뉘어졌다는 것을 의미한다. 내면적이고 영적인 영역은 교회를 통해 실현하고, 배재를 통해서는 정치 혹은 사회적 영역, 곧 한국 전체를 견인할 수 있는 기독교 지도자를 양성한다는 생각으로 나뉜 것이다.

선교는 전파하는 자의 일방적인 것이 아니다. 오히려 받아들이는 자들에 의해 선택된다. 따라서 선교사는 선교지의 상황과 경험에 따라 자신의 선교관을 수정하게 되어 있다. 물론 그것이 복음의 본질이 변화되었다는 것을 말하지는 않는다. 아펜젤러는 본래 갖고 있던 자기 신학을 고집하지 않고, 오히려 자기에게 주어진 상황에 적극적으로 대처했다. 선교지 상황에 대한 적극적 이해 때문에 가능했다. 그러나 너무 일찍 소천했기 때문에 뜻을 이루지 못했다. 그의 뜻은 언더우드가 YMCA에서 시작한 조선기독교 대학, 곧 연희전문을 설립함으로 이루어졌다.

2) 정동교회의 창립– 자립, 자선의 교회

1885년 6월 21일, 스크랜튼 가족과 헤론 부부가 서울에 도착했다. 그 날 주일 저녁 알렌의 집에서 알렌 부부, 헤론 부부, 스크랜튼 가족이 함께 모여 첫 공식 연합 주일예배를 드렸다. 이 예배는 아펜젤러 부부가 합류 한 이후 외국인과 선교사를 위한 서울유니언교회(Union Church)로 발전했 다. 10월 11일, 요코하마에서 활동하고 있는 일본성서협회 총무 루미스(H. Loomis) 목사가 서울유니언교회에서 첫 성찬식을 집례하며, '오직 예수'라 는 제목의 설교를 했다. 아펜젤러와 언더우드(H. G. Underwood)는 성찬을 분급했다. 미국 외교관, 제물포에 입항해 있던 미국 선박 마리온(Marion)호 의 선원 두 사람, 아펜젤러가 전도한 일본공사관 직원 하야카와(Hayakawa Tetzya) 등 모두 11명이 참석했다.[16] 1886년 4월 25일, 아펜젤러의 딸 엘리 스와 스크랜튼의 딸 마리온이 유아세례를 받았고, 주일 오후 예배에는 하 야카와(Hayakawa Tetzya)가 세례를 받았다. 11월, 서울유니언교회는 첫 담 임목사로 아펜젤러를 세웠다.[17] 서울유니언교회는 한국 감리교회와 한국 장로교회의 원류가 되었다. 1887년에 한국인 교인으로 이루어진 벧엘교회 (현 정동감리교회)와 정동장로교회(현 새문안교회)로 이어진 것이다.

아펜젤러는 정동 자신의 집에 방 하나를 택해 '우리의 첫 한국인 지성소 (first Korean Sanctuary)'라며 예배처를 마련했다. 이 방에서 기도회(prayer-meeting)를 가졌고 성경을 가르쳤다. 그리고 1887년 7월 24일에는 이 방

---

16 H. G. Appenzeller's letter to J. M. Reid, 13 Oct. 1885.

17 정동제일감리교회는 1885년 10월 11일을 교회시작의 날로 정했다.

에서 배재학생 박중상에게 첫 세례를 베풀었다.[18] 기대 이상으로 사람들이 몰려들었고, 이미 시작하고 있던 기도회(prayer-meeting)에 참석하는 사람들도 늘어났다. 성경공부반(Bible Class)을 따로 개설해야 할 정도로 성경을 배우려고 하는 사람이 늘어났고, 아펜젤러는 '성서사업(Bible Work)'을 위해 "스크랜튼 대부인 소유인 달성 주택 뒷문"[19] 근처에 별도의 작은 공간을 마련해야 했다. 1887년 10월 9일 주일 오후에는 네 명의 조선인들과 함께 예배를 드릴 수 있었다. 아펜젤러는 이 집의 이름을 '벧엘예배당'(Bethel-a Chapel)이라 불렀다. 사실상 조직교회가 시작된 것이다.

10월 23일 주일, 감리교 최초로 조선인들을 대상으로 성찬식이 거행되었다. 11월 추수감사절에는 예배당이 조선인들로 가득 찼고, 그래서 12월에는 보다 큰 공간으로 예배처소를 옮겨야 했다. 1887년 성탄예배는 감리교 예식에 따라 진행되었고, 아펜젤러는 처음으로 조선어로 설교를 했다. 1888년 1월 13일에는 스크랜튼의 조선어 교사인 박승면과 배재학생 문세익에게 세례를 베풀었다. 3월에는 일주일간 기도회를 개최했고, 3월 11일에는 주일학교를 시작했다. 그렇게 남대문 안의 작은 집 '벧엘예배당'은 조직교회로서의 면모와 활동을 갖추어 나갔다.

조선인 교인들이 모여 공개 예배를 드릴 수 있게 되자, 자신감을 갖게 된 아펜젤러는 전도인 양성까지 생각했다. 그러나 아직 기독교를 조선 정부가 공인하지 않을 때여서 여전히 조심해야 했고, 그 보폭이 제한되어 있었다. 그런데 이듬해인 1888년 5월, 이른바 '영아소동'이 일어날 때 즈음 조선 정부의 [전도금지령]에 따라 예배가 중단되었다.

'영아소동', 곧 '외국인들이 어린아이들을 잡아다가 삶아 먹고 쪄 먹는다는 유언비어'에서 알 수 있듯이, 낯선 서양인들에 대해 상당수의 조선인들

---

18 Sunday, July 24, Seoul. Appenzeller Papers : diaries

19 H. G. Appenzeller, "The First Methodist Episcopal Church, Seoul, Korea, read at the Dedication", 26 Dec. 1897.

은 여전히 우호적이지 않았다. 이를 기화로 조선의 전통 지식층들은 중국의 반기독교서적 『벽사기실』(辟邪紀實)을 배포하며, 중국처럼 기독교인들을 때리고 죽이며 기독교 서적을 불태워야 한다고 선동했다.

그렇지만 선교의 거센 흐름을 막을 수는 없었다고 역사는 기록하고 있다. 5개월 동안 예배는 중단되었지만 교회는 계속되었다. 여러 선교사들의 집을 돌며, 남녀를 구별하여 따로 예배를 드렸다. 남자들은 아펜젤러의 집에서 10월 1일부터 1년간 예배를 드리다가 1889년에 존스(George Heber Jones) 선교사 사택으로 옮겼고, 다시 1891년에는 배재학당 예배실로 집회장소를 옮겼다. 여자들은 이화학당에서 보구여관 예배실로 옮겨가며 예배를 드렸다.

여러 차례의 험난한 과정을 거쳤지만, 벧엘예배당은 1895년 9월 9일에 성대한 정초식을 거행했고 1897년 5월 9일 공사가 진행되는 와중에 첫 예배를 드릴 수 있었다. 그리고 10월 3일 봉헌예배를 드릴 수 있었다. 입교인 총수는 98명이었고 학습인 총수는 146명이었다. 완전하지는 않았지만 핍박과 위협의 요소가 사라지고 아펜젤러의 선교가 비로소 안착한 것이다.

> 주님께서는 우리가 교육사업에만 전념하길 원하지 않으시고 성전을 세우는 데 힘을 다할 수 있도록 도와주십니다. … 우리 선교부는 영혼을 구원하기 위해 이곳에 왔고 우리는 그것을 위해 최선을 다해 일하고 있습니다. '새벽빛'이 급속히 퍼져나가 이 조용한 아침의 나라를 깨울 것입니다.[20] … 우리의 가장 중요하고 우선적인 일은 영혼을 구원하는 것이기에 우리의 전도사업이 확장되어야 한다고 믿습니다. 우리는 가능한 한 빨리 그리고 훌륭하게 이 일을 해야만 합니다.[21]

아펜젤러는 리드 총무에게 이렇게 편지를 썼다. 영혼구원이 조선에 온

---

20   H. G. Appenzeller's letter to J. M. Reid, 11 April 1886.
21   H. G. Appenzeller's letter to J. M. Reid, 13 July 1886.

목적임을 확인했고 그것을 위해 교회를 세운다는 다짐이었다. 교회는 복음의 영적 영역을 담는 그릇이요 영혼구원의 터라는 고백이었다.

그런데 당시 벧엘예배당에 모이는 조선 기독교인들의 사명의식은 아펜젤러의 처음 기대와 상당한 차이가 있었다. 제물포 및 강화를 포함한 서울 서부지역의 감리교회나 평양을 중심으로 한 서북지역의 교회에 비해, 서울 지역은 국가문제에 대한 사명의식이 보다 넓고 강했고 그만큼 영적 영역의 자리가 좁고 빈약했다. 국가와 민족이 당면한 정치, 경제, 사회 문제에 대한 집중적인 관심을 가졌고 시대상황을 면밀히 분석했다. 예언자적인 지각과 섬세한 비판정신이 강했고 문화적 소양과 교양을 중요시했다. 그리고 학문과 교육을 포함한 문화의 영역에 보다 큰 관심을 가졌다.

반면, 복음주의적 열정과 성향, 곧 어린아이와 같은 순진성, 영혼의 가난함, 겸손함과 온유함, 이사와 기적에 대한 전적인 신뢰, 교회를 통해 삶의 난관에 대한 위로와 보상, 혹은 극복해 보려는 심리에 대해서는 상대적으로 어눌했다. 그것은 조선의 중심이라는 서울의 지역적 특성, 교회에 들어온 개화 지식인들과 배재나 이화 등 신진 엘리트들의 성향, 국권이 위태로웠던 시대적 상황이 가장 큰 이유였다.

1904년 9월 20일부터 19일간, 벧엘예배당에서 선교사 하디(Hardie)가 '회개'와 '성령의 책망'을 주제로 부흥회를 연 이후, 비로소 벧엘예배당은 전통과 체제에서 소외되었던 민초에게로 전도의 폭을 넓혔다. 그리고 하나님의 임재 앞에서 두려움과 떨림, 회개와 결단을 추구하는 감리교 선교 본래의 역할을 확대했다. 아펜젤러의 선교 이상이 이때에 이르러 비로소 실현되기 시작한 것이다.

3) 정치와의 관계

고종 임금이 러시아공사관으로 조선의 조정을 옮겼던 일명 '아관파천'

시기인 1896년 7월 2일, 독립협회가 결성되었다. 그 목적은 독립문과 독립 공원의 조성이었다. 이는 중국의 속국으로 자주권만 갖고 있던 조선이 자주권과 독립권을 함께 누리는 근대국가가 되었음을 공표하는 상징이었다. 청일전쟁의 결과로 조선이 중국의 종속국에서 벗어났고 더 이상 일본의 내정간섭도 받지 않게 되었다는, 명실상부한 독립국이라는 선언이었다. 따라서 독립을 기념할 만한 사적을 만들어 세계와 후세에 조선이 자유독립되었다는 것을 전하려 했던 것이다.

독립관 보수가 끝나자, 1897년 5월 23일 현판식을 가진 독립협회는 모임의 성격을 바꾸었다. 그 중심에 윤치호가 있었다. 윤치호는 서재필을 방문한 후, 독립협회를 강의실, 독서실, 박물관을 갖춘 계몽단체로 바꾸려 했고 서재필과 함께 독립협회를 기독교 단체로 만들려 했다. 이상재 등 내부 반대에 부딪혀 기독교의 이름을 내걸지는 못했지만, 이후 매주 토론회를 개최하며 근대의식화운동을 벌였다.

1898년 2월 들어서면서 러시아가 조선의 내정에 개입하며 노골적으로 그 세력을 넓혀가기 시작했을 때, 독립협회는 "우리를 노리는 나라는 시베리아 철도를 부설하고 있으며, 그것이 완성되면 완전히 노예화가 될 것"이라며 강하게 러시아를 비판했다. 그리고 윤치호의 제안에 따라 고종 임금에게 '자립'과 '자수(自修)'를 핵심으로 한 상소를 올렸다. 계몽단체에서 정치단체로 바뀌기 시작한 것이다.

이후, 독립협회는 도를 넘어서기 시작했다. 관민의 대화를 통해 내정개혁을 해야 한다는 주장은 무시되고 새로운 정치권력으로 자리해야 한다는 안경수 등의 과격한 주장이 힘을 갖게 되었다. 1898년 여름 박영효는 정권을 장악할 생각을 가지고 독립협회에 접근했다. 여기에 일본 정부의 지원이 있었다. 박영효의 사주를 받은 안경수, 정교 등은 관민공동회와 만민공동회를 이용하여 정부에 불만을 가지고 있는 세력을 독립협회로 집결시키려 했다. 박영효를 경계했던 조선 정부는 그의 정계복귀의 뜻을 꺾기 위해 결국 군대를 동원하여 독립협회를 해산시켰다.

미국공사 알렌은 아펜젤러에게 다음과 같은 편지를 썼다. 그것은 독립
협회와 만민공동회 등에서 적극적으로 활동하고 있는 배재학생들에 대한
우려였다.

> 나는 방금 외부의 외교국장의 방문을 받고, 당신의 학교인 배재와 당신의 여
> 러 교회들과 관련되어 있는 어떤 사람들의 모임을 막아 달라고 하는 중재요
> 청을 부탁받았습니다. 그 모임은 당신의 배재인(Pai Chai Men) 가운데 한 사
> 람인 송기용에 의해 소집되었다고 하며, 그 목적은 보부상의 어떤 대표가 당
> 신에게 보낸 편지를 토론하는 것이었다고 합니다. … 우리 선교부의 기독교
> 신자들이 이 도시를 몹시도 괴롭히고 있는 정치운동에 현저하게 참가해야
> 한다는 것은 매우 불행한 일이며, 다른 선교부에 대해서는 불만이 없는 반면
> 유독 당신(감리교)의 선교부 추종자들, 특히 당신의 배재학교와 관련된 사람
> 들에 대해서 계속 정부의 불평을 듣는 것이 유감입니다. 이것은 틀림없이 선
> 교부 사업에도 해로울 것입니다. 만일 당신이 당신 학교 사람들을 통제할 수
> 없다면 한국 정부와 현재 맺고 있는 협정이 파기될 것이라는 말을 오늘 아침
> 에 방문한 관리가 내게 암시해 주었습니다.
>
> 나는 당신이 당신 학교나 교회 출신의 사람들을 통제할 힘이 전혀 없다는
> 것을 그 관리에게 보여주려고 평소처럼 애썼지만, 만일 당신이 여러 가지 선
> 동과 함께 동정하는 방법으로 큰 도움을 주지 않는다면 그들이 그렇게 대담
> 할 수 없다는 그 관리의 주장에 수긍이 갔습니다.[22]

만민공동회와 관련해서 배재학당이 학생들의 도피처 내지는 모이는 장
소가 되었다는 알렌의 주장에 아펜젤러의 초기 답변은 소극적이었다. 그런

22　알렌이 아펜젤러에게 보낸 편지 1898년 12월 8일자. 이만열 편역, 『아펜젤러』(서울 : 연세대학교
출판부, 1985), pp. 408-409.

이유로 조선 정부나 다른 선교사들로부터 학생들을 선동을 한다는 의심을 받기도 했다. 감리교 선교부 내부에서도 독립협회가 과격해지는 것에 우려와 경계를 보냈고, 헐버트 선교사마저도 이를 비판했다. 얼마만큼 시간이 지나고 상황이 파악이 되었을 때, 아펜젤러도 독립신문과의 인쇄계약을 후회했다.[23]

독립협회 초기, 아펜젤러는 모든 개신교 선교사들이 그랬던 것처럼 큰 기대를 가졌다. 서재필이나 윤치호 등이 독립협회를 기독교 기관으로 만들려 한다는 것을 알았기 때문이다. 특히 아펜젤러는 배재나 협성회 등 감리교 선교의 결실에 대해 크게 고무되어 있어 그 기대감이 적지 않았다. 독립문 정초식 때 배재학생들이 합창을 한 것에 큰 자부심을 가졌고, 배재학생들이 협성회를 조직하여 정치·경제·종교적 문제에 대해 토론회를 갖고 의회주의에 대해 알아가는 것도 기뻐했다. 또 배재에서 가르친 것들이 독립협회의 토론회 등으로 이어지는 것에 크게 주목했다. 조선의 지식사회가 기독교화될 수 있다는 기대 때문이었다. 그러나 아펜젤러는 독립협회 내부의 권력 다툼이나 쿠데타로 진행되는 것에 대해서는 상세히 알지 못했다.

독립협회와 만민공동회가 정부를 긴장시킬 만큼 막강한 힘을 발휘할 수 있었던 것은 배재학당 학생들을 비롯한 신진 엘리트들과 상인층, 그리고 근대화 의식을 가진 국민들이 이를 지지했기 때문이다. 이들은 자주독립국뿐만 아니라, 천부인권, 입헌군주국 등 근대사상과 새로운 정치체제를 희망하고 있었다. 여기에 벧엘예배당 주역들의 적극적 참여도 있었다.

본래 기독교회는 하나님 앞에 모든 인습과 제도, 인간관과 사회관을 검토하고 심판하며, 소속 교인들의 삶과 행동을 규제·훈련시키는 구조를 갖고 있다. 신앙의 경건, 신실, 공평한 처리, 인내, 친절, 책임감과 같은 윤리적 근원의 가치를 가르친다. 또한 기독교 교육의 구조는 절대자 아래에서

---

23 ARMSMEC 1898, p. 266.

누구나 수평적 관계라는, '인간평등의 시민의식'으로 발전하는 구조이다. 절대자의 초월성이 기준이 될 때, 인간이 만든 모든 문화적 전통, 사회적 역할 구조, 신분관계, 관습과 제도 등 그 어떤 것도 절대시 될 수 없다. 배재학생들은 아펜젤러의 의도와 상관없이 이렇게 의식화되어 있었다.

아펜젤러는 미국 민주주의 체제에서 살았던 사람이다. 그러나 민권운동과 반(反)존왕(尊王)의 공화정을 지지한 것은 아니다. 다만 그는 다른 미국 선교사들처럼, 조선이 더 이상 중국이나 일본, 혹은 러시아 등의 정치적 영향력에서 벗어나 자유독립국가로 살아가게 되길 원했고, 복음이 전해지기를 바랐을 뿐이다. 그것은 춘생문 사건(1895) 때 고종 임금을 호위하고, 조선 왕실을 수호하려고 했던 것에서도 알 수 있다. 그는 애모의 정으로 선교지를 사랑했고 선교지의 상황을 이해했으며 배재학생들을 포용했다. 선교사들은 선교지와 그 땅의 거민들을 사랑하고, 자신의 결실에 대해 더 말할 나위없는 애정을 갖게 된다. 그것이 선교사들의 본능이다.

정치적 문제에 직접적 관심을 갖기보다는 소외된 자들의 아픔을 대변하고, 조선 사람들의 아픔을 치유하며, 그들의 내면의 문제, 즉 죄에 대한 영적 번민과 깊은 참회를 거친 회개의 신앙을 강조하는 것이 아펜젤러의 신학이다. 배재학생 이승만 등이 한성감옥에서 회심을 체험하고 기독교 입교를 결심했을 때 아펜젤러가 크게 기뻐했던 것도 그것을 말해 준다.

6. 여언

아펜젤러가 왔을 때, 조선은 부패의 나라였고 귀신에 둘러싸인 나라였다. 관리들의 가렴주구(苛斂誅求)가 판쳤고 민초들은 고목이나 몽당빗자루, 심지어 구멍 난 짚신에도 귀신이 있다고 믿었다. 아펜젤러는 근대교육과 기독교를 이식함으로 조선 사람들을 얽매고 있던 굴레를 끊어내게 했다.

아펜젤러는 감리교인이라는 남다른 자부심을 가졌지만, 복음을 전하려 했지 교파를 앞세우지는 않았다. 그래서 알렌(Allen)의 조선어 선생이며, 장로교회의 첫 세례자인 노춘경(노도사)에게 세례식을 베풀 때도 스스로 보좌를 자청했고, 언더우드에게 송구영신예배를 제의하고, 공동으로 성서번역을 제안했다. 배재학당과 정동제일교회 창설이외에도 아펜젤러는 10년의 작업 끝에 신약성경의 제작을 완수했다. 신문을 제작했으며 근대 잡지를 만들었다. 종로서적과 대한성교서회(현 대한기독교서회) 등 기독교 서점을 개설했고, 배재학당에 산업부를 만들어 노동의 신성함을 가르쳤다. 주일학교와 학생기도회를 시작했다. 그가 하는 사역에는 대부분 '한국 개신교의 최초'라는 수식이 붙었다.

아펜젤러는 복음이 전해지고 나면 성령의 인도에 따라 선교지 사람들이 스스로 교회를 이끌어 나갈 것이라 믿었다. 최병헌이 정동교회 제2대 담임자가 될 수 있었던 것은 그 때문이다. 아펜젤러는 교육선교를 통해 이승만이나 신흥우와 같이 한국 정치와 사회를 이끄는 인물 들을 얻었다. 기독교 정신으로 무장된 한국의 지도자들을 양성하는 것을 한국 감리교회의 중요한 선교적 사명과 전통으로 각인시켰고, 이것은 일제강점기나 건국의 정국에서 감리교인들의 크나큰 공헌으로 이어졌다.

그런데 한국 감리교회 평신도 지도자들은 복음의 내적 영역이 상대적으로 약했다. 복음을 정치나 민족의 영역과 동일시하거나 복음을 도구화하기도 했고, 그런 이유로 영적 영역과 대중지향성이 약화되었던 것이 사실이다. 이것은 입교자와 교세에 있어 장로교와 격차가 벌어지는 결정적 이유가 되었다.

1885년 아펜젤러가 처음 선교사로 조선에 왔을 때, 그의 몸무게는 200파운드(90.7Kg)였으나 1891년 안식년을 떠날 때는 140파운드(63.5Kg)였다. 1900년, 유럽으로 2차 안식년을 떠날 때, 그의 몸은 131파운드(59.4Kg)로 줄어 있었다. 아펜젤러는 재충전을 하고 돌아와 새로운 각오로 선교활동을 이어나갔다. 그러나 1902년 목포에서 열리는 성서번역자회의에 참석하러 가던 중 군산 앞바다에서 발생한 선박 충돌사고로 44세의 이른 나이에 삶을 마쳤다. 그의 순직이 해상에서 일어났기 때문에 시신을 찾을 수도 없었다. 당시 신문은 그가 마지막까지 한 생명을 살리려 했다고 대서특필했다. 양화진 외국인 묘지 제1묘역 자열 4번째의 아펜젤러의 묘에는 그의 유품만 묻혀 있을 뿐이다. 하나님의 사람 아펜젤러는 시신조차 남기지 않을 만큼 모든 것을 조선 땅, 선교지에 바치고 떠났다.

6장 # 스크랜튼

William Benton Scranton

1856-1922

　30살의 젊은 의사 스크랜튼은 1885년 4월 20일 나가사키를 떠나 5월 3일에 제물포에 도착했다. 여행가였던 비숍 여사(L. B. Bishop)의 말처럼 조선은 여전히 더럽고 음침하고 몰락한 가련한 나라였다. 거룻배가 초라한 제물포 해변가에 도착했을 때, 알렌이 나와 반갑게 맞이했다. 그리고 다음 날 아침 7시 제물포를 떠나 오후 3시에 서울에 도착했다. 많이 누그러졌다고는 하나 아직 외국인들을 바라보는 눈에는 냉소와 의심이 서려있었다.

　조선 정부가 기독교 활동을 여전히 금지했고, 병원에서 일하는 것 외에는 달리 할 수 있는 일이 없었다. 1885년 5월 22일, 제중원에서 일하기 시작한 스크랜튼은 예년에 없던 극심한 장마가 막 지나갔을 때 알렌과 결별했다. 불과 한 달 만이었다. 제중원 일이 순수한 선교사업이 아니라고 봤기 때문이다. 그는 노골적으로 감리교 선교본부가 이러한 비선교적인 기관에서 일하는 것을 인정하지 않을 것이라고 소리를 높였다.

　상하(上下)의 구별 없이 모든 환자들을 치료한다고 했지만, 제중원에서 민초들이 치료받기는 어려웠다. 스크랜튼의 눈에는 왕실이나 상류계급 인사들을 더욱 우대하는 알렌이 탐심 가득한 세속주의자로 보였을 것이다. 반면 알렌은 스크랜튼을 조선의 물정을 모르는 몰지각으로 보았겠지만 …. 스크랜튼은 소외된 민초들을 우선해야 한다고 주장했다. 그것은 감리교회가 소외자로부터 시작되었다는 믿음에서 나온 것이다. 아직 민중개념이 뚜렷하지 않았던 때에 그는 민초들을 위한 선교에 착수했다.

I. 조선에 오기까지

1) 출생과 성장, 그리고 조선 선교사 결심의 이유

1856년 5월 29일, 스크랜튼은 미국 코네티컷주 뉴헤이븐(New Haven) 예일대학 구내에 위치한 그로브가(Grove Street 43번지)에서 아버지 윌리엄 스크랜튼(William Talcott Scranton)과 어머니 메리(Mary Fletcher Scranton)에게서 태어났다. 그의 집안은 영국 청교도의 후예로, 할아버지 데이비드(David Scranton)는 수년간 뉴헤이븐 시의회 의원으로 활약했고, 아버지 윌리엄은 제조판매업 사업가였다. 스크랜튼의 모계인 벤톤가(家)는 감리교 집안으로 그의 외할아버지는 메사추세츠 감리교회 목사 벤톤(Erastus Benton)이었다. 메리 스크랜튼의 오빠 조시아(Joshia Town Benton)와 조카 스테픈(Stephen Olin Benton)도 감리교 목회자였고 다른 조카 엠마(Emma Jane Benton)는 1882년부터 미국 감리교 해외여선교회(Woman's Foreign Missionary society) 소속의 재일본 선교사로 활동했다.[1]

스크랜튼은 에드워드 홉킨스(Edward Hopkins)가 1660년에 세운 명문 홉킨스중학교(Hopkins Grammar School)에 입학했다. 그런데 1872년, 그의 나이 17세 때 아버지 윌리암이 별세했다. 그때 어머니 메리의 나이는 40세였다. 뉴헤이븐 브래들리 가문(Levi Bradley)이 후견인을 자처하여 학업을 계속하는 데 큰 어려움은 없었지만, 아버지의 부재는 사춘기인 그에게 적지 않은 영향을 주었을 것이다. 스크랜튼은 1874년 중학교를 졸업한 뒤, 곧바로 예일대학 인문학부(Academic Department)에 입학했고, 1878년에 졸업했다. 그리고 명문 뉴욕의과대학(현재의 콜롬비아의과대학)에 진학하여 1882년에 졸업했다.

---

1   엠마는 요코하마 여자전도학교 설립에 참여했다.

의대를 졸업한 해, 스크랜튼은 초기 청교도 명문가문으로 회중교회 지도자요 예일대학 재단이사로 활동하던 하이람 암즈(Hiram P. Arms)의 손녀 로울리(Loulie Wyeth. Arms)와 결혼했다. 그리고 오하이오주 클리블랜드로 이주하여 병원을 개업했다. 만약 조선 선교사의 길을 택하지 않았다면, 그는 클리블랜드 유클리드 애비뉴(Euclid Avenue) 감리교회의 평신도 지도자가 되어서 존경을 받으며 여유롭게 살았을 것이다. 스크랜튼이 조선 선교사를 결심한 것에 대해 그의 아내 로울리는 다음과 같이 증언하고 있다.

1884년쯤인가 제 생각으론 맥클래이 박사인 것 같은데, 그분이 클리블랜드에 있는 어머니를 뵈러 왔습니다. 그분은 홀에서 나를 만나서는 조선에 선교사로 가는 게 어떻겠느냐고 물어왔습니다. 나는 놀라서 그를 쳐다보았습니다. 나는 해외선교에 대해선 전혀 아는 게 없었습니다. 국내 전도나 인디안 선교에 관련해 조금 일을 하고 있을 뿐이며 국내 전도인들을 돕고 있는 정도였습니다. 내 대답은 "아니! 안될 말이에요"였습니다. 그러자 그분은 "그렇다면 가지 않는 게 좋겠군요"라고 하였습니다. 하지만 결과는 달랐습니다.
…
그 해 초여름, 스크랜튼 박사는 지독한 장티푸스 열병에 걸렸습니다. 그때 아이까지 심하게 앓고 있어 남편을 돌볼 틈이 없어 어머님이 그를 간호하였습니다. 남편이 회복된 후 우리는 차로 드라이브를 나갔습니다. 그때 남편은 내게 놀라지 말라고 미리 당부하면서 자신은 중앙아프리카를 제외한 어느 곳이든 선교사로 나가 자신을 헌신하기로 하였다고 밝히는 것이었습니다. 얼마의 시간이 흐른 뒤, 나는 "당신이 가는 곳이라면 어디든 저도 가겠습니다"라고 말했습니다. 그리고 "거기에 제 뼈를 묻겠어요"라고 했습니다. 나는 결혼하던 날 결심한 것 중의 하나가 무슨 일이 있어도 남편을 거역하지 않겠다는 것이었습니다. 이것은 놀라운 일이었습니다. 그처럼 고귀한 이상을 추

구하는 남편을 자랑스럽게 생각했습니다.[2]

장티푸스는 오한과 복통 그리고 40도를 넘나드는 고열에 시달리다가 정신이 혼미한 상태에까지 이르는 질환으로, 특효약이 없던 당시에 이 병에 걸리면 30% 정도가 죽고 말았다. 병에 걸린 의사 스크랜튼이 붙잡았던 것은 무엇이었을까? 전염의 위험을 아랑곳하지 않고 병상을 지켰던 그의 어머니가 열이 내리도록 물수건을 얹는 것 외에 할 수 있었던 것은 기도밖에 없었을 것이다.

원인과 결과가 뚜렷한 어떤 불행을 '고난'이라고 부르지 않는다. 그것은 대개 '벌'이라는 개념에 속한다. '고난'이라는 개념 속에는 어떤 신비가 있고, 어떤 존엄성이나 고귀성, 혹은 기존 질서 속에서 이해할 수 없는 어떤 요소가 작용하고 있다. 무언가 커다란 희생이나 대속의 아픔 같은 것이 있는 것이다. 고난의 기간이 끝나면 전혀 다른 가치관을 갖게 된다. 그래서 고난은 역사의 주관자에 의해 주도되는 것이다.

그런데 로울리의 기억은 정확하지 않다. 맥클래이는 1884년 7월, 고종 임금을 만나고 일본으로 돌아온 후, 일본 도쿄에서 개최된 미국 감리교 일본연회에 참석했고,[3] 거기에서 일본연회 안에 '조선선교위원회'를 조직하는 일을 하고 있었다. 분명한 것은 그들을 찾아온 사람은 북감리교회 해외선교부의 거물이었고 스크랜튼이 조선 선교사가 되는 과정은 그의 자발적 의지로 시작된 것이 아니었다.

일본주재 미국 북감리교 해외선교부의 대표자인 맥클래이(Robert S.

---

2   W.A. Noble, "Pioneers of Korea", Charles A. Sauer(ed), *Within the Gate-Comprising the Addresses Delivered at the Fiftieth Anniversary of Korean Methodism, First Church, June 19th-20th 1934*(Seoul:Methodist News Service Korea,1934), pp.27-28.

3   미국 북감리교 일본 선교사로 활동하고 있던 해리스 선교사(Merriman Colbert Harris)라고는 하지만 이것도 가능하지 않다. 1873년에 일본 선교사로 파송된 해리스는 1882년에 아내의 병환으로 잠시 귀국했다가 곧바로 일본으로 돌아갔다. 해리스도 1884년의 일본연회에 참석했다.

Maclay)가 고종 임금으로부터 의료와 교육 사업을 허락받은 후, 미국 북감리회 해외선교부는 조선 선교를 결의하고 본격적인 준비에 착수했다. 선교 책임자로 파울러(Randolf S. Fouler)를 임명하는 한편, 의료와 교육 선교사를 선정하는 일에 착수했다. 이때 해외선교부가 조선의 소녀와 여성들을 위한 교육선교사로 선택한 사람이 메리 스크랜튼(Mary Fletcher Scranton)이었다. 그런데 감리교 해외선교부를 주도하고 있던 인물[4]이 메리 스크랜튼을 찾아왔다가 그녀의 아들이 유능한 의사임을 알고 조선 의료선교사를 권유했던 것이다. 선교의 역사에는 그렇게 오묘한 과정과 사건들이 비일비재하게 기록되어 있다.

2) 그의 어머니, 메리 스크랜튼(Mary Fletcher Scranton, 1832-1909)

1883년 9월, 미국 오하이오주 레베나시에 위치한 레베나교회(Revenna Church)에서 감리교 해외여선교사회(The Woman's Foreign Missionary Society of the Methodist Episcopal Church)의 지방선교회가 열렸다. 그리고 여기에서 미국 감리교 최초로 조선 여성을 위한 헌금이 드려졌다. 1869년 3월에 조직된 감리교 해외여선교사회는 1879년에 이르러 미국 전역에 8개 지부로 확장되었고, 매년 8만 달러 규모의 선교비를 헌금해 해외 여선교사들을 지원하고 있었다. 불합리한 풍습과 풍속에 얽매여 있는 이교국 여성들을 위한 다양한 다양한 선교사업도 지원했다. 의료사업과 고아사업을 했으며 문맹퇴치를 위해서도 적극 나섰다. 초기에는 인도와 중국에 집중되었으나 점차 일본과 동남아시아의 나라들, 불가리아와 이탈리아까지 그 영역을 넓히고 있었다.

이날 회의의 주된 관심은 인도와 일본 여성을 위한 선교사업이었다. 그런데 이 선교회의 일원이었던 볼드윈 부인(L. B. Baldwin)이 조용히 일어나

---

4   필자의 생각에는 파울러 감독일 것 같다.

조선 여성들을 위해 특별선교헌금을 드렸다. 아직 조선 선교 요청이 없었을 때였다.

당시 미국 기독교 사회 일부에서는 기독교 선교 잡지 *Heathen Woman's Friend*에 실린 그레이시 부인(J. T. Gracey)의 "조선의 여성(The Women of Korea)"이라는 글을 통해 조선과 조선의 여성들에 대한 정보를 접하고 있었다. 이 글은 1882년 뉴욕에서 출판되어 11만부가 판매된 그리피스(W. E. Griffis)의 책『은자의 나라 조선』(*Corea : The Hermit Nation*)의 일부분을 요약한 것이다. 이 책에는 조선 여성들이 이름조차 갖지 못하는 비참한 존재로 묘사되어 있다.

1883년의 가우처(Goucher) 박사의 헌금과 조선 선교 요청, 그리고 1884년의 맥클래이 선교사의 선교보고가 교육선교사와 의료선교사 파송의 결정적 계기였다면, 1883년의 볼드윈 부인의 헌금은 조선의 여성들을 위한 교육사업과 전도사업의 단초가 되었다.

조선의 첫 여성 선교사는 쉽게 구해지지 않았다. 인도와 중국에 대한 관심이 우선되던 탓도 있지만, 여전히 조선은 금단의 땅이었고 안전하지 않은 곳이었기 때문이다. 감리교 해외여선교사회는 메리 스크랜튼에게 권면하고 감리교 본부에 강력히 추천했다. 메리 스크랜튼은 감리교 해외여선교사회의 중요한 지도자로서 회원가입과 후원활동을 독려한 인물이다. 오랫동안 해외여선교사회의 서기로 활동했고, 지회 및 지방선교회 모임의 강연자이기도 했다. 감리교 집안에서 자라난 그녀는 강한 카리스마를 가지고 있었고, 여성이었음에도 독립적이었으며, 능수능란하고 담력이 컸다. 당시 감리교 해외선교회 여성 선교사는 다음과 같은 요건을 갖추어야 했다.

①영적인 면에서 선교사의 목적에 조화될 수 있는 기독교 경험과 신앙을 지닌 자

②도덕적 인품에서 분명한 표준을 갖춘 자

③ 교리적으로 북감리교 교리에 일치되는 자

④ 신체적인 면에 좋은 건강을 지닌 자

⑤ 교육적인 면에서 대학과 대학원을 졸업하고 실천경험이 있는 자, 추가로 선교사학교 혹은 성경훈련학교에서 1년 정도 특수훈련을 받을 수 있는 자

⑥ 적응성, 팀워크, 애정과 친절이 필요하며, 다른 사람의 잘못을 먼저 인식하는 장, 좋은 성품, 용기, 유머감각, 절대적 정직성, 옷과 외모가 산뜻해야 하며 타인에 대한 배려심이 넘치는 자

⑦ 언어능력과 연구능력을 갖춘 자[5]

미국 감리교 해외선교부는 이 같은 조건에 대해서는 크게 염려하지 않았지만, 메리 스크랜튼의 나이를 걱정했다. 메리 자신도 선교사로 직접 조선에 가는 것에 대해 망설였다. 그렇지만 그녀에 대해 잘 알고 있던 미국 감리교 해외여선교사회가 해외선교부에 강력히 추천했다. 결국 그녀는 52세라는 고령의 나이에도 불구하고, 이 요청을 수락하기로 결심했다. 그것은 선교에 대한 강한 사명감 때문이었지만, 아들 스크랜튼의 조선 선교가 자기에 앞서서 결정되었던 것도 중요한 이유였다. 메리 스크랜튼은 1884년 11월 5일부터 10일까지 볼티모어에서 개최된 감리회해외여선교사회 중앙실행위원회 제15회 총회에서 조선의 첫 여성 선교사로 결정되었다.

그녀는 아들 스크랜튼과 며느리 로울리, 그리고 어린 손녀와 함께, 1885년 2월 3일 아라빅호(Arabic)에 탑승했다. 그리고 23일 간의 긴 여정 끝에 2월 26일 일본 요코하마에 도착했다. 메리 스크랜튼의 선교여정은 그녀가 건너온 대양(大洋)만큼 험난했지만, 한국의 첫 여성 선교사로, 또한

5　George Heber Jones' Paper(1917); Martha Huntley, 차종순 역, 『새로운 시작을 위하여 : 1884년부터 1919년 삼일운동까지 한국 초기교회 역사』(서울: 쿰란출판사, 2009, pp.128-129에서 재인용.

여성해방의 선구자로, 근대 여성교육의 개척자로 역사에 그 이름을 새겨 넣었다.

2. 조선 선교의 시작

1) 서울로의 입경, 그리고 제중원에서의 활동

스크랜튼은 미국 북감리교가 임명한 최초의 조선 선교사였다. 평신도 의사인 그에게, 미국 감리교가 서둘러 목사(elder, 현재의 감리교회 정회원) 안수를 한 것은 파격이었다. 스크랜튼은 클리블랜드 병원을 정리하고, 1884년 12월 4일 뉴욕 파크애비뉴교회(Park Ave. Methodist Church)에서 파울러 감독으로부터 목사안수를 받은 후, 곧바로 가족들과 함께 요코하마로 향하는 배에 올랐다. 이러한 일련의 과정에서 미국 감리교회가 두 번째 조선 선교사로 임명한 아펜젤러를 만났다.[6] 스크랜튼은 아펜젤러보다 3개월 먼저, 1884년 10월 뉴욕 본부에서 조선 선교사로 임명받았고, 목사안수도 먼저 받았다. 아펜젤러는 집사목사(deacon, 현재의 감리교회 준회원)였고, 나이도 두 살 아래였다. 그러나 스크랜튼은 신학을 공부하고 오랫동안 선교사를 꿈꾸었던 아펜젤러를 존중했다. 아펜젤러를 관리자(superintendent)로 임명한 것에 대해서도 이의를 달지 않았다.

우편선 아라빅호는 험한 격랑에 시달렸고, 선객들은 기진했다. 그렇지만 거기에도 역사의 주관자의 섭리와 계획이 있었다. 풍랑이 이는 선상에서 감리교 선교사와 가족들은 아펜젤러 주관 아래 첫 공동예배를 드렸다.

---

6 아펜젤러는 1884년 12월 20일에 한국 선교사로 임명받았고, 1885년 2월 3일에 목사안수를 받았다.

아펜젤러는 관리자로서 우리의 인도자였다. 2월 15일, 주일을 맞아 태평양을 항해하는 선상에서 그는 우리 소수의 무리에게 말씀을 전했다. 그 말씀은 심하게 요동치는 풍랑으로 지쳐있는 우리에게 용기를 북돋아 주기에 알맞았다. 여러 번 대양을 건너보았지만 그런 바다는 처음이었다. … 그는 조선에 선교사로 부르시고 보내신 하나님에 대한 확신을 갖고 선교사역에 임했으며 하나님께서 자신이 일할 곳에서도 자신을 통해 당신의 일을 이루실 것을 확신하였다.[7]

선교는 하나님의 주관 아래 있는 것이고 선교사는 그가 보내신 도구이다. 이날 아펜젤러가 선택한 구절은 출애굽기 17장 6절, "내가 호렙산 반석 위에 너를 대하여 서리니 너는 반석을 치라. 그것에서 물이 나리니 백성이 마시리라"는 말씀이었다. 그것은 미지의 땅으로 떠나는 선교사들의 간절한 바람이고 요청이었으며 확신이었다.

1885년 5월 4일 오후 3시 서울에 도착한 스크랜튼은 알렌의 집에 여장을 풀고 곧바로 알렌이 일하는 제중원을 둘러보았다. 제중원에는 "왕립 병원에서는 아픈 사람들을 다 고쳐줍니다"라는 공고(公告)가 붙어 있었다. 제중원장 알렌은 조선 조정에 서양 의사가 필요하다는 충원요청서를 제출하면서 스크랜튼을 적격자로 추천했다. 서양 의사의 능력을 익히 체험했던 조선 정부는 신청 6일 만에 이를 승인했다. 그런데 스크랜튼은 제물포로 돌아갔다가 5월 22일이 돼서야 알렌과 일을 시작했다. 그것도 헤론(John W. Heron) 선교사가 서울에 도착해 제중원에서 일을 시작할 무렵인 6월 24일까지만 일을 했다. 알렌과 제중원에 실망하고 못마땅해 했던 것이다. 스크랜튼이 제중원을 떠난 것은 다음의 이유 때문이었을 것이다.

먼저, 제중원의 진료가 공고한 내용과 달랐기 때문이다. 그가 보기에 제

---

7 W. B. Scranton, "Reminiscences of the Reverend H. G. Appenzeller", *Korea Methodist*, Nov. 1904, p.2.

중원은 상하의 구별 없이 공평하게 치료하는 병원이 아니었다. 당시 제중원은 알렌의 정책에 따라 조선 정부의 권력자들이나 영향력을 가진 인물들을 우선 배려했다. 남달리 자기주장이 강했던 스크랜튼으로서는 묵과하지 못할 일이었다. 더구나 감리교 선교에 있어 대중성 지향은 가장 중요한 핵심 신학 중 하나였기에, 그의 눈에 왕립 제중원의 일이 세속적 사업으로 비쳐질 수밖에 없었다.

두 번째, 스크랜튼은 알렌이 선교를 위해 의료행위를 하는 것이 아니라 돈벌이를 위해 조선에 온 것이라 보았다. 실제 1885년 4월 10일 알렌은 일본공사관과 500달러의 연봉계약을 한 바 있었다. 묄렌도르프는 제중원을 자신의 주관 아래 두고 총세무사 소속 의사로 근무하면 외근수당으로 연 5,000달러와 주택, 그리고 매 년마다 특별 봉급을 지불하겠다며 알렌을 유혹하기도 했다. 알렌은 영국과 청국 공사관의 의사로도 임명되었고 적지 않은 돈을 벌고 있었다.[8]

셋째, 생각할 수 있는 것은 학력 차이이다. 스크랜튼은 미국 최고의 명문 뉴욕의과대(콜롬비아의과대학)를 졸업했다. 반면, 알렌이 졸업한 의학교는 미국에서도 잘 알려지지 않은 곳이었다. 그럼에도 알렌은 조선 정부로부터 의료적 권위를 인정받고 놀라울 정도의 영향력을 행사하고 있었다. 모교 테네시의과대학에서 교수로 초빙할 정도로 능력을 갖춘 헤론 선교사가 알렌을 냉소적으로 보았던 이유 중 하나도 이것이었다. 선교사 사회에도 여느 모임과 다름없는 일들이 적지 않았다.

"신의의 문제이니 방관할 수 없다"는 미국공사관의 강한 문제 제기에 따라 스크랜튼은 제중원으로 돌아와 일을 시작했으나 열심을 내지는 않았다. 알렌과의 관계도 어색할 수밖에 없었다. 알렌은 스크랜튼이 병원 일을 게을리 하는 것을 자신에 대한 질투로 보았고 그를 제중원 의사로 재추천

---

8   H. N. 알렌 저, 김원모 역 『알렌의 일기』(서울 : 단국대학교출판부, 1991), pp.91-104.

하고 싶지 않다는 입장을 피력했다.

미국공사관은 알렌의 성향이나 스크랜튼의 의견을 중요하게 생각하지 않았고, 오직 조선 정부와의 외교문제에만 관심을 가졌다. 스크랜튼이 아펜젤러에게 자기 아내와 어머니를 모시고 조선에 오라는 편지를 쓰면서 선교사가 아닌 "의사인 나의 친구"로 와야 한다고 주의를 환기시켜야 했던 것에서도 당시 미국공사관이 조선 정부와의 외교문제에 얼마나 긴장했었는지 알 수 있다. 미국공사관은 외교적 이익이 있을 때에만 선교사들을 도왔다.

결국 스크랜튼은 알렌과 결별하고 자기 집에서 환자들을 치료하기로 했다. 출입문 한쪽 기둥에 "남녀노소를 막론하고 병 있는 사람은 누구나 어느 날이든지 낮 10시에 빈 병을 가지고 와서 미국인 의사를 만나시오"라는 팻말을 걸었다. 약병이 모자라기도 했지만 돈이 없어도 진료를 받을 수 있도록 한 것이다. 시약소 문을 열자 많은 사람들이 몰려들었다. 적은 약값을 받았지만 대부분의 환자들은 이마저도 부담되었다. 병원이 개설되는 9월 10일 이전까지 모두 320명이 왔고, 연말까지 총 842명이 왔다. 거의 모두가 최빈층의 민초들로 소외되고 "버려진 사람들"이었다.[9]

1885년 9월 10일, 스크랜튼은 "미국공사관 바로 옆 높은 곳에 있는 한옥과 그 옆에 붙어있는 땅"에 작은 진료소를 개설했다. 조선 정부의 직접적인 도움 없이, 오직 미국 교회의 지원만으로 시작한 시료소(施療所)였다. 또한 미국공사관의 주선으로 정동(현재 정동 34-1번지)일대에 독립가옥 두 채가 딸린, 약 1,800평의 선교부지를 구입했다. 그리고 1886년 6월 15일 동쪽에 인접한 주택(현재의 정동제일교회 문화재예배당 자리)을 개조하여 병원으로 만들고 이름을 '정동병원'이라 불렀다. 감리교 의료선교가 본격적으로 시작된 것이다.

---

9 *ARMSMEC*, 1886, pp. 268-269.

(1) 선교기지의 확보

고종 임금에게 교육과 의료 사업의 허락을 받은 맥클래이는 미국 초대 전권공사 푸트(Lucius F. Foote)에게 선교부지와 주택 구입을 부탁한 바 있었다. 푸트는 중명전 옆 부지(현재 정동 1-11일대)와 임오군란 때 살해된 사람이 살던 집으로 흉가라 하여 비어 있던 주택을 마련했었다. 그런데 미국공사관 가까이에 서양 의사를 두고 싶어 했던 푸트가 이 땅과 집을 장로교회의 알렌에게 팔았다.

선교의 거점을 확보하는 것은 매우 중요한 작업이다. 아직 아펜젤러 등 감리교 선교사들이 들어오지 않았던 상황이기에서 선교기지(mission station)를 확보하는 일에 더욱 신중을 기했다. 알렌과 언더우드 집에 잠시 머물렀던 스크랜튼은 1885년 6월 중순에 알렌의 집 건너편, 미국공사관 근처에 조선식 저택과 그에 딸린 언덕 부지를 구입했다. 이 땅은 영국영사 칼스(W. R. Carles)가 사들인 것을 재차 매입한 것이다. 스크랜튼이 고려한 선교기지의 입지 조건은 다음과 같았다.

① 안전이 보장되어야 하기 때문에 미국공사관에서 멀리 떨어지지 않는 곳
② 안전의 문제에 공동 대처를 해야 했고 효율적인 선교사업과 여러 정보를 공유해야 했기 때문에 장로교 선교부와 멀지 않는 곳
③ 조선인들과의 소통이 원활해야 하는 곳
④ 청결한 위생을 보장 받을 수 있는 곳
⑤ 의료사역이나 교육사역을 하기에 충분할 정도로 그 공간이 넓은 곳
⑥ 선교비의 한계가 있었기 때문에 가격이 비싸지 않은 곳

스크랜튼이 구입한 정동 34번지 일대는 이런 조건들을 충족할 수 있는

곳이었다. 1883년 미국공사관이 정동에 처음 들어선 이후 1884년에 영국 공사관이 들어왔고, 이어서 러시아(1885), 프랑스(1889), 독일(1891), 벨기에(1901) 등 각국의 공관이 차례로 들어서고 있어 치안과 안전이 보장되었다. 맥클레이가 처음 지목했던 곳보다도 더 환경이 좋았고 가격도 1천 달러 내외로 적당했다.

한편, 메리 스크랜튼은 아들 집에 머물며 미국 감리교 해외선교부와 별도로 여성선교를 할 수 있는 부지 확보에 힘을 썼다. 그래서 1885년 10월에 정동 32번지 일대의 땅을 샀다. 이 부지 안에는 큰 기와집 한 채와 그 주변에 산재한 19채의 초가가 있었다. 1886년 2월부터 스크랜튼 부인은 해외여선교사회의 후원으로 학교 건축공사를 시작할 수 있었다. 그 해 11월에 학교 건물을 완성하고 학생들을 새 건물로 이주시켰다. 건물은 동향의 높은 축대 위에 7개의 방을 가진 'ㄷ'자 형의 195.5칸에 이르는 큰 기와집이었다. 이화학당 최초의 한옥교사가 그것이다. 이로써 미국 감리교는 선교사를 파송한 지 10개월 만에 1만여 평 규모의 선교부지를 마련했다. 스크랜튼의 병원과 아펜젤러의 남자학교, 그리고 스크랜튼 대부인의 여자학교 등 선교사역의 기반을 조성한 것이다.

(2) 시병원, '사마리아 병원' 사업과 여성전용병원 '보구여관'
가. 스크랜튼의 시병원

어느 날 저녁 우리 거처에서 얼마 떨어지지 않은 성벽을 산책하던 중 그곳에 버려진 모녀를 발견했는데, 오직 가마니 한 장을 깔고 한 장은 덮고 있었습니다. 거기서 구걸 하며 연명하고 있었는데 남편은 이들 모녀를 여기에 버려두고 자기는 시골집으로 돌아가 버렸답니다. … 내가 다가가려고 하면 그 여인이 무서워하고 어쩔 줄 몰라 했기 때문에 제대로 진찰할 수 없었습니다. 밤이 되어 날씨가 차가워지기에 일꾼을 사서 그 여인을 병원으로 데려 왔습니다. 일꾼들은 이처럼 불쌍한 여인을 도와주려 하는 것에 대해 내게 감사를 표하면서, 수고비를 주어도 한사코 사양하였습니다. 3주일이 흘렀을 때, 그 여인은 하루가 다르게 원기를 되찾았습니다. 여러분도 기뻐하실 정도로 이 여인은 쾌차했고 행복한 상태가 되었습니다. 이 여인의 불행한 운명은 회복되었고, 좋은 예가 되었습니다.[10]

스크랜튼이 1886년 6월 15일, 5개의 병실과 수술실과 환자 대기실, 사무실, 약제실을 갖춘 병원을 열었을 때, 첫 번째로 치료한 환자가 이 여인이었다. 그녀는 서대문 근방 성벽에 버려져 있었고, 옆에는 "별단"이라고 불리던 네 살배기 딸이 딸려있었다. 그것은 조선의 일반적인 사회상이었다. 역병(疫病)이나 열병에 시달리는 환자들은 대개 집에서 내쫓기게 되고, 때로는 멀리 버려졌다. 그 모녀도 그렇게 버려진 것이다. 스크랜튼이 "패티(Patty)"라는 영어이름으로 부른 그 여인은 감리교 선교부에서 허드렛일을 도와주며 살다가 10년 후에 세상을 떠났다. 별단이는 이화학당에 들어가 공부할 수 있었다. 전염병을 두려워했고 인간존중이라는 것에 대한 생각 자체가 없었고 낯선 타인에 대해 어눌했던 조선사회 … 서양 선교사의 선행은 조선의 불합리한 사회관을 극복하는 도구였다. 서양 사람이 양귀자(洋鬼者)가 아니라 양대인(洋大人)이라는 것이 다시 확인된 것이다.

스크랜튼의 정동진료소는 왕립 제중원과 달랐다. 제중원이 조선의 정치·사회적 영향력을 가진 사람들을 우선으로 했다면, 정동진료소는 제중원에 접근할 수 없었던 민초들을 우선했다. 병원을 찾아온 사람들은 대개 조선 정부도 어찌지 못하는 소외그룹이었던 것이다.

1887년 6월 15일에 고종 임금은 스크랜튼의 병원에 '시병원(施病院)'이라는 이름의 현판을 내렸다. 조선 정부가 기독교의 선교를 공식적으로 허

---

10   *ARMSMEC*, 1886, p. 275-276.

락한 것은 그로부터 10년의 세월이 흐른 뒤였지만, 임금의 현판은 치외법권적 권위를 상징하는 것으로 사실상 선교의 묵인을 의미했다. 스크랜튼은 '시병원'을 'Universal Hospital'이라 번역했다. 그리고 "온갖 은덕을 베풀라, 모든 환자를 치료하라, 가난하고 병든 자를 먹이고 입히라"는 뜻으로 해석했다.[11] 소외된 민초를 향하는 것이 선교의 핵심이라는 생각이었다.

나. 시약소로의 확대– '사마리아 병원' 사업

임금이 병원 이름을 지어주고 직접 현판을 내렸다는 것은 조선 정부의 적극적 지지와 관심을 의미한다. 스크랜튼은 자신감을 가지게 되었고, 서울 사대문 밖의 버려진 환자들에게도 서양 의술과 복음의 혜택을 주어야 한다는 생각으로 확대되었다. 그는 자신의 그 계획에 '사마리아 병원'이라는 이름을 붙였다. 애초부터 스크랜튼은 서울 성 밖의 무지랭이들이 사는 땅에 근대식 병원을 설립하려는 바람이 있었고, 그래서 미국 감리교 선교 본부에 의사 한 사람을 더 보내 달라고 요청한 바 있었다. 전염병의 소지가 있으면 무조건 성 밖으로 쫓겨나야 했던 시절로, 질환이 있는 환자들은 성 안으로 들어오는 것도 금지되었다. 성 밖에 임시진료소를 마련하면 이렇게 버려진 환자들도 치료하고 돌볼 수 있었다.

스크랜튼은 의사 한 사람을 보내 주면 그에게 진료소를 맡기고 자신은 지방을 돌며 순회진료를 하겠다고 선교본부에 말했다. 그런데 이 요청에는 내륙으로 깊숙이 들어가 직접적인 복음전도를 하고 싶은 소망이 담겨 있다. 조선 정부가 외국인들이 지방여행을 금지하고 있던 상황에서 순회진료는 합법적인 통행증이 되어 내륙의 백성들과 접촉할 수 있고, 따라서 임시 진료소나 순회진료의 현장은 선교의 거점(mission station)이 될 수 있었다.

임시진료소는 정동 시병원에서 늘 드나들 수 있는 가까운 거리에, 순회

---

11 스크랜튼이 북감리교 해외선교부 총무 리드(J. M. Reid)에게 보낸 1887년 4월 21일자 편지.

진료소는 서울에서 남북으로 50마일 정도 떨어진 교통의 요충지 두 곳을 선정해야 한다고 보고했다. 순회진료소의 설립은 조선의 중부권뿐만 아니라 조선 전체로 복음을 전파할 수 있는, 매우 효과적인 선교전략이 된다는 의견도 첨부했다. 그러나 선교역사에 선교사들의 요청이나 제안이 쉽게 받아들여지거나 실현되고 실천되었다는 기록은 없다. 선교의 이상과 현실은 늘 괴리가 있는 것이다.

선교사들은 선교 현장에서 일어나는 모든 사건을 직접 보고 듣는다. 조급한 마음이 앞서게 되고 그래서 아우성치듯 지원을 요청하게 된다. 그러나 선교본부는 미시적인 응답보다는 거시적 계획 아래 움직인다. 선교비의 조달과 배분 문제 등, 나름대로의 사정도 있어 선교사들의 요청을 일일이 수락할 수 없을 때가 더 많다. 또한 선교사들의 요청이 수락되고 선교지에서 기적과 같은 상황이 전개된다 하더라도 선교사역이 마냥 순조롭게 진행되는 것도 아니다.

1886년 11월 1일, 미국 감리교 해외선교부는 의사 한 사람과 임시진료소 개설비용을 보내 달라는 스크랜튼의 요청을 수락했다. 그렇지만 조선 땅에 오겠다는 의사선교사를 구하기는 쉽지 않았다.

선교의 실적이 가파르게 오르고 있을 때, 선교지 조선의 상황이 갑자기 악화되고 있었다. 먼저 천주교회가 성당을 건축하면서 발단이 되었다. 천주교회는 경복궁이 내려다보이는 남산 자락(지금의 명동성당)에 고집스럽게 성당을 세웠다. 옛 임금들의 위패를 모신 종묘와 가까운 곳으로 이는 조선 왕실에 대한 모독이요 권위에 대한 도전이 되었다. 이에 고종 임금과 조선 정부는 1888년 5월부터 모든 종교활동을 금지한다는 명령을 내렸다. 미국 공사관도 조선의 법령에 따라 선교사업을 철회하라는 압박을 가했다. 여기에 일명 '영아소동(the Baby Riot)'이 일어났다. 서양인들이 아이들을 납치하고, 잡아먹고, 아이들의 염통과 눈을 도려내서 약으로 쓰거나 사진기 렌즈로 쓴다는 유언비어가 서울을 휩쓸었다. 그리고 어린아이를 훔쳐오는 조선인들에게 돈을 준다는 소문도 파다히 퍼지고 있었다.

군중들은 폭도가 되어 선교사 집에 돌을 던졌고, 이화학당 수위가족을 죽였으며, 기독교 학교와 병원을 공격했다. 아이를 데리고 다니는 사람들을 보면 행여 남의 아이를 유괴해 가는 게 아닌가 하는 의심을 받아 얻어맞기도 하고 심하면 죽임을 당하기도 했다. 결국 인천에 와 있던 미국 해병대가 공사관들을 지키려고 올라왔고 영국과 러시아 함대 군인들도 서울로 들어왔다. 조선 정부도 적극 해명하고 나서면서 이 소동은 일단락되었다. 그렇지만 배재와 이화 학당도 휴교를 해야 했고, 스크랜튼의 병원에 몰렸던 환자들도 급격히 그 수가 줄었다. 서양 병원이 "피에 굶주린 작업의 총본부"로 어린아이들의 신체 일부로 약을 만들어 병을 치료한다는 소문이 가시지 않았기 때문이다. 그러나 역사의 주관자의 거대한 계획은 막을 수 없는 것이다. 스크랜튼은 1888년 12월에, 서대문 밖 사형장 가는 길, 곧 양화진으로 가는 길목에 있는 애오개(지금의 아현동)에 시약소(dispensary)를 개설할 수 있었다.

애오개는 요절한 아이들의 묘가 몰려있는 곳으로 조선사회의 주변부 민초들이 사는 곳이었다. 거기까지 이르는 길은 겨우 두 세 사람이 몸을 비켜갈 수 있고, 우마차조차 다니지 못할 정도로 비좁았다. 가난이 지나쳐 죽음에 이를 만큼 창백한 얼굴의 사람들이 사는 땅, 소외된 사람들이 사는 잊혀진 땅에 시약소가 세워진 것이다.

한편, 스크랜튼은 숭례문 옆 상동에도 시약소를 세울 수 있었다. 그런데 상동은 애오개와 비교되는 곳이다. 통행인구가 많은 가장 번화한 곳으로 상인들과 노동자들이 대다수였다. 물론 거기에서 빌붙어 사는 걸인들과 부랑아들도 적지 않은 곳이었지만, 상동부지(敷地)의 대부분은 주변 지역보다 15~20피트 높았다. 정동 시병원에서 도보로 8분 거리에 위치해 있고 약 600평 정도로 넓었다. 파울러 감독도 만족을 표할 정도로 그 위치는 매우 훌륭했다. 접근성이 뛰어났기 때문이다.

사실, 접근이 쉬워야 활발한 선교가 가능하고 그 효과가 커지게 되어 있다. 기독교회의 부흥이나 선교는 입지(立地)선정에 의해 결정이 된다 해도 과언이 아니다. 스크랜튼은 상동 시약소에 종합병원을 세우고 의학교를 설립하며, 정동의 시약소를 옮겨 오려는 계획을 밝혔다. 파울러 감독도 1889년 6월의 한국 선교사 연례회의를 주재하면서 이를 수락했다.

1889년 9월 3일, 스크랜튼은 서울을 막 다녀간 파울러 감독에게 동대문 지역에 시약소 부지를 매입했음을 보고했다. 파울러 감독도 이미 그 땅을 보았다. 홍인지문 성벽 바로 안쪽에 위치한 그곳에는 백정들과 갖바치와 같은 천민들도 살고 있었다. 스크랜튼은 언제나 민초들을 염두에 두고 부지를 골랐다. 그래서 홍인지문 바로 옆, 성문 안쪽에 있던 한옥건물을 수리해 시약소를 개설했던 것이다.

다. 최초의 여성병원 – 보구여관(保救女館)

조선에서 여자가 남자 의사로부터 수술이나 시료를 받는 것은 생각조차 할 수 없는 일이었다. 더러는 용기를 내어 서양병원을 찾아와도 남자 의사에게 병을 고쳐달라고 할 수 없어 병사한 여인도 있었다. 근대화의 흐름이 거세게 불어왔어도 그런 관습을 쉽게 떨쳐낼 수 없었고, 따라서 여자 의사가 절실했다. 미국 북장로교의 여의학도 엘러스(A.J. Elless)가 입국하면서 부인부(婦人部)를 신설할 수 있었다. 후일 언더우드와 결혼한 여의사 릴리아스 호튼(Lillias Horton)이 온 것도 바로 이런 이유였다.

스크랜튼의 요청에 의해 미국 북감리교는 1887년 10월 31일, 노스웨스턴대학교 의과대학을 졸업한, 실력이 출중한 여의사 메타 하워드(Meta Howard)를 보냈다. 여의사 하워드는 이화학당 구내에서 여성 환자를 치료했고 한옥을 개조하여 병원으로 꾸몄다. 여성만을 위한 병원이 생기자 여성들은 알렌(Allen)의 왕립 제중원이나 스크랜튼의 감리교 정동병원에 가지 않고 대부분 이곳에 와서 치료를 받았다. 처음 10개월 동안 하워드는 1,137명을 치료했고, 다음 해에는 1,423명의 환자를 돌보았다. 그녀는 질병이 귀신의 저주라는 샤머니즘 의식을 일깨웠고, 여성에게도 신부적(神賦的) 인간권리가 있음을 알렸다. 그러나 과로로 건강을 해쳤고, 결국 2년 만에 귀국해야 했다.

명성왕후는 메타 하워드를 칭찬했다. 그녀의 헌신에 감동을 받은 것이다. 그래서 이 여성병원에 '보구여관(保救女館)'이라는 이름을 내렸다. 여기에는 기독교가 여성을 보호하고 구원했고, 보잘것없다며 억압받던 여성들을 해방시켰다는 의미가 담겨 있다.

> (왕비의) 약을 받으러 온 관리가 감리교 선교병원에 새로 온 여의사(메타 하워드)에 대해 물으면서 그녀와 벙커 여사 중 누가 더 훌륭한 의사냐고 했습니다. 저는 벙커 여사는 알지만 이 (새로 온) 여성은 온 지가 얼마 안 되어 잘 모르겠다고 답하기는 했지만, 그런 질문을 듣고 깜짝 놀라 무슨 뜻일까 생각해 보았습니다.[12]

헤론은 해외선교부 총무 엘린우드에게 이렇게 편지를 보냈다. 헤론 선교사는 메타 하워드가 제중원 여의사 엘러스와 비교될 정도로 성실하게 일했음을 확인한 것이다. 여의사 선교사들의 헌신적 활동은 계속 이어져 1890년 10월 메타의 후임으로 로제타 셔우드(Rosetta Sherwood)가 내한했다. 그녀는 처음 10개월 동안에 무려 2,350명의 여성 환자를 치료했고, 82명을 왕진했다. 그리고 35명을 입원시켜 치료했다. 그녀의 헌신도 메타 못지않았다.

> 사랑하는 하나님 아버지께서 여기 광대한 바다에 나와 함께 계시니, 저 낯선 땅에서도 함께해 주실 것을 믿는다.[13]

---

12 헤론이 북장로교 해외선교부 총무 엘린우드에게 보낸 1887년 11월 13일자 편지.
13 로제타 셔우드(Rosetta Sherwood)의 1890년 9월 19일자 일기.

1890년 9월 4일, 조선에 오기 위해 샌프란시스코에서 오세아닉호에 승선한 로제타 셔우드(Rosetta Sherwood)는 태평양 한 가운데서 이렇게 기도했다. 로제타 셔우드 선교사는 1891년 12월에 의료선교사로 내한한 약혼자, 뉴욕 빈민가에서 함께 의료봉사를 했고 퀸즈의과대학 출신으로 YMCA에서 청년운동을 하던, 홀(William James Hall)을 다시 만났고 다음 해 6월 서울에서 결혼했다. 그리고 1894년 남편이 평양에 병원을 설립하여 옮겨갈 때까지 보구여관을 이끌었다.

한편, 스크랜튼은 1892년에 동대문 쪽에 보구여관 동대문 분원을 설치했다. 조선 여성을 위해 최초로 특별 선교헌금을 드렸던 미국 감리교 해외여선교사회 회원, 곧 미국 오하이오주 클리블랜드의 볼드윈 부인(L. B. Baldwin)을 기념하여 이름을 '볼드윈 시약소(Baldwin Dispensary)'라 했다. 동대문으로 진출한 것은 정동에 외국 공사관들이 계속 들어오면서 조선 여성들의 출입이 불편했기 때문이다. 이 병원은 후일 이화여자대학교 의과대학 병원이 된다.

복음은 인간의 존엄성을 말씀하고 남녀가 동등하다며 선포하신다. 기독교는 조선 여성들에게 인간으로서의 목표를 제시하고 미래에 대한 지평선을 확대해 주며 여성들에게 책임과 열정을 부여해 주었다. 조선 전통사회가 결코 생각하지 못한 일이다.

3) 상동교회와 전덕기, 그리고 선교방식의 전환

1892년, 1년간 안식년을 보내고 돌아온 스크랜튼은 선교사들의 의견취합과 선교관리를 책임지는 장로사(presiding elder)가 되었다. 이후, 그는 그동안의 선교방식을 바꾸게 된다. 의료선교보다는 목회에 집중했고, 민중에서 일반 대중으로 선교 대상을 바꾸었던 것이다. 맥길(William B. McGill), 올링거(F. Ohlinger)와 갈등을 겪은 것이 이유가 되었다.

1893년, 스크랜튼은 자신의 거처와 정동 시병원을 상동으로 옮겼다. 일반 대중들이 사는 땅으로 옮겨 본격적인 선교를 하겠다는 의지였다. 1895년에는 교회를 지금의 한국은행 자리인 달성궁(達城宮)으로 옮겼다. 이때 시병원의 활동을 정리하여 교회와 병원으로 분리시켰다. 그리고 시병원의 교회를 구역회로 승격하고 스스로 담임목사가 되었다. 또한 감리교 선교지역을 시흥과 과천, 수원, 용인 등으로 확장시켰고 계속해서 강원도 북부와 함경도까지 넓혀 나갔다. 덕분에 1897년 159명이었던 학습·세례인이 817명으로 늘어났다.

1898년 스크랜튼은 2차 안식년을 가진 후 1900년에 서울로 돌아왔고, 다시 상동교회 담임자와 장로사가 되었다. 그리고 7월 상동병원을 애비슨의 제중원과 통합시켰고, 의료선교 영역을 애비슨(O. R. Avison)에게 완전히 이양했다. 그리고 병원이 있던 자리에 새로운 예배당을 짓기로 했고 다음 해 6월 달성회당(상동교회) 준공식을 가졌다.

스크랜튼이 예배당을 건축하게 된 이유 중 하나는, 2차 안식년을 가질 때 달성회당이 스웨워러(W. C. Swearer) 선교사가 맡은 이후 급성장했기 때문이다. 스웨워러는 존스(G. H. Jones), 노블(W. A. Noble) 등과 함께 감리교 차세대 선교를 진행하고 있었고 이은승, 전덕기 등 한국인 교회지도자들과 함께 상동교회를 세례입교인 146명과 학습인 102명 등 총 교인 598명의 교회로 성장시켰다. 예배당은 메리 스크랜튼을 통해 미국의 미드(Mead) 부인이 보내준 45백 원의 헌금과 상동교회 교인들의 헌금으로 건축할 수 있었다. 새 예배당의 이름을 '미드기념예배당'(Mead Memorial Chapel)이라 부르게 된 이유였다. 달성교회(상동교회)는 새 예배당을 건축한 이후 확연히 부흥되었다.

한편, 스크랜튼은 새로운 선교방식을 도입하여 동대문교회를 활성화시키고자 했다. 지금까지와 달리 최하위 빈민층을 주요 대상으로 삼지 않고, 독서를 할 수 있는 일반 대중들을 선교 대상으로 확대한 것이다. 곧 아펜젤러가 종로에 서점을 내어 선교를 활성화시켰던 것처럼 흥인지문 근처에 서점을 만들어 '거리 전도소'로 활용했다. 그리고 서점관리인 겸 전도인으로 배재학당 출신의 고시형을 선발했다. 고시형은 스크랜튼의 전도로 상동교회 교인이 됐고 1900년에 권사가 된 교회지도자였다. 목사가 되려고 상동교회 부설 달성학당 신학회에서 공부를 하고 있어 그 책임감이 높았다. 스크랜튼의 새로운 선교전략은 서울이라는 지역의 특성과 맞아 떨어져 큰 효과를 거두었다. 그 결과로 동대문교회는 1909년 12월에는 미국 감리회 기금을 지원받아 지하실을 갖춘 2층짜리 벽돌 예배당을 신축할 수 있었다.

스크랜튼은 목회자 양성을 위해 상동 달성회당 내에 '신학회'를 개최했다. 매년 겨울 농한기를 이용해 2-3주간 집중 신학교육을 하는 신학회에는 노블, 존스 등 감리교 차세대의 젊은 선교사들이 교사가 되었고, 스크랜튼은 성경을 가르쳤다. 달성회당 신학회에서 공부한 학생 중 평양삼화교회 본처 전도사(평신도 지도자, 장로교의 영수) 김창식과 내리교회 본처 전도사 김기범은 1901년 5월 연회에서 목사(local deacon) 안수를 받았다.

한국의 선교가 궤도에 오르기 시작하자 미국 감리교는 직제와 조직을 개편했다. 남부와 북부 그리고 서부 지방으로 선교지역을 나누고, 남부에 스크랜튼, 북부에 노블, 서부에 존스를 각각 지방 '장로사'로 임명했다. 그리고 스크랜튼을 전체를 총괄 지휘할 감회사(superintendent)로 임명했다. 그런데 스크랜튼은 상동교회 준공식 바로 다음 달에 미국으로 돌아가야 했다. 어머니 메리 스크랜튼의 심한 설사병 때문이었다. 1900년 겨울부터 이병을 앓았던 그녀는 더 이상 선교활동을 계속할 수 없었다.

미국 감리교는 스크랜튼의 제자였던 전도사 전덕기(全德基)를 상동교회 담임자로 임명했다. 선교 20년이 채 되지 않아서 최초의 한국인 목회자가 담임하는 교회가 등장한 것이다. 전덕기는 스크랜튼을 닮고 싶었던 인물이다. 그는 스크랜튼의 부엌일꾼으로 들어갔다가 나중에 요리사가 되어 수년간 일했고, 1896년, 22살에 자신을 거두어 준 스크랜튼에게서 세례를 받았다. 전덕기가 이끌던 상동교회는 1908년에만 134명이 세례를 받았고 입교인만 487명이었다. 전체 교인 수는 1천명이 넘었다. 교인들은 교회에서 운영하는 공옥학교와 상동청년학원 등 학교 운영지원을 위해 헌금을 늘려나갔다. 1912년에는 3천명이 출석하는 교회가 되어 한국 감리교회 중 가장 빠른 속도로 성장한 교회가 되었다.

3. 스크랜튼의 의료선교의 한계─긍정(pros)과 부정(cons)

7년 동안 스크랜튼이 시병원과 보구여관, 그리고 시약소 등에서 치료한 수는 약 5만 명에 달했다. 스크랜튼의 의료선교는 그동안 조선 정부를 괴롭혔던 천주교의 선교방식을 극복했으며 서양제국에 대한 적개심과 의구심을 풀어주는 역할을 했다. 특별히 개신교에 대한 신뢰를 높여 주었고, 선교사들이 마음 놓고 선교할 수 있도록 했다. 그렇지만 정작 스크랜튼은 파울러 감독에게 의료선교가 교회를 세우고 복음전파를 위한 도구라는 점을 분명히 했다. 복음전도의 전초작업일 뿐이라는 생각이었다.

> 모든 시약소에는 장차 예배당으로 사용할 부지가 포함되어 있으며 궁극적으로 그런 목적을 가지고 부지를 매입했습니다. … 10년 안에 이들 부지를 예배당 용도로 넘겨주고 우리 의사들은 아직 들어가지 못했던 지역으로 가서 병원을 세우는 것입니다. 장차 구입할 부지는 많은 생각과 연구를 한 후에 일을 추진해야 할 것입니다.[14]

그러나 스크랜튼의 선교일정은 그의 계획대로 전개되지 못했다. 조선

---

14 W. B. Scranton's letter to Bishop C. H. Fowler, 1889. 9. 3.

조정과 민초들의 신뢰를 얻어내는 데 큰 역할을 했지만 원하고 기대한 만큼 선교의 결실이 맺히지 않은 것이다. 가난하고 소외된 수많은 민초들의 병을 고쳐주었지만 기대만큼 영혼구원과 연결되지 못했다. 1896년 8월 19일 개최된 미국 감리교 한국선교회 12차 연례회의에서 스크랜튼은 애오개교회 상황에 대해 다음과 같이 보고했다.

지금까지 애오개 당회(Aogi Charge)는 파송되었던 모든 사역자들이 충성을 다했던 곳이라 할 수 있습니다. 그럼에도 불구하고, 무슨 이유에선지 이곳 사업이 성공했다고 볼 수 없습니다. 이곳을 파송구역으로 남겨 두기 보다는 선교를 중단하고 부지를 팔아서 더 좋은 용도로 사용하는 것이 나을 것 같습니다. 6-7년 동안 사업을 해 보았으나 돌아오는 것이 전혀 없습니다. 이제 이곳에 미련을 둘 필요는 없다고 봅니다. 같은 노력을 기울이면 훨씬 더 좋은 결과를 얻을 수 있는 곳이 여러 곳 있습니다.[15]

시약소를 시작한 이후, 애오개 시약소는 환자들이 급감하면서 2년 만에 폐쇄되었다. 중국에서 16년간 선교사로 사역하다가 한국 선교사로 온 올링거(Franklin Ohlinger)와 신혼의 노블(William A. Noble) 부부가 이곳에서 목회를 했음에도 예수를 구주로 고백하는 사람은 수년째 2명이었다. 물론 정기적인 예배도 드려지지 않았다. 스크랜튼은 그 이유 중 하나가 천주교의 방해 때문이라고 보고했다. 천주교회의 기록에는 애오개교회에 드나드는 사람들이 "오직 돈만 바라고 거기에 매달려 있으며, 주민들 앞에서도 품위를 지키는 척 하다가 없을 때엔 주민들에 대한 음담패설을 마구 늘어놓는 위선자들"이었다고 적혀 있다.[16]

---

15 *Official Minutes of Korea Mission of the Methodist Episcopal Church*, 1896, p.28. 이후 OMKMMEC로 표기함

16 『성직자의 사목 서한과 약현 관련자료』(서울: 약현성당 100주년사 편찬위원회, 1991), p.41.

천주교회의 증언이 모두 사실이 아니라 하더라도 짐작해 볼 수 있는 것은, 애오개 사람들에게 교회는 빵과 의약품을 주는 곳이요 공짜로 병을 치료해 주는 기관에 불과한 반면, 은총의 기관이나 영혼구원의 터가 아니었던 것이다. 따라서 이곳에 드나드는 민초들의 사회적 성향이나 도덕적 성향은 전혀 변하지 않았다. 내적 개심(改心)이 없었던 탓이다.

존 웨슬리 신학은 회심을 중요시 여긴다. 하나님 앞에 각 개인이 회개하고 자복하는 것을 신앙의 출발점으로 본다. 내적 신앙이 선행되면 자동적으로 에너지를 발휘하여 사회 주변의 상황을 돌파할 수 있는 힘이 된다고 믿는 것이다. 곧 개인의 성화를 이루면 자동적으로 사회적 성화로 확대되는 구조이다. 역사의 미래를 바꾸는 것은 역사 자체를 바꾸는 것이 아니라 먼저 인간 자신을 바꾸는 데서 비롯된다는 것이 감리교회의 생각이다.

복음주의 선교의 핵심은 예수를 구주로 고백하고 거듭나는, 곧 구원의 문제인 것이다. 분명 스크랜튼은 그것을 놓쳤다. 감리교회의 전통 속에 자리 잡고 있는 가난한 민초들에 대한 배려와 지향은 있었지만, 감리교회의 또 다른 특성, 곧 인간 내면의 근저를 뒤흔드는 영적 개심자들을 얻는 데는 성공하지 못했다. 존 로스에서도 확인되었지만, 교회로 수많은 사람들이 몰려들어도 그것이 결신자로 연결되지 않는다. 오히려 그렇게 몰려든 사람들에 의해 복음의 결과와 그 에너지가 자칫, 왜곡될 수도 있는 것이다.

4. 갈등 – 회복, 교정 그리고 결별

스크랜튼은 조선에 도착한 직후부터 알렌 선교사와 갈등했다. 알렌을 세속적인 인물로 보았고 제중원 사역이 복음사역이 아니라고 비판했다. 공주와 원산 감리교 선교의 개척자인 의사 맥길, 감리교 문서선교의 선구자 올링거, 미국 감리교 동북아 책임자였던 해리스 감독과도 심하게 갈등했다. 이들과의 갈등으로 인해 선교 초심이 회복되기도 했고 선교방법을 교정하기도 했다. 하지만 갈등의 결과로 선교사직과 그 현장도 떠나야 했다.

1) 맥길과의 갈등 – 초심의 회복

스크랜튼의 강력한 요청에 따라 1889년 8월 27일, 해외선교부는 세 살 아래의 맥길(William B. McGill)을 보냈다. 그러나 두 사람의 친분은 채 1년도 가지 못했다. 1891년 스크랜튼은 "투자하는 시간과 재정에 비해 찾아오는 환자가 너무 적기 때문"이라는 이유를 들어 애오개 시약소의 의료사업을 종결했다. 그리고 애오개 시약소를 맡았던 맥길이 9개월 동안 297명밖에 진료를 하지 못했다고 보고하고 있다.[17] 맥길이 오고부터 "환자 수가 점점 줄더니 한 명도 오지 않는 날도 여러 번 있었다"고 비판하고 하루 평균 두 시간밖에 일하지 않았다고 불평했다. 그러나 맥길은 새로 개설된 상동의 시약소를 독자적으로 운영하며 두 달 동안 300명을 진료하는 실적을 남긴 인물이다.

처음 스크랜튼은 맥길에게 명목상으로 자신이 관리자(director)이지만 실제적으로는 동역관계(partnership)이고, 모든 일에 친구요 동료처럼 지내자는 말을 했다. 다만 효과적으로 일하기 위해 지도자는 필요하다는 말을 덧붙였다. 그러나 시간이 지나면서 두 사람은 갈등했고 맥길은 스크랜튼을 외면했다. 그런데 스크랜튼과 맥길이 갈등하게 된 것은 크게 두 가지 이유가 있다고 본다.

첫째, 처음 스크랜튼이 의료선교사를 보내달라고 감리교 본부에 요청했을 때, 새로 오는 선교사는 정동 시병원에 근무하도록 하고, 자기는 시약소를 관리하거나 순회진료를 하겠다고 했다. 정작 맥길이 왔을 때, 자신은 근

---

17 *ARMSMEC*, 1891, p.273.

무환경이 비교적 쾌적한 정동을 관리했고 맥길을 공동묘지 동네의 한 가운데 있는 애오개 시약소로 보냈다. "참을 수 없을 만큼 한낮의 뜨거운 더위"가 기세를 떨치던 1890년 6월 13일, 화가 난 맥길은 시설과 환경이 매우 열악했던 애오개 시약소의 문을 닫았고, 스크랜튼에게 일방적으로 통고했다. 두 사람의 관계는 알렌과 헤론선교사와 같이 되었다. 헤론은 동등함을 요구했고 알렌은 우위권을 주장한 바 있었다.

둘째, 그것은 통계수치의 문제였다. 여기에서 생각해 봐야 할 것은 의료선교의 특성이다. 의료선교는 매일 수많은 약품이 소모되고 다양한 의료기자재가 필요한 사역으로, 의료선교에서 성과를 내려면 재정적 후원이 뒷받침되어야 한다. 그것도 일회성에 그치는 것이 아니라 계속 공급되어야만 하고, 후원이 계속되지 않으면 사역을 지속할 수 없는 것이다. 더구나 스크랜튼의 병원들은 거의 돈을 받지 않았기 때문에 재정이 늘 모자랄 수밖에 없었다. 대개 재정후원자들은 선교성과를 요구하기 마련이고, 그것은 통계로 확인된다.

스크랜튼은 영혼구원의 문제가 선교의 가장 중요한 목표라고 했지만, 통계수치에 일희일비(一喜一悲)하는 모습을 보이고 있다. 스크랜튼은 애오개 시료소의 환자가 급감하는 것에 당황하고 있는 반면, 그의 보고서 등에는 의료선교의 혜택을 받은 조선의 민초들의 영적인 부분에 대한 고민이 크게 엿보이지 않는다. 알렌을 세속적이라 비판했지만 어느새 그 자신도 눈에 보이는 성과를 중요시하고 있다.

스크랜튼과 갈등한 맥길은 1892년 선교지를 원산으로 옮겼다. 성과는 크지 않았지만 그곳에서 9년간 열심히 의료와 전도 사역을 했고, 함흥과 정주까지 선교구역을 넓혔다. 1903년부터는 공주지역을 개척하며 선교에 헌신했다.

1년간 안식년을 갖고 1892년에 서울로 돌아온 뒤, 의료선교의 한계를 확인한 스크랜튼은 선교방식을 바꾸어 교회 설립과 복음전도에 집중했다.

그리고 정동 시병원과 자신의 집을 상동으로 옮겼다. 볼드윈 예배당(후일, 동대문 교회)을 건축했고 상동의 달성회당(상동교회) 목회에 진력을 다했다. 맥길과의 갈등이 그의 처음 마음을 일깨운 것이다.

2) 올링거와의 갈등 – 선교방식의 교정

독일계 미국인 올링거는 파송되자마자 배재학당 교사로 활동했다. 1888년에는 제물포 담당 선교사로 판서(板書)인 노병일과 함께 파송되어 활동했고, 1889년에는 한국 최초의 인쇄소 삼문활판소를 배재학당 내에 설립했다. 1890년부터 3년간 서울구역 선교사로 파송되었다.

올링거는 1890년 조선성교서회(朝鮮聖教書會)를 조직하여 초대회장을 맡는 등 주로 문서선교에 집중했다. 한국 최초의 영문잡지 *The Korean Recorder*를 발행했고, 이를 발전시켜 1892년 1월 *The Korea Repository* 를 발행했다. 또한 『미이미교회문답』 등 다양한 전도문서를 번역했고, 한문 『라병론』을 한글로 번역하기도 했다. 미국성서공회 한국지부 초대 부총무직을 맡아 이수정 역본 『성경』을 반포했고, 찬송가를 다수 번역하기도 했다. 글을 읽을 줄 아는 대중들을 선교의 대상으로 삼은 것이다.

조선으로 오기 전, 16년 동안 중국에서 선교사로서 경험을 쌓은 올링거 는 전통적 엘리트 층, 곧 양반층을 목표로 하는 선교에는 분명히 반대했다. 그렇지만 "지적인 노동자"(intelligent laboring people), 곧 한글을 읽을 수 있었던 신흥 중산층, 즉 도시 상인, 하위 관리, 중간계급에 선교를 집중해야 한다고 주장했다. 그것은 존 로스의 방식이요 복음주의 대중선교의 일반적 인 모습이기도 했다.

올링거는 기독교인이 참신한 도덕적 계율과 본이 되어 부끄러움이 없어 야 하며 경의와 존경을 받아야 한다고 보았다. 기독교가 정착되기 위해서, 처음부터 기독교의 절대적 진리의 표준을 세우고 엄격하게 윤리의 기준을 정해야 한다고 믿었다. 그렇게 해야, 서구의 교회가 정신적 원형의 노릇을 했던 것같이 선교지의 교회도 그러한 위치에 서게 된다고 믿었다.

사실, 기독교에 입교했음에도 불구하고 중하류층 출신의 교인들 중에는 점을 보고 축첩을 하고, 흡연이나 음주를 즐기는 사람들이 적지 않았다. "가장 오래된 개종자들과 지도자급 신자들이 계속 타락했다. 간음, 노름, 음주, 그리고 여러 형태의 도둑질로 인해 속회가 감소되었다." 한국 감리교 첫 세례자인 박중상이 삼문출판사의 인쇄기계를 절도하려다 발각되기도 했다.[18] 평양에서는 교회를 팔아 돈을 챙긴 전도사도 나타났다. 의주에서는 교회 건물이 술집으로 팔릴 위기에 있었고, 교인들 중에는 선교사들의 위세를 믿고 국법까지 무시하는 자들도 있었다.

올링거는 기독교회가 너무 쉽게 세례를 주었다며, 기독교는 세속적 이익집단이 아니라고 주장했다. 또 기독교회가 복음의 터라는 인상을 주어야지 돈이나 힘을 주는 기관으로 여겨지면 안 된다고 소리쳤다. 그런 이유에서 원입인(enquirer), 학습인(probationer), 세례인(baptized member), 입교인(full member)이라는 네 단계를 거치도록 했다. 그런데 이러한 엄격한 정책으로 감리교회 입교자들이 줄어들었고, 몇몇은 엄격한 치리에 의해 출교되기도 했다.

스크랜튼은 올링거의 정책에 반발했다. 아직 한국 교회가 연약해서 엄격한 기독교 윤리관을 수용하는 것은 큰 부담이 된다고 보았다. 더구나 올링거가 원산으로 옮겨간 맥길과 친밀한 태도를 보이자 그 관계는 더욱 악화되었다. 1893년 봄, 스크랜튼은 올링거가 장정규칙을 어기고 독단적으로 행동한다며 비난했다. 그리고 선교회의 정책에 반대하고 있으며, 다른 선교사와 조화를 이룰 수 없는 자라고 맹렬히 공격했다. 올링거가 조선 땅에 온 이후, 한 번도 조선 사람들에 대해 긍정적이거나 동정적인 말을 한 적이 없으며 친한 조선인도 없고 교인들은 오히려 감소했다는 비판도 덧붙

<hr>

18 *Annual Report of the Board of Foreign Mission of Methodist Episcopal Church* for 1892―1893 참조.

였다. 결국 올링거는 조선을 떠나고 말았다.

두 사람의 갈등은 선교 대상을 누구로 하는가에 대한 차이였다. 두 사람 모두 대중성을 지향했지만, 올링거의 선교 대상은 독서층이었던 반면 스크랜튼을 따르는 민초들은 대부분 글자도 모르는 민중계층들이었다. 올링거는 복음을 받아들인 사람이 갖추어야 할 엄격한 윤리의식을 강조한 반면, 스크랜튼은 한국 교회나 교인들의 수준이 기독교 윤리를 갖추기에는 아직 어리다며 감싸려 했다.

선교지에서 중요한 것은 선교사 간의 협의와 조정이다. 교파나 선교관이 달라도 때로 협조하고 중지를 모아야 선교의 에너지가 집중될 수 있고 그 효과가 증대될 수 있다. 아펜젤러와 언더우드가 초교파의 단일 교회를 세우려 했던 것도 그런 이유에서이다. 1893년에 스크랜튼은 모든 감리교 선교사들의 의견을 취합하고 선교를 총괄해야 하는 장로사의 위치에 있었다. 북감리회라는 한 울타리 안에 있음에도 스크랜튼은 중지를 모으려는 노력을 크게 기울이지 않았다. 열정은 있었지만 포용과 조정의 리더십이 엿보이지 않았던 것이다.

공식적으로는 아펜젤러가 첫 감리교 거주 선교사였지만 실제적 첫 거주 선교사는 스크랜튼이다. 그것은 그가 실질적인 지도자이고 포용하고 조정할 수 있는 권위를 갖고 있었다는 것을 의미한다. 더구나 선교 10년이 가까이 오고 있었다. 새로운 상황과 그것을 돌파해야 하는 새로운 시점이 다가오고 있었던 것이다. 지도자는 그것을 바라보아야 하는 것이고, 따라서 중국에서 16년간 활동했던 경험이 풍부한 올링거의 의견을 경청해야 했다.

1900년, 두 번째 안식년을 마치고 돌아온 스크랜튼은 동대문교회를 활성화시키기 위해 이 지역에 서점을 개설하여 선교의 거점으로 만들었다. 이것은 문맹자 민중층을 대상으로 했던 그간의 선교방식을 벗어나서 글을 읽을 줄 아는 사람들을 대상으로 삼았던 올링거의 방식을 채택했다는 것을 의미한다. 선교방식을 교정한 것이다.

3) 해리스 감독과의 갈등 – 결별

메리 스크랜튼의 갑작스런 질병으로 귀국한 스크랜튼은 1903년 3월 해외선교부에 사임의사를 밝혔다. 어머니가 아직 회복되지 않고 있었고, 무엇보다 아펜젤러가 해상사고로 소천한 것도 이유가 되었을 것이다. 분명 그는 지쳐 있었다.

1904년 5월 로스엔젤레스에서 열린 미국 감리교 총회에서 해리스(M. C. Harris) 선교사가 일본과 한국의 선교를 관리하는 감독(Missionary Bishop)으로 선출되었다. 그는 코네티컷주 이스트하트포드(East Hartford)에서 어머니를 간호하고 있던 스크랜튼을 찾아가 한국 선교를 책임져 달라고 요청했다. 이에 응답한 스크랜튼과 그의 어머니를 비롯한 가족들은 한국 선교를 위해 또 다시 태평양을 건넜다. 남은 인생을 한국 선교에 쏟아 붓겠다는 각오였을 것이다. 그렇지만 스크랜튼은 사역은 3년이 채 되지 않아 끝났다. 선교사를 사임했을 뿐만 아니라 모계로부터 계승되고 평생 몸담았던 감리교회까지 떠났던 것이다.

3년 만에 돌아온 한국은 변해 있었다. 선교회(Korea Mission)로 존속되었던 조직이 1905년 6월, 미국 감리교 한국선교연회(Korea Mission Conference)로 확대되어 있었다. 또한, 하디 선교사에 의해 영적대각성운동이 시작된 이후, 한국 교회에는 급속히 사람들이 몰려들었고 수없이 많은 교회들이 세워지고 있었다. 세워진 교회들도 자립적으로 운영되고 있었다.

스크랜튼은 해리스 감독이 "지나칠 정도로 일본 편"이라며 불만을 토로했다. 일본과 한국을 동시에 관장하는 해리스가 중립적이지 않고 일본 편향적 사고와 행동을 한다고 본 것이다. 실제 해리스가 일본의 기독교인 고위 관리들과 매우 친밀한 관계를 갖고 있었고, 을사늑약을 지지한 것이 사실이다. 스크랜튼은 일본과 해리스 감독을 노골적으로 비판했고, 한국이 정치적·경제적 곤궁에 빠진 것이 일본 때문이라는 생각을 굽히지 않았다.

그런데 두 사람은 선교사들이지 한국과 일본의 정치 대리인들이 아니었다.

1905년 11월 1일, 장로사 스크랜튼은 과격한 민족주의를 비판하며 엡 윗청년회를 해산시켰다. 항일독립운동단체로 전락되었다는 판단에서였다. 당시 엡윗청년회 소속 김구, 이동녕, 정순만 등의 회원이 도끼를 들고 대한 문에 나아가 '도끼 상소'를 하려고 했으며, 평안도 장사 수십 인을 모집하 여 박제순을 비롯한 을사늑약 체결의 매국노들을 저격하려고 모의했을 정 도로 극단으로 치닫고 있었다. 비정치화를 내세웠던 것은 미국 교회의 전 통적인 선교방침이었다. 이러한 방침에 따라 '박영효 역모사건'에 연루되 어 한성감옥에 수감되었던 인물들이 출감 후 감리교 선교부를 찾아 갔을 때, 선교사들은 감리교회에 입교하는 것을 허락하지 않았다. 스크랜튼도 예외는 아니었다. 그는 분명 선교사가 정치나 민족의 갈등문제에 개입하는 것을 반대했고 그런 이유로 엡윗청년회를 해산시킨 것이다.

해리스 감독은 1873년부터 일본주재 선교사였다. 일본 선교사 출신 해 리스가 일본에 편향적이었던 것은 본능에 가까운 것이다. 그는 맥클래이 등과 함께 미국 북감리교의 일본 선교를 추진하고 헌신했던 인물이다. 반 면, 스크랜튼은 한국 선교 1세대로 한국 감리교 선교의 선구자였고, 그의 모든 행동은 한국에 맞추어져 있었다. 따라서 두 사람의 갈등은 필연적이 었다. 선교사들은 자기가 선교한 땅과 그 거민들을 사랑하게 되어 있다. 그 리고 그들의 편을 들어 선교지의 입장을 두둔하게 되어 있다. 중국 명나라 에서 활동했던 천주교 예수회 신부들이 명나라의 편을 들었고, 일본에 거 주했던 예수회 신부들이 일본의 편을 들었던 것도 그런 생리였다. 스크랜 튼과 해리스도 마찬가지였다.

선교사들은 선교지의 정치권력에 반하여 행동하지 않는다. 선교지의 정 치체제가 악하다 하더라도 그 정부를 전복해야 한다고 선동하지 않는다. 오히려, 본능적이고 호교론적인 이유로 선교지를 지지하게 되어 있다. 선 교가 선교지의 실정법이나 정치권력 아래에서 실현되기 때문이다. 그렇다고 정치권력을 일방적으로 추구하지는 않고, 오히려 정치에 휘둘리지 않으려고 무던히 애를 쓴다. 단지 복음을 전하기 위해 확장을 꾀할 뿐이다.

분명한 것은, 더러운 위생환경을 참지 못하는 것과 마찬가지로 기독교의 복음이 악덕의 환경을 묵과하지 않는다는 것이다. 복음은 숨을 쉬고 있는 한 악을 교정하게 되어 있다. 그렇지만 직접적 저항이나 과격한 행동방식으로 하지 않고, 내적 열정과 도덕적 동력이 발휘되길 기대하고 기다릴 뿐이다. 역사의 주관자가 따로 있다는 믿음 때문이다. 어느 누구나 할 것 없이 재한선교사들의 정치에 대한 입장과 신학은 크게 다르지 않았다.

미국 감리교회는 을사늑약으로 한국이 일본 체제로 귀속됨을 목도했다. 선교사들마다 그것을 바라보는 입장이 달랐을 것이다. 그렇지만, 나라와 체제가 바뀌더라도, 선교사의 입장에서는 복음전파가 계속되길 기대하게 되어 있다. 따라서 해리스 감독의 입장에서는 장로사인 스크랜튼의 노골적 저항을 묵과할 수 없었을 것이다. 일본 정부가 한국을 강점해가고 있던 상황에서, 감리교 한국 선교의 책임자의 반일본적 태도는 자칫 선교활동을 가로막을 수 있다고 판단했을 것이다.

1907년 6월 18일부터 열렸던 제3회 한국선교연회에서 해리스 감독은 스크랜튼이 제출한 선교사직 사임 안건을 처리했다. 연회는 사임청원을 받아들였다. 연회 직전, "잘못된 것이 있다면 교정할 수 있도록 1년만 시간을 달라"[19]는 스크랜튼의 호소는 거절되었다. 감독과 선교본부뿐만 아니라 선교회의 지지를 얻지 못했고 동료 선교사들의 변호도 없었다. 감독과 미국 교회는 스크랜튼이 감독교회의 전통, 곧 질서를 중요시했던 감리교회의 정치체제와 선교방침에 정면으로 도전했다고 보았을 것이다.

스크랜튼은 1907년 선교사 사임 후 정부 병원인 대한의원(현재 서울대학교 병원 박물관 건물)에서 교수로 일하다가, 1909년 어머니 스크랜튼 여사가 사

---

19 W. B. Scranton's letter to A.B. Leonard, Jun. 14. 1907.

망한 후 서울에서 사설 요양원을 운영했다. 1911년 운산금광회사 부속 병원에서 잠시 근무했고, 1912년 서울에서 사립 시란돈병원을 개설했으며, 잠시 중국 대련으로 가서 의사로 활동했다. 1917년에는 일본 고베로 건너가 성공회 교인이 되었고 1922년에 별세할 때까지 거기서 살았다.

5. 여언

스크랜튼은 사실상 감리교 최초의 재한선교사이다. 이 사람만큼 선교지의 거민들을 사랑한 선교사도 드물다. 고국에서의 안락한 생활을 포기하고 열악한 미지의 땅으로 건너와 선교의 기초를 놓았다. 노블의 말처럼, 그는 존 웨슬리의 제자로서 살고자 했고 늘 자신을 교정하려 했다.

스크랜튼의 초기 선교 대상은 소외된 민초, 즉 조선의 민중층이었다. 그러나 이후, 독서능력이 있는 대중들로 선교 대상을 바꾸었다. 그리고 의료 선교가 아닌 목회방식을 통해 선교를 확장시켰다. 그렇지만 스크랜튼의 선교방식에는 감리교 선교특성 중 하나인 내적 회심의 영역이 크게 드러나지 않는다. 당시 시대적 상황 때문이기도 하지만, 복음주의 선교사로서의 그의 고민이나 노력이 크게 엿보이지 않는 것이 사실이다.

스크랜튼은 대중을 지향했지만, 정작 그 자신은 엘리트적 사고와 태도를 갖고 있었다. 로만 컬러를 즐겨 입었고, 신사다운 냉철함, 최고 엘리트 학교를 나온 인물답게 학구적인 성실성을 가졌다. 말과 외양과 행동에서는 절제가 있었고 예의가 있었다. 분명 그는 한없는 자애로써 선교지 거민들을 사랑했다. 그럼에도 선교사 사회 내부에서 그에 대한 평가가 그렇게 호의적이지 않았다. 많은 동료 선교사들과 갈등했고, 그래서 선교사직을 사임할 때 그를 막아선 동료들이 없었다. 말년의 삶도 순탄치 않았다. 교통사고로 고통을 당했고, 이어서 나가사키 영사였던 둘째 사위가 자살하면서

상심 속에 1922년 3월에 사망했다.

성경에는 사명을 다하면 떠나게 되는 사람들의 이야기가 적지 않게 기록되어 있다. 사명에는 분명한 때가 있다. 때가 지나면 떠나야 하는 것이 부름 받은 이들의 운명이다. 스크랜튼은 하나님이 명령하신 사명을 다했고, 그래서 이 땅을 떠난 것이다.

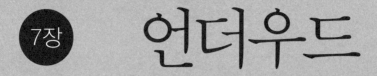

7장   언더우드

H. G. Underwood

1859-1916

　1885년 4월 5일, 26세 미혼의 장로교 선교사 언더우드(Underwood)가 제물포항에 처음 발을 디뎠다. 미국 정부도 조선에 대해 잘 알지 못했고, 미국 우정청조차도 조선이라는 나라가 어디에 있는지 잘 모를 때였다. 미국 교회도 천주교 박해가 심해 많은 선교사들과 신자들이 목숨을 잃었다는 정도만 알고 있었다.

　언더우드는 조선행 나고야마루(名護屋丸)를 타기 전 잠시 머물렀던 일본 요코하마에서 부흥회를 열어 열정적으로 설교했다. 조선에 도착해서도 잠시 머물던 제물포의 숙소 다이부쯔(大佛) 호텔에서 고래고래 소리 지르듯 찬송가를 불렀다. 아마 낯선 미지의 땅, 조선에 온 것에 대한 긴장과 두려움을 이겨내기 위한 것이었을 것이다.

　조선에 온 지 사흘째인 4월 8일부터 언더우드는 제중원에서 진료를 시작했고 제중원의 학교에서 화학과 물리학을 가르쳤다. 1886년에는 고아원과 후일 경신학교가 되는 고아학교를 창설했고, 새문안교회를 세웠다. 1889년에는 한국어 문법책과 한영사전을 편찬했고, 성서를 번역했다. 찬송가 150장을 번역하고, 책으로 엮어 1893년에 간행했다. 1897년 「그리스도신문」을 창간했으며, 황해도 장연과 송천, 김포, 고양 등지에 교회를 개척했다. 1895년 10월, 명성황후 시해사건 때는 고종 임금을 밤낮으로 보살폈다. 1903년에는 조선의 관료와 신진 엘리트를 위해 YMCA를 세웠다. 1905년의 을사늑약을 가장 강력하게 반대했던 선교사 중 한사람으로 누구보다도 한국을 사랑했다. 고아인 김규식을 거두어 한국 정치의 중심에 세워 놓았고, 대한민국의 부통령이 되는 함태영을 기도로 낳게 한 사람도 언더우드이다. 한국 역사에 새겨진 그의 족적과 공헌을 일일이 나열하는 것조차 숨이 가쁠 지경이다.

선교사로 온 지 30년이 되었을 때, 곧 선교적 경험이 무르익었을 때, 언더우드가 내린 결론은 서울에 기독교 대학을 세우는 것이었다. 열정적인 부흥회적 경건으로 가득 찼던 그가 왜 그런 결론을 내렸을까?

I. 조선에 오기까지

1) 선교사가 되기까지

언더우드는 영국 런던에서 1859년 7월 19일, 아버지 존(John Underwood)과 어머니 엘리자베스(Elisabeth Grant Marie) 사이의 6남매 중 넷째 아들로 태어났다. 할아버지 토마스(Thomas Underwood)는 의학서적 등을 간행하는 출판업자였다. 그의 아버지 존은 한 번 쓰면 변조할 수 없는 안전수표책(a safety check paper), 75번이나 쓸 수 있는 타자용 먹지, 그리고 인쇄용 잉크와 타이프라이터 개량품을 착안하여 영국왕실예술원으로부터 메달과 표창을 받았던 발명가요 제조업자였다. 그의 집안은 회중교회를 다니고 있었지만, 언더우드는 스코틀랜드 장로교회 목사인 외증조부를 가장 많이 좋았다. 외증조부 알렉산더 와우(Alexander Waugh) 박사는 세계선교에 남다른 관심을 가진 인물로 런던선교회 심사위원회 위원장을 역임했고, 성공회, 장로교, 침례교, 회중교회, 감리교의 연합운동을 주도했다. 와우 박사가 연합운동에 남다른 관심을 가졌던 것은 각 교회가 갖고 있는 에너지를 집중하여 "이방인들에게 복되신 하나님의 영광된 복음을 전파"하기 위함이

었다.[1]

언더우드는 5살 때 어머니를 여의었다. 그렇지만 새어머니도 신앙이 깊었고, 전처(前妻)의 자식들을 잘 돌보았다. 언더우드와 그의 형 프레드릭(Fredrick Wills Underwood)이 프랑스의 블롱 슈메르(Boulogne Sur Mer)에 있는 가톨릭 계통의 기숙학교로 유학하여 공부하도록 했다. 그렇지만 아버지 존이 동업자의 사기행각으로 파산하게 되자 유학생활을 중단해야 했고, 언더우드 일가는 미국으로 이민을 가야 했다. 언더우드의 나이가 13세 때의 일이다. 언더우드 집안은 맨해튼의 그린위치(Greenwich)를 거쳐 뉴저지(New Jersey)의 뉴더햄(New Durham)에 정착하고 화란개혁교회(the Dutch Reformed Church)에 속해 있는 그로브교회(Grove Church)에서 신앙생활을 했다. 그의 신앙 배경에 회중교회, 가톨릭, 스코틀랜드 장로교회와 화란개혁교회의 전통이 함께 자리한 것이다.

언더우드는 1877년에 뉴욕대학(New York University)에 입학했다. 그로브교회 담임목사인 메이븐(Maben) 박사가 언더우드에게 특별한 관심과 애정을 가지고 있었으며, 가족들 또한 그를 특별히 배려했다. 다른 가족들은 아버지가 운영하는 잉크공장에서 일해야 했지만, 호러스 언더우드는 학교에 다니는 특혜를 받았다. 뉴저지에 있는 해스부르크 소년학원(Hasbrook Seminary for Boys)에 들어가 공부했고, 메이븐 박사는 대학입시를 위해 특별교수를 해주었다. 뉴더햄에서 뉴욕까지 7마일을 걸어서 통학해야 할 정도로 가세가 기울었지만 열심히 공부한 것으로 알려져 있다. 대학 4년간의 평균 성적이 89점이었으며, 특히 희랍어와 웅변 성적은 언제나 좋았다.

1881년 뉴욕대학을 졸업하고 바로, 언더우드는 화란개혁교회 신학교이며 메이븐 박사가 조직신학과 학과장으로 있는 뉴브런스위크신학교(New Brunswick Theological Seminary)에 입학했다. 뉴브런스위크 시절, 언더우드

---

1   L. H. Underwood, *Underwood of Korea*, 이만열 역, 『언더우드: 한국에 온 첫 선교사』(서울 : 기독교문사, 1990), p.26.

는 유난스럽게 전도사역에 열을 올렸다. 교수들이 공부에 방해된다며 마땅치 않게 여겼을 때, "내가 복음을 전하지 않으면 나에게 화가 있을 것이다"라고 항변했을 정도로 복음전도에 대한 열정이 강했다.[2] 재정이 궁핍했기 때문에 아르바이트를 해야 했고, 여름방학 때는 전국을 돌아다니며 서적을 팔아 학비를 벌어야 했다. 후일, 언더우드 부인의 말처럼, 언더우드가 조선의 곳곳을 다니면서 기독교 서적과 성경을 팔고 전도활동을 했던 것은 신학생 시절의 경험이 크게 작용했을 것이다.

언더우드가 조선에 대해 처음 들은 것은 1882년 겨울, 후일 도쿄 명치학원대학(Meijigakuin University, 明治學院大學) 교수가 되는 앨버트 올트만스(Albert Oltmans)에게서였다. 선교사 지망생이었던 앨버트 올트만스는 뉴브런스위크의 신학생들을 모아놓고 강연을 했다. 내용은 ① 슈펠트 제독에 의해 조약이 맺어짐으로써 금단의 땅 조선의 문이 열렸다는 것, ② 1,200만 내지 1,300만 명의 조선 사람들이 예수 그리스도를 모르고 살아가고 있다는 것, ③ 미국 교회가 조선의 문호가 개방되도록 기도했지만 선교에 본격적으로 착수하지 않고 아무런 준비 없이 1년을 보냈다는 것, ④ 조선 선교를 위해 미국 교회가 무엇인가를 해야 하며 누군가 갈 사람을 찾아야 한다는 것이었다.

그 열띤 강연을 들을 때만 해도 언더우드는 다른 누군가 조선 선교사를 지망할 것이라 생각했고, 자신은 인도 선교사를 여전히 꿈꾸고 있었다. 그때 그는 인도 선교를 위해 의학공부를 병행하던 중이었다. 후일 언더우드는 1909년 '한국선교 25주년 기념식'에서 1년이 지나도 조선에 선교사로 가려고 자원하는 사람은 나타나지 않았고, 어떤 교회도 조선에 선교사를 보내려 하지 않았으며, 심지어 해외선교 지도급 인사들조차 조선에 가는 것은 시기상조라는 글을 썼다고 회상했다. 그런데 마음속에 "왜 너는 가지

---

2   Ibid., p.37.

않느냐"는 메시지가 울렸다고 간증했다. 앨트먼의 조선 선교에 대한 열정과 권면이 하나님의 음성이 된 것이다. 덧붙여, 1883년 코네티컷주 하트포드(Hartford)에서 열린 신학교연맹대회에 참석했을 때 아펜젤러를 만난 것도 조선 선교를 확고히 다지는 계기가 되었을 것이다.

언더우드가 처음 선교사라는 꿈을 가진 것은 14살이 되던 해였다. 그는 어느 인도 사람의 강연을 듣고 인도로 가는 꿈을 꾸었다. 이후 본격적으로 선교사를 준비한 것은 미국에 광풍처럼 불어온 대학생들의 선교운동이 한창일 때였다.

19세기, 개신교 부흥운동이 전개되면서 미국은 전 세계에 복음을 전하려는 열망에 휩싸이게 되었다. 젊은 대학생들은 "우리 세대가 세계를 복음화하자(The Evangelization of the World in This Generation)"라는 구호를 외쳤고, 해외선교는 젊은이들의 큰 이상으로 부각되었다. 드와이트 무디(Dwight Moody)의 부흥회와 '학생자원운동'이 시작되었고, 해외선교를 지원한 수많은 지원자들을 훈련하기 위해 시카고의 무디성경훈련센터와 고든(A. J. Gordon)의 보스턴선교훈련원 같은 선교기관들이 설립되었다. '학생자원운동'은 선교사를 파송하는 기관은 아니었지만, 선교사들을 모집하여 그들을 파송하고 관리하는 각 교단의 선교부로 연결시켜주는 역할을 했다. 언더우드도 그 흐름 안에 있었다.

조선 선교를 위해 언더우드는 미국 북장로교 해외선교부와 자신의 교단이던 화란개혁교회 선교부에 지원서를 각각 두 번씩 제출했지만 모두 거절되었다. 북장로교 해외선교부 총무는 시기상조를 주장했고, 화란개혁교회는 일본에 베어벡(Verbeck), 브라운(Brown), 발래(Ballagh), 윅코프(Wyckoff), 스튜트(Stout), 부츠(Booth), 피키(Peeke), 키더(Miss Kidder) 등을 비롯한 여러 명의 선교사들을 파송하고, 인도와 중국과 일본의 선교회를 지원하고 있어 여유가 없었다. 오히려 언더우드에게 목회를 하라며 연봉 1,500달러의 조건으로 뉴욕에 있는 한 개혁교회를 소개해 주었다.

그런데, 하나님이 조선 선교사로 가는 길을 막은 것이라 생각한 언더우드에게 또 다시 신비한 소리가 들렸다고 한다. "조선에 갈 사람이 하나도 없다니, 조선은 장차 어떻게 될까…" 뉴욕교회에 청빙수락 편지를 써서 봉투에 넣어 막 우체통에 넣으려는 순간이었다. 언더우드는 편지를 도로 집어넣고 조선에 가기로 다시 한 번 마음을 다졌다. 그리고 뉴욕의 센터 스트리트 23번지에 위치한 북장로교 해외선교부로 발걸음을 옮겼다.

그곳에는 예기치 않은 변화가 있었다. 해외선교부 총무가 바뀌었던 것이다. 새 총무 엘린우드(F. E. Ellinwood) 박사가 언더우드를 반겼고, 적극적인 지원을 약속했다. 엘린우드는 일본에 있던 이수정이 조선 선교를 요청했을 때 즉각적으로 선교사를 파견해야 한다고 주장했던 인물이다. 마침 북장로교 해외선교부에는 브루클린의 평신도 사업가인 맥윌리엄즈(David W. McWilliams)가 조선 선교를 위해 써 달라고 헌금한 5,000달러가 있었다.

조선 선교사로 임명을 받는 과정에서 언더우드는 두 가지 충격적인 일을 겪고 들었다. 하나는 조선으로 가기를 결심했을 때 약혼녀에게 파혼을 당한 것이다. 또 하나는 조선 선교사로 임명받은 후 영국에서 잠시 여름을 보내고 있을 때, 친척이었던 런던선교회 에드워드 존스(Edward Jones) 목사로부터 1866년의 토마스 목사 순교사건에 대한 이야기를 들은 것이다. 펼쳐질 선교여정에 긴장하지 않을 수 없는 사건이었다. 1884년 봄, 신학교를 졸업한 언더우드는, 그 해 7월 28일에 조선 선교사로 임명받고, 12월 16일 샌프란시스코항을 출발했다.

2) 서울에 들어와서- 언더우드의 복음적 열정

언더우드는 조선에 입국하기 전, 3개월 동안 일본에 머물면서 의료선교사 헵번(I. C. Hepburn)의 집에 주로 기거했다. 그 기간 동안 조선에 선교사들을 보내 달라고 미국 교회에 편지했던 이수정에게 조선어를 배웠고, 정변에 실패해 일본에 망명해 있던 김옥균과 박영효 등 개화파 인사들도 만났다. 서울에 도착한 후 언더우드는 엘린우드에게 다음과 같이 편지를 보냈다.

드디어 서울에 도착했습니다. … 감리교 형제들이 미국공사관에 환영을 요청하지 않고 바로 들어왔다면 모든 것이 좋았을 것입니다. 그러나 바로 그것 때문에 현재 시점에서 선교사들의 입국이 적절한가 하는 문제가 제기되었습니다. 선교사들에게 불리한 상황이라 판단되었기 때문에 지금으로서는 제물포의 아주 형편없는 구석에 눌러 앉아 마냥 참고 기다리든지, 아니면 나가사키로 되돌아가든지, 이곳 공사관 요원들의 충고를 무시하고 서울로 들어와야 합니다.[3]

조선에 대해 얻을 수 있는 정보는 이수정을 비롯한 일본에서 만난 개화파 망명객들, 사임한 후 미국으로 돌아가던 중인 푸트 공사 내외와 알렌이 보낸 편지가 전부였다. 요코하마에서 만난 푸트(Lucius H. Foote) 내외는 갑신정변 후의 급변한 정세 불안을 내세워 조선 입국을 반대했다. 알렌도 미혼인 남자 선교사가 오는 것에 우려를 표하며 혼인한 후 입국하라는 편지를 보낸 바 있었다. 그렇지만 언더우드는 이런 부정적 의견들을 무시하고 서울로 들어왔다. 오히려 서울의 사정이 생각보다 나쁘지 않다며, 일본으로 되돌아갔던 아펜젤러 내외도 미국공사관의 의견을 무시했으면 좋았을 것이라는 편지를 보낸 것이다. 이 편지는 미국 외교관리의 정세판단과 선교사의 선교적 열정이 충돌되고 있음을 알게 해 주며, 젊은 언더우드의 복음전파 의지가 어떠했는지도 알려 주고 있다.

언더우드는 의료인의 신분으로 조선에 들어왔다. 때문에 조선에 입국한 지 사흘째부터 제중원 진료실에서 일을 시작했고 하루 대여섯 차례나 수술

---

3 엘린우드에게 보낸 언더우드의 편지, 1885년 4월 9일자.

을 해야 했던 알렌을 도왔다. 그것이 그가 할 수 있는 유일한 일이었다.

> "병원에는 새 의사의 도움이 필요한 형편입니다. 알렌 박사는 아주 열심히
> 일하고 있는데 매일 아침 병원에 나가 하루 4-6명씩 수술을 해야 합니다. 그
> 는 다른 의사의 도움과 조언이 필요하다고 느끼고 있습니다. 저는 매일 오후
> 에 병원에 나가 돕고 있습니다. 매일 평균 70명씩 새 환자들이 찾아옵니다."[4]

언더우드는 제중원 의료인의 신분으로 진료실 일을 도와야 했고, 비정
기적이기는 했지만 영어와 물리, 화학을 가르치는 일도 해야 했다. 물론 인
도 선교를 위해 1년 동안 의학을 배웠던 탓에 의학에 대한 상식이 있었고
나름 자신감이 없지 않았다. 그렇지만 부흥회적 열정이 가득한, "불도저"
같았던 젊은 선교사가 그렇게 시간을 보내는 것은 고역이었을 것이다. 아
직 조선어를 익히지 못해 마음껏 전도를 할 수도 없었겠지만 선교 자체가
불가능했던 상황이었다.

> "선교지에 나오는 자라면 어떤 일이 주어지든지 할 준비가 되어 있어야 합니
> 다. 새로 오는 선교사 각자가 자기 할 일을 선택하고 다른 것은 안 하겠다고
> 하면 우리가 시작한 어떤 일을 계속 할 수 있다는 보장이 없습니다. 각자가
> 자신에게 주어진 일을 혼자서 끝까지 수행해야 보장이 됩니다."[5]

조선에 온 지 3년이 되었을 때, 언더우드는 엘린우드에게 이렇게 편지
를 썼다. 선교사의 바람과 선교지 상황이 다르다는 보고였고, 그렇지만 주
어진 상황에 최선을 다하겠다는 내용이었다. 직접 복음을 외치며 전도해야
한다는 처음의 열정이 많이 누그러졌던 것이다.

---

4   엘린우드에게 보내는 언더우드의 편지, 1885년 4월 26일자.
5   엘린우드에게 보내는 언더우드의 편지, 1889년 1월 7일자.

전해 듣는 것과 실제로 보고 겪는 것은 다르다. 선교 초기, 선교사들은 열정적인 복음전파 의지만 가지고 미지의 선교지인 조선에 왔지만, 그들의 열정은 선교지 상황으로 인해 잠시 묻어 둘 수밖에 없었다. 애초부터 조선 정부가 정해 준 영역, 곧 교육과 의료로만 활동영역이 제한되어 있었던 것이다.

2. 언더우드의 선교사역과 갈등

1) 고아원학교

모든 선교사들이 반드시 극복해야 하는 일은 선교지 언어의 습득이다. 반면, 소통이 가능하게 되면 더할 나위 없는 성취감과 자신감이 생긴다. 언더우드의 첫 번째 과제도 조선어의 습득이었다. 그는 천주교 신부들에게 조선어를 가르치면서 함께 『한불사전』 편찬에도 참여한 바 있는 천주교인 송덕조를 채용했다. 광혜원 학교 시절, 영어로 물리와 화학을 가르쳤던 그가 정식으로 개설된 제중원 의학교에서 조선어로 강의한 것을 보면, 얼마나 열심히 언어공부를 했는지 미루어 짐작할 수 있다.

〔조미수호조약〕이 체결되고 미국의 근대문명과 그 시스템에 큰 호감을 갖고 있던 조선 정부의 정책에 따라 미국 선호현상이 조선사회에 가득했고, 그래서 영어를 배우고 싶어 하는 이들이 많았다. 그런 이유로 1885년 7월부터 언더우드는 찾아오는 아이들에게 매주 시간을 정하여 영어를 가르쳤다.

"매일 아침 아이들 서너 명이 찾아옵니다. 저는 그들에게 영어를 가르쳐주려고 애를 쓰고 있습니다. 학교로 사용할 수 있는 건물만 있다면 지금이라도 당장 시작해도 상당수 학생들을 불러 모을 수 있을 것입니다. 아직은 내 존재가 그다지 큰 호응을 받지 못하고 있지만 그중에 열두 명 정도 사내아이들을 뽑아 가르친다면 제가 어학을 배우는 데 실천적인 도움을 줄 수 있는 인재들을 키우는 동시에 조선어를 직접 공부하는 데 소비되는 시간도 보충할 수 있지 않을까 여겨집니다."[6]

조선의 아이들에게 영어를 가르치는 일은 선교로 이어졌다. 이것은 직접 복음을 전하고 싶었던 언더우드를 고취시키는 일이 되었다. 전도활동이 불가능했던 상황에서 선교를 확대할 수 있는 유일한 방법이기도 했다. 그렇지만 학교를 세워 아이들을 가르치겠다는 언더우드의 구상은 아펜젤러의 배재학당처럼 이어지지 못했고 조선 정부나 미국 선교부의 지지도 받지 못했다. 장로교 선교사 알렌도 교육선교가 시기상조라며 제동을 걸었다. 언더우드는 아펜젤러와 달리 교육선교사로 조선에 온 것이 아니어서 미국 선교본부의 지원결정이 그만큼 늦었고, 따라서 조선 정부가 요구하는 근대 학교 수준도 맞출 수 없었다.

1886년 2월, 언더우드는 외무아문독판(外務衙門督辦) 김윤식을 통해 교육사업 허가통보를 받았고 5월 11일에 정동 고아원학교를 개원했다. 조선 정부는 이 일을 사회사업으로 본 반면 언더우드는 학교로 인식했다. 직접적으로 복음을 전하는 것이 금지된 상황에서 언더우드가 찾은 돌파구였고 자신이 주도하는 첫 선교사역이었다.

교실은 서울 정동에 있던 자신의 사택 옆 한옥 사랑채였다. 등록금은 없었고 전액 무료로 생활할 수 있도록 했다. 미국 해외선교부가 전적으로 재정을 부담했지만 턱없이 부족했고, 아이들은 고무 튜브를 목욕 욕조로 대신해야 했다. 한 명의 고아로 시작한 학교는 두 달도 안 되어 10명으로 늘

---

6 엘린우드에게 보내는 언더우드의 편지, 1885년 7월 6일자.

었고 이후 25명까지 증가했다. 일명 '영아소동'으로 위기가 닥쳤으나 학교
는 계속되었다. 그 사이 부모가 있는 아이들도 학교에 입학하여 40여명까
지 불어났다. 그러나 아이들이 불어날수록 학교의 재정은 더욱더 부족해졌
고, 학교를 계속하기 위해서는 재정적 문제를 먼저 해결해야 했다.

1890년 이 학교를 마펫(S. A. Moffett)이 맡게 되었을 때, 북장로교 선교사
회는 "자력이나 또는 부모들의 힘으로 학비를 일부분이라도 부담할 수 있
는 아이들에 한하여 입사(入舍)시킬 것과 1년 동안 계속 재교(在校)하지 않
고 방학 동안에는 집으로 돌려보낼 것"을 결의했다. 그 이유는 언더우드의
아내가 피어슨(A. T. Pierson)에게 보낸 편지에서 드러난다.

이 고아원에는 약 25명의 남자 아이들이 수용되어 있습니다. 그들은 방을 치
우기도 하고 자기 먹을 음식을 마련하기도 하면서, 학교 운영에 필요한 일들
을 많이 하고 있습니다. 그들은 새벽 3시 반에 일어나서 몸차림과 방을 잘 정
돈해 놓고, 8시까지 한문을 공부하고, 외국인 선생들과 같이 아침예배를 보
고 나서 아침 식사를 합니다. 식사 후에 영어공부를 조금하고, 또 성경공부
를 하였습니다. 이러한 수업시간 사이에 쉬는 시간을 넣었고, 오후에는 놀기
만 하고 복습도 하고 한문 공부도 조금 하게 되었는데 한문공부는 조선인 교
육에 요긴한 과목입니다. 선교본부에서는 이 학교에 대한 예산을 대폭 삭감
할 수밖에 없게 되어 학교를 유지하는 것이 가장 큰 문제가 되었습니다.[7]

언더우드 부인은 학교가 나름 잘 운영되고 있지만 재정적인 문제에 봉
착하고 있음을 밝혔다. 공동 기숙생활을 했던 이 학교는 '예수교학당', '민
노아학당' 등으로 개명되어 유지되다가, 결국 1897년 10월에 폐교되었다.
미국 북장로교 선교부는 전도사업이 시급하고, 고등교육에 대한 현지 기독

---

7   H. H. Underwood, *Modern Education in Korea*, International Press, New York,, 1926,
pp. 18—21.

교인의 요청이 많지 않고, 이 학당이 만족스러운 운영을 못했고, 이 학교를 운영할 적격자가 없다는 등의 이유를 들었지만, 가장 큰 이유는 재정 때문이었다. 이 학교는 1901년에 게일(J. S. Gale) 선교사에 의해 '구세학당'이라는 이름으로 재건되었고, 1905년에 '경신학교'로 개명되었다. 언더우드가 시작한 이 학교에서 도산 안창호, 우사 김규식이 배출됐다. 교육선교의 열매는 시간의 거리를 한참 지나야 맺히는 것이다.

2) 정동장로교회의 창설—대중성의 한계 노출과 그 보안책

1882년 만주에서 존 로스(John Ross)로부터 세례를 받은 서상륜은 영국 성서공회의 매서인이 되어 소래와 서울 등을 오가며 성서를 팔고 복음을 전했다. 1886년 어느 날, 서상륜이 언더우드를 찾아와서, 황해도 소래로 와서 자신이 전도한 사람들에게 세례를 베풀 것을 요청했다. 복음전파에 목말라하던 언더우드는 전율을 느끼지 않을 수 없었다. 그렇지만 세례가 금지되어 있던 상황이고, 외국인의 지방여행이 자유롭지 못하던 때였다. 따라서 그들이 서울로 와야 했고 세례식은 비밀리에 진행되어야 했다.

1887년 1월, 서상륜이 로스의 소개장을 들고 소래로부터 서경조, 정공빈, 최명오와 함께 서울로 왔다. 로스의 선교 결실이 서울에 나타난 것이다. 세례문답을 할 때 이들은 "왕이 우리를 처형한다 해도 하나님께서 우리를 구원해 주셨으니 모든 것이 잘 될 것입니다", "하나님께 복종한다는 이유로 왕이 내 목을 베어도 상관 없습니다"라는 강한 다짐과 고백을 했다.[8] 이들의 목숨을 건 신앙고백과 하나님의 구원경륜에 대한 지식, 그리고 성경말씀대로 살고자 하는 진지한 태도에 언더우드와 함께 그 자리에 있었던 헤론도 감격에 겨워했다. 선교사들은 이들이 조선 백성들의 전도자가 되고

---

8   엘린우드에게 보내는 언더우드의 편지, 1887년 1월 22일자.

기독자의 모범이 되기를 기도했다.

1887년 6월까지, 언더우드는 목숨을 걸고 세례를 간청한 9명에게 비밀리에 세례를 주었다. 조선 정부의 금교조치가 강하게 압박하고 조선선교사회의 규정이 엄한 때였지만 세례강청(強請)을 외면할 수는 없었다. 이 사건이 알려졌을 때, 선교사회를 이끌고 있던 알렌이 발끈했다. 세례를 주는 일은 자신뿐만 아니라 모든 선교사들의 추방으로 이어질 수 있기 때문이었다. 이 일로 언더우드와 알렌의 사이는 멀어지게 되었다.

1887년 9월 27일 화요일 밤, 정동장로교회가 창립하는 날, 일주일 전 서울에 도착한 만주 선교사 로스가 초대되었다. 의주의 백홍준과 이성하, 김진기, 소래의 서상륜과 서경조, 최명오, 주공삼, 서울의 노춘경 등 모두 14명의 세례교인이 참석했다. 노춘경을 제외하고 거의 모두 존 로스의 결실들이었고 로스는 영광스런 기쁨을 누릴 수 있었다. 이날, 일주일 전에 장로로 피택된 두 사람이 안수를 받았다. 비로소 당회가 구성되었고 최초의 장로교회가 출범한 것이다. 그 일에 대해 로스는 다음과 같이 전하고 있다.

조심스럽게 종이를 바른 방문을 두드리자 문이 열렸다. 그 안에는 옷을 정제하고 학식 있어 보이는 남자 열네 명이 있었다. 이들 중 한 사람은 그날 밤에 세례를 받았고 그날의 가장 중요한 일은 두 사람을 장로로 선출하는 일이었다. 이의 없이 두 사람이 선출되었고 그 다음 주일에 안수 받았다. 알고 보니 이 두 사람은 봉천(지금의 심양)에서 온 사람의 사촌들이었다. 그들은 이미 6년 전에 신앙인이 되어 있었고, 그런 관계로 이 첫 모임에 참석했던 것이 틀림없다. 또한 교회를 세운 세례교인 14명 중 13명이 그 사람이나 봉천을 떠났던 다른 사람의 전도로 개종한 사람들임이 밝혀졌다. 그러나 무엇보다도 나의 관심을 끌었던 것은 그 도시에 그들과 같은 계층의 교인이 300명 이상이나 있다는 것이다. 그들은 여러 가지 이유로 아직 공개적으로 교회에 들어

오지 못하고 있었다.[9]

1888년 가을, 언더우드는 "주일예배는 매주 앉을 자리가 모자랄 정도로 넘치고, 본토인의 주중 기도회는 정기적으로 약 30명이 참석하고 있고", 주중에도 수요기도회로 모이기 시작했다며 그 성공을 기뻐하고 있다.[10] 그러나 선교의 성취는 호락호락하지 않고 역사의 판단은 엄격하고 냉정한 것이다. 1889년 말부터 다음 해 3월까지, 언더우드가 성서인쇄를 위해 일본 요코하마에 머무는 동안, 정동장로교회를 대신 치리하던 헤론과 기포드(D. L. Gifford) 선교사가 장로 한 명을 출교시켰다. 나머지 한 명의 장로직도 박탈했다.

우리 교인 한 명이 얼마 전에 범한 행동을 듣게 되어 유감입니다. 구체적 내용은 듣지 못했습니다. 제가 서울에 있어서 사건 전부를 알았으면 좋았을 것입니다. 그는 과거에 다소의 박해를 견뎠고, 반대와 불명예에도 불구하고 그리스도를 위해서 굳게 섰던 자입니다. 비록 그가 넘어졌으나 다시 돌아오기를 진심으로 바라고 기도합니다. 아직 들어 보지 못한 정상을 참작해야 할 이유들이 분명히 있을 것입니다.[11]

언더우드는 해외선교부 총무 엘린우드에게 이 사건을 이렇게 전했다. 열정으로 가득했던 젊은 선교사에게는 충격이 아닐 수 없는 일이었을 것이다. 또한 모든 선교사들을 의기소침하게 만드는 사건이었을 것이다. 그렇지만 선교의 역사에 이런 일은 비일비재하다.

이 사건은 복음주의 선교가 갖고 있는 대중주의의 한계점을 드러낸다.

---

9   John Ross, "Christian Dawn in Korea", *The Missionary Review*, Apr. 1890, p.247.
10   엘린우드에게 보내는 언더우드의 편지, 1889년 1월 7일자.
11   엘린우드에게 보내는 언더우드의 편지, 1890년 3월 2일자.

일반 대중의 윤리의식은 그 사회의 민도(民度)에 따라 좌우되기 때문이다. 당시 조선에 들어왔던 모든 선교사들이 하나같이 지적했던 것이 바로 조선인들의 부패와 비윤리성 문제였다. 유학의 지식자들을 빼놓고는 예외가 없었다. 책임감이 없었고 게을렀으며 자신들이 몸담고 있는 조직에 대한 책임의식이 약했다. 특별히 민초들의 행태는 더 말할 나위 없었다. 등록교인 중 상당수의 배교자(backsliders)가 나왔고, 세례를 받았다 해도 신앙 자체에 대해 무관심했다. YMCA 총무 월남 이상재도 이 문제를 지적했고, 도산 안창호도 민족을 개량해야 한다는 과격한 주장을 할 정도였다.

복음주의 선교에서 대중성이 가지는 한계를 보완하고 극복하도록 하는 조치가 바로 내적 회심의 강조이다. 복음주의는 단독자로서 자신의 내면의 죄까지 고치려는 태도와 철저한 도덕적 행위의 병행을 강조한다. 그래야 비로소 신앙인이 된다는 의식이 유달리 강하다. 예배 직후 행해지는 간증도 교인들의 회심유무를 확인하는 방편이었다. 대중성과 내적 회심 그리고 간증을 통한 확인방식, 이 모두를 시행했던 선교사 중 한 사람이 하디(Robert A. Hardie)였다.

이 사건 이후, 정동장로교회는 10여 년간 장로를 선출하지 않았다. 강력한 권징과 치리로 교인들을 훈련시켰고 세례문답을 까다롭고 엄격하게 했다. 세례를 받기에는 미흡하지만 교인으로서 인정할 만한 사람을 원입인으로, 교회는 출석하지만 아직 신앙이 없는 사람을 고대인(대기인)으로 정했다. 세례인이 되기 위해서는 선교사들뿐만 아니라 한국인 지도자들로부터도 인정을 받아야 했다.

3) 노방전도와 순회전도

언더우드는 의료인 신분으로 조선에 들어왔고 그의 선교범위는 제중원에 한정되어 있었다. 그러나 제중원에 갇혀 있기에는 그의 열정이 끓어 넘쳤다. 입이 열려 조선어를 조금 할 수 있게 되자 규칙적으로 골목길이나 샛길로 나갔고 나무 밑이나 사람들이 모여 있는 곳으로 찾아갔다. 약수터로 올라갔고 큰 거리로 나섰다. 그리고 서툴지만 소리 높여가며 복음을 전했다. 직접 복음을 전하는 것이 불법이었던 그 시대에 젊은 언더우드는 노방전도를 하며 직접 복음을 전하려 했다. 그렇게 하지 않고는 복음전파의 갈증을 해소하지 못했을 것이다.

1887년 11월, 정동장로교회를 설립한 직후, 언더우드는 조선 정부의 허락을 받아 서울을 벗어날 수 있었다. 개성과 솔내, 평양을 거쳐서 의주까지 다녀오는 긴 여행이었다. 그가 그렇게 바랐던 순회전도여행을 시작한 것이고, 그것은 선교거점(substation)이 가능한지 확인하는 작업이기도 했다. 이 순회전도를 통해 언더우드는 소래마을에서 자신을 기다렸던 7명의 교인에게 세례를 주었다. 소래 사람들은 젊은 선교사의 말에 기꺼이 귀를 기울였고 정중히 대접했으며 선교사가 권유한 책을 사서 열심히 읽었다.[12] 이 여행을 통해 언더우드는 로스 선교사의 결실이 적지 않음도 확인했다.

언더우드는 그 이듬해에도 아펜젤러와 함께 두 번째 순회전도 여행을 떠났다. 미국공사 딘스모어(H.A. Dinsmore)는 조선 정부로부터 받은 호조(여행허가증)를 넘겨주면서 전도활동이나 세례를 주어서는 안 된다고 강하게 요구했고, 두 사람은 그것을 수락했다.

당시 조선 정부가 발행하는 호조는 단순한 여권이나 통행증의 의미 이상의 것이었다. 호조를 내보이면 그 지방 관리는 조랑말, 엽전, 관사의 잠자리 등 요구하는 대로 제공하도록 되어 있었다. 물론 그 비용은 후에 서울로 돌아온 뒤 지불하면 되었다. 두 사람은 의주를 넘어 만주까지 가려 했다. 미국 선교사들에 대한 신뢰를 갖게 된 조선 정부가 국경을 넘을 수 있도록 허락했던 것이다.

12　H. G. Underwood, *The Call of Korea*, (Fleming H. Revell Company:1908, London and Edinburgh), p.137.

두 번째 순회전도여행을 해야 했던 것은 평양에 세례를 기다리는 21명이 있었고, 이를 기회로 평양에 선교거점(mission station)의 가능 여부를 확인하고 싶어서였다. 그렇지만 이들이 평양에 이르렀을 때 미국공사관의 긴급호출에 따라 급히 서울로 돌아와야 했다. 종교금지령이 발령되었기 때문이다.

종교금지령은 천주교가 조선 정부의 허락 없이 명동성당의 건축을 강행했기 때문에 일어난 사건이다. 그런데 이 사건으로 개신교 선교사들의 활동도 급속히 위축되었을 뿐만 아니라 선교사회 내부에 적지 않은 파장이 일어났다. 종교금지령이 언더우드와 아펜젤러의 순회전도여행 때문이라는 주장이 재한 선교사회 내부에서 제기되었기 때문이다. 조선 정부의 타깃이 천주교회였지만, 이 사건으로 종교사업이라고 간주될 수 있는 것들을 스스로 중단해야 했고 개신교 선교사들은 서로 갈등하게 되었다.

언더우드는 결혼 직후, 신혼여행을 겸해 세 번째 순회전도여행을 계획했다. 송도, 솔내, 평양, 강계를 거쳐 압록강변의 마을을 두루 다니고 의주에 들렀다가 서울로 돌아오는 여정이었다. 1889년 3월 14일 아내 릴리아스 호튼과 세 번째 여행을 떠날 수 있었다. 서양인 여자를 처음 보는지라 두 사람의 숙소 앞에 조선 사람들이 인산인해를 이루었지만 이방인에 대한 반감은 전혀 없었다. 이 여행에서 언더우드는 세례를 받고 싶어 하는 100여 명의 의주 사람들을 만났다.

그러나 언더우드는 공개적으로 세례를 줄 수 없었다. 절대로 가르치지 말고 세례도 주지 말라며 딘스모어 공사가 경고에 가까운 강청(强請)을 했기 때문이다. 언더우드 부부는 기지를 발휘했다. 1889년 4월 27일 세례문답을 거친 지원자 33명을 배에 태우고 압록강을 건너 중국 영토에 이르렀을 때 세례의식을 행한 것이다. 물론 이것은 여행을 떠나기 전부터 계획한 행동이었다.[13] 그런데 이 사실이 알려졌고, 조선 정부는 불법적인 행동을

---

13   엘린우드에게 보내는 언더우드의 편지, 1889년 5월 26일자.

했다며 미국공사관에 문제를 제기했다. 딘스모어는 언더우드가 위험하고 부정적인 행위를 했다고 비난했고 장로교선교회 회장 헤론도 언더우드를 강하게 비판했다. 이로 인해 선교사들의 활동은 또 다시 중단되어야 했다.

그런데, 조선 왕실의 태도는 예전과 달리 강경하지 않았다. 결혼선물로 100만 전을 하사한 바 있었던 명성왕후는 신혼여행에서 돌아온 언더우드 부인에게 또다시 금팔찌와 진주반지를 하사했다. 두 사람은 선물의 절반을 의주 예배당 건축에 헌금했다. 조선 정부가 공식적으로 기독교의 복음 전파를 허락한 것은 1898년이다. 그러나 이미 조선 왕실은 개신교 선교사들에 대해 노골적인 신뢰를 보내고 있었다. 언더우드의 세 번째 여행은 공식적인 선교가 가능한지를 묻는, 일종의 테스트로 볼 수 있었다. 명성왕후의 주치의였던 릴리아스 호튼, 곧 언더우드 부인이 그것을 확인시켜 준 것이다.

4) 알렌, 헤론과의 갈등

같은 복음을 전하는 선교사들일지라도 각자의 형편과 선교관에 따라, 그리고 열정의 깊이와 넓이에 따라 갈라지고 서로 갈등하게 되어 있다. 알렌이 우려의 눈으로 언더우드를 바라보았던 것도 이 때문이다. 공식적인 선교활동과 공개적인 세례가 금지된 때였고 직접적인 전도가 불법이던 시절이었다. 따라서 언더우드의 돌발적 행동이 선교의 발판을 망칠 수 있었다.

알렌은 조선 왕실과 정부가 제한하는 합법적 울타리 안에서의 선교활동을 추구했다. 반면 언더우드는 "고래고래 소리 지르는 감리교도(The Roaring Methodist)"라는 별명을 들을 정도로 선교적 열정이 컸다. 알렌은 언더우드를 향해 "감리교 전도자(The Methodist Preacher of the Presbyterian Mission)"라며 핀잔을 주었고,[14] 언더우드는 복음을 전하지 않는다며 알렌을 비난했

---

14 W. B. Scaranton, "Historicl Sketch of the Korea Mission of Methodist Episcopal Church", *The Korean Repository*, Vol. 5, July 1898, p.257.

다. 알렌의 반대에도 아랑곳하지 않고 조선 사람들에게 성경과 찬송가를 가르쳤고, 계속해서 조선 북부지역으로의 선교여행을 계획했다.

알렌은 독단적으로 제중원을 운영한다고 자신을 비판했던 헤론에 대해서 "잘 토라지는 질투꾼"으로, 언더우드에 대해서는 "위선자에 수다쟁이"라고 보고했다.[15] 뉴욕의 해외선교부에 "훈련받지 못한 광기의 열광주의자들을 조선에 보냈다"는 항의도 했다.[16] 언더우드도 알렌을 비판하는 편지들을 써서 뉴욕 해외선교부로 계속 보냈고, 알렌이 장로교 선교기관의 기관장으로서의 안목을 가진 인물이 아니라고 비판했다.[17] 선교부가 조선 선교사업의 기초를 마련했다며 알렌을 두둔하자, 언더우드는 규정을 어기고 교만하게 행동하는 사람과 같이 할 수 없다며 사직서를 제출하기도 했다. 그리고 헤론과 함께 북감리교로 이적하겠다며 극한 감정을 드러냈다.

언더우드는 자신의 열정을 억누르지 못하여 노방전도에 나섰고, 1886년 7월 18일에는 헤론의 조선어 선생 노춘경에게 세례를 베풀었다. 알렌은 조선 정부가 공식적으로 허락할 때까지 세례를 베푸는 일에 동의할 수 없다고 거침없이 비판하고 나섰지만, 언더우드는 "복음의 전파자이며 그리스도의 십자가를 전할 임무를 받은 내가 그리스도를 따르는 사람으로서, 감히 (세례받기를 원하는) 그들의 요청을 거절할 수 없다"[18]며 고집을 꺾지 않았다.

1886년 여름부터 아펜젤러와 함께 번역을 시작한 『마가의 젼흔 복음셔언해』를 요코하마에서 간행하고, 1887년 2월 7일에 성서위원회를 조직하고 언더우드가 회장에 취임했을 때 알렌과 언더우드의 갈등은 극에 달했다. 1887년 7월, 알렌이 조선 정부의 참찬관(서기관)으로 임명되어 2년 이상 미국으로 건너가게 되면서 그 갈등은 일단 해소되었지만 두 사람의 관

---

15 Allen's Diary, March 29, 1886.
16 Dr. Allen's Letter to Frank Carpenter, 1889년 10월 10일자.
17 H. G. Underwood's Letter to Dr. Wells, 1887년 8월 4일자.
18 엘린우드에게 보내는 언더우드의 편지, 1887년 1월 27일자.

계는 늘 거리가 있었다.

일명 '영아소동(the Baby Riot)'이 일어났을 때, 제중원 원장 헤론도 선교사들의 예배시간에 찬송을 금지시켰고, 신혼여행 중에 압록강을 건너가 의주 교인 33명에게 세례를 주고 돌아온 언더우드를 비난했다.

> 과거 헤론 의사가 알렌 의사를 비난했던 바로 그 잘못을 이제 헤론 의사에게서 점점 발견하게 됩니다. … 저의 집에서 어제, 헤론 의사는 외국인 진료에 우선권을 두어야 한다고 말했습니다. … 헤론 의사는 이전의 알렌 의사의 영향을 받아서인지 이곳의 다른 선교사들보다 더 보수적으로 되어가고, 매우 많은 돈을 벌어서 마음대로 사용하기 때문에 종종 일을 독단적으로 처리하는 경향을 갖게 되었습니다.[19]

언더우드 부인은 헤론이 알렌의 전철을 따르고 있다며 이렇게 비난했고 헤론이 전도를 방해한다며 날 선 비판을 했다. 헤론은 언더우드를 '조심성 없는 열광자'라며 힐책했고, 언더우드는 헤론을 '알렌의 전신'이라 조롱했다. 헤론이 이질로 병상에 누워있을 때, 언더우드가 극진히 간호함으로써 두 사람의 관계는 회복되었지만, 두 선교사 간의 갈등은 후일 선교사 사회를 양분시키는 한 원인이 되었다.

3. 단일 복음주의 교회 – 언더우드의 꿈

장로교 선교사 언더우드는 복음주의자였고 동시에 일치주의자였다. 자신이 조선에 온 것은 장로교가 아닌 복음을 이식하기 위함이라고 외치며,

---

19   L. H. Underwood's letter to Dr. Ellinwood, 1889. 8. 3일자.

늘 단일 복음주의 교회를 부르짖었다. 그리고 자기의 생전에 장로교와 감리교라는 교파의 분열을 타파하고[20] 단일교회의 창설을 보고 가겠다는 생각을 밝혔다. 복음의 에너지를 한데 모아야 조선 전체를 복음화할 수 있다는 간절한 판단에서였다.

언더우드 곁에는 그의 의견에 동조하는 적지 않은 장로교와 감리교 선교사들이 있었고, 그들과 많은 일들을 함께 해나갔다.[21] 1885년 10월 11일, 장로교회의 첫 세례자인 노춘경에게 세례식을 베풀 때 언더우드는 아펜젤러에게 보좌를 부탁했다. 1887년 봄, 소래에서 온 서경조를 비롯한 세 사람에게 세례를 줄 때도 망을 보았던 사람이 감리교의 헐버트(Homer B. Hulbert) 선교사였다. 미국에서 안식년을 보낼 때 감리교 헐버트와 장로교 샤프(C. E. Sharp)가 번갈아 정동장로교회 예배를 인도했던 것도 언더우드의 뜻이었다. 1903년, 한성감옥에 갇혀 있던, 이상재를 비롯한 독립협회원들에게 세례식을 베풀 때도 감리교 선교사 벙커(D. A. Bunker)가 집례하도록 배려했고, 자신은 보좌를 했다. 1906년 1월에 단일교회를 주장하는 그의 글을 보면 다음과 같다.

우리 자체의 선교부 안에 있는 몇 사람도 단일교회의 형성을 별로 달갑지 않게 여깁니다. 그들은 우리 선교부 사업이 잘 발전되고 있는 형편에 연합할 이유가 없다고 봅니다. 내 생각을 말한다면, 이 나라를 속히 복음화시키기 위해서는 단일한 한국 교회가 될 때 가장 큰 영향력을 발휘할 수 있다고 확신합니다. 물론 이 연합과 일치된 조직을 손 댈 바에는 아주 조심스럽고 계획적으로, 하나하나씩 검토된 후에야 이루어지는 것이 당연합니다. 내가 그것을 마다하겠다는 것이 아닙니다. 하지만 이것 하나는 분명합니다. 이 일이 이루어진다면 기독교의 힘은 합쳐지고 집중되어 세상에 둘도 없는 공헌을

---

20 「神學世界」協成神學校, vol. I, No. 3, 1916년 8月號, p. 158.
21 H. Appenzeller's Letter to J. M. Reid, 13, Oct., 1885참조.

하게 될 것입니다.[22]

그러나 언더우드의 간절한 염원에도 불구하고 복음주의 단일교회는 이루어지지 못했다. 초대 한국 장로교회의 목사인 양전백이나 임택권은 교리와 정치가 다름으로 불가하다며 반대의견을 냈고, 마펫(Samuel A. Moffett)을 비롯한 장로교 선교사회 일부의 반대도 극심했다. 미국 북장로교회도 이를 수용하지 않았음은 물론이다. 언더우드는 단일교회를 이루려는 희망을 죽을 때까지 포기하지 않았고, 언더우드를 따르던 선교사들도 1930년대 초반까지도 단일 복음주의 교회에 대한 기대를 놓지 않았다. 비록 단일교회의 꿈은 실현되지 못했지만, 감리교와 장로교의 연합사업이 한국 교회의 전통으로 자리 잡았고, 언더우드의 꿈은 초교파의 조선기독교대학(연희전문)을 설립하는 것으로 대신하게 되었다.

4. 교회의 설립 – 복음주의 선교의 조건

겨울 추위를 견뎌내기에 한옥은 취약했고, 열악한 환경 탓에 선교사들의 건강은 선교활동을 멈춰야 할 만큼 약해지곤 했다. 1891년 3월, 언더우드는 아내 릴리아스 호튼의 관절염이 악화되면서 미국에 건너가 안식년을 보내야 했다.

6월, 언더우드의 모교 뉴브런스위크신학교는 언더우드에게 명예 신학박사 학위를 수여했다. 미국 북장로교회가 파송한 어느 선교사보다 그의 공적이 뛰어났음을 인정한 것이다. 9월, 시카고 맥코믹신학교에서 연설하고, 10월에 내쉬빌(Nashville)에서 열린 전미국신학교해외선교대회(Inter-

---

22   H. G. Underwood's letter. 1906년 1월 16일자.

Seminary Alliance for Foreign Missions)에서 언더우드는 조선의 선교를 부르짖었다. 이때 밴더빌트에서 유학 중이었던 윤치호가 강사로 참석하여 그 열기는 더욱 뜨거웠다. 그리고 다음 해 9월에는 토론토에서 열린 장로교회 연맹 총공의회에서 조선 선교를 독려하는 감동어린 연설을 했다.

언더우드의 연설에 그의 열정과 진심이 가득 담겨 있었다는 것은 남장로교 한국 선교에 뚜렷한 공헌을 했던 4명의 선교사, 곧 테이트(Lewis Boyd Tate), 존슨(Cameron Johnson), 레이놀즈(William David Reynolds), 전킨(William McCleary Junkin) 등이 조선 선교를 결정한 것을 통해서 알 수 있다. 네 사람은 언더우드의 연설을 듣고 조선의 선교사가 된 것이다. 또 세브란스병원의 설립과 연희전문 교장 등으로 한국 선교역사에서 그 이름을 드높였던 토론토대학교 의과대 교수 에비슨(Oliver R. Avison)도 언더우드로 인해 조선으로 건너왔다. 언더우드의 조선 선교에 대한 열정이 어떠했는지 알 수 있다.

한편, 조선 정부가 공식적으로 선교를 허용한 것은 고종 임금이 장로교 선교사 스왈렌(W. L. Swallen)에게 선교활동을 인정한 것이 계기가 되었다. 1898년 6월 10일, 스왈렌에게 인전교사(因傳敎事)의 이름으로 여행허가권, 곧 호조(護照)를 발행해 주었다.[23] 그것은 선교를 해도 좋다는 조선 정부의 공식 입장이었다. 그런데 언더우드가 미국에서 안식년을 지내고 돌아왔던 1893년 즈음, 이미 조선 정부는 미국 선교사들의 선교활동을 사실상 묵인하고 있었다.

언더우드는 이러한 조선 정부의 분위기를 간파했고, 따라서 교회개척에 힘을 쏟을 수 있었다. 조사(助事, Helper)들을 적극적으로 활용하여 서상륜, 김흥경 등에게 서울과 인근 지역을 맡겨 전도하도록 했고, 신화순, 도정희로 하여금 고양과 김포, 그리고 황해도까지 그 폭을 넓히도록 했다. 그 결

---

23 "同上護照의 發給",『구한국외교문서』제11권,美案,p.364 참조.

과 황해도 곡산군에 무릉리교회와 곡산읍교회, 도리동교회, 화천리교회, 은율읍교회를 설립했고, 장연군에 의동교회를 설립했다. 고양군에 행주교회와 토당리교회를 설립했고 김포군에 김포읍교회와 송마리교회, 파준군에 문산리 교회를 설립했다. 2차 안식년을 다녀와서는 김포군에 처산리교회와 용강교회, 시흥군의 가학리교회와 노량교회, 파주군에 죽원리 교회, 괴산군에 청천교회, 안산읍과 발안, 태을목 등에도 교회를 설립할 수 있었다.

교통수단이 열악했고 언어의 한계를 가지고 있던 상황에서 조사(Helper)들은 선교사들의 손과 발이 되었고, 선교사들의 지시 아래, 지역교회의 지도자로 영수(Leader, 장로교회의 경우) 혹은 본처전도사(감리교회의 경우)를 임명하여 교회를 운영하도록 했다. 그런데 조사(助事), 곧 평신도 지도자들을 활용하여 선교를 했던 것은 미국 감리교회의 전형적인 방식이기도 했다. 미국 감리교회는 성경을 이해하고 간단한 설교할 수 있다면 평신도들에게 임시 지역 목회자로서 교회를 이끌어갈 수 있도록 했고, 이들 평신도 지도자들은 전도를 위해 목사들이 꺼려하는 농촌이나 오지(娛地)까지도 마다하지 않았다. 재한 선교사들은 거의 모두 이 방식을 채택했다.

언더우드가 세운 교회는 대부분 서울 외곽의 서부지역에 위치했고, 이 지역의 특성이 서울과 달라 선교방법도 달리해야 했다. 1만 명 이상의 민초들이 사는 지역으로 바다와 강 등 수로가 발달되어 있었다. 빈번히 해상사고가 많았고, 근대적 의미의 정수시설과 배수시설을 갖추지 못한 탓에 수인성 전염병에 시달리는 곳이었다. 이러한 지역 특성에 따라 샤머니즘이 만연해 있었고, 토착종교와 무당의 위세가 강했다. 후일, 감리교의 존스(George Heber Jones) 선교사가 한국의 토속종교를 깊게 연구할 수 있었던 것도 이 지역을 중심으로 선교활동을 했기 때문이다.

그런데 이런 지역은 오히려 대중성과 내적 회심이라는, 복음주의 선교의 특성을 발휘할 수 있는 곳이 된다. 언더우드가 신유(神癒)의 은사를 실증했던 곳도 발안장터였다. 1893년, 언더우드는 굿을 하는 박수와 무당을 내쫓고, 불치의 중한 병에 걸려 누워 있던 환자를 위해 금식하며 삼일 밤낮으로 기도하여 일어나게 했다. 태을목에서도 임종 직전의 환자를 위해 기도할 때, 그 환자는 "나는 그곳에서 여러 색의 밝고 찬란한 아치형의 길을 봅니다. 그것은 마치 무지개와도 같습니다. 그 아치 모양의 길 위로 나는 밝은 빨강색의 십자가 두 개를 봅니다"라며 천국으로 들어가는 환상을 마지막 유언으로 남겼다.[24] 이러한 내적이고 영적인 사건으로 인해 언더우드는 보다 쉽게 교회를 세울 수 있었고, 이러한 지역정서로 인해 대중 속으로 복음의 내적 영역이 보다 확대될 수 있었다.

5. 정치의 문제 – 충군애국의 기독교로 각인

영미복음주의는 정치문제에 대해 직접적 관심이 없다. 그렇지만 알렌 이후 조선 왕실의 신뢰를 얻은 선교사들은 왕실의 비호 아래 선교활동을 시작했고, 조선 정부가 정하는 영역 안에서 활동했다. 따라서, 필연적으로, 정치에 휘말리게 되어 있었다. 왕실이나 조선 조정의 고위층들과 깊은 관계를 가지려는 사람들이 선교사들을 활용하려 했기 때문이다. 여기에 격변하는 국제관계의 상황들도 선교사들을 더욱 정치로 끌어들였다.

1895년 10월 18일, 일본이 명성왕후를 시해했다. 이른바 을미사변(乙未事變)으로 불리는 이 사건은 언더우드를 비롯한 미국 선교사들을 정치의 소용돌이로 밀어 넣었다.

임금의 처참한 모습은 보기에도 딱했다. 그는 흐느껴 울면서 곤전을 일본이

---

24 H. G. Underwood, "Prayer Cure", *The Korea Mission Field*, 제3권, 1907년 5월호.

학살했다고 호소했다. 누가 이 비참한 곤경에서 자기를 구해 주고 국모 참살의 원수를 갚아 주는 사람에게 자신의 머리를 깎아 신발을 만들어 주겠노라 되풀이하여 말하고 있었다.[25]

게일(James Scarth Gale, 1863-1937) 선교사는 명성왕후를 잃고 망연자실하는 고종 임금에 대해 이렇게 진술하고 있다. 공포와 증오에 휩싸인 임금은 서양인들, 특별히 자신과 깊은 신뢰관계를 갖고 있던 미국 선교사들 이외에는 아무도 믿으려 하지 않았다. 궁궐에서 준비되는 모든 음식을 의심했기 때문에 러시아공사관과 언더우드의 집으로부터 번갈아가며 음식을 가져가야 했다. 그 음식을 주석 금고에 넣고 예일(Yale) 자물쇠로 잠근 다음, 언더우드가 직접 임금에게 열쇠를 건네주었다.

매일 밤마다 선교사들은 두 명씩 조를 짜서 왕을 지켰다. 자신들이 있으면 왕에게 직접 위해를 가하지 못할 것이라고 생각했기 때문이다. 언더우드도 자주 한밤중에 경계를 섰다.[26] 거의 7주 동안 언더우드, 아펜젤러, 애비슨, 헐버트 등은 매일 저녁 임금의 집무실인 집옥재(集玉齋) 옆 건물에서 당번을 섰고 고종은 선교사들이 알현을 요청하면 이를 허락했다. 임금도 자신의 뜻이 담긴 밀지를 정동구락부 개화파 관료들에게 전달하는 심부름을 시키기도 했다.[27]

조선의 정치계는 선교사들에 대한 임금의 무한 신뢰와 밀착적 관계를 확인했고, 따라서 선교사들은 이후에 전개된 조선의 정치적 풍랑, 곧 춘생

---

25 J. S. Gale, *Korean Sketches*, Edinburgh: Oliphant Anderson & Ferrior, 1898, p.206.

26 L. H. 언더우드 지음, *Underwood of Korea*, 이만열 옮김, 『언더우드—한국에 온 첫 선교사』 (서울:기독교문사, 1990), p.158.

27 O. R. Avison, 『舊韓末秘錄』 上券, p.44. ; L. H. Underwood, *Fifteern Years among the Top-Konts*, p.155. ; L. H. Underood, *Underwood of Korea*, 1918, pp.147-148.

문사건[28], 아관파천[29], 대한제국 건립, 독립협회의 창설과 해산 과정, 박영효 역모사건 등에 관여하게 되었다. 이런 일련의 사건들을 통해, 조선사회는 기독교를 충군애국의 종교요 고종 임금의 충실한 보호자로 인식하게 되었다. 더 이상 외래 종교요 이방인이라는 의구심이 사라진 것이다.

미국공사 알렌과 러시아공사 슈페에르(Alexis de Speyer)는 미국 선교사들이 정치적이라고 비판한 바 있다.[30] 이에 선교사들은 자신들이 고종 황제를 보위하는 데 유난히 힘쓴 것은 개인적 신뢰관계와 인간적 측은함 때문이라고 강변했다.

선교사들은 선교지에 자신이 가지고 있는 것을 아낌없이 베풀기 마련이다. 언더우드가, 1891년 9월에 있은 전미국신학교 해외선교대회(Inter-Seminary Alliance for Foreign Missions)에서, "조선은 내 마음 속 중심에 있는 나라"(Korea is the country that is nearest to my heart)라고 고백한 것도 그런 이유이다. 그러나 언더우드를 비롯한 당시 선교사들의 행동이 정치행위임에는 틀림없다. 특별히 미국 선교사들의 주위에는 개화관료들을 비롯한 조선의 정치인들이 몰려들어 있었고, 고종 임금의 신뢰가 커갈수록 그 수는

---

28 춘생문 사건은 김홍집 친일 내각의 반대파가 고종 임금을 경복궁에서 안전한 정동지역에 이어(移御)시키려고 했던 사건이다. 여기에 언더우드, 애비슨, 헐버트 등 미국 선교사, 또 미국공사 알렌과 러시아공사 웨베르 등도 직·간접적으로 관여했다. 또한 경무사 윤웅렬 등도 여기에 협조했다. 1895년 11월 28일 반일개화파들은 경복궁 춘생문의 담을 넘어 입궐을 기도했다. 그러나 이 친위 쿠데타는 성공하지 못했다. 동원된 군사들은 모두 뿔뿔이 흩어지고 군사 수십명이 체포되었고 핵심 주모자들은 역모죄로 목숨을 잃었다. 윤치호의 아버지 윤웅렬은 함경도의 북병영과 남병영의 병력들까지 동원했으나 실패하자 언더우드의 집에 피신해 있었다. 그 뒤 중국으로 도피 상하이(上海)로 건너갔다가 1901년 귀국했다.
29 대일 감정이 극도로 악화하고 각지에서 의병이 일어나 전국이 소란해지자 러시아공사 웨베르는 공사관 보호라는 명목으로 수병(水兵) 120 여명을 서울로 데려왔다. 이에 친러파인 이범진 등은 웨베르와 공모하여 1896년 2월 11일에 국왕의 거처를 궁궐로부터 정동(貞洞)에 있는 러시아공사관으로 옮겼다. 고종 임금은 러시아공사관으로 옮긴 당일, 내각총리대신 김홍집을 비롯하여, 김윤식, 유길준, 어윤중, 조희연, 장박, 정병하, 김종한, 허진, 이범래, 이진호를 면직하고, 유길준 등을 체포하도록 명했다. 이어 김병시를 내각총리대신에 명하는 등 내각인사를 새로 했다. 이날 김홍집과 정병하, 어윤중이 백성들에게 살해되었다. 유길준, 조희연 등은 일본으로 망명했다. 이어 이범진, 이완용 등의 친러 내각이 조직되었다.
30 *Allen's Diary*, 1897. 10. 14.

더욱 불어나 있었다.

1901년 9월, 언더우드는 '장로교선교공의회'를 열어 정치적인 문제에 대한 정교분리 원칙을 천명하고 자신이 발행하는 「그리스도신문」에 이를 게재했다.[31] 선교사 사회 내부의 반성과 지적이 있었는지 알 수 없지만, 어느새 정치 중심에 서 있는 자신을 발견하고 그것을 교정하려 한 것이다.

언더우드가 기독교를 국교로 하고 싶다는 고종 황제[32]와 개화관료들의 제안에 반응을 보이지 않았던 것도 선교사 본연의 자세로 돌아갔기 때문이다. 선교지 상황과 시대적 요청에 따라 어쩔 수 없이 정치에 휘말리게 되었지만 선교사들은 복음을 전하기 위해 조선에 왔을 뿐이다. 1901년 이후 언더우드는 개인적 차원에서 왕실이나 개화관료들과의 친분은 유지했지만 정치적 사건의 중심에는 서지 않았다.

6. 언더우드 선교의 귀결점– 조선기독교대학(연희전문)의 설립

1) 서울 기독교의 특성

1899년, 한성판윤(漢城判尹)이었던 민경식을 비롯한 150명의 사대부들이 기독교 기관을 세워줄 것을 요청하는 진정서를 언더우드에게 전달하면서 YMCA 설립이 추진되었다. 당시 상민들과 부녀자들이 교회를 접하고 있다는 이유로 상류계급의 양반들과 관료들은 교회에 가지 않고 있었다. 언더우드에게 YMCA는 좋은 대안이었다. 이 일련의 과정에서 언더우드와 아펜젤러 등은 각각 YMCA 세계본부에 편지를 보내 YMCA 사업의 필요

---

31 '장로회 공의회 일기', "교회와 정부 사이에 교례할 몃가지 됴건", 「그리스도신문」, 1901년 10월 3일자.
32 L. H. Underwood, *Underwood of Korea*, pp. 204-205.

성을 강조하고 간사 파견과 건물 건립을 요청했다.

1903년 YMCA가 세워졌을 때, 스크랜튼을 위시한 일부 선교사들은 YMCA 사업이 "교회의 사업을 약화시킬 우려가 있다"며 반대하기도 했다.[33] YMCA 운동이 기독교 복음이 갖고 있는 내적 신앙을 무시한 채 사회개선에만 전력하게 되면 진정한 기독교라 할 수 없다는 생각이었다. 기독교의 복음이란 내적 회심에서 시작하여 외연(外延)에 이르는 것이지, 그렇지 않으면 엉뚱한 방향으로 갈 수 있다고 본 것이다. 이에 대해 헐버트는 "YMCA는 교회에 유익이 되면 됐지 절대로 방해가 되지 않는다"고 강변했다.[34]

논쟁이 계속될 때, 언더우드가 보완책을 내놓았다. YMCA가 하나님 나라의 가치관, 즉 기독교 복음이 갖고 있는 도덕의 바른 표준을 세우고 복음주의 기관이라는 목표를 설정하여 운영하면 된다고 주장한 것이다. 언더우드는 1914년 4월 2일부터 3일 동안 개성의 한영서원에서 열린 YMCA '3년대회(Triennial Convention)'에서 정회원의 자격을 "완전한 복음주의 교회 교인들에게만 적용"한다고 못을 박았다. 그리고 "복음주의의 교회라 함은 성경을 완전한 믿음과 행함의 표준으로 채택하고 예수 그리스도를 유일한 구주로 믿는 교회"라고 규정지었다. YMCA의 활동이 복음주의 교회의 연장선상에 있음을 분명히 한 것이다.[35]

그렇지만, 초대 한국인 총무 이상재나 그 후임인 윤치호, 신흥우 등 YMCA를 이끈 한국인들에게서 개인구령적인 활동은 크게 나타나지 않는다. 성서의 말씀에 대한 철저한 이행의식, 대중성 지향과 내적 회심의 영역 밖에 있었다. 이들은 조선이 직면한 현실과 역사를 변화시키기 위한 기독교의 사회적 역할에 보다 집중했다.[36] 상대적으로 말씀과 회심의 신앙관에

---

33 Editorial Comment, *The Korea Review*, 1903, 4월호, pp. 163-165.

34 Loc. cit.

35 김명구, 『월남 이상재의 기독교 사회운동과 사상』(서울 : 도서출판 시민문화, 2003), pp. 189-190.

36 이상재, "余의 經驗과 見地로브터 新任宣敎師諸君의게 告함", 『신학세계』 제8권 6호 참조.

는 무심했던 것이다.

YMCA가 기독교회와 달리, 복음주의의 터전이 될 수 없는 것은 본래의 역할이 사회기관이라는 것도 있지만, 서울 상류층 기독교인들의 성향 때문이었다. 서울지역은 1903년부터 시작하여 1907년에 폭발적인 성령강림의 정점을 이루었던 영적대각성운동의 영향을 거의 받지 않았다. 세계가 놀랐던 대각성운동의 여파가 한반도를 넘어 만주와 노령까지 퍼져나갔을 때도, 거센 성령강림의 기대감이 '백만인구령운동'으로 확대되었을 때도, 정동교회, 새문안교회, 연동교회, 승동교회, 안동교회 등 서울 중심부의 교회들은 크게 요동하지 않았다. 그것이 서울과 서울 기독교의 특성이었다.

YMCA를 주도한 인물들은 독립협회에 관여했던 개화파 지식인들이 많았고, 사대부적 전통 아래 있던 근대 엘리트들이었다. 서구문명과 그 지식에 박식한 인물들이 많았고 영어를 자유롭게 사용하는 인물들이 적지 않다. 이들은 서양문명에 대해 특별한 관심을 갖고 있었고, 기독교를 통해 근대화를 추진하고 인재를 양성하려 했다. 또한 민족갱생을 도모하고자 했고 애국운동이나 한국사회를 개혁해야 한다는 의식이 뚜렷했다. 결국 YMCA는 언더우드를 비롯한 선교사들의 기대와 멀어졌고, YMCA 출신의 한국 지도자들에게는 내적인 죄에 대한 심각한 회심의식과 속죄의 은총이라는 개념이 크게 나타나지 않았다.

2) 조선기독교대학(연희전문) 설립의 이유

을사늑약 이후 한국의 운명이 한일합방으로 치닫고 있을 때, 언더우드는 헐버트와 함께 일본의 요시찰 인물로 낙인찍혔다. 일본은 언더우드의 활동을 헐버트 이상으로 배일적이라 보았고 종교가가 아니라 선동자라 여겼다. '105인 사건'에 연루시키기도 했고 안식년으로 미국에 돌아갔을 때도 그의 일거수일투족을 감시했다.

일본의 판단은 틀리지 않았다. 언더우드는 분명 부흥사였지만 동시에 한국 독립운동의 선동가가 되어 있었다. 자신의 선교관을 포기한 것은 아니었지만 그가 1905년 을사늑약과 1910년 한일합방이라는, 한국 근대사에서 가장 변혁적이고 참담한 사건들을 겪으면서 방향을 바꾼 것은 사실이다.

복음은 역사를 움직이는 축이다. 그런데 복음은 복음을 받아들인 인물들에 의해 퍼져나가는 것이다. 또한 선교는 전파하는 자가 자신이 습득한 복음을 받아들이도록 설득하는 것이다. 그렇지만 전파방식은 전달층의 상황에 따라 수정하게 되어 있다. 그리고 역사적 상황에 따라 변경될 수 있다. 한국의 국권이 일본에 침탈되고 있는 상황에서, 선교사 언더우드의 꿈은 독립된 한국이었고 복음으로 세계 속에 우뚝 서는 것이었다.

> 지금(今) 제군들(諸君)이 내(我)가 가르친 도(道)를 믿고 있는 상태(狀態)가 옛날(昔日)보다 배가(倍加)되어, 소위(所謂) 확고부발(確固不拔)의 정신(情神)을 통해서 신앙(信仰)을 키우고 계신다면, 그(其) 결과(結果)는 언젠가(他日) 반드시 큰 성효(成效)를 드러낼 것이라는 점(點)은 한 치의 의심(疑)할 여지도 없습니다. 그러기에 선포(布)하며 바라 건데 여러분이 더욱 더 용기(勇氣)를 떨쳐(振) 우리 교회(我敎會)를 성대하게 하며, 내가 믿고 사랑하는(信愛) 곳인 한국이 지극히 완전한(純然) 독립국(獨立國)이라는 것을 늘(常) 마음에 두기로(留意) 결심(決)하고 결코 한 순간(時)도 망각(忘却)하지 말고 기대하는(望) 마음으로써(云) 살기 바랍니다.[37]

1909년 9월 16일, 언더우드는 YMCA 강당에서 이렇게 소리를 높였다. 이 땅에 더 이상 국권회복과 독립국가에 대한 희망을 찾아볼 수 없게 되었을 때, 모든 것이 끝났다며 자괴감에 빠져있던 청년들에게 한 연설이다. 그

37　警視總監若林賚藏, 外務部長鍋島桂次郎殿, 隆熙3년(1909) 9月17日, (34) 警秘第238號「ハールバト」ノ行動 ;『駐韓日本公使館記錄』第37卷, p.474. ;『統監府文書』第9卷, pp.177-178.

는 한국의 젊은 지식인들에게 복음과 열정, 강력한 독립의식을 요청했고, 도덕과 청결, 정직과 정의도 강조했다. 선교지 한국에 대한 더할 나위 없는 애착이었고, 메시아 대망의 간구였다.

제가 한국에서 일하는 동안 사람들을 선동했다고 비난 받던 분이 바로 그 유명한 미국인 선교사 언더우드(Underwood)라는 것은 누구나 잘 알고 있습니다.[38]

1914년 12월 2일 상하이 미국 총영사 샘몬스(Thomas Sammons)는 언더우드에게 이렇게 편지를 보냈다. 그때 그는 언더우드가 헐버트의 전철을 밟을 것이라 믿었다. 그렇지만 언더우드의 판단은 헐버트와 달랐다. 헐버트는 직접적으로 한국의 독립운동에 뛰어드는 것을 선택했지만, 언더우드는 서울에 기독교 종합대학교를 세우는 것으로 결론을 내렸던 것이다.

로즈(Harry A. Rhodes) 선교사 등 복음주의 선교를 최우선의 과제로 생각했던 사람들은 연희전문에 왜 상과를 개설하는지 이해하지 못했다. 복음전도야말로 교회가 감당해야 하는 유일한 선교방식이고, 그 이외의 것은 복음전도를 위한 수단에 불과하다는 생각 때문이었다. 그런데 언더우드가 꿈꾸었던 대학교는 단지 교회 중심의 고등교육기관이 아니었다.

서울은 한반도의 중심축이요, 한국문화의 집결지요, 모든 사상의 집합소가 된다. 한국의 정치와 외교, 경제와 문화, 교회와 사회가 모두 유기적으로 얽혀 있는 곳이 서울이다. 서울을 흔들어야 한반도 전체가 요동치게 되어 있다. 어떤 선교사보다도 서울이 가지고 있는 힘과 그 역할을 잘 알고 있는 언더우드였다. 그는 복음이 교회나 종교의 영역을 넘어서 근대 한국의 모든 영역에 힘을 발휘해야 기독교가 한국의 중심으로 자리 잡을 수 있다고

---

38 Mr. Sammons' letter to Dr. H. G. Underwood, Dec. 2, 1914. Shanghai, China.

확신했다. 한국과 같은 비기독교 국가에서 복음을 교회의 영역으로만 제한하면 그 힘도 한국 전체로 뻗기 어렵다는 것을 발견한 것이다. 기독교가 근대 한국 전체를 견인하게 될까 봐, 조선 정부도 언더우드가 5차례나 서울에 기독교대학을 만들겠다고 청원했을 때 이를 수락하지 않았던 것이다.

학문적으로 그 위치가 남다른, 고등교육기관인 대학은 차원이 다른 큰 힘을 품고 있다. 대학은 세계와 공유할 수 있는 근대문명의 터전이요 강력한 권력을 배양하는 터이다. 대학교는 선진 서구와 그 문명을 공유하며 문화교류의 장소로 발전하게 되어 있다. 언더우드는 대학의 거대한 영향력을 잘 알고 있었고 그만한 기대를 갖고 있었다. 물론 서울의 기독교대학은 필연적으로, 개인구령의 선교관이나 부흥회적 경건보다는 사회·윤리적 가치관을 더욱 중요시하게 되어 있었다. 그렇지만 이곳에서 배출된 인물들은 한국 전체를 견인하여 일본의 속박으로부터 벗어나게 할 것은 물론, 한국 교회를 역사 속에서 영존(永存)시키고 복음을 세계로 뻗게 할 것이다. 그는 이렇게 기대했다.

그런데 묘하게도, 평양 거주 선교사 마펫((Samuel Austin Moffett)이 반대했고, 뉴욕의 북장로교 선교부가 반대했다. 이미 평양에 숭실대학이 있고 평양신학교가 있으니 기독교대학이 더 이상 필요치 않다는 생각이었다. 뉴욕의 북장로교 선교부는 5년이나 늦게 조선에 파견된 마펫에 비해 성과가 저조하다고 언더우드를 비판한 바 있었다.

1910년까지 언더우드가 주도했던 서울과 경기도에 설립된 교회의 수는 66개였지만, 마펫이 주도하는 평안도는 262개나 되었다. 장로교가 세운 미션스쿨도 서울과 경기도를 합해서 67개였지만 평안도는 270개나 되었다. 많은 투자를 해도 서울의 결과는 저조했고, 따라서 마펫에게 선교비가 집중되고 있던 상황이었다. 그렇지만 역사의 주재자는 언더우드의 형을 대부호로 만들어서 동생의 꿈을 이루게 했다. 대학 설립자금의 대부분이 언더우드 타자기를 개발한 언더우드의 형 존(John T. Underwood)으로부터 나온 것이다.

언더우드는 독주하지 않았다. 감리교의 벡커(A. L. Becker) 선교사가 1914년에 시작한 대학 예과와 장로교의 밀러(E. H. Miller)가 설립한 임시 대학과를 합쳐서 1915년 3월 5일에 조선기독교대학(연희전문학교)을 창립했던 것이다. 재단에 참여한 교파는 북장로교, 남 · 북 감리교와 캐나다 선교부였다.[39] 복음주의 단일교회를 만들고 싶었던 그의 의지가 여기에 작용했다. 각 교파와 교회의 힘이 합쳐지고 집중되어야, 그리고 모든 복음의 에너지를 모아야 대학을 지탱해 나갈 수 있고 한국을 이끌 수 있다는 생각이었다. 기독교대학교 설립의 중요한 조건이었다.

7. 여언

언더우드가 조선에 처음 발을 디뎠을 때만 해도 그는 고래고래 소리 지르며 전도하던 선교사였다. 뛰어 다니며 직접 복음을 전해야만 참다운 선교라는 의식이 강했다. 복음을 전하기 위해 금식하며 통성기도 하던 인물이었다. 신유(神癒)의 은사를 발휘했고 누구보다도 복음의 위력이 어떠한지 체험했다.

30년을 활동하면서 복음과 지역, 복음과 문화, 복음과 교육, 복음과 의료, 복음과 정치의 관계가 풀지 못할 만큼 얽혀 있음을 발견했다. 본의 아니게 정치에 깊숙이 관여하게 되었고, 그의 정치적 영향력과 역할은 한국 근대사에 깊이 새겨졌다. 그런데 그것은 서울이라는 선교지 특성과 시대적 상황 때문이었다. 그리고 선교의 개념을 넓혀야만 했던 이유였다. 역사가 그렇게 그를 유도한 것이다.

---

[39] H. H. Underwood, *Modern Education in Korea*, New York International Press, 1926, p.277.

인간은 쉽게 바뀌지 않는다. 그럼에도 역사는 인간이 바뀐다고 증언한다. 성령의 역사가 인간을 변화시키고, 오랜 시간에 걸쳐 체계화시킨 교육이 인간을 변화시킨다. 반면, 성령은 단숨에 인간을 변화시키고 변화의 파급은 비교되지 않을 정도로 강력하다. 그래서 대개 선교사들은 성령의 개입을 기대한다. 하나님이 역사에 직접 손길을 내미시면 한 순간에 선교지와 그 땅의 거민들을 바꾸기 때문이다. 그렇지만 성령의 영역은 인간의 영역이 아니다. 인간이 손 댈 수 있는 곳은 교육의 영역일 뿐이다. 변화의 성과를 얻기까지 오랜 시간이 걸리고, 그 힘도 기대에 이르지 못하며 제한적이다. 그러나 변화는 반드시 나타나게 되어 있다. 언더우드가 조선기독교대학(연희전문)을 선택한 이유이다.

조선기독교대학(연희전문)이 설립되고 1년이 막 지났을 때, 언더우드는 이 세상을 떠났다. 과로가 누적되었던 때문일 것이다. 마펫을 비롯한 평양 지역 선교사들의 격렬한 반대와 오해, 비난도 한 원인이 되었을 것이다. 언더우드는 자신의 생명과 최후의 선교 결실인 연희전문을 바꾼 것이다.

선교의 역사에 보면 선교사들 사회 내부의 갈등이 적지 않게 기록되어 있다. 공통적인 것은 모든 선교사들이 자신의 확고한 신념을 갖고 있고, 그래서 서로 갈등하는 것이다. 묘한 것은, 때로 오해를 주고받는 것도 사명이 된다. 그런 갈등 속에서 오히려 선교가 확대된다. 선교사가 위대한 것이 아니라 복음이 위대하며 선교사가 숭고한 것이 아니라 복음을 전하는 그 일 자체가 숭고한 것이다. 역사의 주관자는 그렇게 역사를 이끌어 가신다.

안착의 시대

8장

마펫

H. G. Underwood

1859-1916

2006년 5월 9일, 미국 캘리포니아 산타바바라(Santa Barbara) 카펀테리아(Carpinteria) 공동묘지에 안장되어 있던 한 미국 선교사가 사후 67년 만에 한국으로 돌아왔다. 바로 사무엘 마펫(Samuel A. Moffett)이다. 당시 마펫은 일본의 암살위협을 잠시 피하기 위해 가방 2개만 들고서 급하게 한국을 떠났었다. 평소 "한국에 묻히고 싶다"는 말을 여러 차례 남긴 그의 소망이 유언이 되어 장로회신학대학교 이상조기념도서관 앞 잔디밭에 이장된 것이다. 이장(移葬) 예배는 정성껏, 그리고 정중히 치러졌다.

한국의 '장자교단'이라며 장로교회의 정통성과 우위성을 주장하는 이들은 한 목소리로 마펫을 '한국 장로교회의 아버지'라 부른다. 언더우드보다 5년이나 늦게 조선 땅을 밟았고, 서울이 아닌 평양을 중심으로 활동했던 마펫이 왜 한국 장로교회의 원조로 추앙받으며 사랑을 받는 것일까?

I. 조선에 오기까지

1) 마펫의 가계와 맥코믹신학교

미국의 남북전쟁이 한창이던 1864년 1월 25일, 마펫은 인디애나주 매디슨시에서 사무엘 슈만 마펫(Samuel Shuman Moffett)과 마리아 제인 믹키(Maria Jane McKee)의 넷째 아들로 출생했다. 마펫의 가계는 존 녹스(John

Knox)의 전통을 따르는 스코틀랜드 언약파(Covenanters)의 후예로 개혁교회의 교리를 보존하고 있었다.

스코틀랜드 언약파는 잉글랜드와 아일랜드의 개혁교회를 돕는 데 앞장섰고, 로마 가톨릭과 영국 성공회의 수직적이고 감독교회적인 전통을 강하게 거부했다. 그런 이유로 17세기에 언약파 목회자의 3분의 1에 해당하는 4백여 명의 목사들이 강제로 교회에서 쫓겨났고 총살이나 교수형이 아니면 추방을 당했다. 그럼에도 웨스트민스터 신조를 생명처럼 여겼던 이들은 굴하지 않았고 자신들의 신학적 전통을 지키는 데 온 힘을 기울였다.

메릴랜드주 해거스타운(Hagestown)에 거주했던 마펫의 할아버지 윌리엄 마펫(William Moffett)은 여러 사람의 만류를 뿌리치고 콜레라에 걸린 친구를 간호하다가 1832년 병든 친구와 함께 세상을 떠난 것으로 알려졌다. 그는 성서의 말씀과 엄격한 수행을 기독교의 가장 중요한 행동지침으로 여겼던 자기 교회의 전통을 지켰다.

윌리엄 마펫이 죽은 후, 1841년 마펫의 아버지 사무엘 슈만 마펫(Samuel Shuman Moffett)은 18세의 나이로 인디애나주 매디슨(Madison)으로 이주했다. 그의 포목상 사업은 번창했고, 1852년 8월 12일에 마리아 제인 믹키(Maria Jane Mckee)와 결혼했다. 슈만 마펫도 가계의 전통을 그대로 이어받은 청교도주의자로 도덕성과 강한 자제력을 지닌 인물이었다. 반면, 부유한 가정에서 자란 마리아 믹키는 상류사회 생활에 익숙한 여성이었다. 그렇지만 성경을 늘 가지고 다니며 즐겨 읽는 높은 경건의 소유자였다. 가문과 부모의 경건한 신앙 아래 자라난 마펫은 성경암송, 교리강습 등 장로교회의 철저한 교육지침에 언제나 충실히 따랐다.

15세가 되던 해, 마펫은 하노버대학(Hanover College)에 입학하여 화학을 전공했다. YMCA에 입회하여 활동했고 학생회장을 했으며 학교를 위해 열정적으로 모금활동을 했다. 또한 1881년에 포틀랜드 윌리스톤 회중교회로부터 시작된 기독교청년면려회(C. E.)를 매디슨에 조직하는 책임도 맡고 주일학교 봉사를 하는 등 아주 모범적인 교회청년 상(象)을 그려 나갔다. 하노버대학의 경건한 분위기와 스코틀랜드 언약파 가계의 전통이 잘 맞았던 것이다. 그렇지만 그때까지만 해도 목회자나 선교사가 될 생각은 전혀 없었다. 1884년 6월 12일, 마펫은 하노버대학을 수석으로 졸업하여 이학학사(B.S.)를 취득했고 하노버대학 대학원에 진학하여 이학석사(M.S.)를 취득했다. 그때 그는 존스홉킨스대학(Johns Hopkins University) 박사과정에 입학해서 화학공부를 계속하기 원했다.

마펫의 진로를 바꾼 인물은 한 학년 아래의 윌리엄 베어드(William M. Baird)와 베어드의 11살 위의 형으로 하노버대학 교수였던 존 베어드(John F. Baird)로 알려져 있다. 베어드 가문도 1660년쯤 스코틀랜드에서 북아일랜드로 이주한 스코틀랜드 장로교회 언약파의 후예로 두 형제는 집안의 강한 종교적 영향과 엄격한 개혁교회 전통의 신앙관 아래 성장했다. 이들로부터 구체적으로 어떤 영향을 받았는지 알 수 없지만, 마펫은 선교사가 될 꿈을 꾸게 되었다. 그래서 마펫은 베어드와 함께 1885년, 시카고(Chicago) 맥코믹신학교(McCormick Theological Seminary)에 입학했다.

1829년에 창설된 맥코믹신학교는 하노버대학의 신학부였다. 19세기 초 미국의 중서부 지역에 일어났던 부흥운동의 결과로, 장로교 목회자 양성을 위해 설립된 신학교였다. 웨스트민스터 신앙고백과 교회정치에 기반을 둔 장로교적 신앙원리를 중요하게 여기는 곳으로, 청교도적 엄격성이 강조되고 높은 학문성과 절제된 경건의 모습을 요구하는 신학교였다.

부흥의 바람이 미국의 대학생 사회에 불어닥쳤다. 1886년 미국 노스필드에서 시작된 학생자원운동(The Student Volunteer Movement for Foreign Missions)의 바람이 맥코믹에도 불어왔다. 1886년 6월, 마펫은 베어드와 함께 무디(Dwight L. Moody, 1837-1899)와 피어슨(Arthur T. Pierson)이 주도한 매사추세츠 헐몬산(Mt. Hermon) 여름 학생수련회에 참석했다. 이 집회는 참석한 학생들과 그들이 속해 있던 대학교의 역사를 근본적으로 바꾼 변혁의 바람이 되었다.

헐몬산 집회 이후, 마펫은 학우들과 함께 매일 기도회를 가졌다. 이들의 대화 주제는 당연히 해외선교였고, 주님께서 보내시는 곳이면 어디든 기쁘게 응하겠다는 것이 대화의 결론이었다.[1] 이 모임을 통해 우의를 다졌던 기포드(Daniel Gifford)와 가드너(William Gardner)는 마펫과 베어드에 앞서 금단지역이요 미지의 땅인 조선으로 갔다.

2) 조선 선교로의 여정

1888년 맥코믹을 졸업한 후 마펫은 그해 5월, 인디아나주 매디슨 장로교회에서 목사안수를 받고, 미주리주 애플톤 앤 몬트로즈(Appleton and Montrose)의 제일장로교회에서 설교목사로 일했다. 그러나 그에게 목회는 선교사로 나가기 위한 준비기간 내지 "이기적인 계획"이었다. 그는 목회자가 되는 것이 "주님이 원하시는 것"이 아니라고 믿고 있었다.[2] 결국 1889년 3월 26일, 가족의 만류와 반대에도 불구하고 미국 북장로교 해외선교부에 지원서를 제출했고, 4월 15일 해외선교부는 그를 조선 선교사로 결정했다.

조선 선교사로 임명을 받았지만 조선에 대하여 아는 것이 전혀 없었고, 먼저 조선에 들어간 선교사들로부터 제대로 된 정보를 얻을 수도 없었다. 조선에 대한 처음 정보는 백과사전을 통해서였다.

조선은 중국에 소속된 하나의 작은 왕국이며, 깊은 산 숲에는 곰과 호랑이 등이 득실대고, 사람들은 미개한 야만인들이며 도적인 데다가 해적과 같고, 일부다처주의가 일반화되어 있고, 부패한 불교가 왕성한 종교적 나라이다.

---

1   S. H. Moffett, *Mission to North Korea Samuel A. Moffett of Pyengyang*, p.16 참조.
2   Loc. cit.

또한 외국인의 입국을 허용하지 않는데 그 이유는 알려져 있지 않다.[3]

조선에서 활동하고 있던 몇몇 선교사들은 조선을 희망찬 나라로 바라봤지만, 대부분의 외교관이나 조선을 경험했던 사람들은 거의 예외 없이 부정적이고 냉소적으로 조선을 소개했다. 당시 미국사회는 로웰(Percival Lowell)의 저서 『조용한 아침의 나라 조선』(Chosen: The Land of Morning Calm)을 통해 조선에 대한 정보를 얻었다. 이 책에서 서울은 더러운 오물로 뒤덮여 있어 악취가 진동하는 도시로 묘사되었고, 대로변에는 효수당한 사형수의 머리가 수십 개씩 달려 있는, 그야말로 무지막지한 원시의 세계로 그려져 있다.

당시 대부분의 서구 국가들에게 조선은 중국의 종속국으로 소개되고 있었다. 일본과 중국 사이에 끼어 있는 미개한 나라로서 정치적으로나 경제적으로 큰 이익이 없는 소국에 불과했다. 그러나 국제정치의 냉철한 눈으로 보는 것과 복음의 간절한 눈으로 바라보는 것은 서로 다를 수밖에 없다. 미국 교회는 미국 정부와 평가를 달리하여 최고의 엘리트들을 보냈던 것이다.

1889년 9월 4일, 미국 북장로교 해외선교부 총무 엘린우드(F. F. Ellinwood)는 마펫을 언더우드의 형 존(John T. Underwood)에게 소개하고 후원을 부탁했다. 남다르게 사업적 성과를 올리고 있던 존은 마펫에게 선교비와 생활비를 지원하기로 약속했다. 1889년 12월, 마펫은 북장로교가 임명한 젊은 여선교사 수잔 도티(Susan A. Doty)와 함께 미국 샌프란시스코를 떠났다.[4]

일본에서 여장을 푼 마펫은 조선으로 가는 여정에서 서양 신사복을 차려입은 박영효와 언더우드의 한글선생 손순용을 만났고, 한영, 영한사전과

---

3   *Ibid.*, p. 15.
4   수잔 도티는 정동여학당 3대 교장으로 13년간 사역했고, 1904년에 밀러(F. S. Miller)와 결혼한 후 청주 스테이션 책임선교사로 일한 인물이다.

한국어 문법책 출판을 위해 요코하마에 와 있던 언더우드 부부를 만났다.[5] 또한 조선사절단을 워싱턴으로 인도하고 다시 조선으로 돌아가고 있던 알렌 부부도 만났다. 조선 정치의 거두와 조선 선교를 주도하던 중심인물들을 모두 만났던 것이다.

1890년 1월 25일, 추위가 여전히 맹위를 떨치던 그날, 마펫 일행이 제물포에 도착했을 때, 포구에는 헤론(John Heron), 기포드(D. L. Gifford), 정동여학당의 교장이던 헤이든(Mary Hayden) 선교사가 마중 나와 있었고 북장로교 선교회 회원들도 이들을 반겼다. 그날 밤 마펫은 서울에 입경했고 그의 조선 선교가 시작되었다.

2. 평양 선교의 선구자 마펫

1) 준비과정 – 조선어 습득, 선교탐색여행

(1) 조선어 습득

아무리 열정이 가슴을 두드려도 언어의 문제가 해결되지 않으면 선교는 일어나지 않는다. 미국선교사회는 초기 6개월 동안 선교활동을 금지하도록 강권했고, 그 기간 동안 언어공부에만 전념하게 했다. 언더우드도 마펫을 배려하여 최고의 경력과 탁월한 능력을 가지고 있던 서상륜에게 조선어를 배울 수 있도록 했다. 존 로스의 성서번역 중심에 있었고 남다른 영향력을 가지고 있던, 서상륜이라는 가장 훌륭한 어학선생을 배정받은 것이다.

존 로스를 비롯하여 게일이나 언더우드, 헐버트 등은 조선의 말과 글자

---

5 Lillias H. Underwood, *Underwood of Korea*, 이만열 역,『언더우드―한국에 온 첫 선교사』(서울 : 기독교문사, 1999), p. 109.

가 배우기 쉽고 과학적이라고 극찬을 했지만, 대부분의 선교사들은 조선어 습득에 애를 먹었다. 오죽하면 그래함 리(Graham Lee)는 조선어가 "마귀의 걸작품"이라며 혀를 내둘렀을까! 마펫도 조선어를 익히는 데는 무척 애로가 많았으며, 마지막 조선을 떠날 때까지도 유창하게 말하지 못했다고 고백한 바 있다. 선교지의 언어로 복음을 정확히 전하고 마음 근저의 고백을 주고받는 것은 그만큼 쉽지 않은 일인 것이다.

1891년 3월, 언더우드는 엘린우드에게 마펫과 메리 기포드(Mary Hayden Gifford)가 스크랜튼과 서상륜이 담당했던 선교사회위원회의 어학시험을 통과했다는 보고서를 보냈다.[6] 비교적 빨리, 조선어 공부를 시작한 지 겨우 1년이 지났을 때 소통이 가능해진 것이다.

(2) 선교탐색여행

1890년 8월, 마펫은 감리교의 아펜젤러와 헐버트가 주도한 북쪽지방 여행에 동참했다. 솔내를 포함한 황해도 지역과 평양을 거쳐 의주에 이르는 긴 여행이었다. 아펜젤러의 여행 목적은 감리교 선교의 교두보를 확인하는 것이었고, 헐버트는 일본으로부터 들여오던 석탄을 조선 내부에서 공급받을 수 있는지 알아보려 했다. 처음 서울을 벗어나는 마펫으로서는 매우 긴장된 여행이었을 것이다. 실제로 우기(雨期)에 떠난 여행이어서 일행이 황주에 이르렀을 때 갑자기 강이 불어나 위험에 처하기도 했다.

황해도 솔내를 거친 일행은 8월 28일 평양에 도착했고, 여기에서 세 사람은 흩어졌다. 아펜젤러는 이틀 동안 평양에 머문 뒤 의주로 떠났고, 평양에서 석탄을 공급받을 수 없다는 것을 확인한 헐버트는 곧 바로 서울로 돌아갔으며, 마펫은 약 2주간 평양에 더 머문 뒤 서울로 돌아갔다.[7] 평양을 다녀온 마펫은 들떠 있었다. 그때 그는 안전한 서울보다 척박한 땅인 평양에

---

6   H. G. Underwood, Letter to Ellinwood, March 27, 1891

7   Graham Lee, Letter to Ellinwood, December 22, 1892.

마음이 끌렸고, 그래서 자신의 선교지로 서북지역을 염두에 두게 되었다.

마펫의 첫 공식 사역은 1886년에 개원한 고아원학교였다. 언더우드가 마펫을 유난히 반겼던 것은 그가 자신의 사역들을 맡아줄 것이라 기대했기 때문이다. 선교 초기의 선교사들, 특히 언더우드는 선교뿐만 아니라 생각지도 않은 일들에 시간을 많이 뺏기고 있었다. 점차 선교활동이 자유로워지면서 선교의 영역은 더 넓어졌고, 감당하기 힘들 정도로 일이 많아졌다. 더구나 신혼여행에서 돌아온 후 아내 릴리아스 호튼의 관절염이 악화되었고, 1890년 9월 6일 원한경(Horace Horton Underwood)을 출산한 후에는 미국에서 치료를 받지 않으면 안 될 상태에 이르고 있었다. 고아원학교를 맡게 된 마펫은 학교의 이름을 '예수교 학당'(Jesus Doctrine School)으로 변경하고, 1893년에 밀러(Frederick S. Miller)에게 인계할 때까지 예수교 학당의 당장(堂長)으로 일했다.

마펫의 두 번째 선교여행은 1891년 2월 말에 시작되었고 서북지역과 의주, 그리고 심양까지 계획했다. 3개월 정도 걸린 이 여행에는 게일, 요리사 최윤화, 조선어 선생 서상륜, 조사 백홍준이 동행했다. "전도, 조선어 연습, 지리답사, 조선인에 관한 연구 및 의주와 만주지역에서의 선교사업 진행상황의 답사"를 내세웠지만, 평양에 대지를 매입하고 새로운 선교지부를 설치할 발판을 마련하기 위한 정탐여행이었다.[8] 마펫은 개성을 거쳐 평양에 당도했고, 안주와 박천을 지나 용천과 의주에서 잠시 머물렀다. 의주에서 후일 그의 조사가 되는 한석진에게 세례를 주었고, 압록강을 건너 만주까지 갔다. 돌아오는 길에는 강계를 거쳐 함경도 지방을 경유했고, 함흥과 원산을 지나 철원을 거쳐 서울로 돌아왔다.

심양에 머무는 동안 마펫은 만주 선교의 대부요 조선 선교의 선구자인

---

8   S. A. Moffett, "Evangelistic Tour in the North of Korea," *The Church at Home and Abroad for October*, 1891, (Philadelphia : Presbyterian Board of Publication Sabbath School Work), pp.329-331.

존 로스를 만났고 그의 사역을 직접 보았다. 그리고 로스로부터 만주에 산재한 조선인들을 위한 선교사업의 실정을 들었고 서간도 한인촌 기독교인 부락도 방문했다. 여기에서 그는 네비우스-로스 선교방법으로 일컫게 되는, 엄격한 자립(自立), 자조(自助), 자선(自宣)의 선교방식이 얼마나 중요한지 확인하게 되었다.

마펫의 마음은 다시 들떴다. 조선의 서북지역이 선교하기에 적합한 지역임을 확신했기 때문이다. 두 번째 선교정탐여행에서 그는 평양을 선교거점으로 결정했고 구체적인 선교방법도 구상했다. 여행을 마치고 돌아온 마펫은 이렇게 진술하고 있다.

이번 3개월간의 걸친 여행에서, 우리는 수천 명에게 복음의 씨앗을 뿌렸습니다. 동시에 조선에 대한 그동안의 내 생각을 수정하게 되었습니다. 우리는 이 기간 동안 어떤 난처한 일이나 불쾌한 봉변을 당하지 않았습니다. 단지 외국인에 대한 의심에서 오는 약간의 반발은 당했습니다. 그렇지만 복음 진리에 대한 반대도 찾아보지 못했습니다.[9]

심각한 위협이 없다 하더라도 선교여행은 늘 신중해야 하는 일이다. 친절한 얼굴로 대해도 낯선 이방인들에게 배타적일 수밖에 없다. 더구나 치외법권의 지역을 벗어나 선교거점을 마련하는 일은 신중을 기하는 일이었다. 마펫도 이 점을 알고 있었고, 그런 이유로 수차례에 걸쳐 서북지방과 평양을 탐색했다. 1891년 가을에는 브라운(Hugh Brown), 1892년에는 빈턴(C. C. Vinton), 1893년 2월에는 그래함 리, 윌리엄 홀(Willam J. Hall), 그리고 조사 한석진, 1893년 3월에는 스왈렌(William L. Swallen)과 함께 평양을 방문했다. 1892년에만 여섯 차례에 걸쳐 서북지역을 지속적으로 탐색했다.

---

9   Loc. cit.

언더우드를 비롯한 여러 선교사들의 순회전도여행과 목적이 달랐다. 언더우드 등은 복음을 받아들인 사람들에게 세례를 주기 위해 여행한 것이었던 반면, 마펫은 실제로 상주하기 위해, 선교거점을 확보하기 위한 여행이었다. 따라서 더욱 치밀하게 준비해야 했던 것이다.

2) 선교거점의 확산

1894년 청일전쟁이 일어나기 전까지, 후발 선교사들은 자신들의 선교거점을 서울에서 지방으로 옮기는 일에 착수했다. 물론 조선 정부가 알렌, 아펜젤러, 언더우드 등 초기 선교사들을 신뢰했기 때문에 가능했다. 1898년까지 조선 정부는 공식적으로 기독교 선교를 인정하지 않았지만 실제로는 미국 선교사들을 비호했다. 외무아문은 호조(여행허가증)를 발급해 주었고 숙소와 편의 제공, 신변의 보호도 지시했다. 때로 조선의 군사들을 대동시키는 특혜도 주었다.[10] 조선 왕실도 선교사들이 왜 조선 내륙을 여행하려는지 잘 알고 있었지만 이를 묵인했다.

1887년부터 1893년까지 선교사들은 50여 차례에 걸쳐 선교탐색여행을 했다. 스왈렌(W. L. Swallen), 게일(J. S. Gale), 맥길(William McGill) 등은 원산, 철원 등 동부지역을 탐색했고, 감리교의 홀(William James Hall)은 평양을 탐색했다. 1892년 가을에 올링거(F. Ohlinger)가 원산을 여행했고, 미국 남장로회에서도 1892년부터 호남지역을 탐색할 수 있었다. 레이놀즈(W. D. Reynolds)가 공주를 방문했고, 1893년에는 전킨(W. B. Junkin)과 테이트(Mattie S. Tate)가 전주지방에서 노방전도를 할 수 있었다. 1894년에는 레이놀즈와 드루(A. D. Drew)가 전라도 전역을 다니며 전도활동을 할 수 있었다.

개항장(treaty port) 등 치외법권지역을 벗어나는 것은 생명을 걸어야 하

10　J. S. Gale, *Korean Sketches*, Fleming H. Revell Company, 1863, p. 19

는 일이다. 그런 이유로, 대개의 선교사들은 안전을 이유로 수도나 항구에 머물게 된다. 외교관리들이 상주하는 곳에서는 언제든 도움을 요청할 수 있지만 그밖에 지역은 선교사들을 적극적으로 보호해 줄 기관이 없다. 당시 조선도 예외는 아니었고, 때로 권총을 휴대하지 않으면 안 될 정도로 안전하지 않았다. 그럼에도 마펫을 비롯하여 조선에 온 선교사들은, 참담할 정도로 주거환경이 열악했던 조선의 내륙 곳곳으로 들어가 선교거점을 마련했다. 그래서 복음이 한반도 곳곳으로 퍼져나갈 수 있었던 것이다.

3) 당시 평양

서울이나 경기지방에 사는 자들은 대부분 차례대로 관직에 임용되고, 벼슬이 현령이나 목사에까지 이르기도 한다. 그러므로 비싼 옷에 좋은 말을 타고 평생 영예와 부를 누린다. 반면 먼 지방에 사는 자들은 곧바로 서둘러서 행장을 꾸려 고향으로 돌아가게 된다. 난삼(襴衫) 한 벌에 연건(軟巾) 하나를 쓴 채로 돌아와 부모님을 뵙고 조상의 묘소에 성묘한 다음 친지들을 두루 찾아뵙는다. 그러면 온 집안이 기뻐 웃고 온 마을 사람들이 발꿈치를 들고 구경하지만, 합격의 기쁨과 영광은 열흘이면 끝난다. 그러고 나면 아무리 출중한 재능이 있는 자라도 모두 포의(布衣)로 지내다가 산골에서 생을 마치게 되니, 참 슬픈 일이구나!

성상께서 즉위한 지 10년째 되던 해에 내가 정주목사(定州牧使)로 부임하였다. 고을에 진사시 합격자 명단이 있어서 살펴보았더니, 나라가 세워지고 지금(1786)까지 나온 합격자가 얼마 되지 않았고, 그중 관직에 제수된 사람도 극소수에 불과하였다. 아! 하늘이 그들의 벼슬살이에 제한을 두고자 한 것인가? 그렇다면 무엇 하러 재능을 부여하여 이름을 얻게 했겠는가. 국가가 그들의 임용을 막고자 한 것인가? 그런데 법령을 살펴보아도 명시된 조항이 없다. 게다가 성상께서는 인사가 있을 때마다 서북지역 사람들을 거두어 쓰

라고 거듭거듭 간곡하게 당부하곤 하셨다.[11]

정조시대의 대학자이자 조선 최초의 영세 천주교도인 이승훈의 외숙부
요 1801년의 신유박해 때 순교한 이가환은 평양을 비롯한 서북사람들이
눈에 띄게 차별받고 있음을 이렇게 탄식했다. 서북지방 출신은 요직에 임
명되지 못했을 뿐만 아니라 승진도 쉽지 않았다. 조선 후기 당상관 후보자
의 명부인 도당록(都堂錄)에 서북지방 출신이 단 한 명도 없다는 사실에서
그 차별이 어떠했는지 알 수 있다. 무관의 경우도 차별이 뚜렷해 승급하지
못하고 하급 무관에 머무르는 것이 일반적 관례였다. '홍경래의 난'도 이러
한 서북인에 대한 차별에서 비롯되었다. 선교 초기, 인구 10만 명으로 조선
제2의 도시이자 서북지방 최대의 거점도시였던 평양에서 선교사들이 유학
자들을 별로 만나지 못했던 것도, 입신양명하려는 대부분의 유학자들이 차
별을 피해 평양을 빠져나갔기 때문이다.

마펫이 처음 평양을 생각했던 것은 언더우드의 권유 때문이었다.[12] 엘린
우드 후임으로 북장로교 선교부 총무가 된 로버트 스피어(Robert E. Speer,
1867-1947)는 "평양은 조선 내에서 가장 어려운 선교지역 중의 하나"라고
생각했고,[13] 그래서 평양에 선교거점을 마련하는 일에 소극적이었다. 언더
우드는 전략적 차원에서 평양을 가장 중요한 선교거점지(mission station)로
판단하여, 이미 1887년 3월부터 평양에 선교지부를 개설해야 한다고 해외

---

11 이가환(李家煥, 1742~1801),「定州進士題名案序(定州進士題名案序)」,『금대시문초(錦帶詩文
抄)』p.380 원문은 다음과 같다. "在京若近京者, 大率次第注官, 仕至令長或牧伯, 鮮衣怒馬, 享榮利, 終
其身. 在遐遠者, 卽促裝還鄕, 不過衣襴衫一領, 戴軟巾一頂, 拜家慶, 省墳墓, 遍謁所親知. 家衆懽笑, 巷陌
聳觀, 旬日而止. 雖有茂才異等, 皆以布衣伏死於巖穴, 悲夫! 上之十年, 余來守定州. 州有進士題名案, 取
而考之, 自景泰庚午迄于今, 著名凡若千人, 注官者廑若千人. 噫! 天欲限之耶? 何爲賦其才, 使得成名? 國
家欲錮之耶? 考絜令無之. 且上每當政注, 以收用西北人"

12 S. A. Moffett, Letter to Ellinwood, March 25, 1891 참조. 엘린우드에게 보낸 편지에서 마펫은
평양을 선교거점으로 선택하는 것이 언더우드 때문이라고 밝히고 있다.

13 Robert E. Speer, *Presbyterian Foreign Missions* (Philadelphia: Presbyterian Board of
Publication and Sabbath-School Work, 1901), p.168.

선교부를 설득하고 있었다. 물론 서울에서의 역할 때문에 허락되지 않았고.[14] 결국 마펫이 가게 된 것이다.

감리교 의료선교사 윌리엄 홀(Willam J. Hall)은 1893년 2월 마펫, 그래함리 등과 함께 서북지방으로 순회전도여행을 하며 왜 평양이 선교의 최적지인가에 대해 나누었던 말을 다음과 같이 전하고 있다.

> 첫째, 이 도시는 조선에서 가장 문란하고 더러운 도시라는 평을 받고 있으므로 선교의 도전 대상지가 되며,
>
> 둘째, 자기들의 기분에 맞지 않으면 일반인이건 관원들이건 막론하고 돌로 때리는 폭력배들이 있는 곳으로 유명하며,
>
> 셋째, 인구가 10만이 넘으며, 주민들은 적극적이고 기업적이라 비교적 번성할 여지가 있는 도시이며,
>
> 넷째, 서울과 베이징 간을 연결하는 도로선상에 위치하므로 육로 사정도 괜찮고 해상 교통도 용이한 점으로 볼 때 평양은 정말로 찬란한 역사의 도시임이 틀림 없다.[15]

평양은 상업이 발달하고 교통의 요지로 세속적이고 비윤리적인 도시였다. 그러나 이들은 그러한 조건이 오히려 선교의 최적지일 수 있다고 판단했다. 역사는 선교사들의 판단이 옳았음을 증명해 주고 있다. 평양을 비롯한 서북지역은 서울지역에 비해 3배 이상의 성과를 내었고 선교의 최적지였음이 확인되었다.

평양을 비롯한 서북지방은 서울이나 삼남지방과 여러 가지로 달랐다. 유학(儒學) 지식군들의 비율이 서울은 30%에 가까운데 반해 평양은 0.4%

---

14 H. G. Underwood, Letter to Ellinwood, October 16, 1888.

15 Sherwood Hall, *With Stethoscope in Asia: Korea*, 김동열 역, 『닥터 홀의 조선 회상』(서울: 좋은씨앗, 2005), p.100.

에 불과했고, 유학의 지식인들이 극소수였기 때문에 성리학적 질서가 훨씬 덜했다. 중소 자영농이 많았고, 따라서 소작인이나 노비에 의해 운영되던 다른 지역에 비해 생산성이 높았다. 노비와 유학 층들이 상대적으로 적어 계급적 갈등도 비교적 적었고, 상업에 열중하여 평양은 개성과 함께 조선에서 손꼽히는 상업도시가 되어 있었다.

자원도 풍부하여 수공업과 광업도 활성화되어 있었다. 감리교의 헐버트 선교사가 평양을 방문했던 것도 일본에서 수입되는 석탄의 가격이 높아, 광공업이 발달한 평양에서 구입할 수 있을 것이라는 기대감에서였다. 중국과 중개무역을 하는 '유상'이 발달해 번성했고 개인 보부상들에 의해 사(私)무역도 발달해 있었다. 이 무역상들에 의해 중국의 정치·경제 상황이 빠르게 전달되는 지역이기도 했다.

이러한 서북의 지역적 성향은 복음주의의 특성과 서로 잘 맞았다. 유학 이데올로기의 방해를 받지 않고, 상업의 발달로 글을 읽을 줄 아는 일반 독서층들이 적지 않았다. 여기에 서북지역 사람 대부분이 조선사회의 주변부에 속해 있다는 콤플렉스를 가지고 있어, 복음의 기본 교리, 곧 '하나님 앞에서 누구나 평등하다'는 기독교 사상이 마음 깊숙이 스며들기 쉬웠다. 서북지방은 복음주의 선교의 최적지였다.

3. 마펫의 선교사역 – 복음전도와 교회개척

1) 사랑방전도, 노방전도, 순회전도를 통한 방식

저희가 길거리를 걸어갈 때 가장 인상적이었던 것은 사람들이 종종 욕을 하는 것이었습니다. 저희에게 직접적으로 하는 것은 아니지만 저희에 관한 것이었으며 아이들이 저희를 대하는 태도도 달라졌습니다. 그들은 이전까지 조용하고 차분했었는데 이제는 시끄럽게 떠들고 무례 했습니다 … 그 원인이 이곳에 있는 두 명의 영국성공회 소속 선교사들의 행동이라는 사실을 알게 되어 마음이 아팠습니다. 그들은 소년을 거칠게 대했으며, 그 때문에 도시 밖으로 쫓아내겠다는 위협을 받게 되었습니다. 저희는 그들과 혼동되었기 때문에 며칠간은 그런 말을 듣게 되었습니다.[16]

1893년 10월, 평양 선교를 시작한 마펫이 우선 부딪치게 된 문제는 평양 사람들의 배타적 태도였다. 몇몇의 사람들은 욕을 했고, 후일 목사가 되어 제주도 선교의 선구자 역할을 한 이기풍은 장터에서 설교를 하는 마펫에게 돌을 던져 쓰러뜨리기까지 했다. 평양 사람들에게 제너럴셔먼호에 대한 역사적 기억이 여전히 자리하고 있었고, 이곳에 거주하고 있던 두 명의 영국 성공회 소속 선교사들이 오만하게 굴어 이미지가 좋지 않았다. 따라서 서양인들에 대한 부정적 인식을 바꾸는 것이 가장 먼저 해결해야 할 과제였다.

한편 평양은 선교사들이 마음껏 선교활동을 할 수 있던 곳이다. 의료나 교육을 우선해야 했던 서울과 달리 곧 바로 교회를 설립할 수 있었고 신자들을 확보할 수 있었다. 또한 교회를 근대문명의 통로가 아닌, 신앙 중심의 터로 각인시킬 수 있었다. 물론 접근방식은 서울과 달라야 했다. 서울이 Top-Down 방식, 곧 왕실이나 고위 관료층들의 신뢰를 우선에 두고 접근해야 했다면 평양은 처음부터 대중들을 대상으로 해야 하는 Bottom-Up 방식이어야 했다.

평양에 도착한 날, 오후 2시 마펫은 곧바로 거리로 나갔다. 그리고 평양의 중심가와 대동강변 등 사람들이 모여있는 곳을 찾아가 복음을 외쳤다.

---

16 마포삼열 저, 김인수 역, 『마포삼열 목사의 선교편지(1890-1904)』(서울:장로회신학대학교출판부, 2000), p.199.

확실히 서울과 다른 환경이었다.[17] 거리에서 낯선 서양인에 대해 호기심을 가진 사람들과 친분을 갖게 되어 그들을 찾아갈 수 있었으며, 그들을 자신의 숙소로 초청하여 깊은 유대관계를 맺을 수 있었다.

노방전도의 위력을 실감한 마펫은 어머니가 보내 준 마차를 사양하고, 주로 자전거를 타고 이동했다. 한 사람이라도 그냥 지나쳐 버릴까 봐 노심초사했다는 것이 동료 선교사들의 진술이다. 그만큼 시간이 날 때 마다 거리로 나가 직접 복음을 전하는 일을 중시했던 것이다.

사랑방 전도를 할 수 있었던 것도, 복음주의 선교사들의 전형적인 방법이었던 노방전도 덕분이었다. 서양인 마펫과 교분을 나누려는 사람들이 급속히 늘어났고, 얼마 되지 않아 교회를 설립할 정도로 복음을 받아들이는 사람들이 늘어났다.

제게 응접실, 공부방, 식당, 침실 구실을 하는 방은 조선인들이 '사랑'이라 부르는 방이 되었습니다. 말하자면, 그 방은 언제 어느 때든지 밤낮을 가리지 않고 모든 사람에게 개방되어 있는 것입니다. 그래서 개인적인 시간을 갖기가 불가능합니다. 이른 아침부터 한밤중까지 사람들이 계속 몰려와서 저는 쉬거나 밥 먹을 시간이 거의 없을 정도입니다.[18]

마펫은 제2차 전도여행 당시 세례를 준 한석진을 조사(助事)로 하여 선교활동을 시작했다. 처음 평양에 도착하여 최치량이 경영하는 주막에 숙소를 정하여 계속 머무르며, 낮에는 노방전도를 다녔고 저녁에는 거리에서 안면을 익힌 사람들이 사랑방을 찾아왔다. 어느새 마펫이 머무는 방은 조선 사람들의 사랑방이 되어 있었다. 사람들이 찾아왔고 숙소에서 드리는 주일 예배에도 참석하는 사람들이 생겼다. 술꾼이요 도박과 색을 즐겼던

---

17 Ibid., p.374.

18 S. A. Moffett, Letter to Ellinwood, January 12, 1894, Ibid., p.237.

최치량도 열심히 성경공부에 동참한 후 회심하여 마펫의 첫 결신자가 되었다. 마펫은 거의 매일 끊임없이 찾아오는 방문객들을 대상으로 성경을 가르쳤다. 평양 선교의 성공적인 안착에 대해 그는 다음과 같이 말하고 있다.

> 나는 오랫동안 바라던 환경에 바로 지금 처해 있다. 즉, 나는 사람들과 직접 접촉하면서 그들과 함께 살고, 날마다 종일토록 그들과 만나며, 내가 그들 생활 속에 들어가고, 그들이 내 생활 속에 들어오는 것을 소원해 왔던 것이다. 이것은 물론 그리 견디기 쉬운 일은 아니다.[19]

본래, 19세기 영미복음주의 신학은 성경을 하나님 말씀으로 고수했고 열정적 전도를 펼쳤다. 마펫도 이러한 신학 아래 있었고, 따라서 그의 전도 활동의 가장 중요한 도구는 성경공부였다. 성경공부를 하며 신앙적 대화를 가졌고, 사교적이고 세속적인 대화도 나누었다. 선교활동을 시작한 지 석 달 후인 1894년 1월 7일에는 7명에게 공개적으로 세례를 베풀 수 있었다. 평양 사람들과 마음을 나누는 교감의 방식을 통해 유대감을 갖게 되었고, 서양인에 대한 부정적인 인식을 바꿨다. 그것은 선교사역의 풍성한 결실을 예고하는 것이었다.

최치량의 주막에서 시작된 사랑방전도는 곧 한계를 드러냈다. 마펫은 주막 부근에 방 하나를 얻어 교인 4~5명과 함께 예배를 드리기 시작했다. 그렇지만 그 장소도 협소하게 되었고, 최치량의 도움으로 평양의 널다리골에 있는 홍종대 소유의 기와집 한 채를 사들였다. 마펫이 최초로 설립한 교회, 곧 널다리골 교회는 1894년 1월 8일에 22명의 학습교인, 7명의 세례교인을 가진 교회가 되었다.

노방전도와 사랑방전도를 시작하고 성공적으로 선교거점(mission

---

19 마포삼열전기편찬위원회 편, 『마포삼열박사전기』, 대한예수교장로회총회교육부, 1973, pp.114-15.

station)을 확보한 그는 활발하게 선교활동을 이어나갔다. 순회전도를 통해 인근 지역으로 복음을 전했고, 복음이 전해지는 곳마다 교회가 세워졌다. 평원군 한천에 한천교회, 황해도 재령에 신환포교회를 설립했고 그가 은퇴할 때까지 직접 세우거나 관여한 교회가 1천여 개에 이른다고 전해진다. 1909년까지 그가 세운 교회를 간추려 보면 다음과 같다.

모동교회(1894, 봉산군),   와성창교회(1894),   지덕교회(1895, 평원군),

신시교회(1895, 구성군),   삼관교회(1896, 평원군 관성리), 숙천군 읍교회(1896),

중화군 읍내교회(1897),   강진교회(1897, 강진군),   장천교회(1897, 대동군),

통호리교회(1897),   덕지교회(1897),   열파교회(1898, 강동군 고천면),

남궁리교회(1900),   현좌동교회(1900),   양포교회(1900),

안주 성내교회(1900),   팔동교회(1900, 평원군 영유면), 문창리교회(1901),

영유읍교회(1903),   이천리교회(1904),   입석교회(1905),

황촌리교회(1907, 대동군),   서문회 교회(1909, 장대현교회에서 분립) [20]

1900년 「미국 북장로교 선교 25주년 보고서」에는 급속히 복음이 전해지고 교회들이 세워지는 것이 "항상 복음이 아직 미치지 못한 지역에 이르러 교회를 세우고, 선교본부의 지역에 속한 도시와 촌락들의 신자들을 방문하는 순회전도자들의 선교" 때문이라는 마펫의 진술이 들어 있다.[21] 선교사들의 열정과 복음주의 선교의 전형적인 방식, 그리고 효율성을 이렇게 진술하고 있는 것이다.

20　한국기독교역사연구소 편, 『조선예수교장로회 사기 상권』(서울 : 한국기독교역사연구소, 2000) 참조.

21　*Report of the Quarter-Centennial Celebration of the Northern Presbyterian Mission,* 1909, p.16.

2) 조사(助事)와 영수(領袖) 등 평신도 지도자들의 활용

그는 매 달 두 번의 주일을 평양교회에서 보내고 있으며 한 주일은 순안교회에서, 한주일은 지금 그의 가족들이 살고 있는 황해도 순안의 작은 선교지부에서 보내고 있습니다. 그는 때를 얻든지 못 얻든지 언제나 열정적인 전도자이며 진리를 가르치는 교사로서, 사역의 발전에 크게 기뻐하면서, 연륜과 지식과 영적인 면에서 성장해 감에 따라 더욱 보배로운 조력자가 되어 가고 있습니다.[22]

마펫은 조사 한석진의 공헌과 헌신에 이렇게 피력하고 있다. 사실 선교사들은 항상 수적(數的)인 한계와 언어의 장벽을 가지고 있다. 그럼에도 그렇게 짧은 시간에 수많은 교회를 설립할 수 있었던 것은 평신도 지도자, 곧 조사(助事)와 영수(領袖)를 잘 활용했기 때문이다. 평북지역은 김관근, 평남지역은 한석진에게 일정한 권한과 책임을 주어 적극적으로 활동할 수 있게 했고 길선주를 장대현교회의 영수이자 황해도지방 조사로 임명하여 진력을 다하게 했다. 마펫의 2~3주간의 순회전도여행은 대부분 이들 조사와 영수에 의해 복음을 받아들인 신자들, 곧 학습교인들에게 세례를 주는 일과 성만찬의 성례를 집행하는 일, 교회로서의 자격유무를 판단하는 일, 평신도 지도자들 사역에 대해 검증하는 일 등으로 채워졌다.

영미 선교사들도 각 선교거점마다 선교지의 조력자(한국 장로교의 조사)를 두어 예배공동체를 세워 나가고, 세워진 교회의 지도자(한국 선교 초기, 감리교의 본처전도사나 장로교의 영수와 같은 형태)를 돌보는 방식을 택했다. 전문적 신학훈련을 받은 선교사가 부족했던 상황에서 그것은 매우 효과적인 방식이었다. 또한 선교지 언어에 한계를 갖고 있던 선교사들로서는 이러한 방식

---

22 『마포삼열목사의 선교편지(1890-1904)』, pp. 327-328.

이 효율적이었다.

1895년에 청일전쟁이 일어나면서, 평양선교지부의 활동은 잠시 주춤하게 되었다. 그러나 전쟁이 끝나자 곧바로 마펫은 다시 평양으로 돌아와 열정적으로 활동했다. 1897년부터 평양의 선교 열매는 언더우드 주도의 서울을 확연히 앞지르기 시작했다. 1898년 마펫은 평양 선교지부의 선교 성과, 즉 완전자립교회 121개, 세례교인 1,050명, 출석교인 5,950명, 헌금액 2,753.80엔($1,376.85 gold)을 보고했다.[23] 다음 해에는 완전자립교회 153개, 세례교인 1,512명, 출석교인 6,433명, 헌금액 18,909.62엔으로 증가했음을 보고했다.[24] 마펫이 설립한 널다리교회는 장대현교회로 이름을 바꾸었는데, 1905년에 총인원 1,564명이 모이는 대형 교회로 발전했다.[25]

그때 언더우드의 서울선교지부는 세례교인 1,573명에 출석교인 2,832명, 헌금액 2,625.94엔이었다.[26] 세례교인 수에서는 앞섰지만, 출석교인은 평양의 반도 되지 않았다. 그 격차는 해가 갈수록 가속되었고, 미국 선교부의 관심과 지원도 자연스럽게 서울에서 평양으로 옮겨졌다. 이후, 한국 장로교회는 언더우드의 전통이 아닌 마펫의 전통, 곧 평양을 비롯한 서북지역의 선교방식을 정통화시켰다.

3) 조선장로회신학교의 설립 – 긍정(pros)과 부정(cons)

1892년 2월, 북장로교 선교부는 독자적인 신학교육 방향과 원칙을 정했고 신학교가 공식적으로 설립되기 전까지 잠정적으로 신학반을 운영하기로 했다. 이에 따라 언더우드는 1890년 가을, 자기 집 사랑방에서 성경공

---

23 *Annual Report Pyeng Yang Station for the Year 1897-1898*(Oct. 1898), p.30

24 *Annual Report of Pyeng Yang Station, for the Year 1898-1899*(Sept.1899), p.13.

25 S. A. Moffett, "Pyeng Yang Central Church," *The Korea Mission Field 2*, no.1(Nov. 1905), p.8.

26 *General Report of Seoul Station, 1898-1899*(Sept. 1899), p.13.

부반을 개설했고, 1891년에는 새문안교회에 1개월 단기 과정의 신학반을 운영했다. 의주에서 온 김관근과 백홍준, 소래의 서경조와 최명오, 서상륜, 정공빈과 서울의 홍정후 등이 수강생이었다. 1892년에는 수강생이 16명으로 불어났는데, 김관근, 김규식, 송석준, 양전백, 한석진 등이 포함되어 있었다.

기독교가 공인되지 않은 상황이었기 때문에 서울의 신학반은 신학교로 발전되기 어려웠다. 또한 서울 신학반으로 찾아온 사람들도 대부분 서구사상을 알고 싶어 했던 개화 지식인들로, 목회자가 되는 것을 기대하지 않았다. 반면, 마펫의 사랑방에서 실시되었던 성경공부는 매우 빠르게 '성경학습반'(Training Class)으로 발전했고, 그가 이끄는 평양선교지부의 역점 선교 정책이 되었다. 서북 각 지방의 영수를 비롯한 평신도 지도자들은 성경학습반을 통해 신앙과 교회의 조직을 배웠고, 자기 교회로 돌아가 신앙공동체를 이끌 정도로 그 신앙과 지식의 수준도 높아졌다.

> 저희는 목회 후보생으로 두 명을 저희의 관리 하에 두게 해 달라고 협의회에 요청했습니다. 그들 중 한 명은 지금 저희에게 있는 유일한 안수 받은 장로로서 현재의 부교역자입니다. 다른 한 사람은 장로 선출자로서 3년간 베어드와 헌트의 지방 사역을 돕는 자였습니다. 저희는 이 사람들이 안수 받기 전에 몇 년간의 학업과정을 거치게 하려 합니다.[27]

1900년, 마펫은 서울에서 실시해 오던 신학반을 흡수하여 평양에 정규적인 신학교로 승격시키겠다는 구상을 내놓았다. 마펫의 성과에 고무되어 있던 해외선교본부도 그 요청을 허락했고, 신학교 설립자금도 보내 주겠다고 약속했다. 재한장로교공의회도 마펫의 공식 제안을 받아들여 조선인 평

---

27 S. A. Moffett, Letter to Ellinwood, October 22, 1900, 『마포삼열목사의 선교편지(1890-1904)』 p.609.

신도 지도자들을 추천하기로 약속했다. 이에 마펫은 1901년 1월에, 장대현 교회 장로인 김종섭과 방기창 두 사람을 목사후보생으로 선발하고 자신의 집 사랑방에서 신학교육을 시작했다.

1901년 9월, 미국 남북장로교회, 캐나다 장로교회, 호주 장로교회로 이루어진 대한예수교장로회 연합공의회는 신학교 설립 안을 공식적으로 의결했다. 이때 신학교 장소를 평양으로 하고 이름을 가칭 '대한야소교 장로회신학교'로 정했다. 신학교의 교과과정을 5년으로 하고, 매년 3개월씩 교육하도록 결정했다. 다른 지역의 장로교 공의회에 신학생을 추천해 보내라고 요청도 했다. 5년 학제로 운영되었던 것은 1년에 3개월씩 농번기를 피해 개강해야 했기 때문이다. 그런데 처음 학생 길선주, 양전백, 방기창, 이기풍, 송인서, 김종섭은 모두 평양의 장로교 선교사들이 추천한 인물들이었다. 다른 지역의 장로교 선교는 활성화되지 않았던 때라 학생들을 보내지 못했다. 그만큼 마펫은 독주하고 있었다.

1904년, 마펫은 2년의 임기로 신학교 초대 교장으로 추천되었다. 길선주 등 6명의 목사 후보생은 2학년 과목을 이수한 상태였고, 마펫의 조사였던 한석진과 소래교회에서 사역하던 서경조는 이미 조사(助事)로서의 예비과정을 마쳤기 때문에 1905년 새로운 학기에 3학년으로 편입할 수 있었다.

1907년 6월 20일 평양 장대현교회에서 제1회 졸업식이 거행되었다. 졸업자는 7명으로 길선주, 방기창, 이기풍, 송인서, 한석진, 서경조, 양전백이었다. 평양 장로교신학교는 1906년에 50명, 그리고 1915년에는 등록학생이 250명을 넘었다. 서울과 달리, 근대문명을 기대하거나 입신양명을 꿈꾸며 입학한 사람들은 없었다.

마펫이 설정한 평양신학교의 전통은 한국 장로교 교회의 원형으로 자리 잡았다. 그런데 평양신학교는 서울선교부의 전통이나 선교 방식을 외면했고 갈등을 선도했다. 선교의 결실을 앞세워 마펫의 신학과 선교방식만 고집했고 그 우위를 주장했다. 서울에 기독교종합대학교를 설립하려는 자체를 막으려 했고, 언더우드의 선교방식을 일방적으로 비판했다. 이후, 평양의 선교사들은 서울의 장로교 선교사들과 치열하게 갈등했다. 선교사들이 오히려, 복음의 이름으로, 서울과 평양, 기청(畿淸)과 서북으로 지역을 나누고 지역갈등을 더욱 부추겼던 것이다.

4) 한국 장로교회 정치제도의 제정:정치조직의 확정과 강화

(1) 정치제도의 제정

개혁과 보강, 변혁과 본질로의 회귀운동이 반복되기는 하지만 조직과 제도, 기구 없이 복음의 진리를 영속시킬 수 없다. 북장로교 선교사들은 자신들이 전한 복음을 영존시키기 위해, 또 조선인들이 독자적인 교회를 이끌어 나가고 교회를 독립적으로 운영할 수 있도록, 정치규범과 신조를 정했다. 흥미로운 것은 장로교 전통적인 규범을 일방적으로 선택하지 않았다는 것이다. 그 중심에 언더우드가 있었다.

1905년 재한장로교연합공의회에는 정치규범으로 웨스트민스터의 것을 채택했지만 신조(信條)는 인도 교회의 것을 사용하기로 결정했다. 한국 장로교 정치제도를 마련했던 클락(Charles Allen Clark, 한국명 : 곽안련)은 그 이유에 대해 다음과 같이 설명하고 있다.

"장로 감리 양 교회가 회집하였을 때에 연로한 감리교파 선교사의 말이 두 교회가 연합하게 되면 우리 감리파가 웨스트민스터 신경은 채용하기가 곤란하나, 인도에서 만든 신경을 채용하는 것은 어렵지 않다 하였다.[28]

한국 장로교회가 인도 장로교회의 12신조를 선택하게 된 이유가 감리교

---

28 곽안련, "朝鮮耶蘇敎 長老會 信經論" p.76 참조.

와 단일교회를 계획했기 때문이라 밝힌 것이다.

1905년 9월, 장로교회와 감리교회의 선교사 125명이 감리교 선교사 벙커(D. A. Bunker)의 집에 모여서 단일교회의 창립을 추진하기로 만장일치로 가결했다.[29] 그리고 여기에서 '재한복음주의선교공의회'(The General Council of Evangelical Mission in Kroea)가 조직되었다. 장로교회의 언더우드 선교사가 회장이 되었고, 감리교회 벙커 선교사가 총무가 되었다.

그러나 단일교회는 그 결실을 보지 못했다. 미국 교회들도 이를 수용하지 않았지만, 마펫을 중심으로 한 일단의 선교사들의 반대가 컸기 때문이다. 스왈렌(W. L. Swallen) 등은 감리교회와 장로교회의 신학이 다르지 않다며 단일교회를 지지했지만, 로버츠(S. L. Roberts, 한국명: 라부열) 등은 장로교회의 독자성을 주장하며 이를 반대했다. 결국 수적으로 우세했던 마펫계의 주장이 관철되었다.[30] 이후, 재한 선교사들은 복음의 이식이 아닌 교파의 이식을 통해 복음을 전하게 된 것이다.

(2) 신앙의 매뉴얼화, 내적 영역의 약화

1904년 9월 22일, '미국 북장로교 조선 선교 20주년 기념대회'가 개최되었다. 여기에서 기독교인으로 엄격한 윤리적 태도를 보여 주는 것이 복음을 증거하는 것이요, 진정한 참회를 입증하는 것이요, 믿음의 실체를 증거하는 것이라는 강한 발언이 있었다.[31] 이 주장을 내놓았던 사람이 사무엘 마펫이다. 그때 그는 회심의 증거를 눈으로 확인해야 한다고 소리쳤다.

물론 그의 말은 기독교인다운 신앙과 엄격한 태도를 강조한 것으로, 윤리의식이 박약했던 당시 한국 기독교인들에게는 당연한 지적이었다. 그러

---

29 *Official Minutes of the Korean Mission Conference*, 1905, pp. 20-21.

30 재한복음주의선교공의회는 조선예수교장감연합협의회(1918), 조선예수교연합공의회(1924)라는 이름으로 활동하다가 결국 1937년 완전히 해체되었다.

31 S. A. Moffett, "Policy and Methods in Evangelization of Korea," *The Korea Field* (1904. 11), p. 193.

나 그의 말은 복음을 객관화해야 한다는 주장이 되었고 내적 회심의 영역을 약화시키는 발언이 되었다. 1900년 10월 장로교공의회에서의 마펫의 보고서를 보면 다음과 같다.

> 공의회에서 치리와 정교(政敎) 관계에 대한 토론은 매우 유익했습니다. 느슨한 치리는 약한 교회를 만드는 첩경이므로, 우리는 이 주제를 유념하고 있습니다. 잘못한 자들에게 모든 친절과 사랑을 보여야 하겠지만, 어떤 죄도 간과해서는 안 되며, 어떤 원리나 행위에 대한 성경적 표준을 타협해서는 안 된다고 믿습니다. 이곳(평양) 사역에서 우리는 제사, 축첩, 음주, 노름과 같은 문제에서 높은 수준을 제시하고 확고한 입장을 견지함으로써 교회를 확실히 강하게 만들었고 강력한 지도자들을 세워 왔습니다.[32]

1887년 9월, 장로가 임명될 때에 동생 서경조는 장로안수를 받았지만 서상륜은 장로로 선출되지 못하고 피택만 받았다. 이유는 일부다처의 문제였다. 그는 기독교에 입교하기 전에 이미 첩을 두고 있었다. 이혼하라는 선교사들의 요청이 있었지만 자신이 선택한 여인과 계속 살았던 것이다. 마펫은 장로교회의 엄격한 전통을 더욱 엄격하게 적용시켰다. 치리와 권징은 장로들의 윤리적 모범을 이끌어 냈다. 그러나, 치리와 권징은 일탈을 방지하는 견제수단이 되기도 했지만 동시에 교회 화석화로 연결되기도 했다.

교회는 복음의 진리를 담는 유일한 그릇이다. 그래서 기독교회는 복음의 본질이 제약되지 않도록 언제나 긴장해야 한다. 그런데 교회조직을 우선 앞세우고 복음을 교리화하면 자칫, 고정되고 매뉴얼화되어 복음의 순수성과 본질을 왜곡시킬 수 있고 역동성과 생명력까지 약화시킬 수 있다. 그런 이유로 역사는 개혁자들을 동원해서 복음이 최대의 생명력을 가지고 활발히

---

32 Samuel A. Moffett to F. F. Ellinwood, Oct. 22. 1910, *Letters and Reports of the Korea Mission*

활동할 수 있도록, 고착화되고 화석화된 것들을 수리(修理)했던 것이다.

마펫은 교회조직을 강화하고 성서윤리의 영역을 엄격히 세웠지만 복음을 객관화하고 매뉴얼화했다. 회심의 영역을 통해 윤리를 세우고 교정하기 보다는 치리와 권징이라는 엄격한 시스템을 통해 성서의 윤리관을 각인시키려 했다. 여기에 복음의 활동을 자신의 신학 내부로 제한시켰다. 그에게서는 성령의 일은 성령이 하실 것이라는 믿음과 기다림이 별로 엿보이지 않았다. 물론, 회심의 문제는 매우 주관적이어서 그것을 체험한 사람들의 내적 깊이나 차이가 각기 다를 수밖에 없고, 그래서 통제하기도 쉽지 않다. 또한 신비주의로 빠질 위험도 있다. 그러나 교회는, 영미복음주의 교회가 그랬던 것처럼, 공동체의 검증 시스템으로 그런 문제들을 해결할 수 있다.

마펫의 신념에 따라, 서북지방에서 교회의 정치조직은 강화되었고 신학은 고착화되었다. 또한 복음주의 선교의 한 축, 곧 내적 회심체험의 영역은 약화되었다. 1907년 평양대각성운동 때에 나타났던 통성기도 등 강력한 회심체험의 영역이, 장로교회 내부에서, 급격히 쇠락하게 된 것이다. 그의 고집은 박형룡에게 이어졌고 한국 장로교회에 그대로 전해졌으며 전통화되었다.

4. 마펫의 선교관

1) 로스 – 네비우스의 선교방식 도입

마펫은 1891년 2월 말에 시작한 두 번째 순회전도여행에서 만주에서 활동하고 있던 존 로스를 만났다. 로스는 회심을 강조했고, 순회전도, 노방설교, 자립적인 교회증축, 예비신자의 입교조건, 토착 대리인(native agent)의 자격, 토착교회 사역(native church work), 교회재정의 문제, 교육, 선교지의 문화에 대한 포용과 이해, 사회적 관습에 대한 대처, 선교사 개인의 재정관리 문제 등 만주에서 30년을 선교한 자신의 선교경험을 소개했다. 로스의 경험은 선교 초년생인 마펫에게 적지 않은 영향을 끼쳤다.

마펫은 로스의 방식, 곧 선교사는 대도시에 거주하고 조사와 영수를 두어 보다 넓은 지역을 순회하며 감독하는 방식을 따랐다. 전도인과 목회자를 선별할 때, 지적 수준보다 열정과 영성을 중시했던 것도 로스의 방법이었다. 또한 선교지의 평신도 지도자를 훈련하고 육성하여 목회자로 성장시키는 방식도 도입했다. 일반 대중을 타깃으로 하되 교육받은 중산층도 중요시하는 선교전략도 수용했다. 선교 초기에는 교육보다 전도에 치중해야 한다는 로스의 주장도 적극적으로 받아들였다. 성경 말씀 자체가 간직하고 있는 능력을 신뢰하여 성경공부를 전도에 활용했던 것도 로스의 방법이었다. 일부이기는 했지만, 유급 조사를 채용하는 것도 수용했다.

그러나 집회에 참석하는 사람들에게, 물론 적은 돈이기는 했지만, 교통비나 식비 등을 지급하는 로스의 방식에는 반대했다. 마펫은 로스를 따르는 '수천 명'의 신자들이 갖고 있는 심각한 문제점을 발견했다. 로스를 따르는 사람들 중 상당수가 "신자가 되면 선교사들이 먹여 주고 입혀 주기 때문에 가만히 앉아 성경공부만 하고 놀면 된다"고 생각하고 있었던 것이다.[33] 마펫은 보다 엄격한 자급의 선교방식을 주장했던 네비우스 박사의 방식을 따랐다. 엘린우드에게 보낸 편지에서, 돈을 뿌리면 수없이 많은 교인들을 얻을 수 있겠지만 오히려 이런 방법은 한국 교회나 한국 교인들이 가져야 할 진실한 복음을 방해하는 것이라 진술했다.

사실 고국에 있을 때에 들었던 한국이 복음에 대해 환호한다는 이야기 등은 이곳에 와 보니 거의 꾸며낸 이야기에 지나지 않았습니다. … 마음씨는 따뜻한 사람들이지만 그들 가운데 진행되고 있는 사역은 매우 어려운 것 같습니

---

33 S. A. Moffett's letter to F. F. Ellinwood, November 9, 1892.

다. 제가 믿기로는, 선교사가 한 사람당 1달러만 주면 수많은 사람에게 세례를 줄 수는 있겠지만, 정말 진실되게 그리스도를 따르려는 사람들을 얻는 것이 얼마나 어려운 일인지를 알게 되었습니다.[34]

마펫은 매우 엄격하게 네비우스의 방식을 고수했다. 몇몇 조사들 이외에는 어떠한 일이 있어도 금전적 지원을 하지 않았다. 그의 선도에 따라 북장로교 선교사들도 이 방식을 고집했고 자신들을 도왔던 조사나 영수들의 재정적 어려움을 외면했다. 금전적 지원이 오히려 이들의 신앙적 성장을 망친다는 마펫의 의견을 따른 것이다.

2) 마펫 선교관의 고착성

선교사들과 선교기관들은 대개 네 가지 발전단계를 거치게 된다. 곧 개척의 단계(Pioneer Stage), 부모의 단계(Paternal Stage), 협력의 단계(Partnership Stage), 참여의 단계(Participation Stage)의 과정이다.

① 개척의 단계 – 처음 접촉하는 선교지 거민들에게 복음을 전하는 단계로 복음 전도의 주체는 선교사가 된다.
② 부모의 단계 – 선교사들이 교사가 되어 선교지 지도자들을 훈련시키는 단계를 말한다.
③ 협력의 단계 – 선교지 지도자들이 교회의 주체가 되어 선교사들과 동등한 위치에서 일하는 단계를 말한다.
④ 참여의 단계 – 선교지의 교회를 독립시키고, 선교사들은 도움 요청이 왔을 때 도와주고 선교지 교회가 독자적인 선교를 할

---

34 『마포삼열목사의 선교편지(1890-1904)』 p.167.

수 있는 단계에 이르렀을 때 선교지를 떠나게 되는 단계를 말한다.

그런데 마펫은 이러한 원칙을 따르지 않았다. 1936년 72세의 나이에도 사역했던 그는 한국을 떠날 때까지 부모의 단계(Paternal Stage)를 고집했다.

평양신학교 첫 졸업식을 앞둔 1907년 2월, 마펫은 한석진이 평양선교부를 설치하는 일에 자신의 보조자였다고 회상했다. 그러나 한석진은 1925년 12월 28일, 서울 조선호텔에서 열린, YMCA의 모트(J. R. Mott)가 주재하는 '한국교회지도자 초청 간담회'에서, 마펫을 향해 "처음부터 나와 함께 일한 친구요 동지"라고 잘라 말했다. 그날 한석진은 다음과 같은 연설을 했다.

선교사업을 성공시키며 가장 효과적으로 하려면 선교사가 한 나라에 오래 머물러 있지 말고 교회가 기초가 서게 되면 그 사업을 원주민에게 맡기고 다른 곳에 가서 새로 일을 시작하는 것이 좋을 것이다. 선교사들이 한 곳에 오랫동안 체류하면 자기가 세운 교회며 학교라는 생각으로 우월감을 가지고 영도권을 행사하려고 하게 되니 이것은 참된 복음정신에 위반되며 교회 발전에 방해가 될 뿐이요 조금도 도움이 안 된다.[35]

한국 교회가 정착과 자립의 기반을 구축했으니 선교사들은 떠나라고 외친 것이다. 그렇지만 마펫은 한국을 떠날 생각이 없었다. 그의 눈에 비친 한국은 여전히 미진한 나라였고, 여전히 해야 할 일들이 많이 남아 있는 선교지였다.

은퇴를 3년 앞둔 1934년, 선천 삼노회연합회 희년기념식에서 마펫은 다음과 같은 설교를 했다. "조선 교회에 기(寄) 함"이라는 제목의 이 설교는

---

35 蔡弼近 編, 『韓國基督教開拓者 韓錫晋 牧師와그時代』 (서울 : 대한기독교서회, 1971), p.229.

마펫의 고착화된 신학과 선교관, 이를 고집하는 그의 태도가 어떠했는지를 극명하게 말해 준다.

> 금일에 말하기를 마선교사는 너무 수구적이요, 구습을 그치지 않는다고 한다. 옛 복음에는 구원이 있긴 있으나 새 복음에는 구원이 없는 데는 답답하다. …
>
> 근대에 있어 흔히 새 신학, 새 복음을 전하려는 자는 누구며 그 결과는 무엇일까? 조심하자. 조선 모든 선교사여! 조선 교회 형제여! 40년 전에 전한 그 복음 그대로 전파하자. 나와 한석진 목사와 13도에 전한 그것이, 길선주 목사가 평양에 전한 그 복음, 양전백씨가 선천에 전한 그 복음은 자기들의 지혜로 전한 것이 아니요, 그들이 성신의 감동을 받아 전한 복음을 변경치 말고 그대로 전파하라.

마펫이 우려 섞인 설교를 했던 것은 1930년대 전후, 진보적 신학 등 여러 신학사조들이 등장했기 때문이다. 여기에 신비주의와 신령주의 등의 계시운동도 일어났다. 일본의 무교회주의가 들어왔고 성서비평학도 등장했다. 1930년대에 이르러서는, 신학을 연구하고 해외에서 유학하고 돌아온 한국인들이 적지 않았다. 박형룡도 있었지만 백낙준과 같이 박사학위를 받고 돌아온 인물도 있었다. 이외에 남궁혁, 이성휘, 송창근, 채필근, 김재준과 감리교의 정경옥도 30년대부터 활동한 학자들이다.

마펫은 자신과 다른 신학과 사조를 비판했다. 자신이 전한 복음만이 성령의 결과라 믿었고, 그런 신념 아래 자신과 다른 어떠한 견해차이도 용납하지 않았다. 간혹 정죄하기도 했다. 언더우드를 비판했고 그와 절친했던 게일의 의역본 성경도 문제 삼았다. 이용도를 신비주의자로 정죄하고 그의 부흥회를 막았다. 캐나다 선교사 스코트(William Scott)도 호된 비난을 받았고 남대문 교회의 김영주, 함경북도 성진중앙교회 김춘배도 이단시비에 휘말렸다.

그렇지만 복음주의 신학은 마펫의 생각과 달리 보다 포용적이다. 복음이 불변한다는 생각과 그 본질을 수호하는 것에는 어떠한 양보도 없지만, 복음의 해석이 어느 한 시대의 생각에 고정되고 묶이지 않는다는 것을 받아들인다. 또한 성령의 활동이 인간의 영역 내부로 제한될 수 없다는 것도 믿는다. 시대나 상황에 따라, 대중들의 수준이나 의식은 변하게 되어 있다. 사람들의 시대적 인식에 따라 복음의 대처도 달라지게 되어있다. 복음주의 신학은 근본주의가 아니며, 보다 넓은 것이다. 그래서 견해가 다를지라도 다른 신학과 함께 자리할 수 있는 것이다.

복음주의를 보다 협소하게 해석했던, 유달리 고지식했던 마펫은 다른 의견들을 거절했다. 어느새 화석화되고 고착화되어 있었고, 다른 사조(思潮)에 대해 보다 포용적이었던 언더우드와 다른 길을 걸었다. 마펫의 선교관은 '보수'와 '정통'이라는 이름으로 평양신학교 교수 박형룡에게 계승되었다. 그러한 선교관은 후일 장로교회 분열의 주요한 이유가 되었다.

5. 여언

3·1운동 직후인 1919년 3월 17일 일본 「아사히신문」(朝日新聞)은 다음과 같은 기사를 내보냈다.

"외양으로는 그들(선교사들)이 사랑과 자비를 공헌하지만, 그들의 마음속을 들추어 보면 술계와 탐욕으로 가득 차 있음을 발견할 수 있다. 그들은 복음 전도를 위하여 한국에 와 있는 듯이 가장하고 있으나 정치적인 혼란을 은밀히 충동하고 있다. (중 략) 그 무리의 괴수는 마포(마포삼열)라는 미국 선교사이다. 기독교인들은 예수께 복종하듯이 마포의 말을 잘 듣는다. 이곳이 지금

일어나고 있는 봉기의 중심지이다. 그곳은 서울이 아니라 평양이다"[36]

일본은 한국 기독교가 3·1운동을 일으켰고, 3·1운동의 중심에 마펫이 있음을 확인하고 있다. 한국 기독교회에서 마펫의 권위와 영향력이 절대적이었음을 밝히고 있는 것이다.

마펫은 한국뿐 아니라 세계 선교역사에서도 그 이름이 독보적일만큼 위대한 공헌을 했다. 서북지방 1,000여 개의 교회가 그로부터 비롯되었으며, 선교 초기 단 한 명의 신자가 없다던 평양을 "한국의 예루살렘"으로 만들었다. 신학교를 세워 한국 교회 자립의 터전을 닦았고 수없이 많은 한국 교회지도자들을 양성했다. 밤낮없이 온종일 전도했고, 그의 집은 언제나 열려 있어 누구나 찾아올 수 있었다. 차분히 먹고 쉰다는 것이 그에게는 사치였다. 운동 삼아 산책을 나가도 사람들에게 이야기를 건네고 전도지를 전했다. 한국 고유의 예법을 익히고 한국 음식을 즐겨 먹었다. 이런 그를 한국의 교인들은 "마포 목사님"이라고 부르며 아버지처럼 섬겼다.

그런데 마펫은 복음의 이식이 아닌 모국 장로교회의 이식을 고집했다. 철저한 장로교인만을 신봉해서 천주교에 대해 유달리 강한 적대감을 가졌다. 성공회의 활동에 대해서도 곱지 않은 시선을 보냈고, 감리교에 대해서도 우호적이지 않다. 성서에 대한 강조가 지나친 나머지 복음주의 선교방식의 한 축, 곧 내적 회심체험도 약화시켰다. 그의 신학의 배타성과 협소성을 드러낸 것이다.

마펫 선교사는 1936년 72세 때까지 한국에서 활동했다. 미국으로 돌아가서는 1939년 10월 24일, 미국 캘리포니아의 남부 먼로비아(Monrovia)의 한 주택, 지인의 집 차고를 개조한 방에서 생활고와 심장병으로 고생하다가 숨을 거두었다고 알려졌다. 자기 소유도 없이 혼신을 다해 복음을 전했

---

36 "평양 서문 밖의 죄악촌", 朝日新聞, 1919년 3월 17일자.

던 위대한 선교사가 그렇게 삶을 마감한 것이다. 1966년 대한민국 정부는 마펫 선교사에게 〈건국공로훈장〉과 〈문화훈장〉을 수여했다. 그는 그를 사랑하고 그 공헌을 잊지 못하던 장로교 후예들에 의해 2006년 5월 9일, 사후 67년 만에 한국으로 돌아왔다.

9장

존스

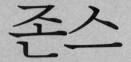

George Heber Jones

1867-1919

모든 형제자매가 기도를 쉬지 않고 성의를 다하여 권면하니 죽을병에 걸린 자와 귀신들려 놀라며 간질 하는 자 가운데 주를 믿어 구원을 얻은 수가 거의 40-50명이요, 성령의 기적이 허다하게 있어서 세간에 이르기를 창천교회는 천국의 병원이라 하니 이는 성령의 도움이 아니고서는 이 같은 권능이 어찌 있겠는가? 그러나 교회가 가난이 극심하여 전도인 몇몇 형제가 30일에 아홉 끼도 제대로 먹지 못하였지만, 환난 중의 인내가 비록 천신만고라도 능히 감당하며 만고풍상과 모든 시험을 믿음으로 승리하여 순전하고 흠이 없이 주일을 기다렸다.[1]

연희전문이 들어오기 6년 전인 1912년, 경기도 고양군 연희면 창내마을에 세워진 창천감리교회의 권사 송병학은 복음을 받아들인 교인들이 사회의 중심에서 소외되고 병마와 무고, 가난에 시달린 민중계층이었다고 전하고 있다. 그리고 교인들이 기적들을 체험하고 거듭남에 대한 확신과 구원을 받은 것에 대한 한없는 자부심을 가졌다고 기록했다. 그때 그는 교회의 주도자로 조원시(趙元時), 곧 존스 선교사를 지목했다.

---

1   송병학, "倉川敎會沿革序文". 원문은 다음과 같다.
僉兄弟姉妹가 祈禱不息에 盡誠勸勉ᄒᆞ니 病至死境者와 邪癲驚癎者가 信主得求之數에 幾至四五十名이요 聖神異蹟이 許多有之故로 世間云倉川敎會ᄂᆞᆫ 天國之病院이라ᄒᆞ니 比非聖神所佑면 如比ᄒᆞᆫ 權能이 豈有裁리오 然이나 敎會貧寒草甚에 傳道人幾個兄弟가 三旬九食도 完全치못ᄒᆞ되 患難中 忍耐가 雖千辛萬苦라도 能爲堪過ᄒᆞ며 萬古風霜과 諸般試驗을 以信勝之而 純全無欠過ᄒᆞ야 以待主日이라

I. 조선에 오기까지

존스는 1867년 8월 14일 미국 뉴욕주 모하크(Mahawk)에서 찰스(Charles Edward Jones)와 수잔(Susan Casser)의 외아들로 태어났다. 태어난 다음 해인 1868년 그의 부모가 뉴욕시로 이사를 했고, 존스는 1874년까지 뉴욕에서 유년기를 지냈다. 1874년에 뉴욕주 유티카(Utica)로 옮겨서 거기에서 공립 초 · 중 · 고등학교를 졸업했다. 웨일즈 출신으로 대대로 감리교 집안이었기 때문에 어머니 수잔은 가톨릭 신자였지만 감리교로 이적해야 했다. 그의 집안은 가난했고, 존스는 병약한 아이로 만성적으로 질병에 시달렸으나, 웨일즈 출신답게 긍정적이고 낙천적이었으며 감성적 기질이 풍부했다.

존스는 14살 되던 해인 1881년에 회심을 체험했다. 그때의 일을 다음과 같이 술회하고 있다.

나는 어려서부터 회당에 가서 예배를 드렸다. 한번은 감리교회 예배당에서 예배를 드리는데 그 주일 밤 예배 때에 마침 유명한 부흥사 한 분이 오셔서 제단에서 성경말씀을 전하고 자기가 배운 광박한 지식으로 전도를 하는데, 그의 말씀이 절절이 옳았고 진실하였다. 그 말씀에 크게 깨닫고 마음 또한 자연히 감복이 되어 예수를 내 구주로 믿고 섬길 마음이 있었다. 곧 제단 앞으로 나아가서 그날 밤 예배드리던 교인들과 기쁜 마음으로 일제히 일어나 찬미하였는데…[2]

1881년 유티카 남쪽 4번가에 위치한 감리교회에서 열린 부흥회에 친구

---

2   『신학월보』 4권 4·5호, 1907, p.594. 원본은 다음과 같다 "본인이 어려서브터 회당에가서 례흐엿거니와 흔 번은 우리 감리교회당에 참예흐야 례비흐신그 쥬일밤례비에 맛츰유명흔전도 목스흔분이 전도소에나서서 성경 말흠을 인증흐야 즈긔의 비흔바 광박흔 지식으로 전도흐는 그의말숨이절절이올코 진실무의흠을 본인이크게 세닷고 또흔무음에 즈연감복이되야 예수를 춤내구쥬로믿도 섬길무음이 잇서 곳너러나 전도소로 나아가서고 그날밤 례비드리는 회우들과 깃분 무음으로 일제히 니러나 찬미흐엿는 디"

와 함께 참석한 존스는 거기에서 회심을 체험한 것이다. 그때 그는 교회 제단 난간에서 통로로 내려와 무릎 꿇고 구원자 되신 주님을 향해 삶에 대한 간절한 기도를 시작했다. 눈물을 흘리며 기도하면서 그 속에서 대속의 은혜와 구원의 확신을 체험했다. 그를 누르고 있던 나약함은 기쁨과 환희로 바뀌었고 하나님과의 관계는 이전과 비교할 수 없을 만큼 달라져 있었다.[3]

회심 이후, 존스는 온 힘을 다해 신앙생활에 매진했다. 매주일 주일학교에서 봉사했고, YMCA에서 제자훈련을 했다. 화요일에는 반 미팅, 목요일 저녁에는 기도모임, 금요일 저녁에는 성가대 연습을 했고 교회를 위한 일이라면 마다하지 않았다.

1883년, 고등학교를 졸업한 존스는 3년간 전화회사에서 시간제 일을 하며 생활비를 벌었다. 그러면서 유티카 YMCA 종교사업부의 서기로도 일했다. 아침 8시부터 밤 10시까지 일을 했지만 그의 봉급은 40달러에 불과했다. 몸은 약했고 지독한 가난이 그의 발목을 잡았다. 대학 진학을 준비했지만 포기해야 했다. 그렇지만 그의 신앙 열정은 식지 않았다. 교회와 기독교 사회기관에 열정적으로 참여했으며, 삶 전체를 기꺼이 하나님께 헌납하겠다는 생각에 몸을 사리지 않았다.

존스는 1886년 4월부터는 로체스터(Rochester) YMCA에서 부총무로 일했고, 1887년에는 오네다(Oneida) YMCA 총무가 되었다. 그런데 14살 회심 때의 서원을 잊지 않고 미국 북감리교에 선교사로 임명해 줄 것을 청원했다. 물론 여기에는 당시 미국 복음전도와 부흥운동의 흐름을 주도했던 무디(Dwight Lyman Moody)와 찰스 피니(Charles Grandson Finney)의 영향도 있었다. 1887년 9월 29일 존스는 미국 북감리교 해외선교부 리드(J. M.

3　존스의 미완성 자서전 참조. Kim Paul Hyoshin *Korean Christology in the Making: The Impact of Socio-PoliticalContext on Early Korean Christologies (1885-1910) of George Heber Jones and Ch'oi Pyonghon.* Princeton Theological Seminary for the Degree of Doctor of Philosophy, 2004, p.53에서 참조.

Reid) 총무에게 선교지원서를 제출했다. 그의 지원서에는 다음과 같은 내용이 적혀 있다.

①생일 : 1867년 8월 14일,

②감리교 입교: 1884년 7월,

③직분: 집사도 장로도 아님,

④교육정도: 얼마간 대학 진학을 준비했음,

⑤결혼 유무: 미혼,

⑥채무: 매우 가벼운 정도,

⑦건강상태: 양호함,

⑧신장과 몸무게: 5피트 8인치(=172.72cm), 128파운드(58kg)

곧바로 조선 선교사로 임명된 존스는 10월, 메릴(S. M. Merrill) 감독으로부터 임명장을 받았다. 12월 지방회에서 실시한 시취시험을 통과하여 평신도 전도사 자격증(Preacher's License)을 받았고, 1888년 1월에는 플로리다주 St. John's conference에서 연회소속 선교사로 조선에 파송되었다. 미국 감리교회가 신학을 공부하지 않은 존스에게 시험 볼 자격을 주고 선교사로 임명한 것은 파격이었다. 물론 신학교 졸업장이 없더라도 교회나 종교단체의 경력이 출중하면 평신도에게 전도자의 자격을 부여했던 것이 감리교회의 전통이었지만, 그것은 분명 예외적 결정이었다. 미국 교회가 선교사들의 계층적 수준과 교육 수준을 중시했기 때문이다.

대개 선교본부와 선교사 사이의 갈등이 일어나는 것은 선교사의 증원과 선교비 문제 때문이다. 늘 일손이 부족하고 선교비도 항상 모자라기 때문이다. 미국 교회들도 예외는 아니었다. 선교사를 지원하는 수보다 선교사를 요청하는 편지가 더 많았고, 선교비 요청을 일일이 들어줄 만큼 재정이 넉넉하지 않았기 때문이다. 특히 조선에 나와 있던 미국 선교사들의 불만은 더 컸다. 선교본부의 정책은 인도나 중국, 일본에 맞추어져 있었기 때문에 조선 선교사들의 요청은 뒤로 미루어지기 일쑤였다. 더욱이 선교사 후보생들이 있다고 하지만 조선을 선택하는 사람도 없던 상황이었다. 조선 정부의 선교규제가 약화되면서 점차 직접적인 선교가 가능해졌고 조선 선교의 성과가 날로 높아졌지만, 선교사들의 결핍감은 그만큼 커졌다. 선교사들은 선교사 추가 파송과 선교비 증액을 요청하며 선교본부에 노골적으로 불만을 드러냈다. 스크랜튼의 어머니 메리 스크랜튼까지도 불만을 토로하며 선교사 파송 요청서를 선교본부에 보내기도 했다.

언제까지, 도대체 언제까지 이런 상태로 버려두어야만 합니까? 지금 이곳 조선에서 사역하는 선교사들은 더 이상 시간을 쪼갤 수 없을 정도로 바쁘게 자기 능력 이상의 사역을 하고 있습니다. … 두 명의 선교사를 지금 당장 보내야 합니다. 그렇게 하지 않는다면 그건 단순한 실수로 끝나지 않고 범죄가 될 것입니다.[4]

신학을 전공하지도 않은 젊은 평신도가 조선 선교사가 될 수 있었던 것은 아펜젤러의 강한 요청 때문이었다. 아펜젤러는 선교부 총무 리드에게 세 번이나 편지를 보내, 배재학당이 개관했으니 즉시 교사를 보내 달라고 요청했다.[5] 이런 상황이었기 때문에 고등학교를 졸업한 20살의 존스가, 연봉 700달러의 조건으로, 배재학당 교사로 파송될 수 있었던 것이다.

---

4 이덕주,『스크랜턴-어머니와 아들의 조선 선교이야기』 p.437에서 재인용.
5 1887년 9월 17일자, 리드에게 보낸 아펜젤러의 편지.

2. 배재학당의 존스(1888-1893년)

1888년 5월 17일, 존스는 조선에 도착했다. 처음부터 그에게는 창립 1년이 채 되지 않은 배재학당의 수학교사직이 주어졌다. 그렇지만 그에게는 배재학당뿐만 아니라 아펜젤러의 선교보조 업무와 선교회의 잡무도 맡겨졌다. 존스 덕분에 아펜젤러는 마음 놓고 순회사역을 떠날 수 있었고 안식년을 보낼 수 있었다.

아펜젤러는 존스를 위해 최병헌을 한국어 교사로 낙점했다. 1858년 충북 제천에서 출생한 최병헌은 1888년에 있었던 대과시험에 낙방한 후 아펜젤러를 찾았던 인물이다. 중국인 쉬지위(徐繼畬)가 쓴 『영환지략』(瀛環志略)을 통해 서양 근대문명의 사상이 기독교에서 비롯되었다는 것을 알게 된 그는 진리에 목말라 했었다. 그는 아펜젤러를 통해 서양의 사상을 확인했고 기독교의 복음을 진리로 받아들였다.

조선의 철학과 종교에 대하여 박학다식한 최병헌을 만난 것은 존스에게도 대단한 축복이었다. 어학선생의 지식 여하에 따라 선교사의 선교지 판단능력이 결정되기 때문이다. 최병헌만큼 조선의 시대상을 근원적으로 판독할 수 있는 어학선생은 없었다. 한편, 당시 배제학당에는 예비부와 일반교양부의 교과과정이 개설되어 있었는데, 그 내용은 다음과 같다.

【교과과정】
- 예비부(Preparatory Department)
  - ① 1학기 – 영어 : 독본 1권, 한문, 언문
  - ② 2학기 – 영어 : 독본 2권, 철자, 한문, 언문
- 일반교양부(Academic Department)
  - ① 1학년 : 영어 기초문법, 산수초보, 독본 3권. 4권, 철자, 쓰기 및 노래 부르기, 한문, 언문, 노래 부르기

② 2학년 : 영문법, 산수(10진법까지), "일반과학", 독본 5권, 철자, 번역, 쓰기, 한문, 언문, 노래 부르기

③ 3학년 : 영문법, 영작문, 1산수, 한문, 언문, "일반과학", "지식의 계통", 어원학, 미술, 노래 부르기

또한 1889년도 교사와 과목은 다음과 같다.

- 영어 : 아펜젤러
- 역사 : 프랭클린 올링거
- 의학 : 윌리암 B. 스크랜튼
- 과학 : 리차드 하크니스
- 음악 : 올링거 부인
- 미술: 아펜젤러 부인
- 수학 : 존스
- 한문 : 송보산, 유치겸
- 도서관 사서 : 강재형

배제학당의 외국인 교사들은 존스를 제외하고 모두 대졸 이상의 엘리트였다. 그러나 수학교사로서 존스의 능력은 별로 문제가 되지 않았다. 당시 배재학당의 수학교육이 산수 수준을 넘지 못했기 때문이다. 존스가 배재를 떠날 때까지도 학생들의 수학 습득능력은 크게 향상되지 못했다.

1890년 존스는 일본에서 '집사목사'(deacon pastor)를 받았다. 그리고 1891년 7월 10일부터 13일까지 개최된 제7차 한국선교연회에서 굿셀(Goodsell) 감독으로부터 '장로목사'(elder pastor) 임명을 받고, 다음 날인 주일에 안수를 받았다.[6] 선교사회를 통해 신학을 공부했고, 그 자격시험에 합격했기 때문이다. 자격을 갖추었기 때문에 1892년 아펜젤러가 미국에서 안식년을 보낼 때 존스가 배재학당 교장대행으로서 학생들에게 신학을 가르칠 수 있었다.

배재학당을 대학으로 발전시키고 신학부를 개설하는 것은 아펜젤러의

---

6 *Annual Report of the foreign Missions of the methodist Episcopal Church, Korea Mission, 1891*, p.270.

중요한 과제 중 하나였다. 서울에 신학교를 세우고 졸업생들을 배출한다는 것은 조선 크리스찬 사역자들을 훈련시키는 것이고, 그들을 전국 구석구석에 배속시킨다면 조선 전체를 복음으로 견인하는 것이 되기 때문이다. 그러나 배재학당 초기, 조선 정부의 엄격하고 엄중한 통제로 그 꿈을 이룰 수 없었다. 비밀리에 김창식, 이명숙, 김기범 등 조선인 전도인들을 훈련시켰지만, 그것은 애초부터 한계가 있었다.

교장대행의 자격으로 존스는 12명의 학생들에게 신학을 가르쳤는데, 그것은 조선 정부의 통제가 느슨해졌기에 가능했다. 1주일에 2-3회의 시간을 배당했고 교과목으로는 성경, 설교학, 구원론, 성경개론이었다. 장로사(presiding elder)였던 스크랜튼도 교사로 적극 참여하며 존스를 도왔다.[7] 덕분에 아펜젤러가 안식년을 마치고 돌아왔을 때, 공식적으로 배재학당에 신학부(Theological Class)를 개설할 수 있었다. 존스의 이러한 경험은 후일 감리교 협성신학당을 설립하는 데 큰 도움이 된다.

한국어를 유난히 빨리 익혔던 존스는 1890년에 『감리교 요리문답서』를 번역하여 발간했다. 아펜젤러가 안식년을 떠난 1892년 6월부터 배재학당 임시 당장으로 재직하면서 존스는 여감리회소속 로스와일러(L. C. Rothweiler)와 함께 『찬미가』도 편역했다. 당시 구전되던 27곡의 곡조 없는 찬송들을 묶어 감리교 찬송가로 사용했다. 한국 찬송가는 두 명의 감리교 선교사들에 의해 그렇게 시작되었다.

1888년 8월 이른바 '영아소동'이 진정되었을 때, 아펜젤러는 존스를 데리고 15일간 원주·대구·부산으로 선교정탐여행을 한 바 있다. 그리고 1891년 가을, 존스는 32일간 북한지역 30여 곳을 여행했다. 보고서에서는 그 거리가 750마일이고 3번의 설교를 했다고 나와 있다.[8] 조선의 남북여행

---

7   W. B. Scranton's letter to Dr. A. B. Leonard, 6 Jan., 1893.

8   *Annual Report of the foreign Missions of the methodist Episcopal Church, Korea Mission*, 1892, p.50.

을 통해 존스는 조선에 대해 나름 알게 되었을 것이다. 특별히 그는 어학선생 최병헌에게 조선의 역사와 문화, 종교 등을 배웠기 때문에 남다른 눈으로 판독했을 것이다.

최종적으로 그에게 맡겨진 선교지는 제물포권역이었다. 이 지역은 서울이나 평양, 그리고 원산과도 달랐다. 부흥회적 경건이 마음껏 자리할 수 있는 복음주의 선교의 최적지로, 특별히 웨슬리 전통이 뿌리내릴 수 있는 곳이었다. 사실, 감리교 선교사 중 존스만큼 마음껏 자신의 신학을 펼쳤던 사람이 흔치 않았지만, 그것은 제물포권역이어서 가능했다.

3. 제물포권역의 선교 (1893–1903)

1) 제물포의 환경

"내 딴 형편에 이렇게 고향에 닿았다면 오늘처럼 기쁘고 마음 설렐 날이 어디 다시 있으랴. 그러나, 아, 지금처럼 마음 아팠던 일이 다시 없었노라. 우리 조선 일꾼들, 본래는 흰 옷인데 그것이 때와 더러움으로 검어진 옷을 입은 모습, 땅보다 높다 할 것이 없는 누옥 같은 집들, 쌓여 있는 오물에서 풍기는 역겨운 악취, 차마 볼 수 없는 가난, 무지, 멍청한 사람들, 헐벗은 산야(山野)들, 이 모두가 다 지켜 줄 이 없는 이 조선의 가련한 모습을 보여 주고 있구나."[9]

1895년 2월 13일, 러시아 니콜라이 2세의 대관식에 참석하는 민영환을 따라 유럽을 여행하고 돌아왔을 때, 윤치호는 눈에 비친 제물포항과 주변의 모습을 이렇게 일기에 적어 놓았다. 한 나라의 개항장 제물포의 모습은

---

9   윤치호 일기, 1895년 2월 13일자.

초라했고, 사람들은 누더기를 입고 있었으며 조선 사람들 눈에서 어떠한 희망의 모습도 찾을 수 없었다. 거리는 온갖 악취를 뿜어내고 있었고 백성들의 가난은 입에 담는 것조차 가슴에 겨웠다. 국제정세에 가장 밝았던 젊은 정치인은 여전한 조국의 처절한 모습에 이렇게 가슴을 치며 통곡한 것이다.

선교사 애비슨(O. R. Avison)은 1893년의 서울의 위생상태와 천연두를 귀신의 소행으로 여겼던 조선 사람들에 대해 다음과 같이 술회하고 있다.

> 비가 올 때는 길 복판이 수렁을 이루며 가물 때는 먼지가 발을 덮었다. 특히 장마가 질 때는 길에 정금다리를 놓고 뛰어 건너다니도록 되었다. 그리고 길 좌우편 집에서 소변을 창문으로 버려서 그 소변 버린 흔적이 길에서 다 보이게 되었으며 또 이밖에 모든 오예물을 창문을 통하여 개천에 내다버려 개천이 메이게 된 것이었다. 길가에 대변을 가득이 보아 놓아서 더운 날이면 그 썩는 냄새가 코를 찌르고 파리가 왕왕 들끓었다. 이와 같이 위생에 부적한 오예물을 파리들이 묻혀다가 이곳저곳에 퍼뜨리고 개들도 또한 이 더러운 곳에 다니며 여러 가지 오예물을 밟아 사람의 집에 퍼뜨렸다. 큰 길 외에 좁은 골목 같은 데는 일기가 더우면 더러운 내음새가 지독하게 나서 그런 내음새에 젖은 사람이 아니고는 그 길을 통과할 수가 도저히 없게 되었다. 그때는 개천을 청결하는 일이 도모지 없었고 비나 와야 장마물에 씻겨 나려갈 것뿐이었다. 그런고로 그때로 말하면 조선에 비오는 것이 모를 내여 농사만 짓게 함이 될 '뿐만 아니라 서울과 같은 대도시를 청결함이 되었던 것이다.[10]

나는 종종 시골 촌이나 서울 근처에서 막대기 네 개를 어긋나게 세운 후에 짚으로 엮은 영으로 덮은 것을 보았다. 그런데 이런 것이 대개 산소 있는 데 많고 혹 나뭇가지에 달기도 하였다. 저것이 무엇이냐고 물으니 손님하다가

---

10 애비슨 박사 소전, 「基督申報」 1932년 6월 1일자 6면.

(천연두에 앓다가) 죽은 아이들의 송장이라고 하였다. 왜 매장하지 않느냐고 물으니 만일 매장하게 되면 손님이 진노하여 그 집으로 돌아가 다른 아이를 또 데려가게 된다고 하였다.[11]

애비슨은 서울임에도 불구하고 거리는 불결했고, 장마철이 돼서야 비로소 씻겨 내려갔다고 술회하고 있다. 그런데 장마철에 씻겨 내려간 오물들은 한강으로 흘러들어 갔고, 그것은 여름이면 수인성 전염병으로 연결되었다. 천연두가 퍼졌을 때도 마찬가지로 사람들은 병의 원인을 귀신의 횡포로 여겼다. 망원동에서 뚝섬, 흑석동 등 한강가에 무당촌이 많았던 것은 그와 같은 이유였다.

제물포권역도 예외는 아니었다. 시도 때도 없이 일어났던 서해안의 해상사고는 샤머니즘과 연결되어 있었다. "범사에 종교성은 많았고, 참 하나님과 그의 아들 예수 그리스도와 성령을 듣지도 알지도 못한 채로, 우상숭배만 만연한 땅"이 제물포권역이었던 것이다.[12] 이러한 환경은 존스가 극복해야 할 또 하나의 과제였다. 그렇지만 복음을 전파하기에는 오히려 훌륭한 조건이었다.

2) 교육선교 방식의 채택 이유

1892년 장로사 스크랜튼은 제물포를 선교거점지역(mission station)으로 지정하고 존스를 이 지역 주재 선교사로 임명했다. 이 지침에 따라 존스는 제물포권 선교를 시작하게 되었다.

존스는 강재형 부부를 제물포로 먼저 이주시켰다. 배재학당 임시 당

---

11 Ibid., 1932년 6월 8일자 7면.
12 G. H. Jones, *Korea, The Land, People, and Customs* New York: Eaton and Mains, 1907, p.49.

장을 맡고 있었기 때문에 곧바로 옮길 수 없었던 것이다. 대개 주말 저녁에 제물포에 와서 주일예배를 인도하고 서울로 올라가야 했다. 1893년 5월, 이화학당에 파송되어 성경과 음악을 가르치던 마가렛 벤겔(Margaret J. Bengel)과 결혼하면서, 비로소 제물포에 주재하며 활동하게 되었다.

제물포교회 본처전도사로 임명된 강재형은 최병헌과 함께 존스에게 한국어를 가르치며 배재학당 도서관 사서를 맡고 있었다. 배재학당의 사서를 데리고 온 것은 존스가 교육선교 방식을 선택했다는 것을 말하고, 장차 근대의식으로의 전환을 염두에 두었다는 것을 의미하기도 한다. 그 방식은 존스의 선교전략이었고 그것은 현명한 조치였다. 또한 그것은 노병일의 복음전도 방식에 대한 가슴 아픈 교훈 때문이기도 했다.

제물포 선교는 1888년에서야 비로소 시작되었다. 올링거(Olinger)를 서울에 거주시키면서 제물포지역을 관할하도록 했지만, 아펜젤러가 제물포에서 매서활동을 할 사람을 구하는 공고를 낸 것이 실제 시작이었다. 서산 출신으로 서울에 와 있던 노병일이 이에 응했고, 따라서 그는 제물포 최초의 매서인 겸 전도인이 되었다.

1889년부터 제물포에서 기독교서점을 냈지만 지역의 특성상, 서울의 종로와 달리, 반응은 그리 신통치 못했다. 복음적 열정에 노병일은 필묵행상을 다니며 길거리에서 먹과 붓을 팔며 노방전도를 시작했다. 그러나 그것은 조선의 국법을 어기는 행동이었다.

당시 조선 조정은 개항장을 통해 서구의 사상이 반입되는 것을 두려워했다. 더구나, 애초부터 기독교 복음전파를 할 수 없기도 했지만, 1888년 4월 발생한 '영아소동'으로 포교금지령이 내려진 상태여서 관료들의 태도는 엄중했다. 인천 감리 성기운이 퇴거명령을 내렸지만 노병일은 이를 거부했고, 뱀내장터(지금의 경기도 시흥군 소래면 신천리)에서 노방전도를 하다가 병사들로부터 뭇매를 맞았다. 상동의 시병원으로 옮겨 치료를 받았지만 결국 숨지고 말았다. 한국 기독교의 역사에서 노병일은 '조선의 스데반'이라는 영예를 얻었지만, 시대적 상황을 외면했을 때 벌어질 수 있는 일들에 대해 깊이 생각하지 못했던 것은 선교역사의 교훈이 될 수 있다.

(1) 매일학교

재한 선교사들은 교회가 설립되는 곳에 학교를 세우는 전략을 썼다. 선교의 접촉점을 이루기 위한 조치였다. 감리교는 이 학교를 '매일학교(daily school)'라고 불렀다. 매일학교는 선교사들이 보조하고 대개 청소년층들이 참여했는데, 초등학교 수준의 교육을 실시했다. 초등학교 수준의 지식을 갖고 있더라도 신앙적 수준이 우수하면 임시 목회자의 권한을 부여하여 교회를 이끌게 했던 것이 감리교회의 전통이다. 매일학교는 그러한 전통 아래 세워졌고, 따라서 교육의 목표는 복음전도였다. 존스는 안골(내리)의 초라한 초가 예배처소에서 소년매일학교(Boy's day school)을 시작했다. 교육과 의료는 조선 정부로부터 이미 허락된 일이어서 이에 대한 제약이나 제지는 없었다.

> 한 선교사가 1892년에 소년학교를 열었습니다. 한 소년이 이곳에 들어왔고, 그는 구원을 받았으며, 그의 부모를 개종시키는 도구가 되었습니다. 장사꾼이었던 부모들은 그리스도를 전파하는 일꾼으로 변했습니다. 처음 소년의 마음속에 가득 찼던 그 능력은 장사꾼으로 하여금 한 마을 전체를 개종시켰고 두 개의 학교를 세우게 했습니다. 그로부터 17년이 지난 지금, 그 소년은 스스로 미국에 갔고 우리 감리교 대학의 한 곳에서 공부하고 있습니다.[13]

존스의 매일학교는 생각지 않은 놀라운 일을 했다. 소년 하나가 받아들인 복음이 부모로 연결되고 그들이 사는 마을 전체로 퍼져나갔다. 매일학

---

13 G. H. Jones, *Education in Korea- A Supreme Opportunity for the Christian Church*, New York : Korea-Centennial Commission Board of Foreign Mission of the Methodist episcopal Church, 1910, pp.3-4.

교는 복음의 도구가 되고 제물포교회(지금의 내리교회) 부흥의 모티브가 되었다. 그런데 존스와 아펜젤러의 교육선교 방식은 뚜렷이 달랐다.

아펜젤러의 배재학당은 서양의 근대교육 전수를 중요시했다. 기독교 정신으로 무장된 신진 엘리트의 양성이 중요 목적 중 하나였다. 이곳에 들어온 학생들도 배재를 신분상승과 출세의 수단으로 믿었고, 조선 정부도 배재가 서구 근대교육의 요람이 되는 것에 큰 기대를 가졌다. 배재출신들이 영적인 내적 체험에 어눌할 수밖에 없던 이유이다.

존스의 매일학교는 배재와 달리 초등학교 수준에 맞추어졌다. 문맹률이 90% 이상이었던 상황과 조선 민초들의 당시 교육적 환경에서 볼 때 이것만으로도 변혁적 사건이라 기록될 수 있다. 그런데 존스의 학교는 애초부터 하나님을 경외하게 만드는 것이 근본목적이요 우선 목표였다. 매일학교는 존스의 기대대로 그 목적을 이루었다.

매일학교의 발전은 계속되어 1899년에는 평균 33명의 학생이 등록했고, 이 중 8명이 곧바로 글을 깨우쳤다. 1892년 4월 30일에 한 명의 여아를 데리고 시작한 소녀매일학교가 1900년 4월 2일에는 용동 예배당으로 이전하면서 '영화여학당'으로 불렸고, 후일 영화여중으로 발전하게 된다. 1901년 10월에는 소년매일학교도 용동 예배당으로 옮기면서 이름을 '대한 인항 미이미감리교회 사립 영화학당'으로 불렸다.[14] 인천의 근대 여성교육은 존스의 학교로부터 시작된 것으로 애초부터 배재나 이화학당과 달랐던 것이다.

(2) 사경회교육, 신학교육과 검증 시스템, 『신학월보』

가. 사경회 교육

존스는 교회를 중심으로, 교회 안에서 신앙적으로 성숙해 가는 것을 중요시했다. 그것을 위해 체험과 실천, 성경 중심의 신앙훈련교육을 강조했

---

14 『신학월보』제1권 12호, 1901년 10월호, pp.483-485.

다. 존스의 교육선교는 이러한 신념 아래 진행되었다. 제물포권역은 근대 의료교육에 힘을 기울여야 했던 서울과 달리 오직 복음전도에만 집중할 수 있는 토양이었다. 교회를 통해 신자들을 확보할 수 있었고, 복음을 신자들의 신앙 중심에 놓을 수 있었다. 서울의 Top-Down 방식이 아니라 평양의 마펫과 같이 처음부터 대중을 상대로 복음을 전하는 Bottom-Up 방식의 선교가 가능했다. 다만 개항장이어서 노방전도에는 신중을 기해야 했다.

존스의 교회교육 방식은 둘로 나뉘어졌다. 선교사를 대행하는 전도사를 위한 신학교육과 본처전도사를 비롯한 지역교회 지도자들을 위한 사경회 교육, 곧 성경교육으로 구분했다. 설교자와 지역전도자, 평신도 지도자를 구분하여 교육시켰던 것이다. 한 쪽이 신학교육을 받았다면 또 다른 한 쪽은 사경회(Bible Class), 곧 신앙훈련을 목적으로 성경을 배웠다. 그리고 사경회의 성경수업을 거쳐 속장과정과 권사과정을 공부한 교인이 목회자가 되기를 희망하면 신학회로 옮겨 공부할 수 있도록 했다.

서울의 신학반을 거쳤던 김기범, 최병헌, 김흥순 등이 사경회의 교사로 임명되어 존스를 도왔다. 김기범은 노병일의 후예였고, 최병헌은 정동교회로부터 존스를 따라와 제물포교회에서 세례를 받았고, 김흥순은 스크랜튼의 제자로 남감리교회로 이적한 인물이었다. 존스의 사경회교육이 감리교 선교지 전체로 퍼져나가게 된 것이다.

1901년 10월 남감리교 지역인 송도에서 존스가 주도하는 사경회가 열렸고, 그해 12월에는 북감리교 지역인 평양에서 열렸다. 평양의 사경회에서는 남녀 500여명 이상이 참석했다. 사경회의 반응은 기대 이상이었다. 남감리교의 케이블(E. M. Cable)은 감리교 선교의 목표를 이루었다고 흥분했고, 노블(Mattie W. Noble)은 감리교신학교를 평양에 세워야 한다고 주장할 정도였다.[15] 1907년 평양의 사경부흥회는 존스의 사경회의 기초 위에

---

15 *Official Minutes of Annual Meeting of the Korea Mission of the Methodist Episcopal Church*, 1902, pp.25-26, p.60, p.39-40 참조. 이후 OMAK로 표기

이루어졌다고 해도 과언이 아닌 것이다.

나. 신학교육

1893년, 첫 번째 안식년 휴가를 마치고 돌아온 아펜젤러는 지역전도사(Local Ministry) 양성을 위한 4년제 신학반 개설을 공식화했다. 그러나 기대와 달리 지원자도 없었고 조선의 정치적 상황도 용이하지 않아 배재학당 신학부는 폐지되었다. 그런데 신학교육에 대한 불을 다시 지핀 사람이 존스였다. 신학습득에 대한 존스 자신의 간절함이 남다르기도 했지만, 유독 존스가 담당한 선교지역의 교회와 교인들이 급속히 늘어나는 바람에 전도인이 절대적으로 필요했다. 이런 이유로 존스에게 한국인 교역자 양성 임무가 맡겨졌다.[16]

1900년 1월 첫 주, 감리교회의 첫 '신학회'(Sin-Hakhoi or Theological Association of Club)가 인천 우각동 존스의 집 서재에서 2주 과정으로 시작되었다. 존스를 비롯하여 아펜젤러, 노블(W. A. Noble), 스웨워러(W. C. Swearer) 등이 교사가 되었다. 수강생은 평양에서 온 오석형과 김창식, 원산에서 온 김기범을 비롯해서 노병선, 문경호, 송기용, 이은승, 최병헌과 준회원 4명, 일반청년 5명으로 모두 17명이었다. 내용은 배재학당에서처럼 성경과 예배학, 교양, 신학개론, 교리, 교회사기, 설교학, 해석학, 윤리학, 여러 주제에 대한 토론 등이었다.

존스는 교인들 중 검증된 사람들을 선택하여 속장과정 1년을 한 후 권사과정 2년을 거치게 한 다음 본처전도사가 되게 하거나 신학회 과정에 입학시켜 목회자가 되게 하는 방안을 구상했다. 그리고 신학회의 수업연한을 최소 1년 2개월에서 4년으로 잡았다. 속장 1년, 권사 2년, 신학회 4년 과정은 미국 북감리회 총회에서 작성되었음을 확인했다.[17] 모든 과정에서 성경

---

16 *OMAK* 1899, p.22.
17 「대한그리스도인회보」, 제4권 23호, 1900년 6월 6일자, p.1.

공부가 가장 중요한 과정이었고 교리와 장정, 교회 규칙, 천로역정 등을 공부하도록 했다.

1901년 5월 14일 서울 상동교회에서 개최된 미국 감리교 조선선교연회에서 김기범, 김창식은 두 외국인과 함께 목사안수를 받았다. 최병헌은 그 다음 해에 안수를 받았다. 이들이 한국인 첫 감리교 목사들이었다. 이들을 이만큼 이끈 배후에 존스가 있었다.

복음을 받아들인다는 것과 전도인이 되겠다는 것은 별개의 일이다. 선교 초기, 목회자가 되는 것은 굶주림을 각오해야 하는 일이었다. 감리교나 장로교 할 것 없이 자급과 자전의 정책을 썼기 때문에 한국인 목회자들의 생활비는 보장되지 않았다. 더욱이 기독교가 공인되지 않는 상황에서는 죽음도 각오해야 했다. 신분이 보장되지 않았으며 존경의 대상도 아니었다. 조선사회가 여전히 의심의 눈초리로 지켜보았기 때문에 그 소외감은 적지 않았다. 선교사들 입장에서도 복음전파의 사명감만을 당당히 요구할 수 있던 상황이 아니었다. 그럼에도 감리교 신학회의 목회자 후보생들은 존스를 비롯한 선교사들에 의해 제자로 선택된 사람들로 스승의 길을 그대로 좇았다. 믿는 이들이 어떻게 살아가야 할지를 알려 주는 역사의 도구가 되었고 동시에 선교사들의 계승자가 되었다.

다. 『신학월보』의 발행

존스는 각 지역에 세워지는 감리교회에서 반드시 사경회와 신학회가 운영되어야 한다고 강조했다. 그런데 선교사의 힘은 모자랐고 교사들도 부족했다. 공인된 성경책도 아직 없었고 교회 규범과 규칙, 갖추어야 할 기독교 지식이나 그 기준도 마련되지 않은 상태였다. 따라서 이를 위한 서적이 필요했다. 존스가 『신학월보』를 계획한 이유이다.[18] 존스는 『신학월보』의 발

---

18 *OMAK*, 1899, pp. 46-47.

행 취지와 목적을 다음과 같이 말하고 있다.

> 월보는 선교지 전반에서 신학에 대해 알려고 하는 욕구가 커지면서 발행하
> 게 되었으며, 이것은 한국말로 쓰여질 것이다. 우리에겐 아직 공인된 신약성
> 서도 없고 신학이 다뤄진 적도 없다. 그러나 우리의 교회들은 계속 성장하고
> 있으며 위대한 진리의 기독교 원리를 정리해서 그들에게 공급해야 한다. 지
> 역전도자들은 늘어나고 있다. 그들에게는 교과서가 필요하고 신학, 교회사,
> 성서주석 같은 것들이 훈련되어야 한다. 필요한 모든 것을 우리가 다 공급해
> 줄 수는 없지만, 이 일이 누군가에게 영감을 주어 계속적으로 추진되어지기
> 를 바란다.[19]

입교자들은 늘어나고 있지만 선교사와 교사는 턱없이 부족했고, 1898년
부터는 선교비마저 삭감되었다. 선교사의 충원이 어려웠고 훈련된 전도인
을 확보한다는 것도 쉽지 않았던 시점이었다. 기독교에 대해 궁금해 하는
사람들이 늘어나는 것과 비례해 전도의 의무는 급증하고 있었다. 입교인들
의 자질을 높여야 했고 전도인들을 양성해야 하는 문제가 시급했다. 『조선
크리스도인회보』를 폐간하고 이를 발전시켜 재탄생된 『신학월보』는 전도
와 신학교육의 교재로 사용하기 위한 것이었다.

(3) 조직 영역과 영적 영역의 합치

존 웨슬리의 선교방식은 조직의 영역과 영적 영역의 절묘한 합치가 특
징이다. 치밀하고도 조직적인 편성으로 평신도 지도자들을 세워 감리회원
들의 신앙적 상태를 확인하고 성숙시켰다. 뿐만 아니라 속회(Class Meeting),
신도반(Bands), 선발신도반(Select Society), 참회자반(Penitents) 등의 조직들

---

19 Ibid., 1901, pp. 63-64.

은 독자적이고 독립적인 감리회를 만드는 데 결정적 도구가 되었다. 웨슬리는 조직을 잘 활용했다. 그런데 존스만큼 감리교의 전형적인 방식을 그대로 따른 선교사는 없었다.

가. 계삭회 – 자급–자립–자전의 교회 지향

1748년 영국 감리회 신도들이 신도회의 재정상황과 영적 활동, 특별히 구역 내에 상주하는 설교자들의 부양문제를 조정하는 책임 아래 시작한 것이 계삭회(현재의 구역회)였다. 한국에서는 1889년 정동감리교회가 처음 시작했다. 1893년 8월에 열린 제 9차 선교회에서 존스는 제물포교회에 모두 32명의 교인, 곧 23명의 학습인과 9명의 세례인으로 계삭회(Quarterly Conference)가 조직되었고 2명의 교사와 18명의 아동으로 주일학교(Sunday School)가 조직되었다고 보고했다.[20] 제물포교회가 선교사의 재정적 힘을 빌리지 않는 자립과 자전의 교회가 되었다는 선언이었다.

계삭회를 이용한 자립교회 방식은 강화도의 교회들에도 그대로 이어졌다. 1897년 12월, 순행장로사 존스는 교항교회와 홍의교회에 계삭회를 조직하도록 했다. 그리고 계삭회를 통해 예배당의 구입을 포함하여 교회의 운영비뿐만 아니라 매일학교를 자력으로 운영하도록 했고 전도인의 사례비도 자체적으로 부담하도록 했다.

강화 교항교회는 80여 명의 교인들이 예배당을 마련하는 데 120달러의 비용을 충당했고, 전도인 생활비로 매달 5달러를 지급했다. 홍의교회는 교인의 수가 56명이었지만 240달러를 들여 예배당과 학교를 마련했고, 교회 경비로 총 171달러 96센트를 사용했다. 전도인의 생활비를 매달 6달러씩 부담했으며, 교인들이 98달러 96센트를 모금하여 교회 빚을 모두 청산했

---

20 구역회 성격으로 감리교의회의 기능을 했던 기구가 계삭회였다. 선교 초기, 교인 30명 이상을 가진 교회들이 모여 담임자의 생활비를 부담하고 각 부담금을 모아 구역의 목회자들을 부담할 수 있는 능력을 갖춘 조직이었다.

다.[21] 1900년 전후, 여러 계삭회들을 통폐합하여 구역회로 재조직할 때까지 존스의 관할지역, 곧 제물포, 강화, 연안, 인천, 부평, 남양, 시흥, 황해도 해주 등의 교회는 계삭회를 통해 자급(自給), 자립(自立), 자전(自傳)의 교회를 만들어 자립의 정신을 계승했던 것이다.

나. 사경부흥회

선교사들 사이에서 존스는 부흥사요 '감리교 열정의 소유자'로 알려져 있었다.[22] 1901년 10월, 북감리교와 남감리교가 연합으로 개최한 신학회에서 "성령이 강력하게 임재했"고 참석한 이들에게 "마음이 뜨거워지면서 새롭게 다짐하는" 역사가 있었다.[23] 이 모임의 주축은 존스였다. 1903년 1월, 북감리교와 남감리교 선교회의 연합 사경회가 열렸을 때도 존스에게 기도가 맡겨졌다. 웨일즈 가계(家系)의 전통적 성향 탓에 그가 인도하는 기도회는 늘 뜨거웠다. 참석자들은 전형적인 웨슬리 예배를 경험했다며 흥분을 감추지 않았다. 스웨워러(Wilbur C. Swearer)는 존스의 사경부흥회에 대해 이렇게 진술하고 있다.

> 이 부흥회는 옛 감리교 부흥운동의 정신을 그대로 가지고 있었다. 설교 후 하나님의 자비, 하나님의 은혜, 그리고 하나님의 선하심에 대한 40, 50, 60명의 간증이 있었다. 그것은 매우 고무적인 시간이었으며, 부흥회에 참석한 모든 사람들이 신앙 안에서 새 힘을 얻고 신앙이 견고해졌다.[24]

---

21 *Minutes of the Annual Meeting of the Korea Mission of the Methodist Episcopal Church*, 1898, pp. 28-29.

22 *Official Minutes and Reports of the Annual Session of Korea Mission Conference of the Methodist Episcopal Church*, 1903, p. 45 참조. 이후 OMRASKC로 표기함.

23 *OMRASKC*, 1901, p. 61.

24 Loc. cit.

스웨워러는 치솟는 감격을 가라앉히지 못했다. 집회의 열기는 뜨거웠고, 성령의 분명한 임재와 능력이 나타났다. 그동안 간절히 염원했던 웨슬리의 감리교 부흥운동이 재현된다고 믿었다.[25] 하디 이전, 존스를 통해 영적 대각성의 사건이 이미 일어났던 것이다.

1899년 12월부터 존스는 부흥회를 인도하고 있었다. 평양 서문밖 교회에서 존스는 노블과 함께 사경부흥회를 인도했고, 1900년 9월에는 강화 서사교회에서 부흥회를 인도했다. 다음 해 11월 7일부터는 강화 잠두교회에서 사경회 후에 기도회를 가졌고, 이때 참석한 사람들이 은혜 받은 내용을 간증하고 온 힘을 다하여 기도했다. 사경부흥회에 참석한 사람들이 "성신을 충만히 얻어 모든 영화를 하나님께" 돌렸다.[26]

존스의 사경부흥회는 하디의 부흥회처럼 영적 대각성의 운동으로 이어지지는 못했다. 강화교회가 아직 어렸고 강화구역에서 모인 교인 수도 33명에 불과했던 것이 한 이유가 될 수 있겠지만, 역사의 주관자가 지정한 때가 아니었기 때문이다. 그렇지만 존스의 사경부흥회는 씨앗이 되었다. 이후, 강화의 교회들은 부흥사경회를 당연히 개최해야 하는 것으로 여겼다.

1907년, 강화에서 대규모 부흥사경회가 열렸다. 존스와 함께 장로사 스크랜튼이 왔고, 데밍(C. S. Deming)과 노병선 등이 강사로 왔다. 주제는 '기쁨', '회개', 그리고 '애통'이었다. 강화 전 지역에서 1,500여 명의 교인들이 모였고, 주일학교 학생 900여명이 별도로 참석했다. 이들을 한번에 수용하기 위해 강화진위대 훈련장 연무당(鍊武堂)을 빌려야 했다. 은혜를 체험한 100여 명의 교인들이 강화성 내의 각 시장과 각 문으로 나가 전도했고, 마침 열렸던 장날이 크게 뒤집혀 난리가 난 것 같았다. 모두 71명을 전도하고

---

25 *Minute of the Annual meeting, Korea Mission Methodist Episcopal Church, South*, 1903, p.33.
26 『신학월보』 1901년 10월, 제1권 12호, pp.493-495.

돌아와 이를 기도회 시간에 간증했다.[27] 교인들은 존스와 스크랜튼을 찾아와 사경회를 두 주간 더 연장해 달라고 조르기도 했다. 수백의 교인들은 선교사들이 사경회를 마치고 돌아가는 길을 환송하며 아쉬워했다. 시간이 지나서 존스가 뿌린 복음의 결과가 나타난 것이다.

3) 제물포교회와 순회전도

(1) 제물포교회

존스가 제물포에 주재하면서 이 권역 선교의 거점이 되는 제물포교회의 성장이 본격화되었다. 1892년 당시 4~5명에 불과했던 교인의 수는 존스가 치리하게 되는 1893년, 입교인과 학습인 합쳐 32명에 이르러 계삭회를 조직할 수 있었다. 1년이 지나서는 58명이 되더니 1898년 제물포권역의 교회 수는 8개로 늘어났고 총 교인이 506명으로 급성장했다.

1899년 5월 12일에 열린 제 15차 한국선교회에서 존스는 8년 전의 예배처소로는 더 이상 새 신자를 받기 어렵고 선교기지로서의 사역이 불가능하다며 예배당 건축을 호소했다. 64명의 입교인과 73명의 학습인을 합쳐 제물포교회의 교인이 137명이었다. 재정상의 이유로 논란이 있었지만 예배당 건축에 대한 존스의 의지는 확고했다.

미국 북감리교 해외선교부에서 설계도를 보내 주었고, 존스는 예배당 건축을 위해 총 1,200엔의 자금을 만들었다. 제물포 교인들 모두가 함께 예배를 드리기 위해 그동안 흩어져 있던 제물포의 예배처소, 곧 1891년에 아펜젤러에 의해 건축된, '언덕 위의 하얀집(White Chapel)'으로 일컬어지던, 10평의 예배처와 1894년에 건축되어 1895년에 헌당된 여성전용 예배처도 헐어냈다.[28] 그리고 용동 제물포교회 예배당이 완성되는 동안 사용

---

27 『신학월보』 1907년 5월호, pp.79-81.

28 *OMRASKC*, 1900, p.35, 1901, p.32

할 임시 예배처소를 위해 인천 우각리 애즈버리목사관 예배소를 200명 정도 수용할 수 있도록 증축공사를 시작했다. 1900년 8월 27일 월요일, 길이 32척 폭 21척(18.7평) 크기의 애즈버리예배당(현재의 창영교회로 알려짐)의 헌당식을 가졌다.[29]

그러나 애즈버리예배당으로도 늘어나는 교인들을 더는 수용할 수 없었다. 1901년 12월 25일 크리스마스 예배를 용동의 제물포교회(웨슬리예배당)의 입당예배와 겸해서 드렸다. 가뭄으로 고생하는 강화지역의 교회들을 재정 지원해야 했던 상황 등 여러 이유로 용동 제물포교회 예배당은 완공이 되지 못한 상태였다. 벽돌을 쌓아 지붕만 얹었을 뿐, 벽을 채 바르지도 못해 옹색했고 난방도 제대로 할 수 없었다. 그렇지만 이날 예배는 웅장하고 성대했다. .

이 예배에 참석했던 여선교사 밀러(Lula A. Miller)는 이날 축하객을 포함해 모두 1천 명이 넘는 사람들이 함께 축하 예배를 드렸다고 진술하고 있다.[30] 1902년 존스는 웨슬리예배당에서 주일 낮 예배에 평균 350명, 저녁 예배에는 150~200명 정도가 출석했다고 보고했다. 그리고 5월 이전에는 어린이를 포함하여 모두 140명이 세례를 받았다고 진술하고 있다.[31] 제물포교회가 명실상부한 서부권 선교의 중심으로 자리 잡은 것이다.

(2) 순회전도 - 강화 선교

선교사 조나단 고포드(Jonathan Goforth)는 그의 작은 책 When the Spirit's Fire Swept Korea에 "강화에는 4,247명의 세례받은 신자가 있는데 그중 절반 이상은 1907년 영적 대각성의 결과"라고 감격에 겨워했

---

29 「대한크리스도인회보」 제4권 35호, 1900. 8. 29, pp. 1-2.

30 "Development of Methodist Work in Chemulpo", *Korea Mission Field*, 1934. 6, p. 78.

31 *OMRASKC*, 1902, p. 31.

2부 • 안착의 시대

다.[32] 그런데 고포드의 증언을 되짚어 보면, 평양 대각성운동 이전에 이미 2,000명 내외의 기독교인이 강화에 있었다는 말이 된다. 그것은 존스로 비롯된 것이다.

존스의 선교지는 인천을 기점으로 황해도 해주에 이르는 중서부의 광활한 해안지역에 몰려 있었다. 강화는 복음의 처녀지로 존스의 첫 번째 순회 전도지였다. 강화학파로 불리는 양명학의 선도지였고, 불교를 비롯하여 소소한 토착종교의 집합지였다. 역사적으로는 외세의 침입이 있을 때마다 항전했던 최후의 방어지였다. 성리학의 중심권에서 벗어나 있었고, 서양종교에 대해 배타적이었으며 외부세력에 대한 저항의식이 사무치던 땅이었다.

> 나는 당신네 서양 선교사들이 무엇을 원하는지 잘 알고 있다. 우리 한국 사람들은 당신들이 가져온 것을 원하지 않는다. 당신이 이 섬을 빨리 떠날수록 우리에게는 좋을 것이요, 당신이 빨리 떠나면 떠날수록 당신한테도 좋을 것이다.[33]

1892년, 강화 갑곶에 배를 댄 존스가 남문을 통해 강화성 안으로 들어가려 했을 때, 강화유수가 직접 나와 거부했다. 그러나 선교는 선교사에 의해서만 이루어지는 것이 아니다. 강화 선교는 강화 출신 술장사 이승환에 의해 시작되었다.

제물포에서 술집을 하던 이승환은 제물포교회에 출석한 바 있었다. 그는 자신의 직업 때문에 세례를 받을 자격이 없다고 생각했지만, 복음이 구원으로 이어진다는 것을 믿고 있었다. 고향으로 돌아간 그는 어머니가 세례를 받게 해 달라는 요청을 선교사에게 전했다. 그러나 서양종교에 대한

---

32 http://blog.daum.net/hongjoy/11382606 참조.

33 G. H. Jones, *The Korea mission of the Methodist Episcopal Church*, New York: The Board of Foreign Mission of the Methodist Episcopal Church, 1910, p.32.

마을 사람들의 반감 때문에 그의 집으로의 접근이 어려웠다. 더욱이 그들이 사는 강화북부의 서사마을로 들어가기 위해서는 교산마을을 지나야 하는데, 이곳의 마을지도자요 유학의 지식인이었던 김상임이 버티고 있어 진입 자체가 불가능했다.

1893년, 이승환의 세례요청에 따라 존스는 한복으로 변복하고 이승환과 함께 삼판을 타고 강화 서사마을 뒤쪽, 강화군 양사면 교산리 북쪽 해안에 정박했다. 그리고 그의 어머니를 배로 데려오게 해서 선상에서 세례를 베풀었다. 삼판에서 강화의 첫 세례의식이 거행된 것이다.[34] 이 과정에서, 기독교 복음에 대한 의구심을 가지고 있던 교산마을 지도자 김상임은 존스와의 대화를 요청했고, 두 사람은 '도(道)'에 관해 토론했다. 존스는 한문에 능했던 그에게 한문성경을 주고 떠났다. 결국 김상임은 강화 최초의 본처전도사가 되었고 그의 집안은 기독교 복음을 받아들였다.

이승환과 김상임은 강화 선교의 교두보가 되었고, 존스에게는 강화 선교의 확신을 불러 일으켰다. 존스는 제물포교회의 이명숙을 전도인으로 파송했다. 이명숙은 시루미(시루뫼, 증산마을)의 이승환의 집을 거점으로 하여 복음을 전하기 시작했다.

여성 전도인이 파송되었다는 것은 자연스럽게 부서층(婦庶層)의 민초들이 교회로 들어오게 되었다는 것을 말한다. 1894년 8월 6일, 존스로부터 학습을 받고 그해 10월 세례를 받은 김상임은 이승환의 집이 예배를 드리기에 비좁게 되자 자기 집을 예배당으로 내놓았다. 서사교회, 교항교회, 교산교회, 서사중앙교회 등으로 불리다 현재 강화 교산교회로 불리는 강화의 첫 감리교회는 그렇게 시작된 것이다.

제1차 안식년을 마치고 돌아왔을 때, 존스는 강화 홍의마을에 서당선생

---

34 L. A. Miller, "Development of the Methodist Work in Chemulpo", *Korea Mission Field*., Apr. 1934, p.78 참조. 「기독신보」 제190호, 1919년 7월 30일자 3면, "죠워시 목사의 츄도와 긔렴" 참조.

박능일에 의해 교회가 세워졌음을 확인했다. 박능일은 존스에게 전도를 받은 인물로 알려져 있다. 덕분에 1897년 12월, 존스는 교항교회와 홍의교회 두 곳에 계삭회를 조직할 수 있었다. 교산교회와 홍의교회를 거점으로 해서 강화 교인들의 자발적 전도에 의해 내리교회, 화도 시온교회, 문산교회, 선두중앙교회, 초지교회, 장흥교회 등이 세워졌다.

존스는 순회전도를 통해 선교지경을 계속 넓혀 나갔다. 제물포로 시작했던 존스의 활동구역은 강화를 거쳐 교동, 황해도 연안과 옹진, 인천을 거쳐 부평과 남양까지 확대되었다. 각 순회구역에는 한국인 사역자를 보내 계속 순회하며 선교하도록 했고, 복음은 황해도까지 밀려들어 갔다. 사명에 순종함으로 역사 주관자의 계획이 보다 빠르게 진행될 수 있었던 것이다.

4) 하와이 이민문제

1901년 말 휴가차 미국에 갔다가 다음 해 2월에 한국으로 돌아오던 미국공사 알렌(H. N. Allen)은 샌프란시스코에서 하와이 사탕수수경작자협회의 이사인 어윈(William G. Irwin)을 만나게 되었다. 그는 알렌에게 노동력 부족을 호소했고 한국인 노동력을 요청했다.

1850년대부터 1930년대까지 하와이에는 33개국에서 40만 명 이상의 이민노동자들이 들어왔다. 처음 중국 노동자들이 주류를 이루다가 1890년대부터는 일본 노동자들이 다수를 차지하게 되었다. 일본계가 하와이 사탕수수농장의 주류를 이루면서 파업을 선동했고, 농장 이탈률도 갈수록 늘어났다. 골치를 앓던 농장주들은 한국으로 눈을 돌렸다.[35]

알렌은 고종 황제에게 흉년으로 고생하는 백성들을 하와이로 보내면 척

---

35 Wayne, P. *The Korean Frontier in America: Immigration to Hawaii, 1896-1910.* 1988, University of Hawaii Press. 정대화 역. 『아메리카로 가는 길 : 한인 하와이 이민사, 1896-1910』 (서울 : 들녘) 참조.

식사업을 할 뿐만 아니라 신문화를 도입할 수 있다고 건의했고, 고종 황제는 이를 허락했다. 대한제국 정부는 수민원(綏民院)을 설치하여 이 사업을 관장하도록 하고 민영환을 총재에 임명했다. 알렌은 제물포에 체류 중인 데쉴러(David Deshler)를 이민모집 대행권자로 적극 추천했다.

전권을 부여받은 데쉴러는 '동서개발회사'(The East West Development Company)와 '데쉴러은행'을 세워 '하와이 이민사업'을 진행했다.[36] 그러나 시큰둥한 반응이었고 지원자도 없었다. 1902년, 알렌이 신병치료차 미국에 체류 중이던 존스를 만나 도움을 요청했을 때, 존스는 그 취지에 동감했다. 그의 생각에 하와이는 기후가 좋았고 노동조건도 크게 나쁘지 않았다. 당시 한국은 극심한 가뭄에 시달리고 있었고, 제물포권역의 교인들, 특별히 농업으로 생계를 꾸려가던 교인들은 버티는 것조차도 힘들어 하고 있었다. 이런 상황에서 하와이로의 노동이민은 교인들로 하여금 힘겨운 삶을 벗어나게 하는 좋은 기회가 될 수 있었다. 신앙생활을 위해서는 전도인들을 함께 보내면 될 일이었다.

1897년 고종 임금은 스스로를 '광무황제'라 칭하고 조선이 대한제국임을 선언했다. 자주독립과 대제국의 기치를 내세움으로써 사대주의와 강대국들의 압박을 극복하겠다는 과감한 발상이었다. 그러나 자주와 독립의 기상을 외쳤지만, 여전히 불합리한 재정운영과 부패문제는 한국 정부를 쇠락시키는 주요인이었다. 황실일족을 위해 국가예산의 10%를 썼고 황실의 제사비용은 그중에서 17%를 차지했다. 일본이 침략의 손길을 뻗쳐왔을 때도 황실비용은 줄지 않았다. 세수를 늘리기 위해 불합리한 수단도 마다하지 않았고, 수입을 얻을 수 있다면 명목을 불문하고 황실 재산으로 만들거나 과세하려고 했다. 이러한 폐단으로 소작농민들에 대한 소작료율도 갈수록 심해졌다. 2~3할 정도의 소작료가 1900년대 초기에 3~4할로 올랐고

---

36   유동식, 『하와이의 이민과 교회』(그리스도연합감리교회, 1988), pp. 21-22.

1904년 이후로는 5할로 고착화되었다. 이런 상황에서 하와이는 열심히 일하면 누구나 잘살 수 있는 자유의 땅이었다. 자녀들이 미국의 근대교육을 받을 수 있으며 마음껏 신앙생활도 할 수 있는 곳이었다.

한국으로 돌아온 존스는 제물포 선교부의 전도인 장경화와 안정수, 그리고 한성순보 광고를 보고 동서개발회사에 통역으로 취직한 현순과 함께 제물포권역의 교인들을 설득했고 이민자들을 모집했다. 차차 교인들은 마음을 열었고 50여 명의 제물포권역의 교인들, 주로 제물포교회 교인들이 이민을 신청했다. 이들을 주축으로 부두노동자 20명, 배꾼들과 상인 30명 그리고 군인, 머슴, 학생 및 선비 등 총 121명으로 구성된 제1차 이민단이 1902년 11월 이민선 갤릭(S. S. Gaelic)호를 타고 태평양을 건너게 되었다. 이를 위해 하와이 농장주들은 3년간 노동계약을 체결한 뒤 입국심사 시에 미국 정부가 요구했던 50달러를 미리 주었고, 3등 칸 뱃삯도 지불했다. 이들은 1903년 1월 13일 하와이에 도착했고, 한국인 첫 미국 이민자가 되었다.[37]

존스는 1903년의 16번째 이민자들이 떠날 때 강화 잠두교회의 홍승하 전도사와 안정수 권사를 함께 보냈다. 2년 후에 홍승하가 하와이 이민자를 위해 한인교회를 세우고 돌아왔을 때, 강화 잠두교회 출신 김우제 전도사를 대신 보냈다. 자신의 교인들을 위한 배려였지만 동시에 복음전파를 위한 목적도 있었다.[38] 존스는 호놀룰루감리교회 감리사 피어슨(George L. Pearson)과 교섭하여 '한인감리교선교회'(Korean Methodist Mission)를 조직하고, 리버호텔 스트리트에 집을 빌리도록 했다. 예배장소를 구한 뒤, 11월 10일 주일에 홍승하 전도사는 하와이에서의 공식적인 첫 예배를 드릴 수

---

37 1902년 12월 22일 제물포항을 떠난 첫 이민단 121명은 일본 고베(神戶)에 도착하여 신체검사를 받았으나 여기서 20여 명이 탈락하고 101명만이 미국 상선 갤릭호(Gaelic)를 타고 하와이로 향했다. 1903년 1월 13일에 호놀룰루에 도착했으나 그중 86명만이 상륙할 수 있었다. 제 2차 이민단이 도착한 것은 3월 3일이었다. 1905년까지 모두 7,291명이 왔다.

38 *Official Minutes of the Korea Mission Conference of the methodist Episcopal Church*, 1904, p.33. 이후 OMKM으로 표기함.

있었다.[39] 하와이 '그리스도연합감리교회'(Christ United Methodist Church)의 창립예배인 동시에 한국인 전도자에 의해 해외교포선교를 시작한 첫 사건이었다.

존스는 1903년 1월 13일부터 1905년 말까지 모두 7,394명이 하와이로 이민했고, 그중 755명이 여자이고 14세 이하의 어린이가 447명이라는 기록을 남겼다. 또한 하와이를 떠나지 않고 계속 머물렀던 사람이 5,700명에 이른다고 진술했다.[40]

1905년 이후 이민은 끊겼다. 세수(歲輸)를 걱정했던 궁내부 대신 이용익이 문제를 제기하기도 했지만 러일전쟁에서 승리한 일본의 압력 때문이었다. 그때 일본은 하와이 일본계 이민노동자들의 영향력이 현저하게 줄어드는 것을 우려했다.

하와이 이민이 열풍처럼 번지고 있을 때, 대부분의 선교사들은 장로교와 감리교 할 것 없이 이를 비판했다. 마펫(S. A. Moffett)은 하와이로 간 장로교인들이 감리교로 개종할 것을 우려하며 비판했지만, 대부분 선교사들은 한국인 교회지도자들이 하와이 이민을 떠나게 됨으로 생길 공백을 염려했다.[41] 실제 많은 선교사들이 그 공백을 메우느라 적지 않은 어려움을 겪었다. 그러나 복음은 한 곳에 머물지 않아야 한다. 이민자들과 함께 동승했던 한국인 교회지도자들은 하와이 이곳저곳에 흩어져 있는 이민자들을 심방하며 복음을 전했고 신앙을 지도했다.

복음은 이민자들의 향수를 달랬고 조국에 대한 사랑과 국권회복과 독립의 무한한 희망을 그리게 했다. 이민자들이 세운 교회들은 이승만 등 독립지도자들의 발판이 되었고 한국 독립운동의 거점이 되었다. 샹하이 임시정

---

39 유동식, op.cit., p.34.
40 G.H..Jones, "the Korean in Hawaii", *The Korea Review*, 1905. 11, pp.401~403.
41 웨인 패터슨 저, 정대화 역, 『아메리카로 가는 길: 한인 하와이 이민사, 1896-1910』 (서울: 들녘, 2002) pp.123-125.

부를 적극적으로 지원했을 뿐 아니라 미국 정부에 독립청원을 할 수 있었던 것도 하와이 한국인 교회들의 영향력이 적지 않았기 때문에 가능했다. 한국 교회의 지도력이 한국 내에만 머물렀다면 불가능했을 일이다.

4. 존스의 신학과 감리교 협성신학당의 창설

1) 존스의 신학사상

1915년에 연희전문을 세운 언더우드는 열렬한 복음주의자였다. 그러나, 언더우드가 갑자기 소천한 탓도 있지만, 연희전문은 복음주의 신학만 고집하지 않았다. 특히 1920년대 연희전문에서 교육학을 가르친 남감리교 선교사 피셔(J. E. Fisher)는 분명 언더우드의 신학과 달랐다. 콜롬비아대학(Columbia University)에서 교육학을 전공했던 피셔는 복음주의계 선교사들의 기존 선교형태를 비판했다.[42] 그는 선교사들이 서구적 우월의식 때문에 한국의 전통과 문화를 비하한다고 지적했다. 선교사들이 타종교를 경멸하고, "비기독교인"을 "이교도"라 칭하는 것을 못마땅히 여겼다. 오히려 한국 종교의 신앙에서 한국인들이 갖고 있는 도덕적이고 정신적인 힘의 근원을 찾을 수 있고, 샤머니즘과 토착종교 때문에 성서의 초자연적 내용을 어려움 없이 받아들이게 되었다고도 주장했다.[43]

그런데 존스의 신학사상을 보면 피셔와 일치하는 부분이 있다. 존스도 한국 토착종교의 신앙에서 한국인들이 갖고 있는 영적인 힘의 근원을 찾을 수 있고, 샤머니즘과 토착종교 때문에 성서의 초자연적 내용을 거부감 없

---

42 민경배, 『한국민족교회형성사론』(서울:연세대학교출판부, 1974), pp.306-308.

43 James Earnest Fisher, *Democracy and Mission Education in Korea* Teachers College, Columbia University, 1928, p.66.

이 받아들이게 되었다고 주장한 것이다. 바로 그러한 점이 그가 미국으로 돌아가 비교종교학을 가르칠 수 있었던 이유였다. 그렇지만 여기까지였다.

존스는 분명히 한국의 샤머니즘이나 불교, 유교 등 토착종교를 거부했다. 기독교 복음만이 대속의 의미가 있음을 알렸고, 기독교의 하나님만이 "전지전능하고 은혜로운 창조주요 우주의 통치자"임을 확인했다.[44] 기독교의 신학을 정의할 때, "기독교에서 말하는 신(神)이란 산신(山神)이나 수신(水神), 지신(地神), 영신(靈神) 등을 가리키는 것이 아니라, 가장 높으시고 존귀하시며 지성독일(至聖獨一)하신 하나님, 무시무종하시고 무형무상하시며 권능과 지혜와 인애하심이 한량없으시고 유형무형한 만물을 창조하시고 보양하시는 삼위일체의 하나님을 공부하는 것"이라고 잘라 말하고 있다.[45]

여전히 존스에게 토착종교의 신(神)은 기독교 복음으로 극복해야 할 대상이었고 '이교도'는 구원시켜야 할 대상이었다. 샤머니즘이 만연했던 제물포권역 덕분에 존스는 한국의 토착종교에 대한 남다른 분석을 할 수 있었다. 그래서, 한국인들의 샤머니즘 의식을 극복시키기 위해, 신학화 작업을 중요시했던 것이다. 그가 유난히 많은 신학저술들을 발표하고 창조론, 기독교의 삼위일체성과 신앙고백, 예수 그리스도를 통한 구원의 유일성 등을 강조한 것도[46] 기독교의 복음이 선교지의 토착종교로부터 오염되는 것을 막기 위한 방책이기도 했다.

2) 감리교회 협성신학교의 설립

1905년 안식년을 맞아 미국에 머물던 존스는 아펜젤러의 책『한국선교』(*Korea Mission*)를 증편하면서 한국인들의 훈련단계에 대해 다음과 같이 소

---

44 G. H. 존스, 옥성득 편역, 『한국교회형성사』, p.93.

45 존스, "신학이란", 『신학월보』 제1권 2호, 1901. 1, p.45.

46 존스, "데2권 그리스도종교 증거론", 『신학월보』 제5권 2호, 1907, p.53.

개하고 있다.

① 1단계 : Local Class로 지원자 전원이 마을에 모여 선교사가 성경과 기초적인 것을 7~10일 정도 훈련시키는 단계

② 2단계 : 1년에 두 번 구역(District)에서 시행되는 것으로, 지역 전도인, 권사, 구역장, 주일학교 교사 등 교회 평신도 지도자들을 대상으로 한다. 선교사는 다른 선교사(1~2인)의 도움을 받아 성경을 자세히 공부하고 교인으로서의 경험과 자세와 전도방법에 대한 것을 훈련하는 단계

③ 3단계 : 신학반(Theological Class)로서 최고 단계이며 현재 목회자들을 대상으로 하되, 매년 2-3주 정도의 시간만 가능하기 때문에 기초신학을 가르치는 단계

존스는 이러한 세 단계를 거쳐야 비로소 신학교(Theological Seminary)가 탄생할 것이라 말한다.[47] 그때 한국에 신학교를 세울 것을 계획하고 있었던 것이다. 그것은 아펜젤러의 숙원사업이기도 했다. 미국에 있는 동안 존스는 일리노이 웨슬리언대학(Illinois Wesleyan University)에서 명예 신학박사 학위를 받았고, 다음 해인 1906년 7월 한국으로 돌아왔다. 그리고 1907년 제물포지방 감리사를 거쳐 서울지방 감리사 겸 정동제일교회 담임목사가 되었다. 이 기간 동안 존스는 서울과 평양에서 성경학교를 개최했다.

1907년 6월 18일~26일까지 서울 미드기념교회(Meade Memorial Church, 상동교회)에서 열린 제3차 한국선교연회에서 존스는 협성신학당(Union Theological School) 설립안을 제출했다. 이 설립안은 베크 선교사(S. A. Beck)의 동의를 거쳐 미국 북감리교 해외선교부로 넘겨졌다.[48] 획기적이었던 것

---

47 Henry G. Appenzeller: George H. Jones 2nd Ed, *Korea Mission*, the Methodist Episcopal Church, NY, Open door Emergency Commission, 1905, pp. 38-39.

48 *OMKM*, 1907, p. 21.

은 협성신학당을 미국 남북감리교회가 연합하여 건립하기로 했다는 것이다. 감리교 선교사들 모두가 존스가 감리교신학교를 세우려고 했을 때 어떠한 문제제기도 하지 않았다.

존스는 처음에 협성신학당을 남감리교 선교지인 송도에 설립하려 했다. 열렬한 부흥사이기도 했던 그는 송도가 웨슬리 전통을 수립하기에 가장 적합한 땅이라 믿었다.[49] 1903년 1월, 남감리교 부흥사 크램(W. G. Cram)이 인도하는 송도 신년기도회에서 성령의 분명한 임재와 권능이 나타났고, 감리교 선교사들은 그것이 웨슬리의 것이라고 평가한 바 있다. 존스는 협성신학당의 신학적 전통을 부흥회적 경건의 바탕 위에 세우려 했던 것이다. 그러나 결국 협성신학당을 서울에 세우는 것으로 결론을 내렸다. 선교의 부적합지일지라도 서울을 변화시켜야 한국 전체를 움직일 수 있기 때문이다. 존스는 감리교신학교의 이름을 '대한성경신학학교'(Biblical and Theological School of Korea)로 계획했다. 감리교신학교가 선교사들이 진행해 온 신학회와 사경회의 성격을 갖추어야 한다고 믿었던 그는, 이런 바탕 아래 교육과정도 4개 과정, 곧 교역자 과정, 평신도 사역자 과정, 주일학교 정교훈련과정, 통신과정으로 나누려 했다.

1910년 미국 남북감리교회는 서대문 밖 냉천동에 한국 감리교 교역자 양성을 위한 신학교, 곧 '감리교회 협성신학교'(Union Methodist Theological Seminary)를 건립했다. 비로소 정규 교단 신학교가 세워졌고 한국인 교역자와 교회지도자 양성에 박차를 가할 수 있었던 것이다.

교단 신학의 존재이유는 교회지도자 양성 이외에 그 교단이 지향하는 신학, 역사성, 당위성, 이념 등을 논리적이고 신학적인 체계로 보존하기 위함이다. 선교사들이 감리교회 신학교를 만든 것은 한국인 전도자들을 양성하는 것이 가장 우선된 목적이었지만, 동시에 한국 감리교회가 지향해야

---

49 G. H. Jones'letter to A. B. Leonard, Aug. 9, 1910.

할 것들, 곧 웨슬리 전통을 보존하기 위함도 있다. 1907년, 감리교 협성신학당 건립에 미국 남북감리교회 선교회가 함께 참여했던 것은 존스의 활동과 신학이 웨슬리의 전통 아래 있다는 데 동의했기 때문이다. 따라서 초기 한국 감리교 신학은 웨슬리를 승계한 존스의 신학으로 규정될 수 있다. 이러한 신학은 1920년대까지 하디를 통해 이어졌다.

5. 여언

존스는 고등학교만 졸업한 최연소 선교사로 한국에 왔지만 누구보다 열심히, 열정적으로 선교를 했다. 1903년까지 제물포권역에 44개 교회를 개척했고, 3천여 명에게 세례를 베풀었다. 1894년 내리교회에 한국 최초의 여성전용 예배당을 세웠고, 1901년에는 인천 최초의 서구식 제물포 웨슬리예배당을 신축했다. 한국 교인들을 위해 최초의 한글 찬송가인 『찬미가』를 만들었고, 선교지인 조선을 이해하기 위해 문화, 사회, 역사, 언어, 음악, 종교 등을 연구한 The Korean Repository를 발간했다. 한국인 전도인 학습지로 『신학월보』를 만들었다. 선교사들을 위해 한국어 사전도 편찬했다. 수없이 많은 저술들을 남겼고 전도인 양성을 위해 신학반을 개설했다. 한국 민초들의 삶에 함께 겨워하여 하와이 이민도 주선했다.

1909년 존스는 한국을 떠났다. 노부모와 자녀들을 위해 귀국해야 했지만, 이후에도 그의 생애는 선교를 위해 점철되어 있다. 메사추세츠주 보스턴대학(Boston University)과 인디애나주 드포우대학(Depauw University)에서 선교학을 가르쳤고, 한국에 관한 책들을 저술했다. '한국선교 25주년 운동' 총무를 역임했고, 1913년부터는 북감리회 선교회 총무로 선임되었다. 1916년부터는 '북미외국선교회대회'의 총무로도 활동했다. 그리고 1919년 5월 11일, 건강을 해친 그는 만 51세의 나이로 플로리다주 마이애미에서 세상을 떠났다.

제물포권역에서 존스의 선교방식은 평양에서 교회부흥을 이루었던 장로교회 마펫의 것과 유사한 부분이 많다. 대중들을 상대로 순회전도를 했고, 신학교가 공식적으로 설립되기 전까지 성경공부반과 신학반을 운영하여 한국인 평신도 지도자들을 활용했다. 그러나 사경부흥회를 활용한 방식에서 웨슬리언임을 분명히 했다. 존스가 사경회를 부흥회로 발전시킨 것은 제물포권역의 선교를 확장시키는 효율적 방식이었고, 그것은 감리교회의 전통을 이어받은 것이다. 그의 이러한 선교방식은 조직교회가 가지는 위험성을 극복하고, 교회로서의 본질을 유지하기 위한 중요한 방책이 되었다.

가시적 교회는 자신이 담고 있는 진리를 완전히 구현하지는 못한다. 아무리 훌륭한 조직이나 시스템을 갖추었을지라도 그 안에 담겨진 복음은 대개 제한적 표현으로 끝이 난다. 조직교회와 복음의 진리가 전혀 다른 실체로 구현될 수 있는 것이다. 교회가 화석화되었다는 비판이 있으면 교회개혁의 소리가 높아진다. 종교개혁은 그래서 일어난 것이다. 그렇지만 개혁을 이루었다고 해도 일정한 시간이 흐르면 어느새 교회는 조직과 시스템에 몰두하게 되어 있다. 그래서 조직과 복음은 늘 긴장관계를 유지하게 된다. 그 양자를 합치하여 교회를 이루고자 했던 인물이 존 웨슬리였고, 존스는 그것을 좇으려고 했다. 그의 선교에는 두 영역이 합치되었던 웨슬리의 전통이 그대로 담겨 있다.

10장

하디

Robert A. Hardie

1865-1949

남감리교 선교사 하디(R. A. Hardie)는 주일 예배시간에 그동안 죄를 저질렀다며 한국인 교인들 앞에서 고백했다. 그러자 초라한 행색의 회중들도 가슴을 치고 회개하며 울고 간증했다. 평양대각성운동으로 이어지는 원산부흥은 한 선교사의 죄의 자복으로 시작되었고, 한국인들의 '내적 회심'과 거듭남으로 나타났다. 하디가 전하는 복음은 단순하고 소박했지만 그 결과는 폭발적이었다. 실패했다는 자괴감으로 짓눌려 있던 하디의 심신에 생동감이 솟아났고 그는 한국 선교의 전설이 되었다.

역사는 하디로 인해 한국 교회의 체질이 교정되었으며, 그의 선교방식이 평양을 거쳐 한반도 전체로 퍼지고 만주까지 전해졌다고 진술하고 있다. 하디로 인해 존 웨슬리의 전통, 곧 강력한 성령의 임재를 기대하는 부흥회적 경건의 선교방식이 한국 교회 전체를 휘감게 되었다. 그리고 하디의 선교신학은 한국 교회 신학의 원형이 되었다.

I. 조선에 오기까지

1865년 6월 11일, 하디는 캐나다 온타리오(Ontario) 칼레도니아 카운티(Caledonia county) 식스하이웨이(six highway) 770번, 일명 세네카(Seneca)마을에서 제임스 하디(James Hardie)와 아비가일(Abigail Shaw)의 맏아들로 태어났다. 하디의 고향은 주로 농사를 짓는 전형적인 시골 마을로 본래 인디언들이 살던 곳이었지만, 1830년대부터 유럽, 특히 영국에서 건너온 이주민들이 집단촌을 이루며 살았다. 스코틀랜드계로 알려져 있는 그의 아버지는 캐나다로 이주하기 전부터 영국 감리교회에 출석했고, 하디가 다녔던 세네카감리교회도 영국계 감리교인들이 세운 교회였다. 캐나다로 온 영국 이주민들은 곧바로 학교와 교회를 시작했는데, 마을 초등학교 건물에서 예배드리다가 이주해 오는 사람들이 늘어나자 천막에서 예배를 드렸다. 1864년, 하디가 태어나기 바로 1년 전에는 예배당을 건축할 수 있었다. 하디의 아버지는 세네카감리교회의 6명 속장 중 한 사람으로 교회 중심에 있었다.

하디가 10살이 되던 해인 1875년 1월에 어머니 아비가일이, 그리고 5월에는 아버지 제임스가 갑자기 세상을 떠났다. 고향 친구이며 그의 아내가 된 마틸다 켈리(Matilda Kelly)의 아버지 존(John Kelly)도 37세의 나이로 1877년 세상을 떠났다. 하디는 삼촌(혹은 고모) 밑에서 살았고, 마틸다는 홀어머니가 양육한 것으로 알려져 있다. 모두 어린 나이에 한 사람은 부모를 잃었고 또 한 사람은 아버지를 여의었던 것이다. 15세가 되던 1880년, 세네카에서 칼레도니아로 옮긴 하디는 고등학교와 사범학교를 졸업한 후 2년 동안 초등학교 교사로 활동했다. 그리고 1886년에 토론토대학 의과대학에 진학했다.

"약혼식을 치른 직후, 예배를 마치고 집으로 돌아가면서, 나와 아내는 앞으로의 삶에 대해 이야기를 나누었다. 우리 모두 어렸을 때 부모님 혹은 아버지를 잃었지만, 그분들로부터 좋은 신앙교육을 받았기 때문에 세상에서 가장 유익한 존재로 살아가자고 결심하였다.

우리는 기독교인 의사로 산다면 좀 더 선한 영향력을 끼칠 수 있는 기회가 많을 것이라는 데 의견을 모았고, 그날 밤 나는 의학을 공부하기로 결심하였다."[1]

세상을 유익하게 하는 존재가 되기 위해 의사가 되겠다고 결심한 것이다. 부모의 신앙이 어린 하디에게 깊숙이 전해진 것이다. 그가 해외선교를 결심했던 것도 당시 불어 닥친 '해외선교를 위한 학생자원운동'(The Student Volunteer Movement for Foreign Missions) 때문이었다. 하디는 의과 2년 때 '학생자원운동'(Student Volunteer Movement)에 가입했다. 의사가 인간의 생명(body)을 구하는 것이라면, 선교는 여기에서 그치지 않고 영적(sprite) 단계, 곧 구원에 이르게 하는 도구가 된다. 그는 분명 '세상을 유익하게 하는 존재'가 되기 위해 의사와 선교사를 꿈꾸었을 것이다. 토론토대학은 캐나다에서 '학생자원운동'의 영향을 가장 많이 받고 있었다. 더욱이 의과대학은 "토론토대학 캠퍼스에서 가장 열정적이고 적극적인 학생자원운동 단체 가운데 하나"라는 평을 듣고 있었다. 캐나다에서 가장 먼저 한국 선교에 관심을 표명한 곳이 토론토대학이었다.

1887년 5월 토론토대학보(大學報) 「낙스 칼리지 먼슬리」(The Knox College Monthly)는 중국에서 활동하던 조나단 고포드(Jonathan Goforth)의 연설을 인용하여, "복음에 문을 연 마지막 나라, 조선이 소리 높여 도움을 요청했다. 그리고 1,500만의 영혼들이 주님의 메시지를 기다리고 있다"며 조선 선교를 재촉하고 나섰다. 이에 제일 처음 응답한 사람이 게일(James Scarth Gale)이었다.

게일은 1889년 12월 15일 토론토대학 YMCA로부터 8년간 연 500달러의 지원을 약속받고 조선으로 갔다. 이듬해 3월까지 서울에 체류하던 그는 황해도에 정착하여 선교하려 했으나 여의치 않아 다시 서울로 돌아왔다. 부산 선교를 위해 서울을 떠나게 되었을 때, 모교에 '의료선교사'를 파송해

---

1 R. A. Hardie, "The preparation of the worker, or Why I became a missionary," *The Korea Mission Field*, Jan. 1914, p.7.

달라고 요청했다.[2] 그 요청에 응답한 의사가 바로 하디였다. 1887년 마틸다(Matilda Kelly)와 결혼한 하디는 1890년 의과대학을 졸업한 직후 캐나다대학선교회(The Canadian Colleges Mission)의 선교사로 임명되었다. 그리고 토론토대학 YMCA로부터 8년간의 지원을 약속받고 조선으로 출발했다.

2. 의료선교사 하디

1) 부산을 떠난 이유

1890년 9월 30일, 하디는 부산에 도착했다. 게일(James S. Gale)과 펜윅(Malcom C. Fenwick)에 이은 세 번째 독립선교사(independent missionary)였다. 하디는 캐나다대학 YMCA(University of Canada - YMCA)로부터 파송된 게일과 부산에서 의료선교를 펼치게 되어 있었다. 후일 그는 이교도의 땅인 조선이 하나님의 왕국이 되어야 한다는 강한 바람에 들떠 있었다고 고백하고 있다.[3]

그런데 하디가 부산에 도착했을 때, 마침 게일이 서울로 올라가 있어서 어쩔 수 없이 서울로 가야 했다. 그리고 11월부터 다음해 4월까지 임시로 제중원 원장직을 맡아야 했다. 벤저민 해리슨 (Benjamin Harrison) 미국 대통령이 선교사 알렌을 조선주재 미국공사관 서기관에 임명하는 바람에 제중원장 자리가 비어 있었던 것이다.

---

2 1892년 봄까지 게일은 부산에서 복음을 전했다. 그는 지원이 원활하지 않자 토론토대학 YMCA와 관계를 끊고 1891년부터 미국 북장로교 선교회로 이적한 상태였다. 부산에서 원산으로 선교거점을 옮겨 새롭게 활동을 시작했고 마펫과 함께 1891년 2월 27일부터 5월 말까지 3개월 동안 압록강 봉천에 이르는 1,400마일의 전도여행을 떠났다.

3 R. A. Hardie, "The preparation of the worker, or Why I became a missionary," *The Korea Mission Field*, Jan. 1914, p.7.

조선 정부의 방침으로 제중원 임시 원장직을 그만두어야 했을 때, 하디는 가족들을 서울에 남겨 두고 혼자 부산으로 내려갔다. 조선 정부는 부산을 간청했던 그에게 부산항의 전용의사와 검역관을 맡도록 해 주었다. 급료가 없는 자리였지만 개항장을 찾는 서양인이나 일본인들를 진료할 수 있어 수입을 기대할 수 있었다.

부산은 일본과의 교역창구였고 서구의 국가들과 연결될 수 있는 중요한 통로였다. 따라서 재한 선교사 사회(missionary society)가 확보해야 할 중요한 거점이었다. 1891년 4월 14일에 부산에 도착한 하디는 8월에는 아내와 자녀들과 합류할 수 있었다. 서양 의사는 하디밖에 없었고 가족들과 함께 생활하는 거주 선교사도 하디 일가가 유일했다.

하디 가족들이 부산에 내려온 바로 그 다음 달, 미국 북장로교회의 베어드(William M. Baird) 선교사 부부가 부산으로 와서 선교사역을 시작했다. 베어드가 도착한 다음 달인 1891년 10월 12일, 호주 청년연합회의 파송을 받은 제임스 맥케이(James H. Mackay) 부부와 호주 장로교 여전도회연합회의 파송을 받은 세 사람의 미혼 여선교사, 곧 맨지스(Miss. Belle Mengies), 페리(Miss. Jean Perry) 그리고 퍼셋(Miss. Mary Fawcett)이 부산에 도착했다. 머물 곳이 없었기에 이들 선교사와 가족들은 모두 비좁은 하디의 집에 머물러야 했다.

수많은 사람들이 서양인 의사에게 진료받기 위해 몰려들었지만 하디는 성취감을 얻지 못했다. 스크랜튼 등 다른 의료선교사들이 느꼈던 것과 다르지 않았던 것이다. 의료활동을 선교를 위한 접촉점일 뿐이라 생각했기 때문에 자신의 활동에 힘들어 했다. 더구나 베어드 등의 선교 성취가 현저히 드러나자 더욱 위축되었다.[4] 베어드의 사랑방 모임이 초량교회로 발전

4　베어드는 세 차례에 걸친 '현지 탐사와 전도여행'(exploratory and evangelistic journey)을 통해 경상도 전역에 복음을 전했다. 1892년 6월경 완공된 선교관을 통해, 마펫처럼 '사랑방 전도'를 실시하여 부산 사람들과 선교의 접촉점도 확보했다. 학교(School for boys of primary grade)를 설립했고, 1893년에는 미얀마 선교사 저드슨(A. Judson)의 *Guide to Heaven*을 번역하여 『천로지귀』(天路指歸)', 존(G. John)의 *True Saviour of the World*을 번역한 『구세진주』(救世眞主), *The Atonement*를

하는 과정에서 도움을 주었지만 그것은 베어드의 사역이지 자신의 것은 아니었다. 틈틈이 성서를 전하고 복음을 전한다고 하지만 한계가 있었다.[5] 베어드처럼 내륙의 도시들을 순회하고, 선교기지를 건설하고, 복음전도에 매진하고 싶었지만 그에게는 시간과 기회가 주어지지 않았다. 진료 중에 틈틈이 복음을 전하기는 했지만, 부산 유일의 서양인 의사였던 까닭에, 끊임없이 몰려드는 사람들을 진료하기에 급급했다. 결국 1892년 11월 11일 하디는 부산을 떠나 캐나다인 선교사들, 곧 게일과 펜윅이 활동하고 있던 원산으로 이주했다.

2) 원산 의료선교사 하디

1880년 일본과의 〔강화도조약〕에 따라 개항된 원산은 1898년 당시 인구가 약 15,000명으로 한반도의 동북부로 들어가는 교통의 요지였다. 원산을 중요한 선교 관문도시로 선정한 미국 북장로교는 1892년 4월에 게일을 파송했다. 하디는 기후가 고향인 캐나다 온타리오 지역과 너무 비슷하다며 마음에 들어 했다.[6] 게일이 있었고, 펜윅이 곁에 있어서 더욱 그러했을 것이다.

하디가 원산에 왔을 때 북감리교의 맥길(W. B. McGill) 의사가 주재하며 시약소(dispensary)를 열고 있었다. 하디는 맥길의 시약소에 잠시 거처하다가 펜윅의 방 하나를 빌려 시약소로 사용했다. 그리고 캐나다대학선교회(The Canadian Colleges Mission)의 지원으로 독자적인 선교센터를 짓기 시작

번역한『그리스도의 사업』을 편찬하는 등 문서선교에도 매진했다.

5 "Dr. Hardie's Second Annual Report", (Fusan, October 6, 1892), p.8; "Letter From Dr. Hardie"(Fusan, Oct. 12, 1893), *The Canadian College Missionary 2*(1893, Feb), p.27. *Devoted to the Interests of Missionary Work in Canadia Colleges-Evangelical and Medical* (January 1893-October 1896), Victoria University.

6 "Letter From Dr. Hardie"(Gensan, Dec. 9, 1892), *The Canadian College Missionary 2*, p.29.

하여 1년여 지난 1893년 12월에 완공했다. 1894년, 하디는 "풍성한 추수"[7]를 거두었다고 보고했다. 1894년 7월 25일에 발발한 청일전쟁 이후 거둔 결실이었고, 아이를 잃은 슬픔[8]을 극복한 뒤에 이루어진 일이기도 했다.

청일전쟁 후 콜레라가 창궐했지만 하디는 원산을 떠나지 않았다. 전염병의 기승이 잠시 주춤하는 것을 기다려서 함경도 영덕과 북청, 강원도 원주에 이르는 지역들을 순회하면서 사람들을 치료하고 복음을 전했다. 전쟁은 참혹했고 예외 없이 생명을 잃을 수 있었지만, 죽음에 이를 수 있는 그런 환경이 오히려 복음전파의 적기(適期)였던 것이다. 그러나 전쟁의 여파로 하디의 가족들은 말라리아에 걸렸고[9] 정신적으로나 육체적으로도 휴식이 필요했다. 캐나다대학선교회(The Canadian Colleges Mission, C.C.M.)는 1896년 7월부터 다음 해 9월까지, 하디 가족에게 안식년을 허락했다.

하디는 바뀌어 있었다. 선교의 열정에 사로잡혀 캐나다 YMCA, YWCA, 감리교, 장로교 등 복음을 선포하는 기관들을 찾아다니며 조선 선교를 호소했고, 선교의 무관심을 질책하며 구원의 실천자가 되어야 한다고 소리를 높였다. 전쟁과 전염병의 현장을 목도하고 사랑하는 딸의 죽음마저 겪으면서 체득한 사명감 탓이었을 것이다. 그때 그는 복음이 영적인 생명과 함께 육적인 생명도 구하는 것, 복음에 잡힌 사람들은 생명을 살리기 위해 긴급한 현장의 소리를 외면하지 않는 것, 영혼과 몸의 통전적 구원이 기독교 복음선포의 핵심이라고 외쳤다. 선교의 정수를 맛본 뒤에 일어난 변화였다. 6년 동안 조선의 오지를 다니면서 복음을 전했던 선교사 하디는 현장의 진상을 전달하는 열정적 선교사로 바뀌어 있었다.

---

7 R. A. Hardie, "News From the Field (Gensan, September 15, 1894)." *The Canadian College Missionary: Devoted to the Interests of Missionary Work in Canadian Colleges -Evangelical and Medical, Vol. 4, No. 8* (November). p.116.

8 1893년 8월 9일 태어난 딸 메리(Marie Hardie)는 단 하루를 살고 소천했다.

9 R. A. Hardie, "from Our Missionary(Gensan, August 23, 1895), *The Canadian College Missionary 7*, p.104.

안식년을 보내면서 하디는 거취에 대해 고심했다. 캐나다대학선교회
(C.C.M.)와의 계약기간이 연장될 수 없었기 때문이다. 그때 C.C.M은 재정
문제로 더 이상 조선 선교를 계속할 수 없었다. 대학생들이 헌금해서 모은
선교비가 바닥을 드러낸 것이다. 휴식이 필요하기도 했지만 하디가 6년 만
에 안식년을 이유로 귀국해야 했던 것도 실상은 후원문제였다. 특별히 의료
선교는 복음 전도 방식에 비해 비교하기 힘들 정도의 자금이 소요되었고,
사회 기반시설이 열악하고 취약했던 조선은 생각보다 더 많은 돈이 들었다.

대개 대학선교회는 선교에 대한 열정은 높으나 교파 교회에 비해 구체적
이고 실제적인 지원능력, 현실 대처능력과 효율적인 조직 운영능력이 떨어
진다. 그래서 선교사들의 어려움을 적절히 해결해 주지 못한다. 게일과 펜
윅이 미국 북장로교와 미국 침례교로 소속을 옮긴 것도 바로 그런 이유였다.

소속을 정하지 못한 상태에서, 곧 선교비를 지원받지 못한 상태에서 하
디는 1897년 9월, 홀로 원산으로 돌아왔다. 무모한 행동이었다. 그런데 마
침 미국 남감리교회가 의료선교사를 찾고 있던 중이었다. 1898년 5월 4일
하디를 만난 남감리회 감리사 리드(Clarence Frederick Reid)는 "매우 만족스
러운 대화(satisfactory conversations)"를 했다고 해외선교부에 보고했다.[10] 전
통적인 영국 감리교 집안의 후예였고, 6년간의 조선 선교 경험을 가진 의
사였으며, 참혹한 전장(戰場)의 참상을 마다하지 않고 순회하면서 직접 복음
을 전한, 쉽게 찾을 수 없는 선교사였다. 선교 경험자들을 활용하여 효과적인
선교를 꾀했던 남감리교 선교정책에 하디는 매우 적합한 인물이었다. 그런
이유로 하디는 5월 15일자로 남감리교 소속 선교사로 임명될 수 있었다.

미국 남감리교회의 조선 선교는 윤치호로부터 시작되었다. 조선 개화

10　C. F. Reid, "Superintendent's Report", *Minutes of the Korean Mission of the Methodist Episcopal Church, South*, 1898, p.11 이후 MKMMES로 표기함.

파의 거두요 최고의 지성이었던 그는 조선 최초의 남감리교회 세례교인
이었다. 갑신정변에 연루되어 1884년 중국 샹하이로 피신하여 미국 남감
리교회의 중서서원(中西書院)에서 공부하던 중, 지도교사였던 본넬(W. B.
Bonnel) 선교사로부터 세례를 받았다. 이후, 에모리대학에서 공부하고 조
선을 기독교 국가로 만들고 싶다는 일념으로 캔들러(W. A. Candler) 총장과
중서서원 원장 알렌(Young J. Allen)에게 돈과 편지를 보내 선교사를 보내 줄
것을 요청했다. 윤치호의 노력으로 남감리교회는 선교사 파송을 결정했고,
결국 중국 선교사로 명성이 자자했던 리드(C. F. Reid), 콜리어(C. T. Collyer),
캠벨(Josephine P. Cambell) 등이 조선 선교사로 오게 된 것이다.

　남감리교는 개성을 중요한 선교거점으로 여겨 그곳에 병원을 설립하려
고 계획하고 있던 중에 하디를 만난 것이다. 무조건 응해야 할 처지였지만
하디는 매우 현명하게 처신했다. 2년의 유예기간을 요청한 것이다. 부산과
원산에서의 경험이 있다고는 하지만, 제대로 시설을 갖춘 병원을 운영한
것이 아니었기 때문에 능력을 더 갖추어야 했다.[11] 하디는 애비슨의 제중원
에서 병원 운영방법을 배우는 한편 일본을 방문하여 의료장비와 약품을 주
문했다. 병원 개설 준비를 마친 것이다.

　1897년 11월, 남감리교의 콜리어(C. T. Collyer)는 개성 선교를 시작하면
서 삼포막, 곧 송도 송악산 기슭 산지현(山芝峴)의 허름한 인삼 창고를 사서
개조하여 예배당 겸 사택으로 사용했다. 그리고 이듬해인 1898년 5월에 첫
예배를 드렸다. 1898년 10월, 하디는 이곳, 일명 "낡은 삼포막"에서 병원
을 시작했다.[12] 후일, 그가 교회와 병원과 선교사의 사택으로 사용했던 인삼
창고는 송도 북부 예배당이 되었고, 윤치호가 설립한 한영서원(Anglo-Korean
School)의 모체가 되었다. 하디의 병원은 '개성 남성병원'으로 발전했다.

　그러나 하디의 의료선교는 1년이 채 지속되지 못했다. 1899년 4월 20일,

11　R.A. Hardie, "Medical Report," *Ibid.*, p.19.

12　A. W. Wilson, "Minutes", *Ibid.*, p.4.

리드(C. F. Reid)가 아내의 병이 깊어져 귀국하게 되면서 일을 맡겼기 때문이다.[13] 하디는 서울로 사역지를 옮기게 되었고, 서울과 강원도의 선교책임을 맡게 되면서 개성의 의료사업은 일시 중단되었다.

1899년 8월 31일 이후, 하디는 120여 일 동안 서울과 강원도를 순회하며 전도활동과 치리활동을 함께 했다. 부도덕한 교인 한 사람을 출교시켰고, 속회 지도자와 사찰을 위한 강습회를 성공리에 이끌었다. 당시의 복음주의 선교사들이 그랬던 것처럼, 순회하면서 성경과 쪽복음서와 찬송가 수천 권을 팔기도 했다.[14]

하디는 1900년 11월 14일부터 상하이에서 열린 중국연회에서 윌슨(A. W. Wilson) 감독의 주례로 목사안수를 받았다. 그렇게 권한과 의무가 함께 주어지자 12월, 사역지를 원산으로 옮겼다. 그때 원산으로 가야 했던 것은 미국 북감리교 원산선교부를 넘겨받기 위해서였다.[15] 1900년, 미국 북감리교 해외선교부는 맥길이 주도하던 원산선교부를 남감리회에 이양하고 1901년 11월까지 원산과 기타 동해안에서 벌이고 있던 사업을 양도하기로 결정했다. 그때까지 원산의 원입인은 133명이었고 입교인은 4명에 불과했다.

맥길로부터 선교부를 인수받은 하디는 원산을 중심으로 20마일 반경 안으로 선교구역을 정했다. 그리고 구역을 셋으로 나누었다. 북쪽으로는 함남과 함북 지역, 동해안을 끼고 있는 영동지역(9개 군 포함), 서울 방향의 원산 서남부 지역이었다.[16]

1901년 4월 하디는 공식적으로 남감리교회 선교부가 주최하는 예배를 드릴 수 있었다. 시약소 환자는 450명에 이르렀고, 철원 김화에서 2주일

---

13 리드 부인의 병세는 더욱 악화되어 1901년 5월 17일 미국에서 별세했다.

14 R. A. Hardie, "Condensed Report of the Seoul Circuit and Work in Kang Won Do, 1900", *Ibid.,(1899, 1900 and 1901)*, p.9.

15 R. A. Hardie, "Condensed Report of the Wonsan Circuit for the Year 1901", *Ibids* (1899, 1900 and 1901), pp.24-25.

16 Ibid., p.25.

동안 사경회를 열고 다수의 입교인들을 얻었다. 그중 27명에게 세례를 주고 지경대교회를 개척할 수 있었다. "고무적인 결과"(encouraging results)로서 "가까운 장래에 성장을 이룩할 수 있다는 전망"(look forward to growth in the near future)이 그의 가슴에 가득했다.[17] 1901년 8월에 의사선교사 로스(J. B. Ross)가 도착한 후, 의료선교 부분을 그에게 맡긴 하디는 본격적이고 열정적으로 복음전도에 나섰다. 태백산맥이 가로질러 있는 함경도와 강원도 산악지방을 넘나들어야 했지만 성취감에 힘든 줄 몰랐다.

3. 성령의 임재, 회심의 에너지

열정을 가지고 열심히 일하면 선교의 성과가 곧 다가오리라는 기대감이 생긴다. 그러나 선교의 성과는 선교사의 열정과 열심만으로 결정되는 것이 아니다.

> 지난 1년 동안 조금은 나아진 것 같지만 교인들의 영적 상태는 기대 이하입니다. 주일을 지키지 않은 이유로 징계를 받은 세례교인과 학습인이 여럿 있습니다. 어느 교인 하나는 횡령을 하고 타락의 문제로 출교하였습니다. 다른 한 명은 부도덕한 행동으로 무기한 교회 출석이 금지되었습니다.[18]

무수히 많은 사람들이 교회로 몰려와도 그 사람들이 모두 진정한 그리스도인은 아니다. 재한 선교사들이 부딪친 가장 큰 문제가 바로 부패와 비윤리의 문제였다. 사람들이 몰려들고 있었지만, 그 사람들 모두가 기독교

---

17 R. A. Hardie, "Condensed Report of the Seoul circuit and Work in Kang Won Do", *Ibid.* 1901, p.26.

18 R. A. Hardie, "Hardie's Report", *MKMMES*, 1902, p.30.

인이라 볼 수 없었으며, 복음의 정수를 외면한 사람들이 주도하는 공동체를 기독교회라고 부를 수는 없었다. 미국 북감리교로부터 원산교회 부지와 교인을 이양 받은 후, 160명이 들어갈 수 있는 예배당을 마련했지만 70명 정도만 주일 예배에 참석했을 뿐이다. 그나마 참석한 교인들의 영적 수준이나 윤리적 태도는 실망스럽기 그지없었다.

선교사들이 복음을 전하고 교회를 세웠을 때, 기대 이상으로 조선 사람들이 많이 몰려들었다. 선교사들은 대중적 선교를 지향했기 때문에, 교회에 들어온 사람들은 소수의 개화 엘리트들을 빼놓고는 대부분 중하류계급 출신들이었다. 서양 선교사들이 갖고 있는 치외법권적 울타리를 기대했던 사람들이 적지 않았고, 다수의 젊은이들은 영어를 배워 입신양명을 꿈꾸었다. 게다가 복음을 받아들였다 하더라도 대개의 교인들은 게으르고 나태하고 비상식적이었으며 비윤리적이었다. 규칙과 규범을 몰랐고, 배우려 하지 않았으며 애초부터 지키려 하지도 않았다.

교회에 들어왔음에도 교인들 중에는 여전히 점을 보고 첩을 얻고, 간음, 노름, 흡연과 음주를 즐기는 사람들이 적지 않았다. 어렵게 선교비를 후원받아 세운 예배당을 술집으로 팔아먹은 한국인 전도자들도 있었다. 한국 감리교 첫 세례자요 배재학생이던 박중상은 삼문출판사의 인쇄기계를 절도하려다 발각되기도 했다.[19] 한국과 관계를 맺는 일단의 외국인들은 인간적 야비가 한국인들의 일상이라고 조롱했다. 오죽했으면 아펜젤러(H. G. Appenzeller)도 "개처럼 게을러빠지고, 돼지처럼 더러우며, 늑대처럼 앙숙을 품고, 위선자처럼 교만하다"[20]며 답답해했을까!

고종 임금이 대한제국으로 나라 이름을 바꾸고 조선을 새로운 근대국가로 탈바꿈시키겠다고 선언했지만 여전히 관리들의 부패가 심했다. 착취

---

19 *Annual Report of the Board of Foreign Mission of Methodist Episcopal Church* for 1892-1893 참조.

20 E. N. Hunt, *Protestant Pioneers in Korea*, New York, Orbis Books, 1980, p.59.

당하는 백성들도 애초부터 힘들게 일하려 하지 않았다. 곳곳에서 가난, 침체, 부패, 나태, 혼란과 무기력 등이 조선을 뒤덮었고, 양반관료들의 가렴주구(苛斂誅求)는 멈추지 않았다. 기독교인이 되어도 이러한 태도는 크게 바뀌지 않았다. 이런 까닭에 올링거(Franklin Ohlinger) 선교사는 엄격한 윤리기준을 세우고, 이를 어기는 교인들을 출교시켰다. 애초부터 자질이 되지 않는다고 판단한 사람들의 입교도 금지시켰다. 장로교의 마펫(Samuel A. Moffett)도 장로교회의 엄격한 전통을 더욱 엄격하게 적용하여 권징과 치리로 교인들의 부패문제를 해결하려 했다. 성서적 윤리관에 충실했던 대부분의 영미선교사들도 두 사람의 방법을 따랐다.

하디도 예외 없이 올링거와 마펫의 방식을 따랐다. 교인들의 영적 상태와 비윤리적 행태 때문에 교회가 성장하지 못한다고 보았기 때문에, 교인 수가 줄어드는 것에 괘념하지 않고 징계를 선택했다. 엄격한 규범과 원칙을 바탕으로 치리했을 때, 교인들의 영적 생활의 진보가 보이는 듯 했다.[21] 그러나 이러한 방식은 곧바로 한계를 드러냈다.

> 나는 3년 동안 강원도에 처음으로 교회가 세워진 지경대(Che-kying-tu)에서 다른 어떤 지역보다 힘써 일했으나, 그곳에서의 선교 사역은 실패했습니다. 이 실패감은 나에게 말할 수 없는 타격을 주었고, 더 이상 일을 할 수 없을 정도로 절망감에 이르게 되었습니다.[22]

1901년 3월에 하디는 불모지인 지경대(지금의 김화)에 왔고 교회를 세웠으며 열심히 키우려 했다.[23] 그러나 3년 동안 애정을 가지고 치리했음에도

---

21 R. A. Hardie, "R. A. Hardie's Report," *MKMMES*, 1903, p.26.
22 R. A. Hardie, "R. A. Hardie's Report," Ibid., 1904, p.27.
23 하디가 철원에 왔을 때, 이미 1899년에 내한한 미국 북장로교 선교사 웰본(A. G. Welbon)이 이 지역을 선교하고 있었다. 당시 감리교와 장로교의 선교협력정책에 따라 두 사람은 선교구역을 달리하여 사역했다.

교인들은 달라지지 않았고 동네 사람들과 구별이 없었다. 절망감은 극에 달해, 하디는 악한 자의 권세가 연합하여 매번 자신을 패배감에 밀어 넣고 자신감을 무너뜨리는 것 같다며 슬퍼했다.[24]

절망이 자괴감으로 발전했을 때, 역사는 하디를 1903년 8월 24일부터 30일까지 1주일간 원산에서 개최된 여선교사들의 기도와 성경공부 모임의 인도자로 초청했다.[25] 중국에서 활동하던 여선교사 화이트(M. C. White)가 휴가를 얻어 함께 활동했던 선교사 매컬리(L. H. McCully)를 만나러 왔을 때, 원산주재 선임 선교사인 하디가 선택된 것이다. 하디가 준비한 말씀은 요한복음을 본문으로 하여 '그리스도를 믿음'(faith in Christ / 14장 12~14절), '그리스도 안에 거함'(abiding in Christ / 15장 7절), '오순절 체험'(experience of Pentecost / 16장 23~24절)이 주제였다.

말씀을 전하기 위해 성경을 묵상하던 중, 하디는 자신이 한국 사람들보다 하나님께 더 흉측한 죄를 지었다는 생각에 이르렀다. 한국 교인들은 사람들의 돈을 훔쳤지만 자신은 하나님의 돈을 훔쳤다는 생각이 그의 머리를 스쳤고 두려움이 엄습했다.[26] 선교비를 착복(appropriation)한 사실을 깨달았던 것이다. 한국인들이 거짓말에 능하다고 소리를 질러댔지만 자신도 하나님 앞에서 정직하지 않았고, 수년 동안 하나님의 도움과 성령의 필요성을 설교했지만 정작 자신은 성령충만을 간구하지 않았던 것이다.[27]

이러한 자각은 회심의 체험을 가진 자들이 갖고 있는 문제해결의 방식이다. 하늘로부터 내려오는 평안함은 죽음에 이를만한 자책을 거쳤을 때 비로소 얻어지는 것이다. 기도회 인도를 준비하는 그 시간에 하디는 문제의 해결책을 발견했다. 앞으로 그리스도 안에 거하며 말씀대로 살겠다고

---

24   R. A. Hardie, "R. A. Hardie's Report," *MKMMES*, 1903, p. 26.

25   Arrena Carroll, "Report of the Boarding School and General Work in Wonsan," Ibid., 1903, p. 53.

26   R. A. Hardie, "God's Touch in the Great Revival," *The Korea Mission Field*, 1914, p. 22.

27   Loc. cit.

강하게 결심했을 때, 성령의 임재하심을 확신하게 되었다.

목사나 선교사라도 인간적 결점을 공개적으로 참회하는 것은 어렵지 않을 수 있다. 인간 본래의 죄성에 대해 고백하는 것도 어려운 일이 아니다. 오히려 결점과 믿음 부족을 간증하는 것은 겸손한 신앙의 과시일 수 있다. 그렇지만 선교사가 선교비를 유용하고 착복했다는 것을 다른 선교사들 앞에서 공개하는 것은, 더구나 선임 선교사가 후임 선교사들 앞에서 그런 고백을 하는 것은 굴욕스런 일이다. 그런데 하디는 기도회에 참석한 이들에게 이를 자백했다. 그리고 선교사로서 자신의 생활이 대체로 실패한 원인이 그러한 위선과 교만에서 비롯되었음을 인정했다. 묘한 것은, 기도모임의 참석자들이 동일한 회개와 고백을 그 자리에서 하기 시작한 것이다. 그러자 하디가 체험한 성령의 임재가 그 방안에 가득히 퍼져나갔다.[28]

성령께서 제게 오셔서 내게 행하게 하신 첫 번째 일은 내가 선교사 생활을 하면서 오랫동안 함께 지냈던 사람들 앞에서 내 과거의 실패와 그 실패의 이유를 고백하는 것이었습니다. 그것은 고통스럽고 굴욕적인 체험이었습니다. 그러나 하나님은 그것을 선으로 바꾸사 오늘날 같이 많은 백성의 생명을 구원하게 하시려 하셨습니다.

저는 수년 동안 한국 사람들이 죄를 깨닫고 참회하며 믿음의 열매를 보기를 갈망했지만 정작 저 자신은 선교사역과 관련해서는 분명하고 지속적으로 회심을 하지 않았습니다. 저는 많은 사람들을 지식인으로 만드는 데 열심이었습니다.[29]

1주일간의 기도회가 끝나는 날, 하디는 원산교회의 주일예배를 인도했다. 거기에서 그는 한국의 교인들, 수치와 몰염치가 가득하다고 비난했던

---

28   Loc. cit.
29   R. A. Hardie, "Hardie's Report", *MKMMES*, 1904, p. 23.

그 초라한 사람들 앞에서 자기의 교만과 강퍅했던 마음과 믿음 없었음을 고백했다. 그리고 한 사람 한 사람의 이름을 부르며, 눈물로 회중 전체에 용서를 구했다. 그것은 선교사들 앞에서의 간증과는 다른, 벌거벗은 것보다 더한 굴욕일 수 있었다. 그러나 거기 모였던 교인들은 죄책감이란 어떤 것이고 회개가 무엇을 의미하는지 목격했다. 그의 회개는 그만큼 처절하고 절실했다.

내가 성령충만함을 받은 후 돌아온 첫 번째 주일 아침에 원산 교인들 앞에서 수치와 곤혹스런 얼굴로 교만했던 것과 고집불통이었던 것과 믿음 없었음을 자백하면서 그 결과가 어떠했는지를 말하게 될 때, 그들은 처음으로 진정한 자복과 회개의 체험이 어떤 것인지 보게 되었습니다. 그들은 하나님의 약속에 대한 단순한 믿음으로 성령의 은사에 대해 선포하는 나의 말을 듣고, 또 그 후 삼 주일 동안 나의 생활과 체험에서 변화된 모습을 보고 나서 자기 백성을 죄에서 구하시려는 하나님의 능력과 믿음에 대한 새로운 교훈을 얻었습니다.[30]

하디가 후배 선교사 앞에서 자신의 치부를 드러내고 자신의 위선을 조선의 민초들 앞에서 고백했을 때[31], 그토록 애쓰고 노력해도 얻어지지 않았던 것들이 상상하지 못할 정도로 다가왔다. 역사의 주재 앞에 굴복했을 때, 인간의 근저를 파고드는 날선 검이 되었고 거센 회오리가 된 것이다. 그것은 선교사들의 모든 간구를 넘어서는 것이고 불합리했던 상황들을 돌파하는 에너지가 되었다. 한순간에 미지(未知)의 땅이었던 한국이 세계 선교역사의 모범으로 바뀌었고, 더 이상 선교사들은 이방인이 아니었다. 세계가 놀랐던, 1907년 평양대각성운동은 그렇게 시작된 것이다.

---

30   Loc.cit.

31   R. A. Hardie, *"R. A. Hardie's Report"*, Ibid., 1903, p.26.

4. 원산부흥운동

1) 그 시작

선교사들이 사역에 실패하는 가장 큰 이유는 대개 자신의 능력으로 독주하기 때문일 수 있다. 또 성서 윤리에 충실하지 못하면서도 선교지 사람들의 비윤리성을 지적하기 때문일 수 있다. 입술로 형제애를 쏟아내지만, 시간이 갈수록 독선과 위선으로 행동할 위험이 크기 때문이다. 누구도 예외 없이 하나님 앞에 단독자로 나서서 자신을 돌아보며 처절히 자책해야 비로소 성령이 역사하신다. 1903년의 하디는 그것을 확인해 주었다.

1907년 평양대각성운동을 지켜보았던 블레어(William Newton Blair) 선교사는 집회에 참석한 교인들의 회개와 눈물과 자백이 그치지 않았다고 증언하고 있다. 선교사들의 돈을 유용하고 착복했던 전도자들은 앞다투어 돈을 돌려주었고, 교인들은 곳곳을 돌아다니면서 그동안 훔친 물건과 돈을 돌려주면서 용서를 빌었다. 장소를 가리지 않고 배상하려 했고, 그 후에야 비로소 평안을 얻었다는 기록도 남겼다. 지역사회 전체가 충격에 빠진 사건이었다. 한국의 역사에서 이러한 일은 한 번도 없었다. 이러한 현상은 1903년 원산에서 하디가 집회를 끝냈을 때부터 일어났다.[32]

하디(R. A. Hardie)가 한국 교인들 앞에서 자신의 과오를 참회한 원산교회에서의 예배가 얼마 지나지 않았을 때, 스칸디나비아선교회(The Scandinavian Missionary Alliance) 회장인 프랜슨(F. Franson, 1852-1908) 박사로부터 원산에서 집회를 열고 싶다는 연락이 왔다. 이 집회를 준비하기 위해 하디는 전도사(native helper)들과 속장 등 한국인 평신도 지도자(leading members)들과 함께 매일 성경을 공부하며 기도회를 가졌다.

32　W. N. Blair, *Gold in Korea*, H. M. Ives & Sons, Topeka, Kansas, 1946, p.65.

그때, 로스(J. B. Ross)의 병원에서 조수 일을 하던 최종손이 남의 물건을 훔쳤는데 그 죄책감에 잠을 이룰 수 없다며 울음을 터뜨렸다. 독신 선교사 사택에서 일을 하던 강태수도 아내가 몇 개월 아파 누웠을 때 술만 먹고 방탕하게 지냈고, 아내가 설날에 죽었는데 그 때문에 친한 친구들과 술 먹고 즐기지도 못한 것에 화가 나서 아내 이름을 부르며 저주를 퍼부었음을 회개하며 괴로워했다. 한국인 교회 지도자들은 눈물을 흘리면서 그동안 속으로 미워하고 은밀하게 해를 입힌 것들을 고백하며 슬퍼했다. 하디는 이들이 죄의 자백에 그친 것이 아니라 사과와 보상을 했으며, 그동안 형식적(outward)으로 믿었던 이 사람들이 진정으로 하나님께 돌아오게 되었다고 진술했다.[33]

1903년 10월, 성령의 역할을 강력하게 주장했던 프랜슨과의 원산집회는 기대 이상이었다. 원산장로교회에서 1주일 동안의 집회가 끝나자, 프랜슨은 서울과 평양으로 가서 집회를 열었고, 하디는 원산감리교회에서 집회를 계속했다.[34] 이때 교인들의 '집단적인' 회개운동이 일어났다. 하디는 계속해서 1904년 1월 원산지방 연합사경회를 인도했다. 참석자 모두 "성령충만"(fullness of Holy Spirit)을 외쳤고 헌신을 다짐했다. 1주일간 집회를 연장해야 할 정도로 열기는 멈추지 않았다.

"집회기간 내내 교인들은 자기 죄를 공개적으로 자백(confessed their sins in public)했다. 자백의 열기가 너무 강력해서 두세 차례나 설교를 할 수 없었다. 설교가 끝나자마자 교인들은 다투어 일어나서 자기 죄를 자백했다. 성경 본문 어디를 읽든, 어떤 문장으로 설교를 하든지 교인들의 마음을 쪼개 놓는 것 같았다. 집회가 끝날 쯤에는 대다수의 교인들뿐 아니라 집회에 참석했던 상당수의 일반인들까지도 회개했다. 사람들은 이구동성으로 이

---

33   R. A. Hardie, "R. A. Hardie's Report," *MKMMES*, 1904, pp. 24-25.
34   프랜슨은 원산집회를 마친 후 서울로 올라와 11월 2일과 3일에 상동교회와 제중원에서 집회를 가졌고 평양으로 가서 사흘간 집회를 인도했다.

처럼 구체적이고 생생한 신앙체험을 한 것은 처음이라고 진술했다. 선교사들은 이들이 새로운 피조물(new creatures in Christ Jesus)이 되었다고 간증했고 죄에 대한 싸움(struggling against sin)과 참으로 거룩한 삶(truly holy lives)을 살기 시작했다고 보고했다.[35] 이른바 '원산부흥운동'의 시작이다.

2) 그 전개

원산지방 연합집회가 끝난 직후인 1904년 1월 말, 하디는 남감리회 개성지방의 정기 사경회(winter Bibble Study class)에 초청되었다. 캐롤(A. Carroll)과 노울즈(M. Knowles), 저다인(J. L. Gerdine)과 함께 인도했던 이 집회에는 개성과 그 주변의 교인들이 몰려들었다. 교인들은 자신들이 저지른 죄를 공개적으로 자백하는 체험을 했고 거듭나는 행동을 다짐했다. 부흥회 참석자들의 신앙적 열기는 통제가 불가능했고 예정보다 1주일을 더 연장해야 했다. 아침에 시작한 예배는 종일 계속되었다. 예배를 마치기 직전 입교인 몇 명이 믿음으로(by faith) 성령충만을 받고 전보다 더 총명(intelligently)하고 완벽(completely)하게 하나님께 자신을 드리겠다고 서약했다. 이전의 사경회와 달랐다며, 교인들은 그동안 교회에서 볼 수 없었던 최고의 날이라고 간증했다. 하디도 교인들의 지식과 믿음과 경건의 생활이 눈에 띄게 달라졌음을 확인했다.[36]

개성집회를 마친 2월 말, 하디는 지경대(Che-kying-tu)와 새술막(Sai-sool-mak)을 방문했다. 지난 3년간 이곳은 실망만을 안겨주었지만 더 이상은 아니었다. 12일간 계속된 새술막교회 사경회에서는 "지난 3년 동안 전혀 변화를 보이지 않았던 교인들뿐만 아니라 새로 나온 사람들이 거의 다 회심

---

35 *Ibid.*, p.25.
36 *Ibid.*, p.26.

을 체험하는" 성령충만 체험(baptism of the Holy Spirit)이 나타났다.[37] 하디
는 계속해서 1904년 2월 26일부터 10일간 개성 남부교회에서 열린 개성지
방 연합사경회도 인도했다. 그 현장에 함께 했던 개성지역 선교사 크램(W.
G. Cram)은 다음과 같이 보고했다.

"집회에 참석했던 교회 사역자들과 매서인(colporteurs)들은 이전에는 깨닫
지 못했던 복음의 능력과 죄의 의미, 그리고 신생의 체험과 성령충만을 깨닫
기 시작했습니다. 교인들은 죄책감에 통곡했고 자신들이 이전에 저지른 죄
에 대해 보상(restitution)을 하였습니다. 많은 교인들이 입에 담기조차 어려
운 숨겨둔 죄를 자백하였으며 그 후로 영적인 삶을 살기 시작했고 지금까지
계속되고 있습니다. 집회를 마친 뒤, 매서인들은 이전과 다른 큰 용기와 희
망을 가지고 각자의 사역지로 흩어져 나갔습니다."[38]

1904년 3월 하디는 무스(J. R. Moose)가 담임으로 있는 서울의 잣골교회
(지금의 자교교회)에서 10일간 부흥회를 인도했다. 이 집회에 참석한 교인들
은 온갖 추한 죄를 자백했고 훔친 물건을 돌려주었다. 영적 회심의 의미를
몰랐던 많은 사람들이 성령의 능력으로 마음의 정결을 경험했다.[39] 이후로
잣골교회는 새벽예배와 철야기도회를 계속했다. 이어서 하디는 남감리교
회 여학교인 캐롤라이나 학교(Carolina Institute, 지금의 배화여고)에서 집회를
인도했다. 하운젤(Josephine C. Hounshell) 선교사는 기독학생들뿐만 아니라
믿지 않는 학생들도 회심하고 성령을 받았다며 놀라워했다.[40]
    정동감리교회도 하디를 초청하여 1904년 9월 20일부터 19일간 부흥회

37 *Ibid.*, p.27.
38 W. G. Cram, "Report of songdo Circuit," *MKMMES*, 1904, p.37.
39 J. Robt. Moose, "Report of the Seoul Circuit, Ibid., p.41.
40 J. Hounshell, "Carolina Institute," *MKMMES*, 1904, p.53.

를 가졌다. 배재와 이화 학당의 학생들과 교직원을 위한 집회였지만, 서울 도성 밖의 민초들도 모여들었다. 하디는 한 주간은 회개를 주제로, 한 주간은 성령의 책망을 주제로 설교했다.[41] 정동교회의 부흥회에 참석한 사람들은 구원의 체험과 확신을 갖게 되었고 주저 없이 자기 심중 깊은 곳에 숨겨놓았던 죄까지 고백했다. 개화지식인들과 신진 엘리트들이 회개했고 정동교회 담임자 최병헌도 공중 앞에서 자신의 죄를 고백했다.

회개의 영은 완고했던 서울의 성문을 밀치고 거세게 퍼져나갔고, 그 바람이 지나는 곳마다 교회가 세워지기 시작했다. 하디의 집회 후, 정동교회의 교인의 수는 급격히 늘어나 1906년에서 1907년의 1년 사이에 3배로 늘었다. 주일학교 학생들을 포함하여 모두 2,825명이 되었을 때, 최병헌 목사는 늘어나는 교인들을 감당할 수 없어 성 밖에도 새로운 '설교처(preaching point)'[42]와 교회들을 개척해야 했다. 미국 북감리교회가 3개의 구역회, 즉 정동제일, 상동, 동대문 구역으로 확대 조직해야 했던 이유이다.[43]

하디로 인해, 엘리트 지향이나 사회적 기독교로 출발했던 감리교회와는 다른, 부흥회적 경건의 에너지로 세워진 교회가 늘어나기 시작했다. 창천교회, 만리현교회, 서강교회, 공덕리교회가 세워졌고, 이들 교회에 의해 삼개교회(지금의 마포감리교회), 백련동교회(홍남교회), 수색교회, 녹번리교회, 양천 신정리교회, 신월리교회, 염창교회 등이 개척되었다. 하디 이후 세워지는 감리교회는 엘리트 선교를 지향해야 했던 아펜젤러의 교회나 애오개교회로 상징되던 스크랜튼의 교회와 달랐다. 하디를 시작으로 서울의 감리교회는 일반 대중으로 그 전도의 폭을 넓혔고 감리교회의 역사적 본래성을

---

41 "정동회당에서 부흥회로 모힘," 『神學月報』 1904년 제4권 11호, pp.371-372.

42 *Minutes and Reports of Korea Annual Conference of the Methodist Episcopal Church*, 1909. p.35.

43 *Ibid.*, 1905, p.26.

찾아가게 되었다. 곧 대중지향과 내적 회심을 강조하게 된 것이다.

1904년 10월 14일부터 하디는 평양의 북감리교 선교사들의 기도회를 인도한 후, 16일부터 잣골교회의 무스와 함께 평양 남산현교회에서 열린 미국 북감리교 평양지방 연합부흥회를 인도했다. 여기에서도 한국인 전도자들이 지은 죄를 자백했고 상당수의 교인들이 숨겨진 죄들을 공개적으로 토로했다. 평양 선교사 모리스(C. D. Morris)는 다음과 같이 보고하고 있다.

"지난 10월 말 고맙게도 남감리회 선교부의 하디와 무스 형제가 우리에게 와서 특별 부흥집회를 열었습니다. 설교자 몇 사람을 포함하여 많은 사람들이 생활에서 지은 죄들을 회개했습니다. 많은 갈등을 겪은 후에 공개 집회에서 일어나 자신들의 죄를 인정하고 간절히 용서를 구했습니다. … 이 집회는 우리 교회 교인들에게 아주 놀라운 축복을 안겨 주었습니다. 저는 이번 경우처럼 교인들이 죄를 깊이 자복하는 광경을 전에는 본 적이 없습니다. 그동안 은총을 받아왔던 방식과는 다르게 이번에는 정말 변할 수 없는 항구적인 축복을 받았습니다."[44]

평양에 주재하고 있던 북감리회 무어(John Z. Moore)는 "한 지역에서 세 명의 기독 소년들이 장날마다 장터에서 복음을 전했고, 그중에 한 명은 단지 일곱 살짜리 소년이었다"며 그 성과에 놀라워했다.[45] 이 부흥회를 계기로 평양 교인들의 교회자립 열기가 고조되었다. 전도인들의 생활을 지원하기 위한 십일조와 성미 운동도 이때부터 전개되었다.

하디는 안식년을 떠나기 전, 11월 1일부터 1주일 동안 인천 제물포교회

---

44 Charles D. Morris, "Revival Services in Pyeng Yang," *The Korea Methodist*, November, 1904, p.7.

45 Rev. J. Z. Moore, "Self Support and Education on West Circuit," *The Korea Methodist*, August 1905, p.134.

에서도 부흥회를 인도했다. 이 집회를 통해 전도부인들을 비롯한 여성 교인들은 사랑 없음과 질투를 회개했고, 교인들은 자발적으로 남양, 부평, 강화 등지로 나가 자비량 전도를 했다. 인천주재 북감리교 선교사 케이블(E. M. Cable)은 다음과 같이 그 현장을 전하고 있다.

"집회는 며칠간 계속되었는데 집회기간 동안 100여명에 달하는 교인들이 자기 죄를 공개 자복하였습니다. 주님 앞에 올바로 살겠다고 선포했고 많은 교인들이 성령의 부으심을 받았습니다. 집회를 마친 교인들이 얼마나 행복하게, 그리고 성령의 능력에 힘입어 살 수 있는지를 보는 것이 참 즐겁습니다. 하나님의 능력으로 죄로부터 구원받고 확신 가운데 사는 아름다운 모습을 보는 것만으로 한국에 온 보람을 느낄 수 있었습니다. 이런 은총은 우리 교회 안에만 머물지 않고 우리 지방 전 지역으로 확산되고 있습니다. 부흥회에 참석해서 복을 받은 사람들이 밖으로 나가 다른 사람들에게 그것을 전하고 있습니다. 우리 사역 전반에 거대한 부흥이 시작되고(the beginning of a great revival) 있음을 보여 주는 징조라 확신할 수 있습니다."[46]

1905년 하디는 안식년을 가졌다. 그럼에도 부흥적 경건의 열기는 계속되었다. 1905년 2월, '구정'을 기해 열린 개성의 연례 지방사경회는 크램과 캐롤이 주도했다. 선교사들은 자신들이 세운 계획대로 부흥회가 진행되지 않음에 당황했다. 자신들이 아니라, 회개하고 거듭남을 열망하는 교인들이 집회를 주도했기 때문이다. 농번기임에도 불구하고(the farmers though very busy) 교인들은 몰려들었고 선교사들은 그동안 이렇게까지 신생(regeneration)을 간구하는 모습을 보지 못했다.[47]

원산에서 열린 구정의 사경회에서도 회심과 성령의 역사가 일어났고,

---

46   E.M. Cable, "Another Wonderful Revival," *Korea Methodist*, 1904. 12, p.11.

47   W. G. Cram, "North Ward Circuit, Songdo" , *MKMMES*, 1905, p.34.

강화 홍해교회에서 열린 여자사경회에서도 여성 교인들은 정성을 다해 봉사하지 않은 것에 대해 눈물을 흘리며 통회했다. 남감리교 서울구역(Seoul Circuit)의 문산포교회에서도 교인들은 자신들의 죄를 공개적으로 자복(public confession)했다. 1906년 11월 통천과 이천 등 경기도와 강원도 북부 지역에서도 이와 같은 일이 동일하게 일어났다. 교인들은 죄를 깨닫고 통곡했으며, 회심한 이후에는 교회에서의 사역을 영광으로 여겼다.

1906년 초에 안식년을 마치고 돌아온 하디는 평양의 감리교와 장로교 집회를 인도했다. 이 집회에서 장로교 선교사 블레어(W. N. Blair)와 그래함 리 등이 성령체험을 했고, 장로교회의 길선주와 감리교회의 이은승 등이 회심체험을 했다. 이들의 체험은 1907년으로 이어졌다.

하디로부터 시작된 원산부흥운동은 한국인들의 복음 의식을 정화시킨 영적각성운동으로 발전했다. 전국적으로 확산되었고 1907년 대부흥운동의 원동력이 되었다. 그동안 시대적 상황에 의해 수세적이었던 대부분의 선교사들의 선교활동이 공세적으로 바뀌었고 하디의 방식을 선교의 패러다임으로 정했다. 여기에 감리교와 장로교라는 구별이 없었다. 하디의 원산부흥운동 이후, 선교사들은 기독교가 앞선 근대문명의 기초일 뿐만 아니라 인간 근원의 출발점이라는 것도 전파했다. 한국인들은 교회의 부흥운동이 기독교의 가장 보편적 주제라고 인식했다. 새로운 윤리의식이 뒤따랐기 때문에 한국인들은 이 운동을 "민족각성운동"(the national awakening)으로도 생각했다.[48] 하디로 인해 한국 기독교와 교인들, 그리고 한국인들의 의식이 바뀐 것이다.

---

48 J. L. Gerdine, "National Revivals," *Korea Methodist*, 1905, p.84.

5. 복음 정착시대의 조건

1) 새로운 방식 – 감리교 협성신학교 교장과 문서선교의 주도

열정적인 부흥전도자로 각인되었던 하디는 1909년 이후에는 신학자가 되어 교육선교 사역에 헌신했다. 1890년부터 19년간 의료선교사와 복음전도자로 지냈다면, 이후에는 복음전도 최전선에서 물러나서 1935년 은퇴할 때까지 교육선교와 문서선교의 중심에 있었던 것이다. 확연히 그의 선교사역이 바뀌었다.

1907년 6월 남감리회는 하디를 원산지방 사역 이외에 감리교 협성신학교 교수로 임명하고 1909년부터는 서울로 임지를 옮겨 신학교 사역에 주력하도록 했다. 1913년에는 신학을 깊이 공부한 바 없던 하디를 감리교 협성신학교의 세 번째 교장으로 임명했다. 그런데 이것은 하디에 의해 촉발된 부흥회적 경건운동이 감리교회의 전통이라는 확인이자, 하디의 신학이 남북감리교회 전체의 신학이라는 상징이었다. 또한 한국 감리교회 신학의 지향점이라는 선언이기도 했다. 적어도 하디가 교장을 그만두는 1922년까지 협성신학교는 하디의 신학을 한국 감리교회의 지표로 삼았다.

사실, 독자적으로 선교하던 두 감리교회가 1907년 6월, 정치적 지분을 따지지 않고 연합하여 신학교를 설립한 것은 하디 때문이라 해도 크게 틀린 말이 아니다. 두 교회는 원산부흥운동의 신학이 웨슬리의 것이라고 확신했고, 평양대각성운동으로 연결되어 한국 전역으로 확산된 것에 고무되었던 것이다.

1916년 2월에, 하디는 협성신학교 교수회의 이름으로 신학지 『신학세계』를 발행했다. 발간 목적에 대해 하디는 성경과 신학을 연구하고, 일반 한국 교인들의 신앙과 윤리의식을 배양하는 것이라 말하고 있다. 또한 한국 교역자들의 지식을 높이기 위함도 강조했다. 여기에 정치문제가 배제될

것임을 명백히 밝히고 있다.[49]

『신학세계』의 주제는 '성경'과 '기도'와 '교회'였으며, '교회역사'와 '복음의 실천'이었다. 하디는 『신학세계』가 복음주의를 드러내는 것으로 다른 서양사조(思潮)를 극복하기 위해 발간한다는 것도 아울러 밝혔다. 그리고 이 신학잡지가 평신도들의 질 높은 문학적 교양을 위한 것이라는 점도 확인했다.[50] 그것은 감리교 복음주의신학이 한국 교회신학의 정초(定礎)가 되어야 한다는 강한 권면인 동시에 서울이라는 지역적 특성을 만족시키는 것이기도 했다.

하디는 1922년부터 언더우드 등과 함께 성서번역위원으로서 성서발간을 주도했다. 1924년 조선예수교서회 편집위원을 거쳐 1927년에는 사장이 되었다. 『구약전서총론』, 『신약성서총론』, 『조선농촌구제책』 등 62권의 책을 저술하거나 번역하여 출간했고, 170여 편에 이르는 논문들을 발표했다. 1935년에 45년간의 선교활동을 마치고 고국으로 돌아갈 때까지, 하디는 다양한 문서선교에 매진했다. 선진 근대문명관에 매몰되어 있던 엘리트 기독교인들에게 영적 신앙이 복음의 기초가 되어야 함을, 부흥회적 경건에 몰두했던 기독교인들에게는 신학적 당위성을 제안했던 것이다.

1930년, 하디는 감리교와 장로교 연합운동의 상징이었던 『긔독신보』의 사장이 되었다. 1915년 12월 7일 창간한 『긔독신보』는 아펜젤러가 창간한 『죠선 크리스도인 회보』와 언더우드가 주도했던 『그리스도 신문』을 통합한 대표적 기독교 신문이었다.

장로교회가 하디의 사장 영입을 적극 지지한 것은 하디의 신학에 이견이 없었다는 것을 의미한다. 양 교회는 하디로부터 촉발된 원산의 부흥운동을 계기로, 함께 1907년의 평양대부흥회를 준비했고 기대 이상의 결과를 얻었다. 감리교회와 장로교회의 신학적 지향점이 다르지 않다는 것이

---

49 "신학세계 발행지사", 『신학세계』 제1권, 제1호, 1916, pp.4-5.
50 Loc. cit.

확인되었고, 여기에 교파의식은 전혀 없었다. 하디는 『긔독신보』를 통해 한국의 모든 선교사들과 목회자, 기독교인들의 다양한 활동을 구체적으로 알렸고 양 교회의 부흥회에 대한 정보도 꼼꼼히 챙겼다.

사람들은 원산부흥운동의 하디를 기억할 뿐, 그의 교육사역과 문서사역에는 크게 눈길을 돌리지 않는다. 그러나 그의 후반기 선교사역은 복음을 이 땅에 안착시켜야 한다는 역사의 요청에 맞추어져 있었다.

2) 새로운 상황

(1) 선교지의 변동 - 서울의 선교지형

서울의 선교지형은 원산이나 평양과 달랐다. 서울의 특성 때문에 아펜젤러는 대중적 선교를 지양하고 엘리트 선교를 해야 했으며, 언더우드는 교회와 종교 영역 밖까지 선교의 사명을 확대해야 했다. 감리교 신학잡지 『신학월보』(神學月報)는 1903년, 서울과 평양 교인들의 신앙태도를 비교하며 그 아쉬움을 다음과 같이 토로한 바 있다.

> 서울 교회나 평양 교회나 하나님을 섬기고 읽는 성경도 하나요, 가는 곳도 한 곳이요, 가는 길도 한 길이요, 믿음과 바람이 다 같거늘, 어찌하여 평양교우들은 열심히 힘쓰고 서울교우들은 잠자는 모양이니 성경이 말씀하시되, 천국은 힘쓰는 자가 얻는다 하셨으니 이 글 보시는 교우들은 평양교우들이 열심히 힘써 하나님 섬기는 정성을 알리로다.[51]

감리교 선교사들과 한국 감리교인들은 서울 교회의 풍토에 대해 힘들어했다. 1907년 평양 영적대각성운동이 전국을 휩쓸고 있을 때에도, 평양이

---

51 론설, "북 지방에서 전도함", 『神學月報』 1903년 10월호, pp. 427-428.

나 개성, 원산 등과 달리 정작 서울 도성 안쪽은 그 여파가 크지 않았다. 서울의 잣골교회(자교교회)와 정동교회가 하디에 의해 크게 자극받았던 것은 사실이지만, 정동교회에 몰려든 사람들은 사대문 밖에 거주하던 중하류층들이었지 도성 안에 거주하는 사람들이 아니었다. 장로교회도 예외가 아니어서 새문안교회, 안동교회, 연동교회 등에도 큰 반향이 나타나지는 않았다.

복음주의는 신학적 교리가 단순하고 감정적이다. 1907년의 대각성운동은 개인의 회심과 그에 따른 믿음, 그리고 이에 같은 성령의 내적 체험을 통한 경건한 삶에 강조점을 두고 있다. 복음주의 선교사 입장에서 보면, 서울은 기독교의 복음을 전하기에 적합한 땅이 아니다. 그렇지만 서울은 한국의 중심이고, 서울을 움직여야 한국 전체를 이끌 수 있다.

서울은 유교 전통사회의 본거지라는 보수성을 갖고 있었다. 기독교에 입교한 양반관료 출신의 신자들은 서양문명에 대해서 특별한 관심을 갖고 있었으며, 기독교를 통해 개화를 추진하고 교회를 통해서 인재를 양성하려 했다. 유교적 교양은 특출했지만, 죄에 대한 심각성과 속죄의 은총이라는 개념이 상대적으로 희박했다. 이런 특성은 유학의 지식군들이나 신진 엘리트층들에게는 논리적이고 객관적 접근이 불가피했다는 것을 말해 준다. 아펜젤러와 언더우드 등 서울 선교사들의 생각이 그랬고, 하디도 여기에 동의했다.

(2) 역할의 변동 - 협성신학교 교수 하디

전술한 대로, 감리교 협성신학교는 선교사들 사이에서도 강력한 복음주의자이자 열정적 부흥사로 알려진 존스(G. H. Jones)에 의해 세워졌다. 그의 신학교 설립은 예지에 가까운 판단이었다.

성령은 한 곳에 영구히 머물러 있지 않는다. 아무리 바람이 거세도, 그것은 지나가게 되어 있다. 역사는 아무리 숭고하고 이상적인 운동

(movement)이고 그 바람이 절실할지라도, 영원히 지속되지 않는다고 말한다. 흔적이 남고 역사로 기록되지만, 그 사명이 끝나면 사라지게 되고, 혜안을 가진 선각자들은 바람을 붙들 수 없다는 것을 안다. 그래서 운동이 품고 있는 목적과 목표를 어떻게 계승할지를 고민하게 되는 것이다. 존스(G. H. Jones)가 신학교를 세워야 한다고 주장하고 남북감리교회가 그것을 받아들인 것은 바로 그런 이유에서였다.

1907년 5월의 원산 전도부인사경회를 인도한 이후, 부흥회에서 하디의 이름을 찾을 수 없다. 모든 복음주의 선교사들과 한국 교회지도자들이 한결같이, '성령의 불길'이 전국을 뒤덮고 있다며 흥분하고 있던 바로 그때, 오히려 하디는 새로운 상황이 도래했음을 깨달았다. 역사는 그에게 복음을 정착시키고 지속시켜야 한다는 새로운 사명을 부여했다. 한국인 교회지도자들이 복음전파의 중심에 들어서고 있었고, 서울만 해도 1만 명 이상의 기독교인들이 교회에 출석하고 있었다. 상황이 바뀌면 행동방식이 바뀌어야 하고, 새로운 사명에는 새로운 방식이 부여된다. 감리교 협성신학교는 이럴 때 세워진 것이다.

서울에 신학교가 생기고 하디를 교수와 교장으로 임명했다는 것은 협성신학교의 사명이 평양신학교와 다르다는 것을 의미한다. 협성신학교에게는 기독교 지성인들을 양육하고 훈련시켜 교회와 한국 전체를 견인해야 하는 사명이 주어진 것이고, 하디에게는 그러한 복음의 사명을 위해 원산부흥운동의 신학을 정립하고 전달해야 하는 임무가 주어진 것이다.

3) 새로운 사명 – 신학화 작업

신학화 작업은 복음을 보존하고 계승하기 위한 것이다. 특별히 하디에게는 복음주의 신학의 이론을 정립하고, 동시에 한국을 견인할 기독교 지성을 육성해야 한다는 새로운 사명이 주어졌다. 그것은 시대적 변동을 극복할 수 있는 방안이자 한국 교회를 지탱하는 토대이기도 했다. 복음이 신학으로 정립되어야 원산과 평양의 영적 에너지가 한국 교회를 보존하고 부흥시킬 수 있는 것이다.

베드로의 담백한 충성은 주님의 칭찬을 받았다. 그러나 그는 지성과 판단의 논리 위에서 다듬어진 신앙고백과 행동이 없었기 때문에 일관성이 빈약했다. 단편적인 사고의 힘은 컸으나 반영은 늘 아쉬웠다. 기독교의 신학이 베드로가 아니라 바울에게서 체계를 갖추고 다듬어진 것이 그런 까닭이다.

본래 신학은 차갑고 건조하다. 물론 논리적이고 객관적으로 복음을 설명하게 되면 복음이 갖고 있는 뜨거움은 식게 마련이다. 그런데 복음은 세상을 향해 아우성치는 웅변이나 뜨거운 열정만으로 전해지는 것이 아니다. 복음이 한 때에 머무르지 않고 일관성과 지속성을 가지려면, 냉철한 판단과 장중한 진리로 채워진 지성, 그런 것들에 의한 섬세한 훈련이 필요하다. 특별히 서울의 지역특성을 만족시키기 위해서는 그래야 했다. 논리성과 객관성을 갖추어야 서울의 지성인들을 설득할 수 있고, 서울을 움직여야 한국 전체를 이끌 수 있는 것이다.

본래 감리교회의 복음주의 신학에는 인간이 하나님을 찾아 올라가고 하나님과 합일을 이루겠다는 영성은 없다. 하나님을 기다리고 그의 임재를 간구하는 것이 웨슬리 신학이다. 말씀과 하나님 영의 임재 앞에서 나타나는 두려움, 떨림, 그리고 회개 등이 바로 복음주의 신학의 기초이다. 간증을 통한 거침없는 고백과 회개, 그리고 뜨거운 열정과 실천의 다짐을 마음껏 드러내는 것이 감리교의 본래 전통인 것이다. 그런데 웨슬리의 복음주의가 대중성을 강조하는 것은 누구나 구원을 받아야 하고, 지식의 유무나 계층적 차별 없이 누구나 교회에 들어올 수 있어야 하기 때문이다.

한편, 회심의 목적은 변화이다. 하디가 회심체험을 강조하는 것은, 회심을 하면 자동적이고 능동적으로 성서적 윤리를 실천하게 되기 때문이다. 근저로부터의 내적 회심과 그 에너지는 기독교회의 율례와 규칙과 비교할 수 없는 거대한 윤리적 실천을 이끌어 낸다. 2000년 신학의 역사에서, 복음주의만큼 대중들의 성서적·윤리적 실천을 요구하는 강력한 신학은 없었다.

대중성과 내적 회심이 복음주의 선교방식의 중요한 특성이라면, 성서와 회심체험은 복음주의 신학의 두 축이다. 더불어 복음주의는 성서 윤리의 철저한 실천을 강조한다. 그래서 하디 신학은 성경연구와 회개와 자복의 성령체험에 집중되어 있는 것이다. 회심체험의 근거를 성서에서 찾았고 성서 말씀이 영적 부흥운동의 근거가 되었다는 것을 확신했다. 1914년 1월, 하디는 원산부흥운동을 회고하고 분석하며 다음과 같이 말하고 있다.

> 한국 교회 부흥은 기도와 하나님 말씀 공부에서 시작되었다 … 1903년 여름 하나님께서 이들(선교사들)의 기도에 응답하셔서, 얼마 되지 않는 선교사들이 모여 일주간 예정으로 성경공부를 하게 되었다.[52]

1917년, 하디는 성서가 한국 교회와 교인들을 지탱하는 중심 골격이고, 성서가 가장 중요한 선교도구라는 점을 다시 한 번 밝히고 있다. 한국 교회의 시작과 부흥역사의 신학이 성경에 있다는 확인이었다.

> 조선 그리스도교는 하나님의 말씀을 뛰어나게 사랑하는지라 매년 5만 명 교우가 사경회와 성경학교에 모이는데 남녀 노인과 중년의 장정과 소년들이 농촌에서 오니 그중에는 20리 이상, 150리를 걸어서 오며 일주일간이나 그 이상을 유하여 성경공부 할 목적으로 양식을 가지고 오는 이도 많고 이 중에 다수는 공부를 필하고 며칠을 더 유하여 믿지 않는 동포에게 전도하기도 하며 혹 본 교회로 돌아가 형제들에게 그 배운 것을 가르치기도 하는지라.[53]

---

52 R.A. Hardie, "God's Touch in the Great Revival", *The Korea Mission Field*, 1914, 22.

53 하리영, "경성피어선긔렴셩경학원," 『神學世界』 1917년 2권 2호, p.172.

하디는 『신학세계』를 편집하면서 성경연구를 제일 앞에 두었고, 성경에 관한 것을 가장 많이 다루었다. 하디는 성경연구 자체가 인간 삶에 대한 연구임을 밝히며, 역사의 통치자인 하나님이 인간 역사와 생활에 관여하신다는 것을 확신했다. 성경을 알게 되면 죄와 허위에서 벗어나고 의와 진리를 주장하게 된다고 보았다 조건은 성경을 읽을 때마다 말씀이 나에게 어떤 깨달음을 주는지를 살펴야 한다는 것이다. 하디는 협성신학교의 신학이 이러한 성서 신학에 비롯되어 있음을 밝히고 있다.

한편, 하디는 웨슬리의 일기, 웨슬리 어머니의 교육방식, 웨슬리의 설교 등을 소개했다. 협성신학교의 신학을 존 웨슬리에게서 찾았다. 그는 웨슬리의 신학을 소개하고, 부흥회적 경건과 각성이 여기에서 비롯되었음을 확인했다. 부흥회적 각성과 웨슬리의 신학을 한 카테고리 안에서 본 것이다.

하디는 모든 것이 하나님의 은총으로 비롯되고, "오직 그리스도 안에 거하며 주님 말씀대로 살겠다"는 윤리적 결단은 자동적으로 뒤따라온다고 보았다. 죄에 빠지면 하나님께서 성신을 거둔다고 경고했고, 죄를 피하는 방법에 대하여 끊임없는 기도를 강조했다. 다른 사람을 사랑하고 봉사하는 삶을 사는 것이 성신의 요청에 응답하는 것이라 설명했다. 삶의 연습과 결단을 강조하고 이 모든 것을 성신의 도움에 의존해야 한다고 믿은 것이다.[54] 그에게 민중지향이나 사회지향의 신학에 대한 인식은 없었다.

6. 여언

마펫이나 올링거 등이 엄격한 율법적 규범을 통해 부패의 문제를 해결하려 했다면, 하디는 내적 회심을 통한 거듭남의 방식을 주장했다. 하디도

---

54 하리영, "죄를 이기는 방법," 『神學世界』 1927년, 12권 4호, p.36 참조.

초기에는 교회의 규범과 율례, 권징과 치리로 문제들을 해결하려 했으나 거기에는 자발성이 없었다. 율법적 치리방식은 근저로부터의 개심을 요구하는 내적 회심의 방식만큼 강력하지도 않았다. 하디는 원산의 영적 부흥운동을 통해서 그것을 확인해 주었다. 이후, 하디의 방식은 관념적이거나 추상적인 것으로 그치지 않고 한국 교회와 교인들의 의식을 실제적으로 바꾸어 놓았다.

주어진 상황이 변했을 때, 하디는 발 빠르게 대처했다. 바로 부흥회적 경건의 신학화 작업이었다. 그런데 평양의 신학교는 오직 교회로만 눈길을 뻗으면 되었지만 서울의 신학교는 교회뿐만 아니라 한국 기독교 지성인들에게도 영향을 미쳐야 했다. 그것은 감리교회의 사명이 달랐다는 것을 의미한다. 협성신학교장 하디는 감리교 선교의 이러한 점을 각인시켰다.

하디는 장로교와의 연합운동의 중심에도 있었고, 그래서 언더우드 등과 성서번역 작업에도 참여했다. 복음이 다르지 않고 전파된 신학도 차이가 없었기 때문이다. 수많은 신학논문들을 발표했고, 신앙지침서도 제작했다. 심도 있는 성경연구를 하여 한국의 기독교인들이 그 지식을 습득해야 한다고 강권했고, 웨슬리의 신학을 연구 발표하여 감리교회의 이념과 역사적 정체성도 알렸다. 거듭난 신자로서의 의무와 사명, 전도의 당위성, 성화적 삶을 주제로 한 신학논문들을 발표해 복음주의 신학이 구체적으로 무엇을 말하는지에 대해서도 설명했다.

1935년, 하디는 한국에서의 45년간의 사역을 마치고 은퇴했다. 그리고 미국 미주리주 랜싱에 살고 있는 다섯째 딸의 가족과 지내다가 1949년 6월에 하나님의 부름을 받았다. 각자의 독특한 신학이 있다고 주장하지만, 한국의 대다수 보수 교회는 하디의 신학을 한국 교회 출발의 근거로 삼고 있다.

11장

웰본

Arthur G. Welbon

　　2013년 9월 26일, 양화진의 100주년기념교회(이재철 목사)는 재한 선교
사 두 사람의 후손을 초청했다. 크리스마스 씰(Christmas Seal)을 처음 만든
셔우드 홀(Sherwood Hall)의 외손자 클리포드 킹(Clifford King)과 강원도 철
원과 원주, 안동과 영주 등 경안권역의 오지를 돌며 복음을 전했던 웰본
(Arthur G. Welbon)의 손녀 프리실라 웰본 애비(Priscilla Welbon Ewy)였다.

　　셔우드 홀의 청진기와 왕진가방, 혈압측정기 등이 전달되었고 웰본의
여권, 수첩, 도장, 나막신, 편지 등이 기증되었다. 또한 한국에서 태어나 어
린 시절을 보냈던, 프리실라의 아버지 헨리 G. 웰번(Henry Garner Welbon)
이 미군정청에 재직했을 때 작성하고 수집했던 유품들도 기증되었다.

　　양화진에는 할아버지 웰본 선교사가 묻혀있고 10일 만에 사망한 프리실
라의 삼촌 하비(1903년)와 3살 때 사망한 고모 앨리스(1914년)의 작은 무덤
도 함께 있었다. 양화진은 한국을 사랑했던 수많은 선교사들의 삶과 그 열
정을 간직하고 있는 곳이다. 선교사의 후손들이 한국과 양화진을 자신들의
고향같이 사랑하는 이유다.

I. 안동 선교의 대부 웰본

1) 한국에 오기까지

웰본은 1866년 8월 4일, 미국 미시간주 이스트맨빌(Eastmanville, Ottawa County, Michigan)에서 아버지 토마스(Thomas Welbon)와 어머니 메리(Mary Esther) 사이에서 태어났다. 그의 아버지 토마스는 19살이 되던 1850년, 잉글랜드 중동부 링컨셔(Lincolnshire)에서 미국 디트로이트로 단신으로 이민을 왔다. 미국의 초기 이민자들이 신앙의 자유를 찾아 왔다면, 이후의 이민은 경제적 이유였다. 웰본의 아버지가 대장간에서 열심히 일했던 것도 그의 가족들을 '기회의 땅'으로 데려오기 위해서였다. 1854년에 토마스는 꿈을 이루어 가족들을 데려올 수 있었다. 그러나 몇 달 되지 않아 그의 아버지가 콜레라로 죽었고 형제 중 하나는 열차사고로 세상을 떠났다.

토마스가 글을 깨칠 수 있었던 것은 그의 아내 메리가 글을 가르쳤기 때문이다. 교육을 받지 못할 정도로 웰본의 부모는 가난했고, 이스트맨빌의 초등학교를 다닐 때도 집안 사정이 좋지 않아 어린 웰본은 농장에서 일을 해야 했다. 1885년 아버지 토마스가 세상을 떠난 후에 그에게 맡겨진 부양의 의무가 늘어났고 그래서 더 열심히 일을 해야 했다. 그가 맏형 윌리암(William Henry Welbon)이 근무하던 Missouri Pacific R.R.에서 일한 것도 그런 이유였다.

먹고사는 일에 전념해야 했던 웰본이 성직자(minister)를 꿈꾸며 다시 공부를 시작하게 된 것은 역사 주관자의 '섭리'와 '부름'이었다는 것 외에 달리 설명할 방법이 없다. 늦은 나이에도 불구하고 이스트맨빌의 중등학교(grammar school)에 입학하고 1891년 무디성경학원(Moody Bible Institute)이라 불리던 시카고의 해외선교원(Home and Foreign Missions Institute)에 등록한 것을 보면, 그가 공부를 다시 시작한 이유와 목적이 확연해진다. 당시 미국에 불어 닥친 해외선교의 열풍은 대학사회에만 국한되지 않았던 것이다.

웰본은 선교사가 되기 위해 공부를 결심했고 힘겨운 과정에 들어섰다. 그 목적을 이루기 위해 무디성경학원의 첫 번째 여름학기를 마쳤던 1891년 9월 7일, 대학 입학자격을 얻기 위해 미네소타의 매컬리스터대학 예비과정(Preparatory Department of Macalester College, St. Paul, MN)에 들어갔다.

매컬리스터에서의 웰본의 활동은 열정적이었다. 노동에 전념해야 했던 그에게 학문이라는 새로운 세계가 열렸고, 선교사라는 새로운 목표가 생겼기 때문이다. 웰본은 매컬리스터대학의 자원봉사 모임에 적극적으로 참여했고 복음주의 동아리(Evangelist Team)에도 열심을 내었다. 1892년에는 파르테논문학회(Parthenon Literary Society) 가 주최한 연설대회에서 1위를 차지하는 등 잠재능력을 마음껏 발휘했고, 운동을 좋아하여 미식축구팀에서도 활동했다.[1]

1897년 매컬리스터를 졸업한 후, 웰본은 곧바로 캘리포니아의 산 앤셀모(San Anselmo)에 위치한 샌프란시스코신학원(San Francisco theological Seminary)에 입학했다. 가난했기 때문에 여름방학 때면 캘리포니아 멘도시노(Mendocino)의 한 제재소에서 학비를 벌어야 했지만 노동에 익숙했기 때문에 문제가 되지 않았다.

샌프란시스코신학원에 진학했던 이유는 처음부터 한국 선교사를 꿈꾸었기 때문이다. 웰본은 치밀하게 계획을 세웠고, 그래서 졸업하기 전에 이미 북장로교 해외선교부로부터 한국 선교사로 임명을 받을 수 있었다.[2] 그리고 34살이 되던 해인 1900년 4월, 샌프란시스코신학원을 졸업한 후, 한국

---

1   한국 선교를 위해 샌프란시스코를 떠날 때 그와 함께 미식축구팀에서 활동하던 친구 렉크(George Leck)가 동승했다. 그는 이후 휘트모어(Norman C. Whittemore)와 함께 선천에 파송되어 활동했다.

2   미국 북장로교 해외선교부의 문서에는 그가 1900년 2월 19일에 한국 선교사로 임명되었음이 기록되어 있다.

으로 향하는 배에 오를 수 있었다.

웰본이 보기에, 문호가 개방되었다고는 하지만 한국은 여전히 삼강오륜(三綱伍倫)을 숭상하는 전통사회였고, 고대로부터 내려온 법과 문화를 도무지 바꾸려하지 않는 고집스런 나라였다. 중국으로부터 독립하겠다고 선언했지만, 왕조를 유지하는 것에 급급했고 근대국가를 지향하는 것에는 그 행보가 느렸다. 건축이나 교육, 의복 등 삶의 방식을 바꾸려하지 않고 관습을 주장하는 나라였다. 여전히 백성들은 불교와 도교, 정령숭배, 미신, 조상숭배 등 종교적 관습과 악한 영에 빠져있었다. 웰본에게 한국인들을 구원하는 일만큼 시급한 일은 없었다. 한국 선교사로 나가는 자신에게 주어진 의무의 막중함에 그는 긴장했다. 한국으로 향하는 배 위에서 웰본은 자신의 사명을 다시 한 번 다짐했다.[3]

2) 철원에서 안동으로

한국에 온 웰본은 서울선교부에 소속되었고 언더우드(H. G. Underwood)의 배려로 YMCA 설립위원이 되었다. 당시 한성판윤 민경식을 중심으로 한 150명의 관료들이 언더우드를 찾아와 YMCA의 창설을 강력히 요청한 바 있었다.[4] 한국 상류계급에게 복음을 전할 수 있는 절호의 기회가 온 것이다. 당시 한국의 양반관료들은 자신들이 모일 수 있는 기독교 기관을 절실히 바라고 있었다. 기독교 복음에 관심이 많다 하더라도 상민(常民)들이 출석하고 있는 교회에 나가기 어려웠기 때문이다.[5] 언더우드는 아펜젤러(H. G. Appenzeller) 등과 협력하여 YMCA 세계본부에 편지를 보냈고,[6]

---

3   Priscilla Ewy, *ARTHUR GOES TO KOREA- THE EARLY LIFE OF ARTHUR GARNER WELBON AND HIS FIRST YEARS AS MISSIONARY TO KOREA, 1900-1902*, 2008, pp.9-57.

4   Mr. F. S. Brockman's Letter to Mr. J. R. Mott, May 13, 1903.

5   전택부, 『한국 기독교청년회 운동사』(서울:정음사, 1978), pp.22-23. 참조.

6   L. H. Underwood, *Underwood of Korea*, p.206. 참조.

YMCA 국제위원회는 중국 YMCA의 창설자인 라이언(D. Willard Lyon)에게 그 가능성을 물었다. 일련의 과정을 통해 1903년 10월 28일 '황성기독교청년회(皇城基督教青年會)'라는 이름으로 창립총회를 개최할 수 있었다. 언더우드는 이 과정에서 웰본을 자신의 대리인으로 참여시켰다.

한국에 입국하고 1년 뒤, 웰본은 새디(Sarah Sadie)를 만났고 1901년 9월 24일 결혼했다. 간호사였던 새디는 1899년 9월 29일 북장로교 선교사로 웰본보다 먼저 내한하여 대구에서 활동하고 있었다.

서울선교부 소속으로 있던 웰본에게 강원도지역 선교가 맡겨졌다. 1903년 The Korean Field는 강원도 철원에서의 웰본의 활동을 기록하고 있다. 그는 10일 동안 진행된 사경회에서 강한 성령의 나타나심으로 한국인들이 죄로 인한 괴로움과 슬픔의 눈물을 흘렸으며, 하나님의 놀라운 사랑을 체험하고, 죄에 대한 분명하고 무서운 결과를 깨닫는 새롭고 놀라운 체험을 했다고 보고하고 있다.

웰본은 순회전도 방식에 놀라움을 표하며 복음이 전해진 지 3년이 채 되지 않았음에도 영적 각성이 일어나서 마을마다 주일을 엄격하게 지키고 복음의 빛에 충성하고 있다며 흥분하고 있었다.[7] 그가 그냥 철원에 머물렀다면, 하디가 누리고 있는 영적대각성운동의 주도자라는 영광스러운 호칭이 그에게도 주어졌을지 모른다. 하지만 웰본은 원주에 머물다가, 1909년에 안동선교부가 만들어질 때, 초대 안동선교부의 대표선교사가 되었다.

3) 선교지 분할과 교계이양

선교의 문이 열린 후, 작은 나라 한국에 미국뿐만 아니라 여러 나라에서 선교사들이 연이어 들어왔다. 미국 북감리교회와 북장로교회 선교사들의

---

7   A. G. Welbon, "Each the Chief of Sinner", *The Korean Field* (1903) 1권 p.101, p.108.

활동에 자극을 받아 남감리교회도 선교사들을 보냈고, 미국의 남장로교회와 호주 장로교회, 그리고 캐나다 장로교회에서도 선교사들을 보냈다. 아직 인도나 중국만큼 선교의 자유가 허용되지 않았고 안전도 확실히 보장받지 못했지만 복음전파에 대한 선교사들의 사명이나 열정은 남달랐다.

언더우드(H. G. Underwood)의 연설에 자극을 받은 남장로교회의 테이트(Lewis B. Tate)와 레이놀즈(William D. Reynolds), 전킨(William M. Junkin) 등이 1892년에 인천에 도착하여 선교를 시작했고, 호주 장로교회 데이비스 선교사 남매(J. Henry Davies와 M. T. Davies)가 1889년부터 활동을 시작했다.[8] 캐나다 장로교회는 장연에서 순교한 맥켄지(William J. McKenzie)로부터 시작되었고, 1898년에 그리슨(Robert Grieson), 푸트(W. R. Foote), 멕레이(D. M. McRae)가 파송되어 본격적으로 선교를 감당했다.

한국에 들어온 네 장로교회도 선교지역에 대한 중복과 경쟁의 문제를 해결해야 했다. 여기에 장로교회의 신학적 정체성과 정치 조직, 제도 등의 일치문제, 이에 따른 선교정책의 논의도 필요했다. 선교구역이 넓어 한 교회가 모든 지역을 선교할 수 있는 형편이 아니었기 때문이다. 같은 장로교라 해도 선교사들의 신학과 각 나라의 교회 전통이 모두 같지 않았던 것도 이유가 되었다.

가장 먼저 한국에 온 만큼 미국 북장로교회는 선교구역을 우선 선택할 수 있었다. 하여 서울 일대와 서북지역(황해도, 평안도)을 선교지역으로 정했고 경북지역, 곧 대구와 안동에 선교거점(mission station)도 확보할 수 있었다. 호주 장로교회는 데이비스의 순교지인 부산에 선교거점을 정하고 마산과 진주 등 경남일대를 자신들의 선교구역으로 선택했다. 남장로교회는 전라도와 충청도 지방, 캐나다 선교회는 원산과 함흥, 성진에 선교거점을 확

---

8   남매 중 오빠인 데이비스 선교사는 서울에서 부산까지의 선교여정의 후유증으로 천연두와 폐렴에 걸려 1890년 4월 15일에 사망했다. 이후 데이비스 선교사의 순교에 자극을 받아 매캐이(J. H. Mackay) 등 여러 명의 선교사가 내한하여 선교활동을 했다.

보하고 회령과 서간도 및 블라디보스토크까지 관할구역을 정했다.

선교의 역사에서 보면, 대개 선교사들은 안전과 생활환경 문제로 선교지의 수도나 항구를 벗어나지 않고 내지(內地)로 들어가지 않았다. 그런데 한국에 온 선교사들은 달랐고 지역도 불문했다. 다만 효율적인 선교를 위해 구역을 조정했을 뿐이다. 재한 장로교 선교사들은 감리교와의 교계예양(敎界禮讓, comity arrangement)의 결단까지 내렸다. 효율적인 복음전파를 위해 선교지역을 분할하여 선교하자는 아펜젤러(Henry Gerhart Appenzeller) 등의 제안을 수락했던 것이다. 이로 인해 교회나 선교기관들 사이에 불필요한 경쟁과 중복의 문제가 일어나지 않았다.

2. 안동 선교와 웰본

1) 웰본 이전의 안동권역 선교

경상북도 지역의 선교, 특별히 안동권역의 선교는 가장 늦었다. 그것은 장로교 선교본부나 다른 지역 선교사들이 이 지역을 외면했기 때문이다. 그때 선교사들은 안동지역에 복음을 전하는 것에 시큰둥한 반응을 보였다. "아무런 반응이 없을 것이 뻔한 지역에 파송하는 것은 어리석은 일"이라며 효율적 선교가 이루어 질 수 없다고 보았고 그래서 큰 관심을 두지 않았던 것이다.[9]

사실 대구선교부가 설립된 1899년 이전부터 안동의 선교가 시작되었다. 부산에서 선교사로 사역하던 베어드(W. M. Baird)가 서경조를 조사(助事)로 하여 1893년 4월 17일부터 5월 20일까지 대구를 중심으로 경북지방 선교

---

9   Roy E. Sheare, *Church Growth in Korea*, 이승익 역 『한국교회성장사』(서울:기독교서회, 1975), p.115.

에 나섰다. 그는 부산 동래에서 출발하여 물금과 밀양을 거쳐 청도, 대구, 동명, 낙동, 상주, 안동, 경주, 울산에 이르는 선교의 여정을 가졌다.[10] 그런데 선교의 성과는 주로 대구에 머물렀고 안동지역까지 제대로 미치지는 못했다. 이후 안동권역의 선교는 1902년 3월에 아담스(James E. Adams) 선교사가 안동을 방문하면서 다시 이루어졌지만 여전히 선교의 열매는 나타나지 않았다.

1902년, 대구선교부의 북부지역을 담당한 선교사 바렛(H. M. Barret)은 아담스의 뒤를 이어 본격적으로 안동권역 선교를 했다. 그는 1908년에 건강상의 문제로 미국에 돌아가기까지 열정적인 선교를 펼쳤다. 바렛은 1903년에 두 차례에 걸쳐 안동을 방문하여 50여 일 동안에 약 1,000권의 책과 쪽복음서를 팔았다. 이때 그는 무려 700마일이나 걸었다. 그의 노력으로 1903년이 되었을 때, 12명의 신자를 얻을 수 있었다. 그렇지만 선교사의 노고에 비해 그 성과는 크지 않았다.

놀라운 일은 1905년에 79명의 원입교인이 등록하며 그 숫자가 눈에 띄게 늘기 시작했던 것이다. 그것은 원산에서 시작된 하디의 회개와 성령체험이 역동적으로 퍼져나갔기 때문이다. 안동권역에도 예수를 구주로 고백하는 사람들이 가파르게 늘어나기 시작했다. 1906년에는 200명, 1907년에 이르러서 원입교인은 600명으로 늘어났다. 그리고 1908년에는 1,000명 이상으로 확대되었다.[11] 영적 대각성의 에너지가 그만큼 강력했던 탓이다. 이러한 결과에 고무되었던 미국 북장로교는 1908년에 안동에 선교부를 설립하기로 결정했고 그 다음 해에 공식적으로 안동선교부가 설립되었다.[12] 그리고 원주선교부를 담당하고 있던 웰본(嗚越璠, A. G. Welbon) 부부

---

10 Richard H. Baird, *William M. Baird of Korea* (Oakland : 1968), pp.30-35. 베어드는 자신이 묵었던 여관 주인을 전도하다가 거절당했고 전도책자를 팔았지만 사람들이 피하는 것을 경험했다. 그러나 그는 청도와 대구에서 나름대로의 성과가 있었다고 기록하고 있다.

11 Ibid., p.349.

12 김광현, "경안노회선교50주년약사", 「경안노회보」창간호(안동 : 경안노회, 단기 4292), p.10.

와 의사 플레처(A. G. Fletcher), 대구선교부의 소텔(C. C. Sawtell)과 브루엔(H. Bruen)을 안동선교부로 옮기게 했다. 웰본이 대표 선교사가 된 것은 YMCA 창립에 관여[13]하는 등 한국 선교에 대한 경험이 많았기 때문이다.

1906년 9월 26일에 미국인 보덴 부인(Mrs. Borden)과 그 아들로부터 100달러의 헌금이 답지했고, 그로 인해 안동에 선교부 건물을 매입할 수 있었다.[14] '교계예양'이라는 획기적 선교정책과 이에 순종한 선교사들의 겸손, 그리고 적극적인 선교후원으로 장로교회는 경안권 선교에 용기를 낼 수 있었던 것이다.

2) 안동권역의 특징

(1) 지리적 여건
웰본은 안동권역에 대해 다음과 같이 말하고 있다.

대부분의 안동 사람들은 선교부가 설립될 때까지도 외국이나 자국에서 일어나고 있는 큰 변화를 전혀 몰랐다. 일본이 이미 개화된 지 60년이 되었고 자신들이 사랑하는 은둔의 나라도 거의 한 세대 전에 개화되어 열강과 호흡을 함께하고 있지만 이곳의 주민들은 여전히 암흑의 상태에 있다. 아마 교통과 통신의 불편함 때문에 그 보수주의로 구성된 그들의 사회는 개화에 대하여 전혀 관심을 가지고 있지 못하다. 그들의 삶은 무지와 노예상태에 머물고 있다.[15]

웰본은 안동권역이 외부 세계나 이질 문명과의 소통에 매우 둔감하다

---

13 민경배, 『서울YMCA 運動史』(서울 : 로출판, 1993), p.88 참조. 웰본은 1903년 10월 28일 서울 유니온회관에서 열린 YMCA 창립총회에 참석하여 발언을 했다.
14 박창식, "미국 북장로교회의 영남지방 선교와 교회형성(1893-1945)", (계명대학교 박사학위 논문, 2004), p.46.
15 Ibid., p.347.

고 말하고 있다. 결국 이러한 조건들은 이 지역이 배타성이 강할 수밖에 없음을 말해 주고 있는 것이다. 선교사 쉐어러(Roy E. Shearer)도 이 지역이 유학의 본고장으로 배타성도 강했지만 우선 교통이 매우 불편한 곳이어 선교 자체가 쉽지 않았다고 술회하고 있다.[16] 태백산과 소백산으로 둘러싸여 있어서 접근하기 어려웠던 것이다. 특히 안동북부의 산악지대는 매우 험준했다. 1917년에 가서야 안동에 자동차가 처음 등장했고, 1932년에야 낙동강 인도교가 준공되었다. 따라서 이 권역 사람들이 대구나 다른 지역으로 이동할 때 주로 소금 배를 이용해야 했다. 철도는 경북선이 1931년에 최초로 부설되었고, 1942년에 중앙선이 개통되었다. 그만큼 선교사들이 쉽게 접근할 수 있는 곳이 아니었다.

험준한 산맥으로 둘러싸여 있고 다른 지역과 문화적 접촉이 활발할 수 없었기 때문에 이 지역에는 독특한 문화가 자리 잡고 있었다. 바로 풍수지리설이었다. 안동권역에는 『정감록』에 의거해서 피신하고 자리를 잡은 사람들도 적지 않았다. 한때 민초들의 말세적 감정의 정신적 기반이 되었던 『정감록』은 구전의 형태로 널리 유포되었고 적지 않은 영향을 주었다.[17] 『정감록』은 피난처로 십승지를 지목했는데, 곧 풍기 예천(醴泉), 안동 화곡(華谷), 개령(開寧) 용궁(龍宮), 가야(伽倻), 단춘(丹春, 일명 공주 정산), 공주정산 심마곡(深麻谷), 진목(鎭木), 봉화(奉化), 운봉(雲峰) 두류산(頭流山), 태백(풍기대소백)였다.[18] 이중 풍기 예천, 안동 화곡, 태백이 바로 웰본의 선교지였고, 기독교의 복음은 이 지역에 만연된 풍수지리사상을 극복해야 했다.

(2) 척사위정파의 고향

---

16 Ibid., p.112 참조.

17 『정감록』의 내용은 왕조의 정국연수(亭國年數), 신도출현(新都出現)의 시기, 천재지변과 외우내환, 십승지(十勝地)에 관한 것으로 요약할 수 있다.

18 김수산, 『원본 정감록』(서울 : 명문당, 1972), pp.136-139.

아담스(J. E. Adams) 선교사가 경안지방의 9개 군을 순회하며 성경을 팔고 장터에서 복음을 전해야 했던 것은 양반들을 대상으로 직접적인 선교를 할 수 없었기 때문이다.[19] 그런데 이 지역은 강력한 유교문화권에 속해 있었지만 기청(畿淸)지역과도 달랐다. 안동권역의 양반들은 관료사회의 중심에서 벗어나 있어, 현실적인 것에 대한 관심보다는 유학의 이상을 추구하던 그룹이었다. 이들은 정치문제보다는 유학의 이상과 그 실천에 더 관심이 많았다.

1881년 3월 25일, 영남의 유생들이 속칭 영남만인소(嶺南萬人疏)를 조정에 상소하면서 정부의 개화의지에 강한 비판을 제기했다. 특히 이들 유림들이 집단적으로 기독교 배척운동을 벌였다. 이만손이 주동한 것으로 알려진 이 만인소(萬人疏)의 발원지는 경상북도 안동과 영주였다. 영남만인소는 특별히 기독교와 미국에 대해 다음과 같이 공격적으로 비판하고 있다.

"야소교는 해외에서 온 오랑캐의 종자입니다… 주자학과 양명학을 언급하면서 기독교가 이를 상대할 수 있다고 하는 것은 얼마나 성현을 모독하며 나라를 욕되게 하는 것이겠습니까?… 미국을 들추어내 말하지만 본래 우리와 상관없는 나라요 공현히 건드릴 까닭이 없으며 러시아나 미국, 일본이 다 오랑캐입니다. … 예수를 선신(善神)이라 주장하는 것을 보아 장난치고는 심하며 금수와 다를 바 없습니다."[20]

안동권역 유생들의 미국과 기독교에 대한 혐오는 이렇게 대단했고, 그런 이유로 선교사들이 쉽게 이 지역에 들어오지 못했다.

19 『한국 영남교회사』, 영남교회사편찬위원회, p.379. 참조.

20 而不幸有耶蘇邪教 出於海外夷種, …猶吾朱陸之句 何等誣聖 下等悔賢 下等辱國... 美國者我之素昧也 空然被他慫慂自我引惹 駕風濤涉重險… 俄美日本同一夷虜..彼違憲者 自稱中國之産, 而爲日本設客, 爲耶蘇善神 甘作亂賊之嚆矢 自欣 禽獸之同科…『고종순종실록』상, 1881년 2월 26일(음)조

3. 안동권역에서 웰본의 선교 활동과 내용

1) 안동선교부의 시작과 그 어려움

1909년, 웰본은 황해도 솔내교회 출신으로 언더우드에게 세례를 받고 함께 원주에서 활동한 조사(助事) 김영옥[21]을 데리고 안동으로 왔다. 그런데 웰본을 큰 충격으로 빠뜨렸던 것이 대구선교부에서 안동으로 왔던 소텔(C. C. Sawtell)의 죽음이었다. 안동권역의 북쪽을 담당했던 소텔이 장티푸스를 앓다가 결국 1909년 11월 16일에 죽고 말았다.

소텔은 웰본과 안동권역을 둘로 나누고 자신은 북쪽을 선교했다. 그런데 여러 날 순회하며 전도하다가 병에 걸렸다. 치료를 위해 대구로 가다가 선교비를 아끼려고 가마 대신에 조랑말을 고집했다. 이것이 그의 병을 악화시켰다. 그는 제한된 선교비를 가지고 미국에서 멀리 떨어진 한국, 그중에서도 교통이 열악하여 선교사들이 외면했던 안동권역을 선교하다가 하늘로 돌아갔다.

소텔이 소천하자 그 후임으로 1910년 1월에 크로더스(J. Y. Crothers)가 왔다. 그리고 같은 해에 레닉(E. A. Renich)이 안동으로 파송되었다. 웰본은 안동선교부 선교구역을 3개로 분할하여 동북쪽은 크로더스, 남쪽은 레닉이 담당하도록 했고, 자신은 안동의 북서지역을 담당했다.[22] 그가 맡았던 지역은 안동 서북현, 영양 서현, 봉화, 순흥, 풍기, 예천, 문경, 함양, 상주 북편, 영천(지금의 영주)[23]으로 매우 넓은 지역이었다. 곧 안동의 북쪽인 와

---

21 황해도 솔내(松川)교회 출신으로 언더우드 선교사에게 세례를 받고 1909년 웰본 선교사를 따라 안동에 와서 1911년 평양장로회신학교를 졸업하고, 9월에 안동교회 초대 목사로 부임하여 선교사 웰본 목사와 동사했다. 1919년 경북노회장, 1921년 경안노회가 분립되면서 초대 경안노회장을 역임하면서 교회체제를 정비했고, 1921년 1월 31일 퇴임했다.

22 Harry A. Rhodes, *op.cit.*, p.351.

23 제 2회 경상노회록 참조.

룡, 방잠, 예안, 동교, 마동, 록전, 방하, 매정지역과 서쪽의 풍산 하리, 소산, 예천 상락, 풍양 등을 담당하고 봉화, 예천, 순흥, 풍기, 문경, 예천 등지까지 방대한 지역을 대상으로 전도활동을 한 것이다.

안동선교부의 시작은 처음부터 평탄치 않았다. 토지와 가옥을 구입하고 건축하는 일부터 쉽지 않았던 것이다. 안동선교부 건물을 구입한 뒤 선교사들의 주택을 짓기 위해 집 뒤편의 작은 동산을 구입했는데, 이 산의 주인이 20명이나 되었다. 더구나 12가구가 주인의 허락도 없이 산에 살고 있었다. 각 토지 주인들의 요구가 달랐고, 낯선 이방인들에 대해 주민들의 태도도 호의적일 리 없었다. 시작에서부터 닥친 어려움에 선교사들 사이에도 의견이 분분했다. 만약 조사(助事) 김영옥이 아니었다면 이에 대한 해결이 어려웠을 것이다.[24]

구입한 건물의 개조도 쉽지 않았고 선교사 주택 건축도 만만치 않았다. "인부들의 임금은 낮았지만 능률은 오르지" 않았고 협조적이지 않아 "신경 쇠약에 걸릴" 정도였다. "벽돌은 안동에서 구울 수 있었지만 목재는 강으로 운반해야 했다. 서양집을 짓는 데 꼭 필요한 목재와 철재는 미국으로부터 가져와야 했다"[25] 여하튼 이 권역의 선교의 시작은 선교부 기지를 완성하는 것부터였다. 재료구입부터 운반과 완성에 이르기까지 수월한 것이 없었다. 대표선교사 웰본이 안동에서 한 첫 번째 선교사역이었다.

---

24   Harry A. Rhodes, *op.cit.*, p.350.

25   Loc.cit. 제일 먼저 지은 집이 12월에 완성되어 웰본 목사가 입주했는데, 그 자리는 경안고등학교 신관 동편 회의실 앞, 지금은 없어진 동산 위에 있었다. 1912년 5월에 완성된 집에는 레닉(E. A. Renick)이 처음 살았고, 시내 장춘당 약국에 매각되었다가 지금은 헐어져서 어린이 놀이터가 되었다. 1913년에 두 동을 더 지어 한 동은 권찬영 목사가 다른 한 동은 심의사(R. K. Smith)가 살았다. 그중 제일 작은 선교부 주택 1동이 지금 경안고등학교 기숙사 옆 경안고등학교 학사로 남아 있다. 그 저택들은 모두 서양식 설계로 지어진 영구주택으로, 지하실과 상·하수 물탱크 시설을 정원 지하에 갖춘 지하 1층, 지상 2층 양옥이었다.

웰본은 선교부가 개설된 처음 5년 동안 매년 교인이 500명씩 증가했다고 보고했다.[26] 복음을 듣기 위해 안동권역 각처에서 400명, 600명, 900명씩 몰려들었고,[27] 안동의 어느 부자는 자신이 소유하고 있는, 수백 명이 모일 수 있는 저택 하나를 헌납하기도 했다. 선교부 건축을 시작할 때와 달라진 태도였다.

교인들이 갑자기 늘어났기 때문에 웰본은 선교본부에 긴급하게 복음적 운동을 이끌 수 있는 조력자들을 요청했다. 대구로부터 3명의 한국인 조사들이 보내졌고 선교사 케어(William C. Kerr)가 안동으로 왔다. 1917년 총회에 보고된 안동권역의 교세는 다음과 같다.

- 인구: 617,000
- 전체교인: 3,971
- 당회조직 교회: 4
- 장로: 7
- 유급 한국인 전도인: 30
- 무급 한국인 전도인: 470
- 세례교인: 1,434
- 학습교인: 802
- 성경공부반: 65
- 성경공부반 학생: 2,480
- 학교: 12
- 학교학생: 231[28]

5년 동안 웰본이 했던 것은 순회전도, 매서사업, 여성 전도사업, 성경반의 운용 등이었고 다른 선교방식은 없었다. 그런데 사람들이 교회로 몰려들었다.

---

26 A. G. Welbon, *Annual Report* , 1910.

27 Harry A. Rhodes, *op.cit.*, p.354.

28 "Andong Station", *Annual Meetings* 1917. (Pyeng Yang, 1917), p.27.

(1) 교회의 관리와 순회전도, 매서사업

언더우드가 한국에 처음 왔을 때 이미 복음을 받아들인 교인들이 있었 듯이, 웰본이 안동에 왔을 때도 이미 복음을 받아들인 사람들이 있었다. 한 국 교인들이 시작한 기도처, 곧 교회로 발전한 안동 법상동교회(안동교회), 풍산교회, 국곡교회(菊谷敎會), 비봉교회 영주의 방잠 지곡, 내매, 순흥의 대 평교회 등을 지속적으로 관리했다. 이 교회들은 대부분 당시 영수(領袖)가 있었을 뿐 장로가 없는, 곧 당회가 구성되지 못한 미조직교회들이었다. 웰 본은 이 교회들을 발전시켜 장로를 세우고 동사 목사를 임명하는 등 교회 로서 안착할 수 있도록 도왔다.

웰본이 안동선교부를 시작했을 때, 안동권역에는 원입교인이 약 3,000명 정도였고 세례교인은 117명이었지만 조사였던 김영옥 이외는 장 로가 없었다. 안동권역의 모든 교회가 미조직교회였던 것이다. 웰본은 이 지역의 교회들이 조직교회가 될 수 있도록 훈련시키고 복음을 전했다. 김 영옥으로 하여금 신학을 공부하게 하여 1911년에 목사안수를 받게 하고, 안동교회의 협동목사로 세웠다. 1913년에 풍산교회의 매서인이었던 김병 우(金炳宇)를 안동교회의 장로로 장립시켰다. 이어 안동의 하회교회, 영주 읍교회(영주제일교회), 풍기읍교회(성내교회) 등을 창설하고 이 교회들이 조직 교회가 되도록 온 힘을 기울였다.[29]

웰본은 선교 초기, 순회전도를 통하여 복음을 전했는데, 1910년에만 순 회전도를 위해 14개 지역을 방문했고 500마일 이상을 다녔다. 1914년에서 1916년까지는 연인원 70만 명의 사람들에게 복음을 전했다.[30] 1923년에 대구에 있다가 안동선교부로 다시 부임한 웰본은 다음과 같이 선교본부에 보고하고 있다.

---

29 웰본은 특별히 안동교회를 안동지역의 대표적인 교회로 발전시켰다. 다른 교회들에는 엄격히 재 정적 지원을 하지 않았는데 안동교회만은 선교부의 물적, 인적 지원을 아끼지 않았다.

30 Harry A. Rhodes, op.cit., p.355.

"10월의 첫 번째 주에는 내가 14주 전에 시작하여 즐거움을 가졌던, 어느 그룹들이 사역하고 있는 지역을 찾아 나섰습니다. 그동안 교회들이 이 그룹들에 의해서 성장한 것을 보는 것은 매우 큰 기쁨이었습니다. 또한 내가 크게 기뻐할 수 있었던 것은 너무 많은 옛 친구들을 만날 수 있었기 때문입니다. 그들을 나는 최근 7년 동안 볼 수 없었습니다. 그들도 나를 만난 것을 너무 기뻐했습니다. 그들 중의 몇몇은 기쁨의 눈물을 흘렸습니다. 대부분 사람들이 말했습니다. 우리가 수년 동안 당신이 다시 돌아오기를 기도해 왔지만 우리가 다시 당신을 볼 것을 기대하지 않았습니다. 나는 봄과 가을 동안 나는 84명의 성인들과 32명의 유아들에게 세례를 주기 위해 여행했습니다. 다섯 개의 새로운 그룹들이 처음으로 초청되었습니다.[31]

웰본 선교의 특징 중 하나는 순회전도였다. 이 지역에서의 순회전도는 이미 베어드 선교사에 의해 1894년부터 실행되었지만 웰본 이후에 보다 강화되었다. 순회전도는 한 사람의 선교사와 조사, 매서인이 한 조가 되어 행해졌다.[32] 웰본은 사람들이 많이 모이는 장날을 택해 장터에서 전도강연을 하고 쪽복음서를 판매했다. 1914년경부터 한국인 조사들과 매서인들에게 순회전도를 맡기기도 했다.[33] 그가 안동선교부를 떠난 1917년에도, 순회전도는 매서인들에게 맡기고 자신은 주로 교회순방과 사경회를 인도하는 데 주력했다.[34]

웰본은 무급 매서인들을 통해 4년 동안 5만권 이상의 성경을 팔았다. 평균적으로 한 사람의 매서인이 2년 9개월 동안 12,000권을 팔았고 성서공회에 200달러 이상을 결제할 수 있었다. 어느 영수(領袖)는 성경을 복사하

---

31 Andong Station Report for 1923~1924.

32 "Taiku Station", General Report, 1903-1904. (Seoul, 1904), p.25.

33 "Andong Station", *Annual Meetings*, 1914-1015. (Pyeng Yang, 1915), p.25.

34 "Andong Station", *Official Mission of the Chosen Mission*, 1918(Pyeng Yang, 1918), p.32.

여 60부 이상 팔았고 현금 대신에 곡물로 받기도 했다. 한 조사(助事)는 주일설교를 위해 10명으로 하여금 600권의 책을 팔기도 했다.[35]

안동권역의 선교는 선교사나 조사, 매서인들로 감당하기 어려울 정도로 확대되었다. 많은 성경이 팔렸고 새신자들이 몰려들었다. 웰본은 대부분의 설교사역을 각 지역의 한국인 영수(領袖)에게 맡겨야 했다. 그리고 각 교회마다 전도회(Preaching Society)를 구성하여 매서활동을 하도록 했다. 그리고 매 주일마다 전도한 수와 판매된 성경, 결신자의 수 등을 보고하도록 했다. 비단으로 만들어진 깃발이 만들어졌고 실적이 좋은 교회에 수여되었다. 이 깃발은 최고의 교회라는 상징으로, 매년 교회지도자들과 기독교인 수의 비율에 맞추어 점수를 매겨 최고의 구역에 우승 깃발을 상으로 수여한 것이다.[36] 이렇게 안동전도회의 활동으로 말미암아 1914년에서 1916년까지 안동권역에는 연 70만 명에게 복음이 전해졌고 5만여 권의 성경이 팔렸다.

(2) 여성 전도사업(Work among Women)

선교부가 문을 연 1910년에 영주의 내매마을에서 270명의 남자들이 참석하는 성경반이 6일 동안 열렸다고 보고되었다. 크로더스와 케어가 교사로 참석했고 여기에서 2,000권의 『마가복음』이 팔렸다. 다음 해인 1911년에는 8개 성경반에 1,340명이 참석했다. 이때 여성반은 1개였다.

3년이 지나서 성경반의 체계가 자리를 잡았는데, 당시 선교부 보고서에 의하면 "모든 교회는 대략 성서의 말씀 속에서 특별한 교훈을 받았다"고 기록하고 있다. 1917년 50개의 성경반의 평균 참석률은 남성이 1,200명, 여성이 1,500명 이었다.[37] 전체 기독교 신자 중에서 44%가 이 성경반에 참

---

35 Harry A. Rhodes, *op.cit*., p.356.
36 *Ibids.*, pp.354-355.
37 Harry A. Rhodes, *op.cit*., pp.354-357.

석했다.[38]

그런데 웰본의 선교활동 중에서 매우 중요한 역할과 의미를 담고 있는 것이 바로 여성 전도사업이었다. 그는 자기 아내를 통해 여성 전도사업을 주도했는데, 새디는 매우 열정적으로 이 사업에 헌신했다. 새디가 남편보다 1년 먼저 한국에 왔던 것에서 그녀의 선교의지가 어떠했는지 짐작할 수 있다.[39]

> 이러한 평범하지 않은 상황, 곧 54개의 소그룹과 모두 3,000여 명의 신자들을 가진 기도처소 이외에 56개의 교회, 이 거대한 숫자를 가졌음에도 세례를 받은 사람들이 117명이고 이들 중에 여성이 20명이라니! 이러한 일련의 사실들이 한 사람에게 더 큰 책임감을 새롭게 부여하고 있다.[40]

새디는 여성 전도의 책임이 자신에게 있다고 다짐하고 있었다. 그녀에 의하면 1906년 당시 안동권역에는 100명의 신자들이 채 되지 않았고, 전체 인구가 15,000명이나 되었음에도 한 명의 지도자와 7명의 조사들이 있었을 뿐이었다. 그리고 세례를 받은 여성들은 겨우 4명뿐이었다는 것이다.[41] 그런데 새디가 여성 전도사업을 시작한 지 2년이 지난 1912년에는 약 2,000명의 여성들이 교회에 출석한 것이다.[42]

우선, 그녀는 매주 목요일 오후에 여성을 위한 성경반을 개설했다. 안동에서 열린 첫 번째 여성 성경반에는 겨우 7명이 참석했을 뿐이었다. 그러

---

38 "Andong Station", *Annual Meetings*, 1917, (Pyeng Yang, 1917), P.28.

39 새디는 남편보다 더 적극적으로 활동한 것 같다. 미션필드에 글을 올린 횟수도 웰본은 5회인 반면, 새디는 8회로 더 많았다.

40 Sadie N. Welbon, "Foreign Woman's evangelistic work in city and country", *The Korea Mission Field*, 1910, No.10. p.259.

41 Loc.cit.

42 Sadie N. Welbon. "Andong's Big Day", *Ibid.*, 1912년 No.11, p.338.

나 곧 26명의 여성들이 계속 공부하게 되었고, 1915년 2월에 이르러 같은 장소에서 열린 성경반에 70명이 참석했다. 성경공부반이 효과를 보아서 교리문답자를 위한 강의까지 발전되었다.[43] 목요일 오후의 성경공부반이 나이든 여성들을 위한 것이라면 월요일 밤에는 젊은 여성들을 위한 성경반이 개설되었다. 이 성경반은 1914년에 시작되었는데, 눈폭풍이 올 때를 제외하고는 매주 30명 이상 출석했다. 그들 중에는 교회 예배에는 참석하지 않는 어린 처녀들도 있었다.[44] 새디는 목요 성경반이 어떻게 운용되었는지 다음과 같이 말하고 있다.

> 목요일 정기 모임 후에 리더들은 지난 주간의 사역에 대해 보고한다. 이들이 설교했던 것에 대해서 사람들이 어떻게 받아들였는지 말한다. 그리고 우리는 그들에게 다음 주에 어떤 지침을 줄지에 대해서 말해 준다. 이 일을 이끄는 여성들은 모두 자신에게 맡겨진 소수의 새신자들을 특별히 돌본다. 그들은 교회 설교 동안 그들과 함께 앉고, 그들을 위해 찬송을 찾아주고 교회에서 해야 하는 행동을 가르친다.[45]

새디가 훈련시킨 여성들은 후일 안동권역의 전도부인들이 되었다. 새디는 여성들과 그 아이들에게 헌금을 하는 것도 가르쳤는데, 이들은 천으로 감싼 "하나 혹은 두 개의 동전을" 주일마다 주님께 드렸다.[46]351) 안동에 오기 전에 새디는 이미 11년 동안 많은 성경반을 운영해 보았고, 순회전도를 다닌 경험도 많았다. 그녀는 안동권역에서 순회전도를 하며 성경반을 운영했고, 은둔 속에 거하던 한국 여성들이 그녀와 그녀의 네 아이들을 만

---

43   Loc.cit.

44   Lulu N. Welbon, "Letter from Andong", *The Korea Mission Field*, 1914, No.3, p.77.

45   Sadie N. Welbon, "Korean Women in An Dong", *The Korea Mission Field*, 1911, No.12. p.360.

46   Loc.cit.

나기 위해 교회로 나왔다.[47]

1914년 5월에 15일 동안, 새디는 150마일을 여행했고, 12개의 교회와 약 400명의 여성 기독교인들을 만났다. 풍기에서도 12월 2일에 성경반이 열렸다. 안동권역에서 4번째로 열린 여성 성경반에 거의 300명 정도가 참석했다. 젊은 여성들과 글을 읽을 수 없는 소수의 여성들도 있었다.[48] 그녀는 이 순회전도를 할 때 꼭 자기의 네 아이들을 데리고 다녔는데, 그것은 마땅히 아이들을 맡길 만한 곳이 없었기 때문이다.

새디가 주도하는 여성사역은 매우 빠르게 성장하여 1912년에 약 150명을 수용할 수 있는 여성 성경반 건물이 세워졌다. 때때로 주말반이 진행되는 동안 이 건물에서 60명 이상의 여성들이 잠을 자기도 했다. 또한 12,000달러를 들여 1925~1927년에 윈(Roter E. Winn) 기념 성경강습소를 세우기 전까지 이 건물은 여러 성경반의 모임장소이자 강습소로도 활용되었다. 여성사역과 소년학교를 돕고 만들기 위해 선교사 제인(Jane Samuel)이 파송되었고, 소년학교를 만들기 위해 선천의 소년학교에서 후일 새문안교회 담임자가 되는 차재명을 여섯 달 동안 이곳에 보내기도 했다.[49]

새디는 한국인들을 공손함으로 대했다. 기꺼이 사생활이나 여러 희생도 감수했다.[50] 아이들이 예배시간에 설교를 방해할 정도로 소란을 펴도 "이들이 강 건너 7마일 떨어진 마을"에서 왔거나 "북쪽 언덕의 거칠고 좁은 길을 따라 8마일"을 걸어서 왔다는 것에 감사했다.[51]

47　Harry A. Rhodes, *op.cit.*, p.355.

48　Lulu N. Welbon, "Letter from Andong", *The Korea Mission Field*, 1914, p.77.

49　Harry A. Rhodes, *op.cit.*, p.354.

50　Sadie N. Welbon, "Foreign Woman's evangelistic work in city and country", *The Korea Mission Field*, 1910, p.259. 새디가 세운 또 하나의 규칙은 잡일꾼이나 한국 여성을 동반해서 문 밖에 나가지 않는다는 것이었다. 사람들은 호기심에 몰려들었으나 잡일꾼이나 여성의 말을 듣지 않고 장터나 길거리에서는 복음을 전할 수 없었기 때문이다.

51　Sadie N. Welbon, "Korean Women in An Dong", *The Korea Mission Field*, 1911, No.12. p.360.

한편, 새디는 안동권역에 속한 기독여성들의 위상도 격상하려 노력했다. 그래서 권장했던 것이 남편과 아내의 겸상이었다.

> 미스터 김(김영옥)은 한국 사람들에게 남편들과 부인들이 함께 식사를 해야한다고 말하는 것은 좋은 일이 아니라고 지적해 준다.[52]

정작 새디의 권유로 자기 아내와 겸상했던 조사 김영옥도 아내가 밥상에서 자기의 의견을 말하고 이런저런 것에 대해 물어오는 것에 낯설어 했다. 새디는 안동의 풍산교회에서는 커튼을 모기장으로 바꾸어 여성들도 설교자의 모습을 볼 수 있도록 했다.[53] 당시로는 매우 파격적인 시도였다.

새디는 남편을 따라 1917년에 안동을 떠나서 평양으로 선교지를 옮겼다. 그런데 몸이 이미 쇠약해져서 결국 1919년에 안식년을 맞아 미국으로 돌아갔다. 남편인 웰본은 1921년에 다시 한국에 돌아왔지만, 그녀는 다시 돌아오지 못했다. 피로가 누적되었고 병을 회복시킬 힘이 없어 1925년에 세상을 떠나고 말았다. 1903년 첫아들 하비(Harvey Thomas Welbon)가 열흘만에 죽고, 1914년 7월에 세 살이었던 딸 앨리스(Alice Rittenhouse Welbon)가 장티푸스로 죽었을 때도 애써 슬픔을 외면할 정도로 선교의 열정이 불탔던 여성이었다. 그녀는 죽기까지 최선을 다했던 것이다.

---

52 *Loc.cit.*

53 Lulu N. Welbon, "Letter from Andong", *The Korea Mission Field*, 1914, No.3, p.77.

4. 웰본 선교의 특징과 나타난 현상

1) 안동권역 문화에 대한 무심성

척사위정파의 산실이었던 안동문화권, 특별히 안동권역의 유림이 기독교에 입교한 흔적은 별로 보이지 않는다.[54] 유림에 대한 배려도 전혀 눈에 띄지 않는다. 그의 선교정책에 유림문화나 계층에 대한 배려나 고려가 없었던 것이다. 또한 풍수지리에 관심이 높았던 이 지역의 문화적 속성에도 관심이 없었다. 오직 복음전도 사업이 중요했고 교육사업이나 의료사업은 그 수단으로 부수적인 활동에 그쳤던 것이다.[55] 전통적인 유학의 본고장이었던 안동에서 기독교와 유학의 사상의 연계가 나타나지 않는 것이다. 그런데 바로 이 점이 웰본 선교의 특징을 말해 주는 동시에 안동의 기독교가 경기도나 충청도 지역과 다르다는 것을 대변해 주는 것이다.

기독교에 입교한 이 지역 사람들은 거의 모두 유림이 아닌 몰락한 양반들과 여기에 합세한 부서층들이었다.[56] 백정까지도 입교의 대상이었다. 따라서 안동권역에서 기독교에 입교한 이들은 관료사회나 학문적 이상을 추구하던 유림들과는 전혀 무관했다. 물론 안동권역의 사람들은 조선의 전통적 정신세계를 주도하고 있다는 자부심이 강했다. 따라서 선교 초기, 기독교에 입교하기 위해서는 계급적·계층적으로 유림(儒林)에 속하지 않았다

---

54 대구선교부 연례 선교보고서(1901~1902)에는 영주 장수동에 사는 선비 홍재삼의 신앙행전에 대해 잘 나와 있다. 홍재삼은 유생의 신분을 가진 영주지역의 최초의 기독교인이라 할 수 있다. 그는 기청지역의 유학관료군과 달리 개인적 회심에 의해 입교를 했다. 그러나 영주지역의 다른 일반 유림들에게까지 선교가 된 것은 아니었다.

55 다른 지역에 비해 이러한 사업에 대한 비중이 높지 않았는데, 특히 교육사업은 1920년대 한국 기독교인들에 의해 활발히 전개되었다.

56 안동권역은 유교문화권만이 아니라 치병구복의 샤머니즘도 만연된 지역이었다. 이 지역의 대표적인 전도자였던 김수만의 전도이야기는 거의 대부분 귀신을 섬기는 사람들과의 싸움으로 이루어졌다. 이 축귀의 문제는 유림층이 아니라 민초층의 것이었다. 초기 안동권역의 부흥은 1907년 이후 이들 민초그룹이 입교하면서 비롯된 것이었다.

하더라도, 여느 한국인들보다 더 한층 고민해야 했다. 예수를 구세주로 인정하는 순간, 친척들의 분노와 저주, 멸시를 각오해야 했고 자녀의 혼사도 철저히 제한을 받았기 때문이다.[57]

웰본은 성경공부를 위해 교회를 찾아오는 몇몇의 양반 여성을 위해 별도의 클래스를 만들어 주었지만 유교문화에 대해 특별한 배려나 고려를 하여 기독교인으로 만들겠다는 생각이 없었다. 게일처럼 문화적 고려가 없었고 언더우드나 헐버트처럼 정치적 배려도 없었다. 오직 복음을 전하고 성서를 통한 선교방식에 몰두했던 것이다. 그는 분명 마펫의 방식을 철저히 좇았다.

한국 사회제도 안에서 계급타파와 평등의 이상을 주장하고 실현했던 것은 교회가 처음이었다. 특별히 호적에서 제외되고 있던 백정들을 일반인들과 똑같은 신분으로 대우한 일은 당시 안동권역의 문화에서 보면 충격에 가까운 일이었다. 따라서 이질 문명과 기독교에 대한 안동권역의 반감은 극렬했다. 1904년 7월에 안동의 하회 류씨들이 천주교가 자신들의 전통적 가치를 훼손하고 권위와 결속력을 위협하는 집단이라며 천주교인들을 구타했다. 1922년에는 이원영이 시무하던 섬촌교회가 예배당을 건축할 때, 진성 이씨의 문중들이 서양 사학인 야소교당이 도산서원과 함께 있을 수 없다며 격렬하게 반대했다. 당시 이씨 문중들은 교회를 이전하라는 요구가 거부되자 6월 14일에 교회에 난입하여 교회의 건물을 부수고 기물들을 파손했다. 결국 일본 검찰이 개입하면서 이 사건은 겨우 무마가 되었다.[58] 안동권역의 유교문화와 기독교 간 충돌은 이 권역의 전설적 전도자인 김수만의 행적을 통해서도 알 수 있다.

57 Daniel. L. Giford, 심현녀 옮김, 1996, 『조선의 풍속과 선교』(서울: 한국기독교역사연구소, 1996), pp.110-111 참조.

58 이원영, 1922년,「剡村敎會堂設立日記」, pp.9-11, 『朝鮮예수敎長老會史記』 下, pp.386-389.

○옥란의 시댁은 안동김씨 가문에다 전통예법을 완고하게 지키는 집안이었다. 그런 집안에서 며느리가 기독교 신앙을 받아들인 점도 미운데, 게다가 그 며느리가 주동이 되어 자기 집을 예배 장소로 제공했으니 집안의 어른인 시아버지가 그냥 놔둘 리가 없었다. 어느 날 시아버지가 김수만이 앉아 있는 방 문짝을 떼어내 마당에 팽개친 후 조각조각 부수어버렸다. 그리고 '다른 곳으로 가라'고 고함을 질렀다. 방 안에서 찬송을 부르고 있던 김수만은 그 집을 떠나야 했고 예배장소를 옮겨야 했다. 그래서 때때로 들판에서 예배를 드렸다.[59]

웰본에게는 안동권역의 사람들이 오직 "전에 이교국, 죄와 무지의 어둠에서 살았던" 사람들이었고,[60] 예수를 믿기로 해서 교회에 나온 사람들은 "세상의 거대한 도덕적 사막"을 빠져나와 "영적인 오아시스"를 찾은 사람들이었다."[61]366) 그에게는 영혼구원의 문제가 무엇보다 절박했고, 안동권역의 문화적 고려나 배려는 전혀 없었다.

2) 철저한 자급선교 방식의 수행자 – 순환전통의 이유

자립은 교회가 효과적으로 세운 세 가지 기준 중의 하나이다. 그중 자립은 세 가지 중에서 가장 중요하다. 미자립 교회가 확산된다면 거기에 무슨 영광이 있겠는가? 극빈자, 허약한자, 빌붙어 사는 사람들을 확산시키는, 그들의 영광은 수치가 될 것이다.

이 사람들이 필요한 것은 이런 자립의 원리입니다. 그것은 역겨운 냄새가

59 임희국 엮음, 『김수만 장로 절면서 열 교회를 세우다』(서울: 한들출판사, 2004), p.105.

60 Sadie N. Welbon, "Andong's Big Day", *The Korea Mission Field*, 1912년 No.11, p.338.

61 Welbon's personal Report to Dr. Brown, 1916년 2월 14일.

나는, 성의 지하에 있는 감옥을 열어줄 열쇠가 될 것이다. 자립없이 그들은 그 성을 결단코 벗어날 수 없을 것이다. 우리는 어떻게 이 사람들이 그런 상태가 될 수 있는지(성을 벗어날 수 있는지) 고려해야만 한다. 이러한 일은 마치 레이스처럼 오랜 시간이 걸린다.

우리는 동역자가 되기 위해 들어갔다. (중략) 우리는 이 사람들이 엄청나게 가난한 것에 대해 동정을 가지고 바라보려 한다. 그래서 자립의 원리를 전혀 촉구하지 않거나 그것에 대해 마음 내켜 하지 않는다. 만일 우리가 첫 손자를 생각하는 한국 할머니와 같다면 그녀는 그 손자를 가능한 엎고 지낼 것이고, 그 아이는 결코 걸음을 배우지 못할 것이다. 그리고 육체적 본성의 욕구를 훈련시킬 수 없게 되고, 결국 수척해지다가 죽게 되는 것이다.[62]

웰본은 고집스러울 정도로 한국 교회가 자급해야 한다는 데에 확고한 의지를 갖고 있었다. 그래서 안동교회 이외에는 어떠한 상황에도 안동권역의 다른 교회들을 재정적으로 돕지 않았다. 돈을 주는 것이 한국인들을 노예로 만드는 것이라고 보았던 것이다.

1920년 이전까지 대부분의 안동권역의 교회들은 목사나 조사들의 월급을 감당하기 어려웠다. 1912년 8월 31일 상오 10시에 평안남도 평양서문외신학교 하층 북쪽 방에서 열린 제4회 경상노회에서 울산병영당회 장로 심취명을 풍기읍교회(성내교회)의 목사로 결정했다. 그래서 풍기읍교회에서는 강도사 심취명을 웰본 목사의 동사목사로 장립했다.[63] 그러나 사례비를 받지 못한 심취명은 풍기읍교회를 떠나 "영국 선교사 지경"으로 떠나고

---

62 A. G. Welbon, "Self Support", *The Korea Mission Field*, 1915, No. 2, pp. 42-43.

63 제1회 경상노회에서는 "조선교우에게 월급 받는 조사나 전도인은 노회가 주관하기로 회중이 동의 가결"했다. 이 결정은 비록 자급을 하는 교회라 할지라도 당시 노회를 주도하고 하는 선교사들이 조사나 영수의 거취를 정할 수 있음을 말해 주고 있는 것이다.

말았다.[64] 그때 웰본은 전혀 재정적 지원을 하거나 경제적 약속을 하지 않았다. 그의 이러한 태도는 그의 선교활동 기간 내내 계속되었다.[65]

장로교회는 처음부터 위임목사제도를 채택했다. 위임목사는 종신직으로 교회의 전권을 행사할 수 있었다. 그렇지만 위임목사가 되었다 하더라도 한 교회에서 종신토록 목회를 하지 않거나 못했고, 대부분의 목회자들은 노회 내에서 순환해야 했다. 그것은 재정적인 이유가 가장 컸다. 안동권역에 순환전통이 생긴 것은 자급, 자립을 고집했던 웰본 선교사의 정책 때문이었다.

3) 성서에 입각한 엄격한 치리

안동선교부의 선교사들이 안동의 양반들에게 왜 상투를 아직까지 고집하느냐고 물은 적이 있었다. 그때 그들은 "청주지역이 벼슬을 얻는 데 있어서는 우리를 앞서지만 우리는 유교와 정조를 지키는 데 있어서 으뜸"이라고 대답했다. 선교사들은 이 말을 전하면서 "안동 양반들은 한국의 바리새인들입니다. 바울 사도 같은 외국인 선교사가 와야 합니다"라고 선교본부에 보고했다.[66] 선교사들의 이러한 분석은 안동권역의 선교사들의 역할과 한국 기독교인들이 태도를 알게 해 주는 것이다.

초기 한국 교회에서는 기독교인이 되려면 첩을 버려야 했고 술과 노름에서 손을 떼야 했다. 양심적으로 장사를 해야 했고 장날이 주일과 겹치면 어김없이 쉬면서 예배를 드려야 했다.[67] 그런데 안동권역은 더욱 철저하고 엄격하게 도덕성이 강조되었다. 안동선교부의 선교정책을 이끌었던 웰본

---

64 제6회 경상노회록, p.62.
65 경상노회록, 경북노회록, 풍산교회 당회록, 성내교회 당회록 참조.
66 Annual Report of Andong Station, Chosen Mission. 1930.
67 Daniel. L. Giford, 심현녀 역, 『조선의 풍속과 선교』, pp.110-111.

이 엄격하게 치리하고 성경을 통한 전도방식이 이 지역 수용층들의 속성과 맞물려 엄격하고 보수적인 형태로 나타난 것이다.

1916년 12월 18일에 대구 동산성경학원에서 열린 제 1회 경북노회에서는 안동지방 시찰위원보고서에서 누룩을 만들어 파는 교인에게 학습과 세례를 주어도 되느냐는 질문이 기록되어 있다.[68] 이에 대해 노회는 다음과 같이 답변하고 있다.

> 누룩이 술 만드는 재료가 됨으로 불미한 것이나 성경에 죄라고 인정하지 않는데 우리가 규칙을 세워 죄라고 정할 수 있는 것이 아니다. 다만 아름답지 못한 일이라고 권면해야 한다. 학습과 세례 문답은 할 수 있는데, 형편에 따라 할 것이다.[69]

성경을 문자 그대로 해석하고 그 교훈에 따라 판단하고 치리하고 있음을 보여 준다. 실제로 웰본과 경안지역의 장로교 노회는 엄격하게 교인들을 치리했다. 그 당시 기록을 보면 다음과 같다.

1) 교회가 정하는 혼인 규칙을 어겨 주일 날 결혼식을 하면 책벌했다.[70]
2) 미성년자가 결혼을 해도 교회를 떠나야 했다.[71]
3) 불륜을 저지르면 교회가 나서서 이혼을 요구하고 교회에서 출교하였다.[72]
4) 불신자 가정에서 며느리를 들여도 징계의 사유이고, 주일을 지키지 못하거나 주일을 지키지 못한 곳에 왕래한 것, 불의한 행동을 한 것에

---

68 제 1회 경북로회록, p.17.
69 *Ibid.*, p.31.
70 경안노회록(1회-30회) 4회 회록, P.46참조.
71 Ibid., 6회 노회록, p.87.
72 풍산교회 당회록, 1920년 12월.

2개월 책벌하였다.[73]

5) 담배농사를 짓거나 가게를 주점으로 빌려준 것도 징책의 대상이었다.[74]

6) 장로의 직계존속이 음주나 흡연, 교회 규칙을 어기거나 사회적 모범이 되지 못했을 때 그 장로는 사면의 대상이 되었다.[75]

7) 웰본의 조사(助事) 엄응삼의 아들도 음주 건으로 문제가 되자 예외 없이 30일간 책벌을 받았다.[76]

8) 장로 아들이 잘못해도 장로는 장로직과 교회학교장직을 사임해야 했고, 목사와 장로 부인이 불화하였을 때, 그 부인은 책벌을 받았고 장로는 그 직을 물러나야 했다.[77]

웰본은 초기부터 성서를 규범으로 하여 윤리와 규범과 도덕성의 확보를 강조했고 그것이 안동권역에 엄격한 치리와 권징으로 나타났다. 그로 인해 안동권역에서 기독교회는 강력한 도덕적 집단이요, 사회적 지도력을 가진 그룹이라는 평판과 이미지를 확보하게 되었다. 이러한 엄격한 교회문화가 지니는 '도덕성'의 강점은 안동 유림과의 갈등을 극복할 수 있는 계기가 되기도 했다.

그러나 웰본도 마펫의 선교방식, 곧 규범화되고 매뉴얼화된 방식을 적극적으로 채택한 반면, 그에게서 내적 회심의 통로를 찾아보기 어려웠다. 엄격한 태도는 있을지언정 내면의 설득과정이 없었고, 복음의 역동성과 포용성 및 능동적 역할은 그만큼 약화될 수밖에 없었다.

복음의 명령과 계명이 규제와 통제로 이루어지면, 그 능력은 제한된다.

---

73 *Loc. cit.*

74 경안노회록, 1925년 6월. 8회 노회록 참조.

75 경안노회록(1회-30회) 4회 회록, p.46참조.

76 안동교회 당회록, 1918년 2월. 엄응삼은 웰본을 최측근에서 보좌한 인물이다.

77 Ibid., 1924년 5월.

역사의 주관자는 복음의 사명과 소명을 부여하실 때 반드시 그것을 수행할 수 있는, 스스로 할 수 있는 능력도 동시에 주신다. 그래서 설득하시는 것이고, 역사 변혁의 힘은 그때 나타난다. 마펫의 전통 아래 복음주의에 대한 해석이 좁아지고 있었던 것이다. 장로교 선교사 웰본은 그것을 확인해 주었다.

5. 웰본의 죽음

웰본은 1917년에 안동선교부를 떠나 평양선교부로 갔다. 그리고 마펫의 선교방식을 계속 이어갔다. 그런데 1919년에 부인이 병에 걸리자 미국으로 돌아갔다가 1921년에 부인을 남겨 두고 다시 한국으로 왔다. 대구선교부에서 2년간 활동하고 그는 1923년에 다시 안동으로 돌아왔다. 그리고 1928년까지 안동선교부에서 선교사역을 하다가 장티푸스에 걸려 죽고 말았다.

1914년 2월에 자신의 딸 앨리스를 디프테리아로 잃었고,[78] 한국에서 병을 얻은 그의 아내도 1925년에 미국에서 사망했다. 당시 서양의 선교사들이 지내기에 한국의 위생상황이 매우 열악했던 것이다. 1906년『미션필드』(The Korea Mission Field)에는 당시 강원도에서 순회전도를 다녔던 웰본의 보고서가 소개되고 있다.

내가 머물렀던 방은 내가 아직까지 보지 못한 가장 더러운 방이었다. 우리가 그 소년(여관집 하인)이 시키는 대로 우리 짐들을 가지런히 놓았을 때, 벽들이

---

78 Sadie N. Welbon, Personal Report, 1914년 10월 24일자. 브라운(A. Brown)에게 보내는 새디의 보고서에는 다음과 같이 쓰여져 있다. "2월 초에 나의 딸이 갑자기 장티푸스에 걸린 지 두 주 후에 죽었습니다. 말라리아에 걸린 채로 대구에서 열린 노회에 참석했다가 돌아온 직후의 일이었습니다."

미심쩍게 보였음에도 그 소년은 아무렇지도 않게 행동했다. "여기에 수많은 벌레들이 있지 않니?"라는 말에 그 소년은 "당연히 있지요", "벌레가 없는 곳이 있나요? 선교사님 집에도 있습니다."라고 말했다. 마치 나이든 사람의 머리에서 나오는 기발한 착상처럼 보였다.[79]

이러한 환경에서 질병에 쉽게 걸리는 것은 당연했다. 그래서 안동권역의 선교 주역 중 한 사람이었던 소텔도 장티푸스로 죽었고, 레닉의 부인도 장티푸스로 죽었으며, 로저 윈(Rodzer Winn)도 1922년에 이질로 죽었다. 안동을 사랑하여 아내까지 미국에 남겨 두고 한국으로 돌아왔던 웰본도 결국 장티푸스로 1928년에 생을 마감해야 했다.[80] 교통이 열악하고 환경적으로 견디기 힘들어 모두 외면했던 안동권역의 교회들은 웰본을 비롯한 선교사들이 생명을 내건 선교의 열정과 희생의 터전에서 세워진 것이다.

6. 여언

북장로교 선교사로 임명받아 한국에 온 웰본에게 처음부터 맡겨진 선교 구역은 한국에서 가장 교통이 열악하고 험준한 곳이었다. 강원도가 그랬고 안동이 그러했다. 그는 대부분의 선교사들이 외면했던 곳, 안동권역으로 와서 선교의 기지를 세우고 이곳의 교회들이 자립교회로서의 위치를 확보하는 일에 초석이 되었다. 긴 거리와 넓은 구역을 선교를 목적으로 순회했

---

79 A. G. Welbon, "The Gospel of Cleanliness in Korea" , *The Korea Mission Field*, 1906, no.7. p.130.

80 일설에 의하면 안동권역의 선교 주역이었던 권찬영 선교사는 순회전도를 할 때마다, 야영용 조립식 침대와 의자를 조랑말에 싣고, 밀가루 식빵과 버터나 치즈를 갖고 다녔다 한다. 시골 교인들이 쌀밥을 지어 옥식기나 사발에 가득 담아서 밥이 떨어지지 않도록 손으로 부드럽게 다져서 한 상 가득 차려 대접하면 숟가락으로 밥그릇 위에 솟아난 겉의 밥을 걷어버리고 밥그릇 속을 오목하게 파서 거기다가 날계란을 깨어 넣고 섞어 비벼서 그것만 먹었다고 한다.

고, 그에게 낯선 곳에서의 죽음은 두려운 것이 아니었다. 미지의 낯선 사람들의 영혼의 구원이 그의 삶보다 더 소중했던 것이다.

웰본은 성서를 통해 복음을 전했으며 당시 이 권역에서 외면당했던 여성들과 아이들에 새로운 사회적 지위를 부여했고, 이를 한국인들에게 각인시켰다. 한국인 교인들을 동역자로 여겨 교회의 지도력을 확보하도록 했다. 또한 기존 유학의 가치관이나 풍수지리에 얽매인 삶이 아닌, 성서에 입각한 새로운 윤리와 가치가 무엇인지 이 권역에 심어 주었다. 기독교가 안동권역의 원동력이 되게 한 것이다. 또한 성서적 정신의 발현, 특별히 엄격한 권징과 치리, 순환의 전통은 이 권역 기독교의 독특성을 확보하도록 했다.

웰본은 죽기까지 복음을 전했다. 자신에게 부여된 권리, 곧 가족 간에 누릴 수 있는 것들을 스스로 포기할 만큼 복음의 열정이 대단했고 안동권역에 대한 사랑이 극진했다. 그의 삶 전체를 드려 예수 그리스도의 복음을 전했다. 그의 정신은 한국 장로교회에 깊이 각인되어 있다.

웰본 부부에게 6남매가 있었다. 장남 토마스(Thomas Harvey)는 1903년 5월 17일 출생하여 열흘 만에 사망했으며, 딸 앨리스(Alice)는 1912년 5월 30일 출생하여 1914년 2월 9일 디프테리아(Diphtheria)로 사망했다. 이들은 양화진에 아버지와 함께 묻힐 수 있었다. 대구 최초의 간호선교사였던 그의 아내 새디는 1919년 미국으로 돌아가 1925년 7월 20일 테네시(Maryville)에서 53세로 소천하는 바람에 양화진에 묻히지 못했다. 1904년에 한국에서 태어난 차남 헨리(Henry G.)는 미국에서 고등교육을 받은 뒤 목사가 되었고 미군정청 통역관으로 일했다. 딸 바바라(Barbara B.)는 1962년 한국에 돌아와 영어교사로 봉직했다. 아버지의 선교 사명을 대를 이어 실천한 것이다.

12장

웰치

Herbert Welch

1930년 12월 2일, 냉천동 감리교신학교에서 '기독교조선감리회' 창립총회가 조직되었다. 따로따로 선교사들을 파송했던 미국 감리교회들은 오래전부터 한국 감리교회의 독립을 준비해 왔고, 이때에 이르러 비로소 결실을 맺은 것이다. 초대 총리사로 양주삼 목사가 선출되었고 동부, 중부, 서부, 만주 선교 등 4개 연회가 조직되었다. 교리적 선언도 새롭게 만들어졌다.

남북전쟁이라는 미국의 특수한 시대상황에 따라 나뉘었을 뿐, 미국의 감리교회들은 존 웨슬리의 전통 아래 있었고 같은 신학적 노선을 걸어왔다. 감리교 협성신학당 설립에도 걸림돌이 없었다. 한국 교회가 미국 교회로부터 독립하는 것은 당연한 선교의 수순이었다. 하지만 감리교회 선교사들과 장로교회 선교사들의 태도가 달랐다. 그때 장로교회는 여전히 선교사들이 한국 교회를 이끌어야 한다고 고집하고 있었다. 한국의 두 감리교회가 합동이 되고 독립교회가 된 데에는 합동전권위원회(The Joint Commission) 위원장이던 웰치의 고집과 결단, 지휘가 있었기에 가능했다.

I. 한국에 오기까지

1862년 11월 7일, 뉴욕의 베드포드가(Bedford Street)에서 태어난 웰치는 네덜란드 개혁교회 전통 아래 있던 아버지 피터(Peter A. Welch)와 영국계 집안의 후예인 어머니 메리(Mary L. Loveland)의 장남으로 태어났다. 그의 부모는 철저한 신앙교육과 함께 침착함과 판단력을 가르쳤고 그는 그런 가르침에 충실히 따르는 아이였다.

8세가 되던 1869년에 뉴욕에 위치한 공립학교(Public School)에 입학했고 1877년에는, 목사에 대한 고민이 없지는 않았지만, 브루클린공과대학(Brooklyn Collegiate, Polytechnic Institute)에 진학했다. 결국 코네티컷(Connecticut)의 웨슬리안대학(Weselyan University)을 거쳐 1887년 드루신학교(Drew theological Seminary)에 입학했다. 목회자로의 부름은 사람의 결정 영역에 속하지 않는 것이다.

웰치의 가계는 본래 화란 개혁교회 전통 아래 있었지만, 웰치는 태어나면서 그의 외할아버지 올리버(Oliver Loveland)가 창립교인(one of the founders)이었던 "워싱턴 스퀘어 감리교회"(Washington Square Methodist Church)에 출석했다. 그 교회는 감리교 복음주의 교회답게 열정과 복음의 정신, 그리고 뜨거운 설교로 가득했다.[1] 애찬의식(love-feast)과 받은 은혜를 서로 나누었고 성령의 체험을 강조했다. 그런 교회 분위기에서 12살 때에 회심을 체험했다. 그는 다음과 같이 술회하고 있다.

> 12살 되던 겨울날 주일 오후, 나의 앞에는 한 가지 질문이 다가왔다. '크리스천으로 산다는 것은 무엇일까? 크리스천이라고 불릴 수 있는지 확실하지 않았지만 적어도 나는 크리스천이 되기 위해 애를 쓰고 있다는 것을 알게 되었다. … 나는 제단 앞으로 나가 무릎을 꿇었다. 그날 많은 사람들이 있었고, 우리는 헌신의 기도를 드렸다. 이러한 행동을 통해 나는 은혜를 경험하였다. 어떤 눈에 띄는 변화를 기대하지도 않았고 특별한 경험을 하지도 않았다. 나는 회심(conversion)이 이성의 바탕 아래 의문을 가졌을 때, 일어나는 것임을

---

1   Herbert Welch, *As I Recall My Century*, Nashville : Abingdon Press, 1962, p.11.

깨달았다. 나는 교회에 소속되었다. 나는 간증이나 내가 받은 은혜로 말미암아 사람들에게 구원자와 주인으로 예수를 받아들일 수 있는 도움이 되어야 한다는 책임을 느꼈다.[2]

12살의 어린 나이임에도 불구하고 웰치는 지적 접근을 통해 회심을 경험했는데, 그것은 그의 집안 분위기 때문일 수 있다. 뉴욕저축은행의 이사와 회장 등을 역임했던 피터(Peter A. Welch)는 언제나 지적인"(intelligent) 것을 강조한 사람이었고,[3] 아내를 따라 감리교회에 출석했지만 그는 화란 개혁교회 전통 아래 있었다.

토목기사가 되기 위해 브루클린공과대학(Brooklyn Collegiate, Polytechnic Institute)에 진학했고 열심히 공부했지만, "목회자가 되어야 하는 것은 아닐까"하는 의문이 웰치를 휘감았다.[4] 기독교의 역사는 그것을 "부름(calling)"이라고 표현하고, 칼빈과 같은 신학자는 "특별 은총"이라 일컬었다. 웰치는 하나님의 부름에 순종했다.

웰치는 큰 소리로 열정적인 감정을 다 드러내던 감리교회의 설교자가 되고 싶지 않았다. "만약 목회자가 되어야만 한다면, 나는 확실하게 목회 사역의 준비를 위해 진보적 인문학(Liberal Arts)을 공부해야만 한다"고 생각했다.[5] 하나님은 인간의 '자유의지'를 외면하지는 않는다고 보았고, 오히려 그것이 웨슬리 전통이라 생각했다. '응답'에는 인간의 책임이 따르고, '부름의 은총'에도 설득의 열심과 과정이 있다고 보았다. 하나님의 일에는 성령의 역사와 함께 인간의 깊은 책임과 성찰도 요구된다고 믿었던 것이다.

당시 웨슬리안대학의 학문 풍토는 자유롭고(freedom), 진보적이고

2   Ibids., pp.19-20.
3   Ibid., p.11.
4   Ibid., p.23 참조.
5   Loc.cit.

(liberal), 복음적(evangelical)이었다. 이러한 학풍 속에서 그는 인문학에 심취했다. 열심히 공부했고 하나님의 뜻(the Will of God)을 깨닫기 위해 기도 생활도 놓치지 않았다. 이런 일련의 과정을 통해 기독교가 일반 학문과 비교할 수 없는 위치에 있다는 것을 확신하게 되었고, 결국 목회자(ministry)가 되기로 결심하게 되었다.[6]

드루신학교(Drew Theological Seminary)에 다닐 때, 웰치는 자신에게 영향을 주었던 교수 5명을 지목했다. 곧 그리스철학을 가르친 총장 버츠(Henry A. Burts), 히브리어를 가르친 스트롱(James A. Strong), 역사를 가르친 크룩스(George R. Crooks), 업햄(Samuel F. Upham), 그리고 밀리(John Miley)였다. 그런데 이들은 모두 아펜젤러(Henry Gerhard Appenzeller)에게 영향을 주었던 교수들이었다. 드루는 그 시절과 변함이 없었던 것이다.

드루신학교(Drew theological Seminary)는 여전히, 학문의 영역을 외면하지는 않았지만, 열정적 경건을 보다 강조했고 기도로 시작해서 기도로 끝나는 전통을 귀중히 여겼다. 애찬식에서의 간증과 하루 종일 이어지는 예배와 기도회 등도 달라지지 않았다. 내적이고 열정적인 신앙 등 경건의 영역을 여전히 추구했고 복음전도자들의 양성을 중요한 목표로 여기고 있었다.

웰치는 두루신학교의 경건교육에 대해서는 대체로 만족했다. 그렇지만 학문적 풍토에 대해서는 아쉬움을 감추지 않았다. 학생의 품고 있는 신학적 문제들을 자유롭게 털어놓고 논쟁하는 풍토가 마련되어 있지 않았고, 학생들 스스로 성경을 연구하고 해석하는 것도 일정부분 제한되어 있었다.[7]

드루신학교 졸업을 한 달 앞둔 1890년 4월, 웰치는 감리교 뉴욕연회에서 다섯 명의 동료와 함께 목사안수를 받았다. 6월 3일에는 아델라이드 맥기(Adelaide Frances McGee)와 결혼했고, 뉴욕 웨스터체스터 베드포드 구역(Bedford Station in Westchester Count)에서 목회를 시작했다. 웰치의 목회

---

6   *Ibid.*, p.32.
7   *Ibid.*, p.35.

는 오하이오 웨슬리안대학교(Ohio Wesleyan University) 총장으로 임명되는 1905년까지 계속되었다.

11년간 총장으로 일한 웰치는 1916년 5월, 미국 감리교 뉴욕연회에서 감독으로 선출되었고 해리스(Merriman Colbert Harris)의 뒤를 이어 한국과 일본, 북중국의 관리감독으로 임명되었다. 그때 미국 감리교 총회는 그의 거주지를 서울로 정했다.[8] 일본에 거주시켰던 해리스 때와는 다른 결정이었다.

이러한 결정에는 한국 선교의 선구자였던 가우처 박사(John Franklin Goucher)의 적극적 권면과 지지가 있었다. 175개의 미국 서부지역 교회개척을 지원했고, 특별히 일본. 중국, 인도 등 동아시아 선교에 크게 공헌했던 그는 여전히 한국 선교에도 남다른 애정과 관심을 가지고 있었다. 가우처는 웰치의 총장 경험이 한국과 동북아시아 교육선교부분에 큰 공헌을 하게 될 것으로 기대했다.[9]

2. 웰치의 선교 이상(理想)

미국 감리교가 웰치를 한국과 일본의 관리감독으로 임명하고 그 거주지를 서울로 정했다는 것은 미국 정부와 교회의 입장이 달랐다는 것과 한국 교회의 위상이 일본 교회보다 앞섰다는 것을 말해 준다. 이전부터 미국 정부는 언제나 일본에 지지를 보냈다. 미국 교회도 일본에 보다 많이 관심을 집중했었다. 그러나 이때 즈음에 이르러 미국 감리교는 선교의 결실이 남달랐던 한국 교회에 보다 큰 관심을 기울이기 시작했다. 웰치의 한국 거주 결정은 미국 교회의 그러한 변화를 말해 주는 것이다. 1907년 이후 세계

---

8   "Notesand Personals", *The Korea Mission Field*, Aug, 1916, p.227.

9   Herbert Welch, *op.cit.*, p.75.

선교지형에서 한국의 위치가 바뀌었던 것이다.

1916년 11월 11일, 54세의 웰치는 전임 감독 해리스와 한국 입국을 위해 미국을 떠났다. 그리고 일본을 거쳐 12월 7일 부산에 도착했다. 재한 선교사 중 최초로 감독이라는 신분으로 들어왔고 미국 대학총장을 역임했기 때문에 남다른 기대와 열렬한 환영이 있었다. 서울 감리교 목사 대표로 현순이 부산까지 영접을 나갔고, 각 지방 교회에서도 대표자들을 영접위원으로 보냈다. 기차가 잠시 정차하는 영등포역과 용산역에 수많은 환영인파가 몰렸고, 서울역에 도착했을 때에 남녀 선교사들과 목사, 전도사, 수를 셀수 없이 많은 한국 교회 교인들과 학생들이 웰치를 반겼다. 웰치 감독도 환영나온 사람들의 손을 일일이 잡으며 답례했다.[10] 미국 감리교의 거물이, 일본의 관리감독을 겸했음에도, 서울에 거주한다는 사실에 한국 교회가 더 들떴던 것이 사실이다.

1916년 12월 19일 저녁 6시, 웰치는 한국 교인들이 준비한 '감독환영회'에 참석했다. 김태현 목사가 사회를 맡았고, 이필주 목사가 기도, 손정도 목사가 환영사를 했다. 웰치는 다음과 같이 답례사를 했다.

> 여러분은 소망을 한 개인에게 두지 마십시오. 오직 우리 주께 두고 같이 일하면 나는 비록 무지하나 나의 할 수 있는 것을 다하여 여러분과 함께 일할 것입니다. 또한 할 수 있는 대로 서로 자주 만나 담화도 하여 친구와 같이 교제도 합시다. 또한 교회나 학교나 개인에 대하여 어려운 문제가 있을 때에 의논하여 원만히 해결을 얻도록 하기를 간절히 바랍니다. 여러분이 이와 같이 충심으로 만난 것은 얼마나 감사한지 다 말할 수 없습니다.[11]

---

10 "감독입경", 「基督申報」, 1916년 12월 20일자.
11 "감독환영회", 「基督申報」, 1916년 12월 27일자. 원문은 다음과 같다. "여러분은 소망을 흔 기인의게 두지 말고 오직 우리 쥬끠 두고 갓치 일하면 눈 비록 무지 하나 나의 흘 수 잇는 것은 다하여 여러분과 ㄱ치 일하고져 하며 또흔 흘 수 잇는 대로 서로 조조만나 담화도하여 친구와 ㄱ치 교졔도 하며 또흔 교회나 학교나 기인에 더하여 여러온 문뎨가 잇슬 쌔에 의론하여 원만흔 히결을 엇도록 하시기를 근졀히 브며 여러

웰치의 연설에는 조심스러움이 역력했다. 일본과의 민족적 간극과 갈등, 정치적 문제에 대해 개입하지 않겠다는 것과 한국 교회를 미국 교회와 다름없이 대우하고 협력하며 존중하겠다는 의미가 담겨 있었다. 미국 교회 입장에서 가장 조심해야 할 점, 곧 식민지 국가 상황에서 일어날 수 있는 정치적, 민족적 갈등을 야기해서는 안 된다는 긴장감이 그의 연설 속에 있었다. 또한 교회 주도권을 둘러싸고 선교국과 피선교국 간, 교회와 교회 간의 갈등과 간극이 생겨서는 안 된다는 강한 의지도 담겨 있었다. 웰치의 위치는 여느 선교사들과 달랐고 미국 감리교회 감독의 권한과 영향력이 적지 않았던 때였다.

일본의 침탈 이후, 한국의 핍절의식과 자괴감은 극심했다. 모진 시련에 한국인들은 질고와 절망에 빠져 있었고, 일본의 가혹한 학대와 조국의 멸망을 분히 여기고 있었다. 한국인의 의식 가운데 일본은 불구대천(不俱戴天)의 원수가 아닐 수 없었다. 한국 교회도 예외는 아니었고, 서울 기독교의 항일민족의식은 더욱 강력했다.

첫날 나는 중요한 암시를 받았던 기억이 난다. 우리와 연관된 모든 사람들 중에 어떤 간극(rifts)이 존재한다는 것이다. 표면적으로 일본인들과 한국인들 모두 몽골인들과 다르고 언어, 문화, 관습 그리고 환경 등에 서로의 차이가 있었다. 각각은 서로에 대해 우월하다고 느끼고 있었다. 두 나라 사이 있은 오래된 전쟁이 잊혀지지 않았고, 한국인들은 근대시대 문제에 관해서도 아주 억울하다고 여기고 있었다. 두 나라는 서로 친구관계가 될 수 있을까[12]

웰치는 한국과 일본 사이의 이어질 수 없는 간극에 대해 이렇게 술회하고 있다. 복음은 대립하며 치열하게 갈등하고 있는 두 민족을 이을 수 있어

분이 이와ᄀᆞ치 츙심으로 맛난 것은 엇지 감샤ᄒᆞᆫ지 다 말ᄒ 수 업노라"

12 Herbert Welch, op. cit., pp. 80-81.

야 했다. 그의 선교관에는 그러한 이상이 있었고 그의 한국 선교는 거기에 초점이 맞추어져 있었다. 물론 그의 신학적 이상은 이루어지지 않았다. 선교사의 영역이 아니라 역사 주관자의 영역이었던 탓이다.

3. 한국 선교

1) 일본과의 간극 확인 − 3·1독립만세운동의 문제

부임 직후, 감독의 직분에 따라, 웰치는 한국 곳곳에 흩어져 있는 선교사들을 방문했다. 원주에서 활동하는 모리스(Charlie D. Morris)를 찾았고 해주에서 사역하는 크로브(Paul L. Crove)를 방문했다. 한국 연회의 각 지방회를 순회하며 그 상황도 파악했다. 지방 선교사들의 고충을 들었고 힘을 불어넣어 주었다. 선교구역을 조정해 주었고, 때로 지나치게 과욕을 부리는 선교사들에게 제동을 걸기도 했다. 목회경험을 통해 선교가 '단거리 경주'가 아니라는 것을 잘 알고 있었기 때문이다.[13] 지방회의 재정적인 문제를 해결하려고 애썼고, 한국 교회의 당면과제를 힘닿는 대로 도우려 했다. 부임 1년이 채 되지 않은 기간 동안 그는 한국연회 각 지방회를 모두 순회했다.

웰치를 만난 감리교 선교사들과 한국인 목회자들, 그리고 한국인 감리교 지도자들은 한국을 선교지로 택한 것과 그의 헌신적 활동과 겸손한 태도에 고마움을 전했다.[14] 식민지 상황으로 민족적 핍절의식에 빠져 있던 때

---

13 웰치가 열정이 지나치다며 제동을 건 인물 중 한 사람인 모리스는 1901년 내한 이후, 평양에 거주하며 영변까지 순회전도하며 선교활동을 펼쳤고, 1912년부터는 해주까지 그 영역을 넓혔다. 1916년 원주선교부로 옮긴 후에 강원도 일대 곳곳을 누비며 복음을 전했다. 그러나 건강이 악화되었고 결국 1927년 1월, 소천하고 말았다.

14 *Official Journal Minutes of the Korea Annual Conference of the Methodist Episcopal Church*, 1917, p.85.

에, 미국 교회 감독의 이러한 자세는 한국 교회와 미국 교회가 형제라는 의식을 갖게 하기에 충분했다.

1919년 3월 1일, 한국에서 일어난 독립만세운동은 재한 선교사들에게 적지 않은 고민을 안겨 주었다. 주도자 33명 중에 16명이 한국 교회지도자들이었고, 6개월 동안 체포된 19,525명 중 기독교인이 17.6%나 될 정도로 한국 곳곳의 교회들은 가장 열렬하게 독립운동에 뛰어들었다. 1907년 이래, 비정치를 표방했음에도 불구하고 한국 교회는 가장 강력하게 독립의식을 표출하고 일본의 핍박과 가혹한 처사에 항거했다. 이런 상황에서 선교사들의 판단과 결정은 자칫 선교와 복음전파를 가로막을 수 있었다.

미국 감리교 감독은 미국 감리교회를 대표하는 자리이다. 웰치의 말은 곧 미국 감리교회의 입장이고 미국 감리교 선교사들의 생각이다. 자칫, 일본 정부로부터는 불이익과 핍박, 선교의 제제를 받을 수 있었고, 한국 민족과 사회로부터는 외면당할 수 있었다. 일본 정부가 한국을 통치하는 식민지 상황이어서 그 판단은 쉽지 않았다. 선교는 선교국의 정부로부터 선교의 자유를 보장받아야 하고 선교지 거민들로부터는 지지를 받아야 그 목적을 이룰 수 있기 때문이다.

한국에서 3·1독립만세운동이 처음 일어났을 때, 미국 정부와 미국 교회 해외선교부, 한국의 재한 선교본부 및 각 지방에서 선교하고 있던 지방 선교사들의 반응이 각각 달랐다. 당시 미국 정부는 일본에 우호적 입장을 갖고 있어 별다른 조치를 취하지 않았다. 미국 교회 해외선교부도 미국 정부의 입장을 따랐다. 그렇지만 한국에서 활동하고 있던 재한 선교부와 각 지역의 지방회(장로교의 경우 스테이션), 한국의 곳곳에 파송되어 활동하며 일본이 한국을 대하는 현장을 직접 목도한 지방 선교사들은 노골적이고 신랄하게 일본을 비판했다.

중국에 머물고 있던 웰치는 3월 11일에야 서울에 돌아올 수 있었다. 그의 첫 조치는 중립(neutrality) 선언이었다. 정치적 문제에 관여하지 않는다는 것이 미국 감리교회의 선교방침이기도 했지만 한국과 일본의 관리감독인 웰치의 확고한 태도이기도 했다. 식민지 상황에서 '비정치전략'은 필연적 방책이었다.

독립만세운동이 수그러들지 않고 계속 번지자 조선총독부는 보도통제를 하는 한편, 1919년 3월 22일 선교사 대표 9명, 곧 웰치(Herbert Welch), 세브란스의전의 애비슨(Oliver R. Avison), 평양 장로회신학교장 마펫(Samuel A. Moffett), 연동교회 담임목사 게일(James S. Gale), 대한성서공회장 거딘(Joseph Lumpkin Gerdine), YMCA 협동총무 브로크만(Frank Marion Brockmanm), 선천지방 선교사 휘트모어(Norman C Whittemore), 조선기독교서회 하디(Robert A. Hardie), 감리교 수원지방 감리사 노블(William A. Noble), 감리교 선교사 벙커(Balzell A. Bunker)를 조선호텔로 초치했다. 기독교도들이 만세운동을 주도하고 있어 그 배후에 선교사들이 있다는 판단이었다.

일본 측에서도 3·1운동 참여자들의 최종심인 고등법원 재판을 관장하는 와타나베 도루(渡邊暢)를 주축으로 하여 가타야마(片山恒夫, 조선총독부 외사과 관리), 고부쿠(國分三亥, 사법부 장관, 고등법원 검사국 검사), 세키야(關屋貞三郎, 학무국장), 호시노(星野), 가와바타(川端), 야마가타(山縣伍十雄, Seoul Press 발행인), 사카이도(坂井戸), 니와(丹羽淸次郎) 일본 YMCA 총무가 나왔다. 그들도 대부분 기독교인들이었다.

와타나베는 일본이 한국 국민들의 복지라는 하나의 목적을 가지고 왔다고 피력했다. 한국의 민둥산에 나무를 심었고, 학교를 세우는 등 선의로 모든 일을 해 왔다고 주장하며 압제 같은 것은 없었다고 강변했다.[15] 학무국장 세키야(Sekiya)는 정신적인 가치에 치중한 나머지 물질적 생산과 발전을 등한히 하고 지나치게 형식에 구애되는 한국인들의 단점을 뿌리 뽑으려고

---

15 와타나베의 이러한 주장은 후일 1950~60년대의 한일회담 당시 일본대표들의 주장과 같다.

했다고 역설했다. 총독부 외사과의 가타야마는 일본제국의 일부가 된 한국의 국민들이 독립을 요구하는 것은 반역적인 행동이라고 주장했다.

선교사 게일은 한국인들이 중시하는 인륜과 도덕, 자연과 인간의 공존 등 문화적 특성을 고려하여 문명적 방식으로 통치를 해야 한다고 강조했고, 마펫은 한국인들의 높은 문명성과 빛나는 정신문화를 일본이 알아야 한다며 한국인들은 신체적인 안락보다 인격과 가치를 훨씬 더 중요시한다고 강변했다. 하디는 한국인들을 존경하며, 일본이 문명적인 한국인을 공정하고 인간적으로 대하지 않고 무력적으로 강제하는 통치를 한다고 지적했다.

웰치는 선교사들이 만세운동을 저지하는 데 협력해 달라는 일본의 요청에, 대부분의 시위자들이 기독교인 아니어서 선교사들의 영향권 밖에 있으며, 한국인들이 선교사들의 개입을 원치 않으며, 선교사가 정치적 문제에 개입하는 것은 매우 부적절하다는 입장을 피력했다.[16]

일본인들 앞에서도 정치적 중립을 선언했지만, 정작 웰치는 자신들의 위치를 경찰에 알리고 조용하게 체포를 기다렸던 3·1운동 주도자들에 대해 놀라움을 금치 못했다. 한국의 지도자들이 놀라운 기지와 조직적인 재능, 용기와 위엄 있는 행동을 보인 것에 감탄했던 것이다.[17] 공식적이고 공개적이지는 않지만 그는 분명 한국 편에 있었다. 그것은 2·8독립선언 중심에 있었던 김도연 등 일본 유학생들에게 웨슬리대학교 입학을 주선한 것에서도 드러난다.

일본총독부와의 회담 직후, 서울의 재한 선교부는 지방 선교사들의 의견을 청취한 뒤, 통일된 결론을 내렸다. 곧 식민지 상황에서 정치적인 문제에 대해 중립의 입장을 취할 수밖에 없다는 것, 그렇지만 일본의 잔혹행위에 대해서는 결코 중립적일 수 없다는 것, 모든 수단을 다 동원하여 일본

16 김승태, 『한말, 일제강점기 선교사 연구』(서울 : 한국기독교역사연구소, 2006), p.278.
17 Ibid., p.84.

국민이나 세계 도처에 일본의 국가적 양심의 문제를 제기할 수 있도록 여론을 환기시켜 나갈 것 등이었다.[18] 악한 행동을 모른 체하지 못하는 것이 복음의 속성인 것이다.

웰치는 뉴욕에서 매주 발행되던 미국 감리교 신문 「The Christian Advocate」에 네 차례에 걸쳐 3·1독립만세운동에 대해 다음과 같은 입장을 발표했다.

정치적 문제에 대해서는 완전하게 중립을 지켜야 하지만, '정의'의 문제나 인류 본연의 문제, 곧 인간 본연의 문제에 대해서는 엄격하게 문제를 제기해야 한다.[19]

일본의 영자신문 「Japan Times and Mail」과의 인터뷰에서도 웰치는 다음과 같이 강하게 제안했다.

1) 일본은 한국인들을 흡수'(assimilation)시켜 일본인으로 만들려는 생각을 버려야 한다.
2) 교육의 개선과 한국인들이 자치정부를 조직할 수 있도록 해야 한다.
3) 경찰과 군대를 엄격히 제어해야 한다.
4) 즉각적이고 철두철미하게 한국인들이 항변하는 것들에 대해 조사해야 한다.
5) 한국인들의 정체성을 해치는 정책들에 대해 깊이 생각해야 한다.
6) 일본 정부 대리인으로 범법을 행한 자(offender)들을 처벌해야 한다.[20]

---

18 Anonymous by Request, General Survey, The Christian Movement, 1920, p.204.
19 "How about Korea?", 「The Christian Advocate」 1919년 7월 10일자.
20 Herbert Welch, *op.cit.*, p.87.

미국 감리교 감독은 미국을 움직이는 힘이 있다. 즉, 감독의 발언은 미국의 시민사회나 정계에 적지 않은 영향력을 끼친다. 미국 교회는 미국사회를 지탱하는 원동력이며 미국이 사회적 기초로 내세우는 평등과 자유의 개념을 제공하는 원천이었다. 미국의 민주주의 가치도 미국 교회로부터 비롯된다. 따라서 비정치를 내세우고 있지만, 미국 교회는 교계를 비롯하여 학계, 정계에 막강한 영향력을 행사한다. 더구나 미국 감리교회는 메이저 (major) 교단 중 하나이다.

3·1독립운동에 대한 웰치의 입장은 미국 정계에 곧바로 전달되고 있었다. 그의 입장은 미국 정부가 이승만 등 미국에 거주하며 활동하던 한국의 독립운동가에 대한 인식을 바꾸는 데 중요한 계기가 되었다. 그리고 일본에 편향적이었던 미국 정부의 시선을 돌리게 하는 원인도 되었을 것이다.

1920년 1월 19일, 웰치 감독이 살고 있던 서울의 집에 불이 났고, 감독 부부는 간신히 빠져나왔다. "일본인 혹은 한국인에 의해 발생된 방화"일 수 있었다.[21] 식민지 상황 아래, 선교사들의 위치와 태도는 그만큼 예민했다.

2) 한국 장로교회와의 신학적 간극 확인

본래 재한 감리교회와 장로교회 선교사들은 교파 없는 단일 복음주의교회를 세우려했지만, 언더우드(Horace Grant Underwood)와 아펜젤러(Henry Gerhard Appenzeller)의 부재가 이를 가로막았다. 더구나 장로교성을 강조하고 복음의 계시적 요소에 냉소적이었던 마펫(Samuel Austin Moffett)이 한국 장로교회를 주도한 이후, 두 교회의 간극은 벌어지기 시작했다.

3·1독립만세운동 이후 한국 교회 내부에서는 재차 감리교회와 장로교회의 합동에 대한 논의를 시작했다. 두 교회에서는 기존의 한국복음주의

---

21 *Loc.cit.*

선교회연합공의회와 조선예수교장감연합협의회의 통합을 추진했고, 그 결과로 1924년 9월 24일 새문안교회에서 조선예수교연합공의회(Korean National Christian Council)가 창설되었다. 초대 회장에 새문안교회의 차재명 목사가 선출되었다.

조선예수교연합공의회 창립총회는 ① 협동하야 복음을 선전함, ② 협동하야 사회도덕의 향상을 도모함, ③ 협동하야 기독교 문화를 보급케 함을 공의회의 목적으로 채택했다. 그리고 하나로 합동하지 말고 서로 협동하는 데 목적을 두자는 결정도 했다. 그리고 상대 교단의 신경, 정치, 의식 등에 간섭하지 못하도록 했다. 복음주의 단일교회에 대한 애초의 목표가 바뀐 것이다.

웰치는 단일 복음주의교회가 이루어지지 못한 원인이 신학적 간극 때문이라고 진단했다. 이미 감리교회와 장로교회 사이에 신학적 균열이 일어났다고 본 것이다.

많은 장로교 선교사들이 헌신적이고 능력이 많았다. 그런데 신학적 관점에서 보면 근본주의(fundamentalist) 성향이 강했다. 반면, 감리교 선교사들은 중도적(moderate)인 성향이 강했다. 장로교 선교사들과 감리교 선교사들 간에 개인적 관계는 좋았지만 선교영역에서의 협력에는 어려움이 있었다. 전체적으로 여성과 어린이 사역, 일반적 감리교 선교사역에서는 협동할 수 없었다.[22]

웰치의 말대로 감리교회는 점점 복음의 초월적 영역보다 사회적 영역으로 눈길을 돌리고 있었고 장로교회는 복음주의의 한 축이었던 체험의 영역, 곧 복음의 계시성을 외면하며 교조화되기 시작했다. 그는 예리하게 그

---

22 *Ibid.*, p.81.

것을 보고 있었다.

사실 미국 감리교는 1908년에 이르러 사회복음주의 신학을 표방했다. 여기에 웰치는 적지 않은 역할을 했다. '하나님 나라'가 하늘에 머무는 것이 아니라 사람이 사는 땅에 나타나야 한다는, 이른바 '감리교회의 사회신경'이 탄생한 것이다. 예수의 가르침이 사회에 그대로 실천되기를 촉구하며, 빈민문제와 노동문제에 대해 교회가 직접 관여하려 했고 공평한 이익의 분배를 주장했다. 웰치의 신학과 미국 감리교의 신학적 변화는 한국으로 이어졌고, 1920년대에 이르러 그 모습을 뚜렷이 보이기 시작했다. 미국 유학을 다녀온 일부 한국인 감리교 지도자와 신학자들이 미국의 신사조에 기울었고 신진 선교사들도 새로운 신학사조의 영향 아래 있었다.

한국 감리교 내부에서 적지 않은 반발이 있었지만, 감리교 선교사와 목회자들보다 재한 장로교 선교사들이 더 비판의 대열에 합류했다. 미국의 새로운 신학사조를 '자유주의'라 비판하면서, 마펫의 선도에 따라 '정통'과 '보수'를 외쳤다. 그리고 규범화하고 교조화된 자신들의 신학을 따르라고 요구했다. 복음주의의 지평을 좁힐 수 있을 만큼 좁혔고, 따라서 그 역동성이 사라지기 시작했다. 1920년대에 이르러, 감리교나 장로교 내부에, 초기 복음주의 선교신학의 전통을 고수하려는 교회들과 거리를 가지는 신학과 지도자들이 나타나기 시작한 것이다.

웰치의 신학에서는 하나님의 복음이 나뉘지 않는다. 하늘과 땅이 나뉘지 않았고 같은 복음을 믿는 교회가 나뉘지 않는다. 그렇지만 역사는 일본 교회와 한국 교회가 나뉘었고 한국 감리교회와 장로교회도 나뉘기 시작했다고 증언한다. 감리교회도 나뉘어, 교회 전체가 웰치의 신학을 일방적으로 따르지 않았다고 진술한다. 웰치의 이상은 교회 한 쪽에만 국한되어 있었다.

(1) 시대적 상황

한국을 점령했을 때부터 일본은 철저한 계획 아래 한국의 농산물들을 수탈했다. 쌀과 보리 등의 곡식과 면화가 주요 수탈대상이었다. 매년 1,700만 석 이상의 쌀을 가져갔고, 면화도 1만 근 이상씩 일본으로 실어 날랐다. 이러한 수탈로 자작농이 몰락한 대신 소작농이 급증했고, 농가의 부채가 증가했다. 이 과정에서 한국 농민들의 피폐와 절망감은 날이 갈수록 깊어졌고, 기독교인 농가도 예외는 아니었다.

1920년대에 이르러, 기독교인의 73%가 농민이었던 그 시대에, 교인이 감소했고 돈이 없어 헌금할 수 없었다. 주일을 지키는 일도 어려워지고 문을 닫는 교회가 나타났다. 더욱이 1924년에 극심한 가뭄이 한반도를 덮치고 1925년에는 '을축년 대홍수'[23]라 불렸던, 전대미문의 물난리가 났을 때, 특별히 한국 농촌의 상실감은 극에 달했다.

한국 민족은 더 이상 희망이 보이지 않는다며 자괴감에 빠져 있었다. 도시인들은 퇴폐주의에 젖어들었고, 거리는 온통 윤심덕이 부르는 「사의 찬미」가 뒤덮고 있었다. 노래 가사처럼 1920년대의 한국 사람들은 앞날에 대한 어떠한 것도 기대하지 못한 채 그저 하루하루 생활하는 데 급급했다. 지식인들은 생활의 쾌락을 자유라는 이름으로 만끽하고자 했고, 농민들은 먹을 것이 없어 굶고 있었다. 1929년의 세계적 대공황은 한조각의 희망마저 앗아갔고, 수백만 명이 고향을 버리고 만주나 간도로 이주해야만 했다. 일

---

23 을축년(乙丑年)인 1925년, 일명 '을축년 대홍수'로 불렸던 전대미문의 물난리가 일어났다. 7월 11일부터 이틀간 황해도 이남지방에 300-500㎜의 호우가 내려 한강·금강·만경강·낙동강 등이 범람했다. 16일에서 18일까지 650㎜의 비가 내려 임진강과 한강이 대범람했다. 영등포와 용산 제방이 넘쳐 강변 일대 3만여 정보의 땅이 침수되어 망망한 진흙바다가 되었다. 8월 들어서는 관서지방에 호우를 뿌리어 대동강·청천강·압록강이 범람하여 숱한 피해를 냈다. 8월 말에는 남부지방에 많은 비가 내려서 낙동강·영산강·섬진강이 범람했다. 전국이 모두 피해 지역이었고 당시 피해액은 1억 300만 원이었다. 이 금액은 당시의 조선총독부 1년 예산의 58%에 해당한다.

본은 상류층들에게는 빵과 약간의 권세를, 지식인들에게는 허탈감과 염세주의를, 하류층은 채찍으로 다스리며 이 시대를 빗겨나가려 했다.

이렇게 한국, 특별히 농촌의 질고가 하늘을 찌르고 있을 때, 1917년 러시아에서 일어났던 볼셰비키즘이 '새로운 메시야주의를 제시하며' 몰려들어왔다. 공산주의는 젊은 지식인들을 중심으로 무서운 기세로 번져나갔고 소외계층의 아픔을 폭력으로 갚아야 한다는 이들의 주장은 굶주려 죽어갈 수밖에 없던 사람들에게 유토피아를 꿈꾸게 했다.

기독교계에도 어려움이 크게 다가왔다. 미국 교회의 한국 교회 지원이 큰 폭으로 삭감되었고,[24] 그간의 선교사업도 포기해야 할 지경에 이르렀다.[25] 선교사들은 자기 생활비로 이를 충당해야 했다.[26] 1925년까지만 해도 교세의 감소를 그리 심각하게 걱정하지 않아도 되는 상황이었지만[27] 1926년 이후부터는 달랐다. 교회의 사회참여, 특히 농촌문제에 대한 해결책을 마련하지 않을 수 없는 상황에 이르렀다. 1928년 10월, 미국 감리교가 한국 교인의 경제문제를 해결하기 위해 농촌사업기관을 설치하기로 결의한 것도 시대적 이유 때문이었다. 남북감리교회의 합동과 새로운 신학의 등장에는 이러한 배경이 있었다.

(2) 단일 감리교회의 설립과 신학적 논쟁

1924년, 감리교와 장로교 협동의 조선예수교연합공의회(Korean National Christian Council)가 창설을 협의하고 있을 때, 한국 감리교 내부에서는 미국 북감리회와 남감리회의 합동문제가 본격적으로 추진되고 있었다. 두 감리교회는 '교회진흥방침연구회'를 두어 구체적으로 논의했고, 1925년에는

---

24 「基督申報」, "선교비 축소에 대하여", 1933년 8월 30일자.

25 「조선일보」, "선교사업의 장래", 1933년 7월 7일자.

26 *Ibid*., "남장로교과 선교비 40%로 대 삭감", 1932년 5월 6일자.

27 「基督申報」 社說,"죠선敎會의 네가지 難關"(2), 1925년 3월 4일자.

'남북감리교 연합기성위원회'를 두어 실무작업에 착수했다. 1927년에 결의되었고 이를 1928년 5월에 미국 북감리교회가, 1930년 5월에는 미남감리회가 승인하여 합동에 이르게 되었다. 이 중심에 웰치가 있었다. 정작 미국에서는 합동을 이루지 못하고 있음에도 불구하고, 미국의 양 교회는 '조선감리교회 합동전권위원회(The Joint Commission)'를 승인했고 적극 지원했던 것이다.

1928년 미국 감리교 총회에서 웰치는 피츠버그 감독에 임명되어 한국을 떠났지만 미국 감리교 총회대표로 1930년 11월 18일, 한국에서 열린 기독교조선감리회 합동전권위원회에 참석하기 위해 다시 돌아왔다. 미국 교회를 대표하여 미국 감리교 웰치(H. Welch)와 남감리회 컨(p.B. Kern)를 비롯한 15명의 미국 교회지도자들, 한국 교회를 대표해 신흥우와 양주삼을 비롯한 16명의 한국 교회지도자들로 구성되었다.[28] 여기에서 웰치는 위원장에 선출되었다. 그날 이 자리를 지켜보았던 일본인 감리교인의 말처럼, 웰치는 한국 감리교회의 산파(midwife)가 되었다.[29] 웰치의 주도 아래, 한국 감리교회는 공식적으로, 선교사들이 주도하는 '선교의 시대'를 마치고 한국 교회가 선교를 이어가는 '자치교회의 시대'를 시작하게 된 것이다.

한국 감리교회는 '자치시대'에 걸맞은 감리교회의 신앙고백인 '교리적 선언'을 만들기로 했고 감독 웰치(H. Welch)가 영문으로 그 초안을 작성했다. 웰치의 초안을 양주삼 목사가 한글로 번역했고 합동전권위원회의 '교리적 선언과 헌법 제정준비위원'들이 교열을 했다. 그리고 미국 감리교 감독 백커(J. C. Baker)를 비롯한 합동전권위원회 위원들의 검토를 거친 후 총회에 상정되었다. 그런데 상정된 교리적 선언에는 한국 감리교회의 신학적 변화가 담겨 있었다.

이에, 한국 감리교회가 교리적 선언이 채택되는 과정에서 이의를 제기

---

28 『基督敎朝鮮監理會 제1회 총회록』, 1931, pp.11-15 참조.
29 Herbert Welch, *op.cit.*, p.89.

하고 적지 않은 논쟁이 있었다. 먼저 문제가 된 것이 제5조, "우리는 구약과 신약에 있는 하나님의 말씀이 신앙과 실행에 충분한 표준이 됨을 믿으며"였다. 내리교회 담임을 역임한 바 있던 신홍식 목사는 "성신의 잉태(孕胎)와 십자가의 유혈속죄와 부활승천과 최후 심판이라"는 내용을 더 첨가하자고 제안했다. 교리적 선언이 성경의 절대적 권위를 약화시키고 성경의 말씀을 교사의 교훈 수준에 머물게 했다는 지적이었다. 신홍식은 3·1운동 이후, 기독교의 현실참여보다는 영적 신앙을 더욱 추구하고 있었다. 총회에서의 찬반토론은 격렬했지만[30] 제5조에 그 의미가 이미 포함되어 있다는 소리가 더 높았다. 결국 표결로 처리되었고, 신홍식의 제안은 부결되었다.[31]

그런데 신홍식 등의 제안이 부결된 것은 한국 감리교회 역사에 있어 신학적으로 특별한 의미를 가진다. 한국 감리교회의 자치시대는 한국 감리교회 주류의 신학인 복음주의에서 사회복음주의로 넘어가는 전환점이 된 것이다. 그 이유는 웰치 감독이나 양주삼 목사의 신학적 진보성, 미국으로 유학을 다녀왔던 신학자들의 영향과 이들이 교권에서 차지하는 정치적 영향력이 적지 않았기 때문이다.

한편, 제1회 한국 감리교회의 총회에서 교리적 선언의 초안을 낭독했던 김지환 목사는 교리적 선언의 제 7조, '우리는 하나님의 뜻이 실현된 인류사회가 천국임을 믿으며'를 언급하면서 "하나님의 뜻을 인류사회에 실현하려고 하면 자기중심주의 개인복음주의" 또는 "신비적 주의를 버리고 사회적 복음주의를 가지고 협력과 봉사를 중심으로 하여야 할 것이다"고 주장했다. 또 "이 사회를 천국화해야 한다며" 감리교회의 신학이 사회복음주의적이어야 한다며 소리를 높였다.[32] 더 이상 전통적 복음주의를 고집해서는 안 된다는 주장이었다.

---

30 『종교교육』 2권 4호, 1931. 1. p.37.
31 『基督教朝鮮監理會 제1회 총회록』 pp.28-29.
32 김지환, "개인적 복음주의와 사회적 복음주의", 「基督申報」 1931년 1월 1일자.

김지환은 개인구령의 복음주의를 자기중심주의로 비판하고 성령의 체험을 신비주의로 비하했다. 극에 달하고 있던 경제적 피폐와 그 질곡을 그냥 두고 볼 수 없었기 때문에 나온 것이고, 교회와 신학의 시대적 요청에 응답하고자 했던 것은 틀림없다. 그렇지만 김지환의 비판 이후, 한국 감리교회 내에 신학적 간극이 생겨나게 되었다.

이후 한국 감리교회의 내부에서는 복음의 사회적 역할을 강조한 나머지 회심과 은총, 절대자의 역사진행에 대한 의식이 약화되기 시작했다. 특별히 감리교신학교의 신학과 감리교회의 신학 사이에 괴리가 생겨나기 시작했다. 소외된 자들에 대한 강한 외침을 주장했지만 하늘로부터 오는 기사와 이적 간구를 외면했고, 근저(根底)로부터 울려 나오는 인간 내면의 소리에 애써 귀를 기울이지 않았다. 민족의 일에 몰두했지만 단독자 의식도 약화되기 시작했던 것이다. 한국 감리교회와 감리교신학교의 신학적 관심이 나뉘기 시작했고, 영적인 역할과 사회적 역할을 별도의 것으로 보려는 시각도 나타나기 시작했다. 그런데, 묘한 것이, 웰치 등이 주장했던 사회복음주의는 1907년의 영적 대각성의 신학을 능가할 만큼 한국 교회를 장악하지 못했다. 대부분의 감리교회가 여전히 "성신충만"을 외치며 복음주의 전통을 고집했던 것이다.

(3) 이필주 목사

볼셰비키즘이 한국사회를 파고들고 있을 때, 이필주 목사는 이 핍절의 시대를 믿음으로 극복해야 한다고 소리쳤다. 합심하여 기도하고 하나님께 충성해야 하고, 교회는 "부흥회와 개인전도와 사경회를 자주 개최하고 성경의 진리를 잘 가르쳐 세욕에 물들지 않게 해야" 한다고 호소했다.[33] 교인들은 역사의 주재자이신 하나님께 형식적으로 기도드리지 말아야 하고, 교

---

33 이필주, 「基督申報」 "일하자", 1930년 2월 12일자 4면.

역자들 또한 신실한 의무를 다해야 한국 교회를 다시 진흥시킬 수 있다고 강조했다.[34]

빈한한 가정의 출신으로 구한말 참교에서 시위대장직에까지 올랐던 군인 출신의 이필주는 전덕기를 도와 상동청년학원의 체육교사로 활동했고, 신민회에 가담하고, YMCA에서 제식훈련을 가르치며 국권회복을 다짐했었다. 망국의 상황에서 목회자의 길을 택하여 1913년 왕십리교회에서 목회활동을 시작하고 1919년에는 정동교회의 담임자로 3·1운동에 참여했었다. 그러나 1921년 11월 4일 공덕동의 경성감옥을 출옥한 후부터, 민족의 이름보다는 신앙의 이름을 더 앞세웠다. 감옥에서 회심을 체험했던 이필주는 전도강연을 할 때면, "회개하라"고 외치며 언제나 개심(改心)을 강조했다.[35] 이필주는 공덕감옥의 시절을 이렇게 회고하고 있었다.

감옥에서 나는 하나님의 역사하심을 배우고 기도와 명상으로 많은 시간을 보냈다. 감옥에 갇힌 지 얼마 되지 않던 어느 날, 눈을 감고 무릎을 꿇고 기도를 드렸다. 누군가 내 귀를 두드리는 것 같았고 큰 목소리가 들려왔다. "하나님을 구하라." 나는 깜짝 놀랐다. 머리를 들어 사방을 돌아보았다. 감방 구석에 있는 변기통 외에는 마루바닥이나 벽에 아무 것도 보이지 않았다. 감방은 3평정도 밖에 되지 않았다. 나는 다시 기도하기 시작했다. 그러나 그때마다 다시 아까와 똑같은 음성이 들렸다. 나는 성경을 들고 폈다. 마태복음 1장 1절부터 읽어나가기 시작했다. 요한복음 7장 29절에 이르러 눈이 멈추었다. "나를 보내신 분은 진정한 영이시다." 깜깜한 방안에 갑자기 환한 전깃불이 켜지는 것 같았다. 내 영혼을 사로잡았던 두려움이 사라졌다. 나는 우리 민족을 위해 내가 할 수 있는 최선의 일이 무엇인지 알고자 했다. 그들을 위한

---

34 *Loc. cit.*
35 「동아일보」, "창천교회 전도 강연", 1926년 10월 14일자 4면

것이라면 열 번 아니 백 번이라도 그들을 위해 기꺼이 죽고 싶다.[36]

이필주는 바뀌어 있었다. 모든 문제의 시작은 내적인 것이라는 사실을 깨달았다. 신비한 체험을 통해, 내적 변화와 회개가 신앙의 시작이라는 것과 야웨 하나님께 민족의 장래를 위탁한다는 것이 무엇을 말하고 어떻게야 하는지, 그 답을 확인하게 된 것이다.

경성지방의 교역자들은 이필주 목사의 권면에 따라 시대의 질곡을 복음으로 극복하고자 했다. 1931년 4월 20일 오후 7시 30분부터 23일 밤까지 도선사에서 수양회를 개최했을 때, 그 표어가 "성신충만"이었다.[37]

같은 해 11월 23일부터 10일간 열린 사경회에서도 이필주는 김종우와 사경회를 인도했다. 이때 「기독신보」는 "맹렬한 성신 불은 뭇사람의 맘에 통회자복과 풍성한 은혜"를 넘치게 했으며 "150명에서 200명까지 매일 출석"했다고 전하고 있다.[38] 이규갑, 변영서와 함께 1932년 9월 1일부터 10일간, 1933년 5월 1일부터 10일간 열렸던 부인사경회에서도 부흥회를 인도하며 '성령 역사의 체험'을 외쳤다.[39] 교회의 원로요 민족지도자의 이런 뜨거운 외침을 한국 감리교회 목회자들은 당연한 것으로 받아들였다. 분명 감리교 총회에서 채택한 웰치의 신학과 일정한 거리를 둔 것이다.

한국 감리교의 총회가 사회복음주의적 신학을 보다 강조했다는 것은 감리교회의 에너지를 분산시키고 에너지를 하나로 모으지 못하는 결과를 가져왔다는 것을 말한다. 한국 감리교회의 자치시대가 갖는 벅찬 감격 뒤에는 역동적 에너지를 간직한, 열정적 신앙 전통의 약화가 뒤따랐다.

36　이필주, 『믿음으로 사는 내 생활』 노블부인 편, "승리의 생활", 1927. pp. 23-33.

37　「基督申報」, 1931년 4월 22일자 4면.

38　「基督申報」, 1931년 12월 16일자 2면.

39　「基督申報」, 1932년 9월 21일자 2면, 1933년 5월 14일자 3면.

4. 웰치의 신학

한국과 일본에 대한 첫인상은 매우 좋다. 나는 몇 년 동안 관심을 가지고 있던 땅, 조선의 흙을 밟기 위해 오늘 아침 부산에 도착해서 행복하다. 조선과 일본에 대한 나의 첫 인상은 매우 기쁘다는 것이다. 만약 내가 미국과 일본 사이의 평화를 위해서 그리고 조선의 복지향상을 위해 조금이나마 공헌할 수 있다면, 이것은 나에게 큰 기쁨일 것이다.[40]

한국에 처음 들어왔을 때를 웰치는 이렇게 회상하고 있다. 그는 미국과 일본, 한국을 동일한 위치에서 보았던 것이다. 그런데 묘하게 그는 한국 교인들의 영적인 영역이 아닌 경제적 영역, 곧 "조선의 복지향상"을 염두에 두고 있었다. 그것은 당시 한국의 빈곤이 최악이었던 이유도 있지만 그의 신학적 소신, 곧 사회복음주의신학 때문이다. 분명 초기 선교사들과 다른 신학을 갖고 있었다.

1902년 휴가 차 영국에 간 웰치는 윌리엄 부스(William Booth)로부터 촉발된 '감리교 전진운동'(Methodist Forward Movement)을 통해 교회의 사회적 역할에 대해 깊이 새기게 되었다. 영국 감리교 목사 부스는 "복음이 빵의 문제를 외면하지 않아야 한다"는 신념 아래, 런던 동부의 빈민굴에서 사역했고 1878년에 구세군을 창설한 바 있었다.[41] 이후, 웰치는 영국 감리교 목사들을 통해 사회적 기독교(Social Christianity)에 대한 강한 사명감을 갖게 되었다.[42] 빈민들과 일반 사람들의 삶의 자리를 교정하고 활동하는 것이 진

---

40 Herbert Welch. op.cit., p.80.

41 윌리엄 부스는 1890년에 발간된 『칠흑 속의 영국, 그리고 탈출구(*In Darkest England, and the Way Out*)』를 통해 빈곤과 악습을 철폐하기 위해 ① 실업자 구제기관, ② 농촌 실업자 구제기관, ③ 해외 실업자 구제기관, ④ 가정 구조대원, ⑤ 매춘부들을 위한 구제의 집, ⑥ 술주정뱅이 구제, ⑦ 교도소 방문대원, ⑧ 빈민은행, ⑨ 빈민들을 위한 변호사, ⑩ 해안가에 화이트채플 건립 등을 주장했다. 많은 사람들이 구세군에 기부금을 내 이 계획의 대부분이 실현되었다.

42 Herbert Welch. op.cit., p.13, p.49.

정한 복음이라 믿었고 그것을 "사회적 복음주의"(Social Evangelism)라 불렀다.[43] 개인구원을 넘어 사회구원까지 이르러야 비로소 복음의 역할을 다하는 것이라 믿었던 것이다.

19세기 말에서 20세기 초, 미국 교회가 개인주의적 신학에 깊이 영향을 받았다고 믿고 있던 일단의 신학자들은 교회가 개인의 영혼구원 이외에 사회의 불합리한 문제점에 무관심하다고 비판했다. 워싱턴 글래든(Washington Gladden, 1836-1918), 월터 라우셴부쉬(Walter Rauschenbusch, 1861-1918) 등이 바로 그러한 사람들이다. 이들은 미국의 도시에 빈민, 범죄, 빈곤, 질병의 증가가 사회문제로 나타났을 때, 기독교회가 적극적인 관심을 가져야 한다고 소리를 높였다. 아울러 경제적 힘의 집중에 의한 불행한 경험, 부(富)의 불균등한 분배, 거대 도시의 성장 등으로 인한 사회의 불균형을 지적했다. 그리고 개인의 구원을 극복하고 사회까지 구원해야 한다고 주장했고, 자신들의 신학을 사회복음주의(Social Gospel)라고 불렀다. 이들의 주장은 많은 사람들에게 상당한 도전의식을 주었고,[44] 웰치에게도 적지 않은 영향을 끼쳤다.

사회복음주의(Social Gospel)는 현세에 이루어질 '하나님의 나라'를 고대하고 있다. 여기에서 '하나님 나라'는 서로 물질을 베풀며 나누는 세계이다. 복음의 세계는 영적이거나 정신적 세계에만 그치는 것이 아니라 가난한 사람들의 생명이 보호받는 세계요, 하나님의 정의와 자비가 세워지는 세계이다. 그러므로 하나님의 나라에 속한 사람들은 '하나님과 재물'을 아울러 섬기지 않아야 한다. 복음주의 신학에서 죄는 '불순종'을 말하지만 사회복음주의에서 죄는 '이기심', 곧 인색함인 것이다. 그리스도인들은 당연히 사랑을 실천하고 자기가 가지고 있는 것을 베풀어야 할 의무가 있으며 이것은 하나님의 명령에 복종하는 것이다.

---

43 Ibid., p.50.
44 Macquarrie, John, ed. *A dictionary of Christian Ethics* (London; SCM Press, 1967) p.593.

사회복음주의는 개인의 악(惡)뿐만 아니라 사회의 악(惡)과 싸워 이겨야 한다고 주장한다. 개인의 욕심뿐만 아니라 국가의 욕심 또한 죄악으로 보아 전체주의와 독재를 용납하지 않는다. 이러한 죄와 사회악을 타파해 나가는 것이 정의(正義)였다. 개인의 구원뿐만 아니라 사회구원과 사회개혁을 강조하고 있는 것이다.[45] 하나님이 창조한 이 세계가 단순히 영적인 부분만이 아니라 가난한 사람들의 생명이 보호받는 하나님의 정의와 자비가 세워지는 세계이다. 사회복음주의자들은 인간의 삶의 자리를 하나님의 나라로 만들어야 하는 책임을 갖고 있었고, 복음의 뜻대로 움직여지는 신사회(新社會)를 건설하는 것을 꿈꾸었던 것이다.

18~19세기까지 복음주의자들은 개인구령적인 것을 더욱 강조했다. 그리고 이들은 부흥회를 선교의 장으로 활용했다. 특별히 감리교 복음주의자들은 존 웨슬리가 주장하는 사회적 영역이 개인의 성화를 바탕으로 자연스럽게 표출되는 현상일 뿐, 무게의 중심이 실려 있는 것은 아니라고 보았다. 오히려 사람을 바꾸면 세상은 자동적으로 바뀐다는 인식이 강했다. 그렇지만 사회복음주의신학이 나타나면서 감리교회 내부에서도 웨슬리 신학의 사회적 측면을 보다 강화하는 해석이 나타나기 시작했다.

사회복음주의는 한국에도 예외 없이 닥쳐왔다. 일제강점기라는 정치상황과 일본의 경제적 수탈이 극에 달했던 상황에서 신학적인 답변이 필요했다. 1920년대, 미국 교회가 사회복음주의의 물결에 휩싸여 있을 때, 미국 유학을 했던 사람들이 앞장섰다. 감리교회는 양주삼 등이 중심이 되었고, YMCA는 신흥우 등이 주도했다. 장로교회는 배민수가 사회복음주의에 입각하여 농촌운동을 벌였다.

웰치는 감리교회가 사회복음주의를 채택하는 데에 열렬한 지원자요 든든한 후원자가 되었다. 그의 신학은 교리적 선언 제7조, "하나님의 뜻이 실

---

45 W. Rauschenbusch, *A Theology For the Social Gospel* (New York: Abingdon Press, 1945), p.47.

현된 인류사회가 천국"이라는 표현으로 나타났다. 온 땅이 하나님 나라가 되어야 하며, 이 땅에서는 가난한 자, 병든 자, 나그네 된 자, 사회적 약자가 있어서는 안 되고, 하나님의 교회는 그것을 바로 잡아 실제적 활동을 펴나가야 한다고 강조한 것이다. 한국 감리교회 내부에 사회복음주의의 지향이 나타나는 길목이었고 그 중심에 웰치가 있었다.

5. 여언

선교사로 왔던 미국 감리교 감독 웰치가 한국 스스로 교회를 꾸려나갈수 있다고 외치고 한국 땅이 하나님 나라가 되어야 한다고 했을 때, 미국에서 신학을 공부하고 돌아온 이들과 독립운동가들은 웰치의 신학을 기쁨으로 맞이했다. 하늘에만 머물러 있던 복음을 땅으로 내려오게 했다고 고무되었고 하늘과 땅을 연결시켜 준 신학이라 반겼다. 민족지도자들도 웰치가 말하는 사회복음주의가 독립의 이데올로기가 된다며 흥분을 감추지않았다. 이승만, 이상재, 조병옥, 윤보선, 함태영, 정일형 등이 그런 사람들이다.

한국에게 '독립'이라는 것만큼 설레고 가슴 벅차게 하는 단어가 없던 시절이었다. '하나님 나라'라는 말 자체가 일제강점기를 부정하는 것으로 이해되던 시절이었다. 일본 천황은 물러가게 되어 있고, 결국 하나님께서 한국 땅을 다스리게 되어야 한다는 간구와 희망이 가득했던 시대였던 것이다. 웰치의 신학이 각광을 받는 것이 당연했고, 일본이 '하나님 나라'라는표현을 신학용어로 보지 않고 경계하고 경원했던 이유가 여기에 있다.

신학은 분명 시대적 요청에 응답해야 하는 사명이 있다. 웰치와 그의 신학은 정치적으로 경제적으로, 그리고 민족적으로 암울했던 시기에 그 사명을 다 했다. 한국 교회를 독립시킴으로 한국 민족에게 우리가 독립국이라는 자신감을 심어 주었고, 가혹하게 핍박당하는 이 땅이 하나님의 정의가 하수와 같이 흐르고 눈물이 없는 나라가 될 수 있다는 희망을 전해 주었다. 그리고 이 땅의 기독교인들에게 복음의 사회적이고 실천적 사명이 무엇을 말하는지 알게 해 주었다.

그런데 복음은 한 민족에게만 머무르는 것이 아니며 시대적 상황을 꿰뚫는 거대한 에너지가 된다. 복음은 역사에 계시하기도 하지만, 단독자로 절망과 불안에 빠져 있는 각 개인의 내면에도 찾아오신다. 기독교의 복음은 중심에서 소외된 주변부 인물들을 찾아 나섰고, 복음을 받아들인 사람들은 생명을 걸고 주변으로 복음을 전했다. 이들에게 복음은 단순히 도구가 아니라 생명을 걸 수 있는 진리였던 것이다. 역사에는 그러한 일들이 도처에 수록되어 있다.

기독교의 진리는 생명의 문제에 있어 영적인 것과 육적인 것을 함께 포함한다. 복음의 세계에서는 영적인 생명과 육적인 생명을 구별하지만 차별하지 않는다. 그래서 복음에 사로잡힌 사람들은 생명을 살리기 위해서라면 어느 곳이든 달려간다. 그렇지만 복음주의 신학에는 순서가 있다. 영적이고 내적인 회심이 우선이 되고 목표가 되는 것이다. 육적이고 사회적인 영역은 영적이고 내적인 회심 후에 나타나는 자연적 귀결이다. 복음주의 선교의 핵심은 영혼의 구원이며, 자동적이고 능동적으로 성화가 뒤따라야 한다는 것이다.

분명 웰치의 신학은 복음의 역할에 있어서 지평을 넓혔다. 그런데 웰치는 감리교 선교의 목표와 구원의 순서를 바꾸어 놓았고, 한국에 전해진, 복음 선교의 처음 전통과 역할을 등한히 하는 우(愚)를 범했다. 웰치의 후예들은 한국 선교의 초기 신학을 '도취'와 '환상'으로 규정했고, '미신'이라고까지 비하했다. 사람의 역할이 보다 강조되었고 역사 주관자의 역할과 기대는 상대적으로 약화되었다.

인간 삶의 자리, 곧 기독교의 사회적 영역을 강조한 까닭에, 그리고 정치와 민족의 문제, 사회의 불합리한 문제에 관심을 기울인 나머지, 복음의 초월적 영역을 약화시켰다. 곧 종말에 대한 처절한 두려움과 인간 하나 하나에 하나님이 심각한 관심을 갖는다는 '구속'에 대한 의식, 역사의 섭리의식, 인간의 죄에 대한 심각성과 속죄 은총의 교리를 약화시킨 것이다.

1928년, 웰치는 피츠버그 감독으로 임명되어 한국을 떠났다. 그렇지만 공식적으로 독립적인 한국 감리교회 탄생을 주도했다. 1940년에는 미감리교회 해외구제위원회를 조직하여 회장이 되었다. 그리고 자신의 신학적 이상을 전 세계에 실천했다. 빈민들과 아동, 여성 등 사회적 약자들을 위해 살았다. 1950년 한국전쟁이 발발했을 때도, 그가 조직했던 해외구제위원회는 남다르게 도움의 손길을 폈다. 1969년 그가 106세의 나이로 소천했을 때, 한국 감리교회는 그의 삶에 경의를 표했다. 그는 선교역사에 고마운 인물로, 그리고 새로운 시대를 시작한 인물로 기록되어 있다.

  유대인이나 헬라인이나 차별이 없고, 누구나 주의 이름을 부르는 자가 구원을 받게 된다는 말씀에는 이방인(異邦人)과 방인(邦人), 서양과 동양, 익숙함과 낯설음의 경계와 간극이 생략되어 있고, 단지 전파하는 자와 그것을 듣고 받아들이는 사람들만 있을 뿐이다. 그런데 그 어간에, 낯섦을 극복해야 하는 과정이 필연적으로 따라온다. 피차에 적응이 쉽지 않은 이질적인 것들이 수없이 닥쳐오는 것이다. 서로의 낯섦을 극복해야 비로소 전파하는 자의 소리가 귀에 익게 들리고 선교의 숭고한 이상을 이룰 수 있다. 낯선 땅(未地)에 들어온 낯선 얼굴들을 이방인으로 외면하는 곳이 선교지이다.

  선교는 신앙인들의 필연적 소명이다. 그러나 선교사가 아무리 위대한 자질을 갖고 있더라도, 선교의 과정에는 애초부터 한계가 존재한다. 늘 시행착오를 겪고 때로는 심지어 생명을 바쳐도 선교는 뜻대로 이루어지지 않는다. 선교사는 도구일 뿐 선교를 이루시는 이는 역사의 주관자라는 고백이 그래서 나오고, 선교는 씨를 뿌리는 것으로 규정된다.

  애초부터 선교방식은 긍정과 부정의 이중구조를 갖고 있다. 위대한 성취를 했다고 해도, 혹은 실패했다는 위축감이 몰려와도, 필연적으로 부정과 긍정이 함께 따라오게 되어 있다. 선교에는 찬란한 결실이나 초라한 성적, 교만과 좌절이 있을 수 없고 다만 생명을 불사하는 최선만 있을 뿐이다.

  선교는 환상을 좇는 것이 아니다. 신학을 마친 이들의 진로와 선택이 다양해진 지금도 선교사가 된다는 것은 엄청난 갈등과 두려움과 희생을 전제한다. 즉, 때로 가족들의 반대를 무릅써야 한다는 말이 되고 사랑하는 사람과 결별을 각오하는 일이 되기도 한다. 죽음도 염두에 두어야 한다. 그렇다면 19세기의 선교 상황은 어떠했을까? 해외선교를 결심하고 이를 준비하는 기간 동안 스스로 지원서를 제출한 미국 젊은이 넷 중 하나만이 결심대로 행동했다. 이런 시절에 금단의 땅이요 제외된 땅 조선을 선교지로 택한다는 것은 무엇을 의미했을까?

1894년의 맥클래이 이후, 기록으로 남겨진 재한 선교사만 3,000명이 넘는다. 복음을 전하기 위해 이 땅에 온, 하나님의 역사책에만 있는, '알려지지 않은 사람들'도 수천에 이를 것이다. 천재적 능력을 갖고 태어났던 사람들도 있었고, 배움이 부족한 사람도 있었을 것이다. 그들의 배경도 각각이다. 그런데 그들이 굳이 낯선 땅에 와서, 갓 배운 어눌한 선교지의 언어로 복음을 전한 의도나 목적은 오직 하나, 곧 생명을 살리겠다는 생각이었다.

기독교 복음은 한국 근현대와 동체(同體)를 이루었고 한국근대사의 근저이고 이념이며 방향타의 역할을 했다. 한국사회에 맡겨진 하늘의 사명, 진리와 찬란한 이상을 마음껏 펼치게 했다. 독립의 이데올로기였고 독립 근대국가 건립의 향도였으며 민주주의 사회의 목표였다. 그래서 이 땅의 모두가 자유와 승리를 만끽하고, 온 누리에 주의 영광이 가득 찰 수 있도록 기독교의 복음은 그런 역사적 사명도 다해 왔다.

복음은 이 땅에서 정말 먼 길을 걸어왔고 숱한 공적과 영향을 끼쳤다. 선교사들은 세상에서 가장 귀중한 것, 자기 자신과 가족들의 생명을 아끼지 않았다. 이들의 헌신과 신앙인으로서의 자세와 이들이 갖고 있는 그윽한 향기에, 소리를 높여 칭송하고 갈채와 감사로 지새도 끝이 없을 것이다. 우리는 그렇게 복음의 빚을 졌음을 시인하고, 한국 교회는 그 빚을 갚으려 한다.

그러나 복음의 길은 여전히 멀고 그 수행은 막연하다. 선진들의 족적이 역사에 아로 새겨져 있다지만 정해진 길을 가는 것이 아니고, 새로운 낯선 땅과 낯선 사람들을 만나야 하기 때문에 숨이 막힌다. 그런데 수천 년 동안 각인된, 종교적 신념을 간직한 선교지의 문화와 관습 속에 복음의 씨앗을 뿌리고 뿌리내리도록 하는 일은 본래 그러하다. 이 책은 그 역사를 담았다.

국난타개를 위해 서양의 근대문명이 절실했던 왕실과 개화관료들, 새로운 선진교육에 목말라했던 젊은이들, 소외되고 무고와 가난에 시달려 생존하는 것조차 힘에 겨웠던 민초들 … 복음은 이 땅의 모든 사람들을 찾아갔고, '붙들고 울 기둥'이 되었고, 향도(向導)가 되었다. 그리고 구원의 길로 인도했다.

역사의 길이와 기한은 아무도 모른다. 그러나 역사와 선교의 길이는 같고, 신앙인들에게는 역사의 끝까지 복음을 전해야 할 사명이 있다. 역사가 있는 한 선교는 계속되고, 그래서 교회가 존재하는 것이다. 세상의 화평과 예수 그리스도의 통치는 "천하 만민에게 복음이 전파되어서" 비로소 가능한 것이고, 선교수행은 교회의 필연적 사명이 된다.

선교에 대한 신학적 응답은 각기 다르지만, 선교의 원초적 출발은 개인 구령에 있다. 그것을 위해 우리는 선교사를 보낸다. 한국 교회와 복음은 이들에게 한 알의 밀알이 되고 세계선교의 힘과 불꽃이 되라는 사명을 부여했다. 남들이 돌아보지 않는 이름 없는 종족들을 찾아다니고, 자기 욕망이나 아집으로 업적을 세우지 말며, 하늘의 일꾼다운 면모를 갖추라 했다.

복음의 원하심대로 승리도 패배도 없이, 환희도 고난도 없이, 무사와 은거에 젖어 지새우지 않고, 차라리 실패하더라도 고귀한 주님의 일을 시작하다가 가기를 서원한다. 권능을 주셔서 세상 도처로 퍼져나가, 복음을 전하는 능력 주시기를 간절히 원한다.

주님! 복음을 전하는 이들이 걸어가고 난 자리에 밀알이 떨어졌다면, 거기에서 수억만의 가지로 뻗어서 무성한 거목이 자라나게 하시고, 역사에 이들로 하여금 한 획이 그어졌다고, 이들이 멈추는 바로 그 자리가 한국 교회 선교의 지표가 되었다고, 한국 교회 세계선교 역사의 전통이 다시금 확인되었다고 기록되게 하시옵소서. 또한 전하는 이들의 선교 열망과 태도가, 그리고 주의 종으로서의 기상이 역사의 바위에 깊이 새겨지게 하시고 후진들의 규범이 되게 하시옵소서. 이들의 인고와 희생에서 고귀함을 배우게 하시고 가슴 벅찬 감격과 환희를 맛보게 하시옵소서. 그래서 한국 교회의 선교가 주님이 오실 때까지 계속 이어지게 하시옵소서. 아멘, 할렐루야!